高职高专
经管类专业
核心课程教材

Fundamentals of Economics

经济学基础

（第2版）

U0331235

黄泽民　主　编

清华大学出版社
北京

内 容 简 介

本书以市场经济运行流程为主体框架,解析市场机制如何配置经济资源,解析市场主体经济行为,解析国民经济运动过程。全书分为三篇,共 14 章。第 1 篇包括导论、市场经济运行流程与运行体系、市场体系与市场机制,共 3 章;第 2 篇包括市场均衡分析、家庭经济行为、企业投入产出、企业成本收益、市场结构与收入分配、政府微观规制,共 6 章;第 3 篇包括国民收入核算、国民收入决定、宏观经济基本问题、宏观经济政策、开放经济中的宏观经济,共 5 章。

本书可供高职高专、成人高校相关专业教学使用,也可作为经济工作者和自学者的参考书。

图书在版编目(CIP)数据

经济学基础/黄泽民主编. --2 版. --北京:清华大学出版社,2016(2024.9 重印)

高职高专经管类专业核心课程教材

ISBN 978-7-302-41559-6

Ⅰ. ①经…　Ⅱ. ①黄…　Ⅲ. ①经济学-高等职业教育-教材　Ⅳ. ①F0

中国版本图书馆 CIP 数据核字(2015)第 216748 号

责任编辑:刘士平
封面设计:杨　拓
责任校对:袁　芳
责任印制:宋　林

出版发行:清华大学出版社
　　　网　　址:https://www.tup.com.cn, https://www.wqxuetang.com
　　　地　　址:北京清华大学学研大厦 A 座　　　　邮　　编:100084
　　　社　总　机:010-83470000　　　　　　　　　邮　　购:010-62786544
　　　投稿与读者服务:010-62776969, c-service@tup.tsinghua.edu.cn
　　　质量反馈:010-62772015, zhiliang@tup.tsinghua.edu.cn
　　　课件下载:https://www.tup.com.cn, 010-83470410
印　装　者:三河市君旺印务有限公司
经　　销:全国新华书店
开　　本:185mm×260mm　　　印　张:20.75　　　字　数:501 千字
版　　次:2010 年 3 月第 1 版　2016 年 2 月第 2 版　　印　次:2024 年 9 月第 2 次印刷
定　　价:59.00 元

产品编号:064934-02

第2版前言 >>>

近年来,中国经济走上了工业化高速发展阶段,从中长期来看,产业加速转型和高技术人才匮乏的矛盾非常突出。国务院2014年6月22日发布的《国务院关于加快发展现代职业教育的决定》,提出要推动一批本科高校转型发展,其核心是要建立中国高校的分类体系,对高等学校实行分类管理。先从现有的本科高校划出一部分,推动其逐步培养更多的应用型人才、技术技能型人才。在这种大背景下,越来越多的高职高专院校和应用型本科院校加强了对大学生应用性教育和应用能力的培养,鉴于这种形势,清华大学出版社和编者一致认为2010年出版的《经济学基础》有必要与时俱进,进行适当地修改,以适应时代发展的需要。

第2版修订的重点在于强化应用意识和应用能力的培养。在继续保留第一版"简明、易懂、可读"的基础上,以增量方式,通过"知识链接""学用小品""应用训练"激发读者学习经济学的兴趣、培养应用意识和应用能力。这些新栏目以及改进后的栏目中的内容大多取材于近年来重大的国内外经济事件、热点经济问题、日常经济生活体验,经过编者的改编,力图引导读者以经济学的眼光、观点、原理、方法去看待、理解那些曾经发生过、影响社会发展轨迹,以及发生在自己身边的各种各样的经济现象和问题。

第2版在以下三个方面进行了修改和调整。

(1)导引修改。原篇首的文字内容改为导图,使各章的结构关系一目了然;原章首的教学提示作了修改,新添引言导图,使章内结构更为直观。

(2)栏目调整。①章首改为"知识目标""技能要求""引言导图"。②节间新设"知识链接"栏目。精选近年来经济生活中的重大事件或热点经济问题,激发同学们的学习兴趣。③章末原"经典解析"改为"学用小品"。关联本章的教学内容,借助案例阐述经济学原理、方法的运用,开拓思路;案例均为中国题材,促使同学们关心中国经济问题。④章末原"关键概念"改为"基本概念"。只列名词,不再重复表述。⑤章末原"重要观念"栏目取消。⑥章末"复习实训"调整。导论、第1章、第2章、第3章的"知识点自测"有所调整,其余各章不变。各章的"应用训练"均作了改写,包含"单项训练"和"综合应用"。

(3)教学内容调整。导论中"学习方法"调整到"附录";调整第1章、第2章、第3章中的部分内容;改写"附录"。

第2版修订后,各章大致形成两个模块:①基本原理,即原先的教学内容,是主体部分,包括经济学基本原理和基本方法,目的是帮助读者"学";②应用培训,由"知识链接""学用小品""应用训练"等组成,其功能在于激发读者的学习兴趣、灌输经济观念、开阔视野、引导其进行经济学思考,目的是帮助读者"用"。

教师在使用本教材时,建议根据所在院校培养人才的具体要求,对本教材的教学内容进行取舍,或增添新的教学内容,也可以调整难度,以适应专业教学的需要。在应用培训环节上可以选用本教材的"知识链接""学用小品""应用训练"来进行,同时也建议教师采用自己熟练运用的案例来进行这一模块的教学。

学生使用本教材时,建议除了掌握经济学基本原理和基本方法外,更要做到理论联系实际,多关心社会经济问题。先把本教材中的"知识链接""学用小品""应用训练"浏览一遍,看看有无知识收获,试着举一反三,学着用教材中的原理和方法来分析社会经济问题和自己生活中所遇到的经济问题。分析的结果和实际情形可能不会完全吻合,但透过表象抓到本质规律,就已经是成功了。

无论是教还是学,要想取得好的效果,都是要付出足够的时间、精力和汗水的。

编 者

2015 年 7 月 20 日

第1版前言 >>>

在高职高专经济管理类专业的课程体系中,经济学是一门特殊的课程。它为其他经济管理类专业课程奠定理论基础、提供分析方法;它的许多观念、原理、方法和知识可以直接指导人们的经济行为;它的实证研究方式对培养人们的科学思维素养作用极大;它的案例可以从身边生活中信手拈来,生动活泼;它的辩证分析妙趣横生,让人获得智慧的乐趣与享受。经济学在课程体系中的地位与作用是无法替代的。

正如时下众多经济学教材都以其特色适应某一层次或某种要求的教学需要一样,本教材在参考了一些国内外经济学教科书的基础上,做了一些变化、改进,试图以自身的特色来适应高职高专经济管理类专业经济学课程的教学要求。

本书的特色体现在以下几个方面。

(1) 首先建立"市场经济运行流程"发端图,使整个教学能按图索骥。帮助学习者在整体中理解局部,从局部上联系整体。

(2) 篇章结构上重新组织,分为"市场经济运行条件""微观经济运行"和"宏观经济运行"三篇,共14章。

(3) 内容上作了一些增删和改动,将教科书中常见的部分内容缩减或合并,增加了市场经济运行条件的内容,让学习者能观察和接触到市场经济的全貌。

(4) 叙述风格上力求更加亲近学习者,从章首引言到教学内容的行文、举例等,力求流畅、可读,讲究节奏。

(5) 总体篇幅简约,具体有繁有简;总体难度略降,具体有易有难("经典解析"带有综合性,略难)。

本书各章按顺序由以下栏目组成。

(1) "教学提示",提示教学目的要求、重点难点等。

(2) "章首引言",以散文笔触暗示本章要义与线索,多有出处,耐人寻味。

(3) "本章内容",从市场经济运行流程图中截取一块(如家庭、企业、某市场、某经济现象)或相同性质要素之组合(如要素市场需求、产品市场需求),分节专门展开分析。

(4) "经典解析",所举案例虽不能涵盖本章内容,但多含综合性、典型性、示范性。有一定难度,将之讲透吃透,对于理解巩固本章所学内容大有裨益。

(5) "本章小结"与(6)"关键概念"为本章教学内容之浓缩,可以理解为必须掌握的内容,对梳理和记忆本章所学知识特别有用。

(7) "重要观念",并非名家名言,但对学习经济学以及日常经济行事有重要启示和准则作用。

(8) "复习实训",里面又含三个模块,"知识点自测",检查学习者对本章基本经济问题的了解程度,题目浅易,要求能够迅速作答;"问答题",检查学习者对本章重要原理、规律的掌握程度,以及分析能力,题目难度居中;"应用训练",检查学习者对本章分析方法和分析手段的掌握程度,题目有一定的灵活性,要求能够举一反三,略为思考即能作答。

全书末尾设置"附录",供充实所学和进一步提高之用。

对教师的建议:虽然高职高专的经济学教学重心偏向应用,但不可能不涉及概念和原理,基本概念和原理还是要讲透,否则后续的内容将没有根基,或游离于结构。虽然要少用数学形式表述,但一些起码的公式、图形还是要教会学生正确使用的。特别是作图方法,缺少了它,经济学可能就不是大学里的经济学,而成为媒体上的经济学,甚至于市井里的"经济学"了。书中的"经典解析"供教学选用,对学生会有一定的开阔眼界和提高思维品质的作用。所举案例大部分由编者撰写或改写,难免带有个人理解因素,望老师们见错必纠。

编写过程中参考了一些国内外经济学教材,以及网上的经济学资料。凡有明确出处的一概予以注明。若因编者疏忽而涉及版权的,请善意提示,编者一定予以纠正。

因编写仓促,消化未足,试图更新,书中一定还存有许多要改进之处,加之编者才疏学浅,错误与遗漏在所难免,望广大师生和读者指正、赐教。衷心感谢使用本书的老师、同学与读者!

黄泽民
于福州名湖豪门
2010 年 1 月

目 录 >>>

第1篇 导论与市场经济体系

第2篇 微观经济运行

第 3 篇 宏观经济运行

附　　录

PART ONE
第 1 篇

导论与市场经济体系

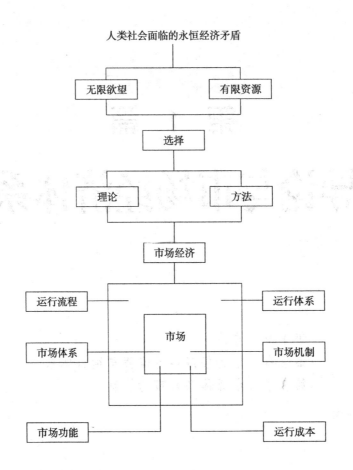

第 1 章

导　论

知识目标---■

通过本章教学,使同学们了解经济学的研究对象、基本经济问题、研究任务和主要研究方法。

技能要求---■

要求同学们能够正确辨析各种生产资源的属性和作用,运用机会成本、生产可能性曲线概念和各种分析方法解析简单的具体经济问题。

引言导图---■

开篇之际你或许会问:经济是什么? 经济的主要问题是什么? 经济学的研究对象是什么? 经济学的内容结构是什么? 经济学的基本研究方法是什么?

依循如图 1-1 所示本章的知识脉络进行探究,可以获得一个大致的了解。

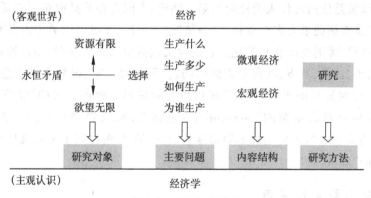

图 1-1　本章知识脉络

1.1 经济与经济中的永恒矛盾

1.1.1 经济是什么

在日常生活中,人们一眼就能够将经济活动同其他社会活动——譬如政治活动、军事活动、艺术活动等——区别开来;人们也都晓得,料理柴米油盐、种田务工经商、购物炒股旅游等,是经济活动,然而当问及“经济是什么?”,却未必人人都能立即回答得上来。

1. 经济的含义

关于"经济"的权威定义有好多种。一般而言，"经济"至少包含这样三层意思：①在物质资料生产与消费上的节省、节约、节俭、效率；②物质资料的生产、交换、分配、消费等活动；③存在于上述活动中微观、宏观等层面上的管理。

理解"经济"基本含义时有一点需要注意："物质资料"并不仅限于物质产品，而是包括物质产品、精神产品、有形产品、无形产品（即劳务或服务）在内的广义"物质资料"。它是一个随社会生产力的发展而不断更新的范畴。相应的，物质资料的"生产"范畴也由原始社会的有形物质产品的生产扩大到现代社会的精神消费品的生产，如音乐会、虚拟体验等。

2. 经济的重要性

在人类所有的社会活动中，经济活动是最重要的社会活动，它是人类从事其他社会活动的基础。人类只有首先解决了温饱等基本生存问题，然后才谈得上发展，才谈得上从事政治的、宗教的、艺术的、军事的社会活动。没有哪个参加竞选的政治家敢于省略他或她的当选将给人民带来富足的许诺。美国前总统里根在成功竞选连任时使出的最厉害的撒手锏是：亲爱的选民们，摸摸你们的钱袋，在过去四年里是多了还是少了？深刻反映了经济的基础性地位。

经济不仅是人类社会生存发展和从事其他社会活动最重要的基本条件，几百万年来经济的演进也在通过生产方式、生活方式的更迭不断地改变着人类的外在形态、行为方式、思维模式、生活习惯、精神面貌和审美情趣，经济始终最强有力地推动着人类社会的文明进步。

3. "经济"辞源

"经济"可以说是任何时代人类社会的第一话语，中国人春节见面第一句话便是"恭喜发财！"，可见对经济方面的事有多么重视。"经济"这一词汇，在汉语词典中古已有之，是"经国济世"或"经世济民"等词的综合和简化。它的含义包括国家如何理财，如何管理各种经济活动，如何处理政治、法律、军事、教育等方面的问题，即治理国家、拯救庶民的意思，侧重于统御治理意蕴，与前面提到的平民"经济"有相当大的差异。前述含义的"经济"是近代的舶来货，其历程大体是自古希腊的"οικονομική"（色诺芬：家政管理），传至欧洲文艺复兴的"Economico"（意大利文），再传到日本明治维新的"经济"，然后到中国近现代赋予了新意的"經濟"和今天的"经济"。

1.1.2 经济中的永恒矛盾

自人类诞生以来，每时每刻、各处各地、个人社会、民族时代……无不充斥着各种各样的经济矛盾，然而绝大多数矛盾迟早因时过境迁而消失或转化。唯有一个矛盾贯穿于人类社会经济生活的始终，这就是人类对物质资料需要的无限欲望同可利用资源相对稀缺的矛盾。它是所有其他经济矛盾的根源和终极支配，是人类经济中的永恒矛盾。

1. 欲望的无限性

（1）欲望的概念。欲望是人在各种心理需要的影响下产生的各种要求和愿望的总和，是人类与生俱来的、本能的一种释放形式，构成了人类行为最内在的与最基本的要素，是人类经济行为永不枯竭的动力源头。

心理需要可从个体心理角度分为五个层次:生理需要层次,安全需要层次,归属需要层次,尊重与受尊重层次,自我实现层次;社会心理包括攀比心理、羊群效应、赶时髦等。

欲望(即心理需要的集合)具有层次性、迁升性、求新性、非满足性、超前性等,它们的存在衍生出欲望的无穷性、无限性,并自发生成欲望要求被满足的主次先后、轻重缓急顺序。

(2)欲望的属性。欲望具有本能的属性,而本能的力量是强大的、不可抑制的。当然,也不必谈"欲"色变。"灭人欲"者终究没能维护住"天理"。从根本上看,欲望推动了人类文明进步。

人类社会世代繁衍,生生不息,借助生物过程和规律,把永远躁动的欲望代代传递,以其永恒的非满足性,像棘轮一样推动经济系统不停运转,推动着生产再生产无限循环,使生产、交换、分配、消费环环相扣、周而复始。

欲望的无限性,可以说是人类特有的,在其他动物物种中并没有这种现象。人类的欲望基于动物本能,这与其他动物没有什么区别,区别在于人类发展起来的独特的社会意识。一方面,正是这一独特社会意识,无限放大、更新人类的欲望。由此埋下了地球自然生态失衡的种子;另一方面,也正是因为其社会意识特质而有可能予以某种程度的理性控制和调节。

2. 资源的稀缺性

(1)资源的概念。资源是一切可被人类开发和利用的、用以创造物质财富和精神财富的、具有一定量的积累的、自然界和人类社会中的客观存在。本质上,资源是生产过程中所使用的投入,因此又称为生产资源。

(2)资源的分类。生产资源根据不同的标准可以有不同的分类。

① 从存在形态上,可分为土地资源、矿产资源、森林资源、海洋资源、石油资源、人力资源、信息资源、基因库资源等。

② 从取用时是否要付出劳动或代价,可分为两大类:自由取用资源和经济资源。自由取用资源数量无限丰富,无须付出劳动或代价便可获得,如阳光、空气、土地……经济资源相对稀缺,需要付出劳动或代价才能得到,如劳动、资本、知识……随着社会经济向前发展,有些自由取用资源变成了经济资源,有些经济资源则退出了生产过程。

③ 从生产过程所使用的投入,可分为:劳动,又称人力资源,包括一般劳动者和受过教育和专门培训的专家,是人们体力和脑力的运用与开发。资本,也称作资本品,它是由劳动和土地生产出来,再用于生产过程的生产要素,包括机器、厂房、设备、道路、原料和存货等。土地,是一切自然资源的简称,它包括大自然提供的一切,如土地本身、矿藏、原始森林、空气、阳光、河流等一切自然形成的资源。企业家才能,是将上述经济资源组织起来,并使之具有活力的一种特别重要的生产要素。

货币不直接属于资源。在商品经济中,货币是为了方便地媒介商品交换而产生出来的。货币具有价值尺度、流通手段、贮藏手段、支付手段等功能。货币本身不是资源,不进入企业的生产流水线而构成产品的一个组成部分,也不进入消化系统而变成人类所需要的热量或养分。作为资本,货币可以代表资源、转化为资源,只有在这个意义上,才被视为资源。

(3)资源的稀缺性。资源的稀缺性是针对经济资源而言的,主要体现在:①相对性。相对于人类社会的无限需求而言,资源总是不足的,这里所说的稀缺性,不是资源的绝对数量的多少,而是相对于人类社会需求的无限性来说,再多的资源也是不足的,所以,稀缺是相对的。②绝对性。稀缺性存在于人类社会的任何社会时代。从历史纵向看,在原始社会最稀缺的是劳动力，因而产生了生殖崇拜等信仰；在奴隶社会、封建社会，靠天吃饭，劳动力依然是最紧缺的资源，从而有了多子多福、重男轻女的封建观念；到了资本主义社会，最缺乏的是金钱，实际上是各种各样的经济资源，于是有了金钱拜物教和资本拜物教。从历史截面看，当前世界上的国家，无论是贫穷的，还是富裕的，一律都是资源不足状态，否则就没有任何人与人之间的纷争和国与国之间的战争了。

知识链接 1-1

中国主要矿产资源储量、利用效率与对外依存度一瞥

（1）中国主要矿产资源储量居世界位次（见图 1-2）

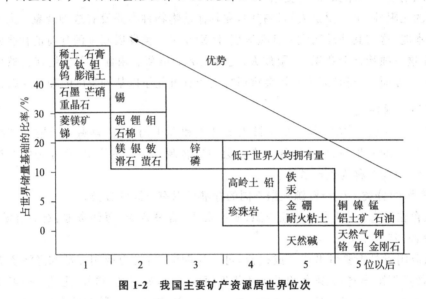

图 1-2 我国主要矿产资源居世界位次

中国的资源总量居世界第三位，但是人均资源占有量是世界第 53 位，仅为世界人均占有量的一半。中国的淡水资源占有量是世界平均水平的 1/4，随着中国人口的增长，人均的淡水资源量越来越少，预计到 2030 年中国将被列入严重缺水国家。

（2）利用效率

资源利用效率明显偏低。①从工业能源效应来看，八个主要耗能工业，单位能耗平均比世界先进水平高 40％以上，而这八个主要工业部门占工业 GDP 能效的 73％；②粮食作物平均水分生产率（即一立方米产多少粮食）仅是发达国家的一半；③工业用水重复利用率要比发达国家低 15％～25％；④矿产资源的总回收率约为 30％，比国外先进水平低 20％。

（3）重要资源对外依存度

中国首部矿产资源报告《中国矿产资源报告（2011）》披露：2011 年，中国矿产品贸易额为 9571 亿美元，同比增长 34.3％。石油、铁、铜等大宗短缺矿产进口量持续增长，对外依存度居高不下；其中，石油 56.7％，铁矿石 56.4％，铜 71.4％，钾肥 51.5％，铝 61.5％。[①]

① http://www.chinanews.com/cj/2011/11-03/3435665.shtml.

① 石油。2004 年，每天进口石油 260 万桶，原油和成品油净进口量达到创纪录的 1.437 亿吨，石油进口依存度已经接近 50%，进口总额高达 431.5 亿美元，同比增长 112.56%。2010 年 9 月，日均进口的石油达到 630 万吨，超过了美国的 624 万吨日均石油进口水平。根据全球权威能源咨询机构预测，到 2020 年，中国石油日均进口水平将攀升至 920 万桶，这相当于中国石油总需求的 70%。

② 天然气。2013 年进口 530 亿立方米，对外依存度首次突破 30%，达到 31.6%。

③ 铁矿石。2014 年 1 月，中国铁矿石进口量达到创纪录的 8680 万吨。

④ 棉花。至 2020 年，中国的棉花进口量预计会占到世界增量的一半以上。

1.2 经济学的研究对象与任务

1.2.1 经济基本问题及其解决方式

1. 经济基本问题

由于古往今来任何人类社会都存在着无限欲望同资源稀缺之间的永恒矛盾，人们必须考虑"如何使用有限的生产资源来满足无限多样化的需要"，因此，人类必须面对以下三个经济基本问题。

(1) 生产什么与生产多少？这个问题实际上是在资源给定且有限的条件下，在可供选择的多个产品组合方案中，挑选出能够最大限度满足人们欲望的方案的问题。这是任何社会都需要抉择的首要问题，古今皆然。

(2) 如何生产？即用什么方法来生产。生产方法实际是对各种生产要素进行组合的问题。比如，在原始社会，渔猎时，是动用全部壮劳力，还是壮劳力与弱劳力组合？在现代社会，是选择用资本密集型方法来生产，还是用劳动密集型方法来生产？

(3) 为谁生产？即财富如何分配。在原始社会，族群人口不得少于某一数量，集体生存是个体生存的前提，因此必须实行当时的公平分配，以满足每一个成员的生存需要。生产是平等地为人人生产。在现代市场经济社会中，按资源对社会生产贡献的大小进行分配，从而社会为掌握资源多的人生产得多一些，为掌握资源少的人生产得少一些。

2. 经济基本问题的解决之道

选择——解决经济基本问题的根本方式。

选择，在汉语词汇中，由两个近义字组合而成，以加强单字"选"的含义，意思是：从多种备选对象中进行挑选与确定。同"挑选""选取""筛选"等词汇意思相近。

(1) 选择的属性

社会经济领域的选择具有很多属性，如选择具有人的主观意志属性①、比较挑选的属性等，但其中两个属性对于经济活动来说是最基本的：①优化稀缺资源的使用；②伴随选择而生的机会成本。

优化使用是选择的本质属性。人类在社会经济领域的选择包括两个方面：一方面

---

① 或是个人的、或是集体的、或是组织的、或是国家的，但都是由主观决定的。

是对要加以满足的欲望和需要进行选择，人类有无限欲望和需要，无法同时予以满足，因此，必须将要予以满足的欲望和需要按照主次轻重缓急排序，挑选出现有资源条件能够满足的紧要欲望和需要，而放弃那些次要欲望和需要；另一方面是对资源运用的选择，在一定时期相对人类欲望以及人类的科学认识水平来说，可利用的经济资源的品种和数量是有限的。因此，人类必须根据要加以满足的欲望和需要，确定资源的用途及其使用数量。

恰到好处的资源选择运用，能够最大限度地缓解人类无限欲望与有限资源之间的矛盾，提高生活水平和生活质量，以及实现人类各种各样的社会活动目的。

机会成本是选择的伴生属性。大多数资源具有多种用途，当资源被用于某一用途时，就不能再用于其他用途，因而人们必须审慎地进行选择。经济生活中的选择不是简单的或随意的选择，而是比较之下的选择、有代价的选择、有条件的选择。机会成本概念反映了这种选择的实质。

机会成本的基本含义是：一种具有多种用途的资源，当其用于某一特定用途时，它所放弃的在其他用途上能够获取的最大收益，就是资源用于当前用途的机会成本。譬如，手上有1元钱，可以购买1个面包，或1瓶饮料，或1串玉兰花，它们带来的效用分别是5、7、9（你的主观评价，因人而异）。当购买并消费了面包，其机会成本便是9；而购买玉兰花并为花香迷醉的机会成本则是7。机会成本高度概括了在资源有限的约束条件下，人们为了获得欲望和需要的最大限度满足而对资源用途进行选择的理念。高中毕业上了大学，就放弃了立即参加工作获得收入的机会，却获得将来更有发展前途的可能。若马虎应付课程，则可以获得恣意放纵自己的一时畅快，却会将自己生命中的一段宝贵青春抹去，可能把本该有但需要通过努力才能得到的发展前途毁掉。

（2）选择的理论模型

生产可能性曲线，又称生产可能性边界，是在既定的资源条件和社会生产技术条件下，一个社会（生产组织）所能生产出来的不同产品最大产量组合点的连线。

国民经济是庞大复杂的，为了将其本质的方面、重要的内部关系和主要运动规律揭示出来，需要根据所要研究的问题的性质，利用假设把次要因素排除出去，进行简化分析。这是经济学中最基本、最常用的研究方法。

假设：所要研究的是某个国家的经济；经济是封闭型的；在一定时期内该国的生产技术水平处在某一层次上；在此时人们的科学认识水平和技术能力条件下，资源是一定的；这些资源在运用上彼此间有一定的替代性；这些资源仅用于生产两种人们所需要的产品，其具体最优组合（即最大产量组合）数据如表1-1所示。

表1-1　某年80m² 普通民房和500m² 高级别墅的生产可能性

可能最优组合	80m² 普通民房/千套	500m² 高级别墅/幢
a	80	0
b	70	20
c	50	40
d	0	60

将表1-1中的最优组合点画到平面坐标系里，便可得到生产可能性曲线，见图1-3。

生产可能性曲线上的点,表示在社会资源全部得到利用的情况下,两种产品最大产量之组合。曲线上所有的点都是可供选择的最优组合点。

从生产可能性曲线图中可以看到:

① 稀缺。人们对 e 点民房和别墅组合的需要,是现有资源无法满足的,即资源是有限的、稀缺的。

② 经济问题。生产什么(民房? 别墅?);生产多少(a 点? b 点? c 点? d 点?);如何生产(劳动密集型? 资本密集型? 生产技术类型不同,生产可能性曲线形状亦不同);为谁生产(b 点意味着更多为穷人生产民房,c 点意味着更多为富人生产别墅)。

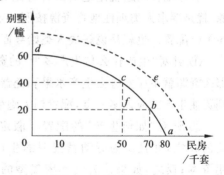

图 1-3　生产可能性曲线

③ 选择。a 点、b 点、c 点、d 点、f 点都是可选择点,e 点无法达到,故无法选择。具体选择哪一点,由社会来决定。如果 b 点、c 点都可选(即对社会来说无差异),则要看选择的机会成本。

④ 资源配置。生产可能性曲线上点的配置都是合理的,具体哪一点由社会确定;生产可能性曲线以内各点都是不合理的,如 f 点,没有达到原本可以达到的产出水平。

⑤ 资源利用。如果原来组合点在 f 点,说明资源未得到充分利用。如果已经在生产可能性曲线上(如 b 或 c 点),通过提高生产技术水平,提高劳动生产率,则在资源不变情况下,可能达到 e 点,资源得到了更高效率的利用。

这个模型也可以用于微观经济分析。

1.2.2　经济学的研究对象与主要任务

1. 经济学的研究对象

任何学科都发端于问题,都以某一领域的根本性问题为自己的研究对象。正如法学以如何整肃人类社会秩序为研究对象,医学以如何解除人的身心病痛为研究对象,经济学以如何解决经济基本问题为研究对象。经济资源的稀缺性导致了人类经济行为上的选择性,所以,经济学要研究的就是,针对资源稀缺性,"如何"进行正确合理的选择。

经济学被定义为:研究人与社会如何做出最终抉择,在使用或者不使用货币的情况下来使用可以有其他用途的稀缺的生产性资源,实现现在或者将来生产产品,并把产品分给社会的各个成员以供消费之用。经济学分析改进资源配置形式可能付出的代价和可能产生的收益。

就像经济有多种定义一样,经济学也有多种定义,以上是其中表述较为严密的一种。概括一点,经济学研究的对象就是由稀缺性资源而引起的选择问题;经济学就是研究稀缺性资源在各种可供选择的用途之间进行配置的科学。再简单一点,经济学是研究稀缺和选择的科学。

2. 经济学的主要任务

经济学是研究稀缺和选择的科学。资源的稀缺性不仅引起了资源配置问题,而且引起了关于资源利用效率的问题。所以,从这层意义上来看,最优选择＝合理的配置＋高效率的利用。因此,怎样最合理、最有效地进行资源配置和资源利用,就构成经济学的两大基本任务。

（1）资源配置

资源配置问题就是把资源合理地分配到各种可供选择的用途中。所谓"合理"配置资源，就是要求人类理性地将资源按照无限欲望衍生出来的欲望满足的主次先后、轻重缓急顺序予以配置。也就是说解决人类始终面临的以下经济基本问题。

① 针对"生产什么与生产多少"的资源配置。例如，一个社会想要大炮和黄油两种物品，那么资源就不应安排去生产水果和瓷器。如果想要黄油多一点，大炮少一点，那么资源配置到黄油生产就应该多一点，配置到大炮生产上自然少一点。

② 针对"如何生产"的配置。假定一个社会已经决定生产8个单位的黄油和2个单位的大炮，并且认为劳动密集型的生产方式效果最好，那么资源配置会多用劳动，而少用资本；反之，如果认为资本密集型的生产方式效果最好，那么资源配置会多用资本，而少用劳动。

③ 针对"为谁生产"的配置。这个配置问题涉及对分配公平的认识。如果一个得到社会普遍认可的分配方式造成了贫富两个阶层，那么8个单位的黄油和2个单位的大炮中的大部分是为富人生产的，因为富人拥有更大的选择权利，即比穷人有更多的货币收入，进而通过货币支出影响社会生产。

（2）资源利用

资源利用问题。由于资源是稀缺的，所以就必须考虑资源的使用效率问题。同样多的资源生产出更多的产品，这就是效率。资源利用效率的问题主要涉及以下三个方面。

① 稀缺性资源是否得到充分利用的问题。即一般所说的"充分就业"问题。所谓"充分就业"，是指在现有的生产技术水平条件下，各类资源都得到了利用，没有闲置。在市场经济中，常常由于"有效需求不足"，资源没有得到充分的利用——有的青壮年劳动力长时间找不到工作，有的机器设备常常处于低负荷运转甚至闲置状态。

② 在资源既定的情况下社会生产起伏变动的问题。这就是所谓的产量不能始终保持在生产可能线上的问题，也就是一般所说的"经济波动与经济增长"的问题。市场经济运动呈现周期性波动，除了繁荣阶段，其余阶段的资源利用都不同程度地偏离"充分就业"状态，这是资源利用的低效率状态。经济学就是要设法解决此类问题。

③ 货币稳定性的问题。即一般所说的"通货膨胀与通货紧缩"问题。市场经济不仅是商品经济，还是货币经济。货币运动决定于商品运动，又具有运动的相对独立性，在纸币制度下，纸币升值、贬值起伏极大地影响商品的运动，或者说商品的生产影响资源的利用效率。

知识链接 1-2

经济学鼻祖亚当·斯密

亚当·斯密（见图1-4）是英国古典政治经济学的主要代表人物之一。他创建了政治经济学的科学体系。论证了劳动价值论，为后来的古典政治经济学奠定了理论基础。提出了自由主义经济理论，反对国家干预经济，促进了资本主义经济的发展。《国富论》一书的重点之一便是自由市场，被"看不见的手"（Invisible Hand，无形之手）所指引，将会引导市场生产出正确的产品数量和种类。亚当·斯密认为人的动机都是自私而贪婪的，自由市场的竞争将能利用这样的人性来造福整个社会,而提供更多产品和服务仍具有利润的刺激。亚当·斯密的"国富论",被后世的经济学家认定是"古典经济学"的开端。

图1-4 亚当·斯密

亚当·斯密的一生,是清贫的一生,是为科学研究而献身的一生。终生未娶,没有子女。他与毫无气节、掠夺成性的配第不一样,也与后来靠证券投机而发财的百万富翁李嘉图也不同,斯密一生则基本上从事教学和科研工作。他为人正直的品格、刻苦钻研的精神和严肃认真的治学态度,一直为后人所称颂。——约翰·雷《亚当·斯密传》

1.3 经济学的内容体系

经济学的内容及体系主要是根据以上资源配置和资源利用两大任务展开和安排的。资源配置研究形成微观经济学,资源利用研究形成宏观经济学。

1.3.1 微观经济学

微观的英文是"micro",原意是"小"。微观经济学(Microeconomics)又称个体经济学,小经济学,是宏观经济学的对称。

1. 微观经济学的含义、前提、基本假设与任务

(1) 微观经济学的含义。微观经济学是以单个经济单位为研究对象,通过研究单个经济单位的经济行为和相应的经济变量单项数值的决定,来说明价格机制如何解决社会的资源配置问题。

(2) 微观经济学的前提。微观经济学宏观上提供了单个经济单位所需的资源、技术、市场、制度条件和环境。单个经济单位除了自身条件约束外,不存在来自宏观方面的约束,消费者可以买到任何一种所想消费的商品,生产者可以采购到任何一种任何数量的生产要素以及选择所想要采用的生产技术,约束仅来自消费者自己的收入、生产者自己的资本。

(3) 微观经济学的三个基本假设。第一,市场出清。即坚信在价格可以自由而迅速升降的情况下,市场上一定会实现充分就业的均衡状态。在这种状态下,资源可以得到充分利用,不存在资源闲置或浪费问题。第二,完全理性。即消费者和厂商都是以利己为目的的理性人,他们自觉地按利益最大化的原则行事,既能把最大化作为目标,又知道如何实现最大化。第三,完全信息。即消费者和厂商可免费而迅速地获得各种市场信息。只有在这种条件下,微观经济学关于价格调节实现资源配置最优化,以及由此引出自由放任的经济政策,才是正确的。

(4) 微观经济学的任务。分析如何达到资源最优配置的问题,即分析消费者如何使消费效用最大化的行为和分析生产者如何使利润最大化的行为。

2. 微观经济学的基本内容

微观经济学研究在宏观经济既定条件下,个人、企业追逐利益最大化的行为,以及各种市场的运动状态,主要内容有以下几个方面。

（1）均衡价格理论：主要研究需求、供给、市场价格的决定。

（2）消费者行为理论：主要研究消费者的消费行为如何实现效用最优化。

（3）生产理论：主要研究生产者的生产行为如何实现产量最大化。

（4）成本收益理论：提出着眼于经营决策的成本利润概念体系，研究利润最大化条件。

（5）分配理论：研究要素所有者如何获取社会收入。

（6）一般均衡理论与福利经济学：研究社会资源配置最优化和社会经济福利实现问题。

（7）市场失灵与微观经济政策：研究市场机制在哪些方面失灵，政府有哪些矫正措施。

1.3.2　宏观经济学

宏观的英文是"macro"，原意是"大"。宏观经济学又称总体经济学、大经济学，是微观经济学的对称。

1. 宏观经济学的含义、前提、基本假设与任务

（1）宏观经济学的含义。宏观经济学是以整个国民经济为研究对象，通过研究经济总量的决定及其变化，来说明社会资源的充分利用问题。

（2）宏观经济学的前提。微观上单个经济单位的行为总是处于使资源最优配置状态。消费者总是理性地实现消费效用最大化，生产者总是理性地实现产量最大化或利润最大化。

（3）宏观经济学的两个基本假设。第一，市场机制失灵，无法使社会资源达到最优配置。第二，政府有能力、有条件来调节整个经济运行，纠正市场机制的缺陷，使社会资源达到最优配置和充分利用。

（4）宏观经济学的任务。分析如何达到充分利用资源的问题。分析社会资源得到最大限度的利用，使社会生产接近于充分就业的生产，并使社会生产保持平稳、健康、持续增长的态势。

2. 宏观经济学的基本内容

宏观经济学研究在微观经济行为给定的条件下，国民经济总量指标的决定，经济变量之间的关系，产品市场和货币市场之间的关系，政府对宏观经济的调控。主要内容有以下几个方面。

（1）国民收入核算理论：给出国民经济总量指标、核算方法、物价指数。

（2）国民收入决定理论：主要研究国民收入决定及其变动的规律。

（3）失业与通货膨胀理论：研究失业与通货膨胀的类型、成因、关联、解决对策。

（4）经济周期理论：研究经济周期的现象、变化规律、成因、类型。

（5）经济增长理论：研究实现经济长期增长的一般方法和途径。

（6）宏观经济政策：研究宏观经济政策制定的理论依据、目标、种类、作用、效应。

（7）开放经济理论：研究开放的必要性、国家间经济相互影响、内外部均衡。

1.3.3　微观经济学与宏观经济学的区别和联系

微观经济如"树木"，宏观经济如"森林"。树木以森林生态为生存依托，森林以树木活体为内容。两者在现实生活中是互相交融，不能须臾分离的。但是，当人们去认识它、了解它时，却因人类特有的认识事物方式，而将认识结果分为微观经济学和宏观经济学。

微观经济学和宏观经济学的主要区别和联系如表1-2所示。

表1-2　微观经济学与宏观经济学的区别和联系

区　别	微观经济学	宏观经济学
研究对象不同	个体经济单位	整个国民经济
研究侧重不同	资源配置	资源利用
核心理论不同	价格理论	国民收入决定理论
分析方法不同	个量分析	总量分析
	个量→加总→总量	
联系	在宏观资源充分利用下配置	在微观资源最佳配置下利用
	宏观指标给定下分析	在微观反应下分析

知识链接 1-3

马寅初妙释经济学

马寅初(见图1-5)是中国当代人口学家,提出了极有价值的"新人口论",有当代"中国人口学第一人"之誉,也有人称他是"中国的马尔萨斯",马寅初同时也是一位经济学家,是中国当代经济学界泰斗级的人物。

在1918年,马寅初在一次演讲时有一位老农问他:"马教授,请问什么是经济学?"马寅初笑着对这位农民说:"我先讲个故事吧:有个赶考的书生到旅店投宿,拿出十两银子①要挑最好的房间。店主立刻用它到隔壁的米店付了欠单,米店老板转身去屠夫处还了肉钱,屠夫拿着钱去找养猪的农民还了猪钱,养猪的农民马上去付清了赊欠的猪饲料款,饲料商赶紧到旅店还了房钱,就这样,十两银子又到了店主的手里。这时,书生来说房间不合适,要回银子就走了。你看,店主一文钱也没赚到,大家却把债务都还清了,所以钱的流通越快越好,这就是经济学。"如此通俗易懂的解说,引得台下掌声雷动。

图1-5　马寅初

1.4　经济学的研究方法与分析工具

1.4.1　经济学的研究类型

1. 实证研究

(1)实证研究的含义。是指企图超脱一切价值判断,只研究经济本身的内在规律,并根据这些规律,分析和预测人们经济行为效果的研究。

---

① 此处以"十两银子"打比方,并非实际情况。据考证,古代1两银子＝今300元,此说仅作参考。下列链接十分有趣,可浏览:http://wenda.so.com/q/1362918491063589。

（2）实证研究的特点。

① 实证研究避开带有一定主观性、阶级性的价值判断，而从客观的角度来分析研究有关经济问题。

② 实证研究要解决"是什么"的问题，即只确认经济事实的本身，研究经济本身的内在规律，分析经济变量之间的关系，并用于进行分析和预测。

③ 实证研究的研究内容具有客观性，所得出的结论是可以进行事实检验的。

譬如，实证研究只回答这样的问题：现在的失业率是多少？较高水平的失业率如何影响通货膨胀？汽油税又会如何影响汽油的消费量？……这些问题不涉及价值判断和道德伦理判断。

2. 规范研究

（1）规范研究的含义。是指以一定价值判断为基础，提出某些标准作为分析处理经济问题的标准和基础，确立经济理论的前提，作为制定经济政策的依据，并研究如何才能符合这些标准的这样一种性质的研究。

（2）规范研究的特点。

① 规范研究从一定的价值观念判断来研究经济问题，即判断某一具体经济问题的是与非、好与坏、积极意义与消极意义，带有一定的主观性和阶级性。

② 规范研究要解决"应该是什么"的问题，即要说明事物本身的好坏、是非以及社会意义等。

③ 规范研究研究得出的结论会受到不同价值观的影响，其研究得出的结论，是无法进行事实检验的。

譬如，规范研究要回答这样的问题：通货膨胀的容忍限度应该是多少？是否应该向富人课以重税以帮助穷人？国防开支应占多大的比例？……这些问题都涉及价值判断和道德伦理判断。

3. 实证研究与规范研究的关系

实证研究方法与规范研究方法虽然具有以上区别，所形成的实证经济学和规范经济学存在很大的差异，但并不是绝对相互排斥的。规范经济学是以实证经济学为基础，而实证经济学则以规范经济学作为指导。一般来说，具体经济问题和微观经济现象的研究具有实证性，而高层次的、决策性的宏观经济问题和现象的研究更具有规范性。

【例1-1】 官方外汇市场外的交易行为。

在实行外汇管制的国家，往往有外汇在官方市场外交易的现象。当人们经过城市的各银行门口，有时会从旁边蹿出一个人来，眼睛四下张望，悄声问道：要不要美元？法郎？欧元？——这就是外汇在官方市场外的交易活动。

研究证明，这种外汇交易行为是由于国家实行外汇管制，同时外汇市场价格高于官方牌价，导致那些持有外币的人在官方市场外交易，以谋取价差利益——这种只确定因果关系与客观事实、客观规律的研究就是实证研究。

研究表明，实行外汇管制的目的本来就是为着经过官方外汇市场，国家能将稀缺的外汇资源集中起来，以便于国家建设，而这种官方市场之外的外汇交易行为导致外汇不能集中到国家手中，严重妨碍国家意志的实现，损害了国家利益，应当采取有效措施严厉打击——这种以国家利益为标准的研究就是规范研究。

1.4.2　经济学的分析方法

1. 边际分析方法

边际分析方法是经济学中最基本的分析方法之一，是一种很有用、很方便、比较科学的分析方法。

所谓边际，就是"额外的""追加"的意思，是指处在边缘上的"已经追加上的最后一个单位"，或"可能追加的下一个单位"，是"增量"的意思。譬如，现有 10 名工人，第 10 名工人即为边际；或者已有 9 名工人，再添 1 名工人，这名工人即为边际。

在函数关系中，自变量发生微量变动时，导致因变量在边际上变化，边际值实际表现为两个微增量的比。

边际分析的性质：第一，边际分析是一种数量分析，尤其是变量分析；第二，边际分析是最优分析，它要求解极大值或极小值，据此可以做出最优决策；第三，边际分析是现状分析，计算新增自变量所导致的因变量的变动量，这是对新出现的情况进行分析。

2. 均衡分析方法

均衡，通常理解为一种状态，在这种状态上，各种对立的力量在某种条件下势均力敌，达到平衡和相对静止的状态。

均衡分析是以均衡状态作为分析的出发点，寻找达成均衡所需要的条件。

均衡的分类，从范围上可以分为局部均衡分析与一般均衡分析；从是否含有时间因素分为静态均衡分析、比较静态均衡分析、动态均衡分析。

3. 模型分析方法

从科学研究形式来看，模型分析方法就是对通过观察与实验得到的经验数据材料加以概括和抽象，建立相应理论模型的过程，也就是要抓住现实对象最主要的本质特征，忽略其他非本质的细枝末节，将现实对象简单化、理想化。

理论模型可以用文字描述，用图形（包括示意图、曲线图）刻画，也可以用数学公式表达。应用数学公式的基本做法是：将所有研究对象都定义为"变量"，然后先做出一定的假设，通常假定除所要研究的少数几个主要变量外，其他所有变量和外部条件都不变，在此假设前提下，再以有关数据材料为基础，通过逻辑分析和统计检验，建立主要变量之间的逻辑关系。

经济学中还有一些其他重要的分析方法。例如，博弈论分析方法，是互动决策的理论；逻辑分析方法，是在逻辑思维过程中，根据现实材料，按逻辑思维的规律、规则形成概念、做出判断和进行推理的方法；历史分析方法，或文献分析方法，利用前人研究积累起来的大量文献资料，在前人研究的基础上，更有效率地开展研究；系统分析方法，不是孤立地研究某一经济现象或经济问题，而是把经济现象、经济问题放在经济整体、经济大环境中来研究。

【例 1-2】 边际分析方法。

假设某班组生产某种产品。原先有 10 名工人，日产量 10 单位，工人工资成本总共100 元，产品市场价格为 11 元/单位，总收益为 110 元，减去工资成本后有利润 10 元。

现在增加 1 名工人，随之带来的各项增量如表 1-3 第 3 列所示。其中，工资增量分两种情况:第一种,市场工资率不变,即劳动力市场上劳动力供给充沛,这样工资总额只增加10元;第二种,市场工资率提高了2元,即劳动力市场上劳动力供给紧张,这样工资总额要增加12×1(新增工人的工资)+2×10(同工同酬要对原先10名工人多付的工资),总共增加32元。

收益,假定原先单位产品市场价格为11元,最初产量10单位时,总收益为110元,现在由于新增工人而产量增加2单位,又有两种情况:第一种,产品市场未饱和,产品仍然按原价出售,总收益为11元×12单位=132元;第二种,市场供过于求,市场价格下跌至10元/单位,于是总收益为10元×12单位=120元。

利润,由于市场工资率有两种情况,产品市场价格也有两种情况,于是有三种结果产生:①市场工资率不变,产品市场价格也不变;②市场工资率变动,产品市场价格不变;③市场工资率变动,产品市场价格也变动。这样就有三种利润结果。

最终分析如表1-3所示。

表1-3　边际概念与边际分析

变　量	初　始　量	边际量(增量)	总　量
工人	10人	1人(11人-10人)	11人
产量	10单位	2单位(12单位-10单位)	12单位
工资	10元×10人=100元	10元(110元-100元)	110元
		32元(132元-100元)	132元
收益	11元×10单位=110元	22元(132元-110元)	132元
		10元(120元-110元)	120元
利润	110元-100元=10元	12元(22元-10元)	22元
		-10元(0元-10元)	0元
		-22元(-12元-10元)	-12元

注:增量是在原来量的基础上的变化量,所以它与总量是不同的。在计算时一定要注意数据之间的对应关系。

本例中,为了简化分析,将生产规模的变化对产量变动的影响略去了,将原材料随产量变动的因素也省略了,还有劳动与资本的替代关系等都略去了。若将它们都考虑进去,于是有如图1-6所示的重要分析模式(此模式可拓展)。

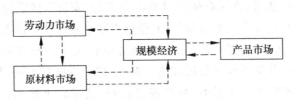

图1-6　生产与市场动态分析模式

这个例子最重要的启示是:边际量(或者说增量)把劳动力市场和产品市场动态地联系在一起了,是一种系统分析、动态分析、管理分析。

1.4.3　经济学的分析工具

1. 逻辑

逻辑是经济现象或经济问题定性分析的强大工具。在经过观察与实验获取以及补充获取了足够多的信息资料以后,就可以利用逻辑的归纳演绎、判断推理等手段,对经济现象、经济问题,舍掉无关因素或次要因素,进行由表及里,由形式到本质,由浅入深的分析,把握事物的内在规律。然后,利用这些规律性认识,来解决经济问题。

【例1-3】 水果大小年的市场价格。有些水果,如荔枝、龙眼等的产出有大小年的自然现象,即一年产出多了,次年便会少些,如此循环。若去年此类水果上市的数量少了,而今年的市场需求以及其他条件没有什么变化,可以推断今年水果的市场价格必然下跌。

2. 曲线

大学里教授的经济学又被称为"曲线的"经济学,用曲线来表达或演绎经济思想、经济原理和解决经济问题,是经济学最基本的手段和工具。将经过观察与实验获取的信息资料转化为曲线,不仅能反映经济现实、体现经济学原理,其最大长处还在于使经济问题的特征一目了然,借助辅助线还能够很便捷地解决经济问题。

在本章"选择的理论模型"中,通过"生产可能性曲线"来解释经济基本问题、资源配置和资源利用问题。从中可以看出曲线分析工具的强大威力。

3. 模型

如前所述,模型可以是文字的、数学函数的,树形图,或严格意义上的模型。在一定的合理假设之下,提出假说,建立模型,载入信息或数据验证,反复修正(包括假设、假说、模型本身),最后形成在一定范围、一定限制条件下,具有较强解释力的模型。然后用模型去解析现实经济现象或问题。

【例1-4】 $Q_d = 80 - 3P + 2Y$ 就是一个人们研究出来的、简单的、适用某种给定条件或情况下的消费者行为模型。公式中系数可以通过对经济数据进行数学处理后提取。式中,Q_d 为需求量,P 为商品价格,Y 为月收入。模型表明,当商品价格提高1元,消费者将减少3个单位的需求;当月收入增加1元,消费者将增加2个单位的需求——这就是消费者行为规律。

在学习经济学过程中,还会接触到一些很有用的其他分析工具。子曰:工欲善其事,必先利其器。谨记!

学用小品

中国劳动力资源是过剩的还是稀缺的

我国到底有多少失业人口,相关部门每年都给出了不同的数据,但几乎每次都备受争议。[①] 业内人士指出,中国的真实城镇失业率＝公开失业率＋隐藏性失业率＋下岗工人失业率＋农村流入失业率＝17.38%,那么中国的失业人口将达到2.23亿,这说明我国劳动力过剩。统计数据同时显示,我国技术工人存在8000万巨大缺口,老龄人口达1.3亿,占总人口的10%,且有老龄化加速趋势,人口红利开始丧失,这又说明我国劳动力不足,劳动力开始变

---

① 比如2009年,人力资源和社会保障部公布的2008年城镇登记失业率是4.2%。但是,中国社会科学院发布的《社会蓝皮书》称,2008年我国城镇失业率攀升到了9.4%。对此,中央党校教授周天勇称:"目前人力资源和社会保障部公布的2008年城镇登记失业率4.2%,说老实话,是一个学者们不相信,国外研究机构不相信,群众不相信,包括统计和劳动部门自己也可能不相信的指标!"(http://finance.ifeng.com/opinion/zjgc/20100324/1959156.shtml)

得稀缺。那么,中国劳动力资源到底是过剩还是稀缺呢?

生产产品就要投入资源,投入生产的资源可以分为自由取用资源和经济资源。前者无须人们付出代价或用几乎可以忽略的代价就可以获得,如阳光、空气、水等,后者需要人们付出一定的代价并考虑其代价是否值得后才能获得,如原辅材料、设备厂房、劳动力等。在人类的任何生产活动中,这两类资源都是必须具备的。试想,如果没有空气来维持生命,厂房里的管理人员和操作工人该怎样来生产产品? 当然,自由取用资源也不是恒久不变的,当一切向钱看的工业化经济让 PM2.5 取得了天空统治权,人们就要戴着氧气面罩上班和购物了,到那时,新鲜空气再也不是自由取用资源,每呼吸一口都要付出代价,转化成了经济资源。

第四次人口普查显示,中国有 13.6 亿人口。人口虽多,但不意味着这 13.6 亿人口都是劳动力。婴儿、幼童、少年是劳动大军的后备队,他们还不具备从事劳动活动所需的体力、智力,以及对自身行为后果的认识和负责的综合社会能力;过了一定年龄的老年人(这是一般而论,个体要具体看待),虽然还保持一定的认知和负责的综合社会能力,但是人的衰老毕竟是不可抗拒的自然过程,力不从心、智力退化、反应迟钝、行走蹒跚,到了这个年龄段的人已不再是劳动力。由此看来,劳动力资源是总人口中的一部分人口,是达到劳动年龄且有劳动能力的人口,其生长发育、体能增强、心智开发、审美情趣的形成等,无不经过父母的养育、学校的教育、医院的保健、国家的保障等层层呵护培养,一名合格的劳动力是举全社会各方面之力而造就的。简言之,劳动力资源不是天生的,属于需要付出代价才能获得的经济资源。

上述分析认定了需要付出代价才能得到的劳动力是经济资源。那么,这一经济资源是否是稀缺的呢? 前面说过,资源是对应人类的经济活动而定义的,因而资源是否稀缺是相对于人类的欲望而言的,是资源的量和欲望的量之间的对比关系,是前者能否满足后者的关系问题。自由取用资源,如地球大气层里的空气,在相当长一段时间里,可以无限满足人们摄取氧气和进行生产的需要,所以不是稀缺的。经济资源,如劳动力资源,对于世界较大人口国中国来说,虽然具有 7.9 亿经济活动人口的庞大数量[①],仍然无法满足人们物质与文化生活日益增长的需要。人们有了三居室还想要住别墅,有了私家轿车还想开私人飞机,游遍了世界各地还梦想着太空遨游……要满足这样无底洞的欲望,就算是把世界其他国家的所有劳动力都搭进来还远远不够。

就中国而言,在目前可资利用的自然资源和劳动力资源,以及生产技术水平条件下,2012 年人均年消费水平 14110 元、城镇百户私家车拥有量 21.5 辆[②]、城乡人均住房面积35 平方米[③],中国人民的生活水平比过去高多了,可是人们希望生活得更好,那么现有的资源包括劳动力资源就显得不足了,或者说稀缺了。有限的经济资源相对于人类的无限欲望来说都是稀缺的。这是中国劳动力资源稀缺的一个说法——宏观总量上的稀缺。

中国劳动力资源稀缺还有另外一个说法。中国虽然拥有 13.6 亿人口,可是当中国经济发展到高速工业化阶段,技术工人极度缺乏,限制了高速工业化阶段向后工业化阶段的过

---

① 见国家统计局网站/数据查询/年度数据/就业人员和工资/经济活动人口。

② http://data.stats.gov.cn/workspace/index;jsessionid=7CB677F309B32A065C0C631F2994F866? m=hgnd。

③ http://news.china.com.cn/2013lianghui/2013-03/05/content_28131485.htm。

渡。这其实是中国劳动力资源内部结构与高速工业化的产业高度化要求不相匹配的问题。大学本科毕业生每年有六七百万之众,可是能够对口的比率并不高;职业技术学校毕业生也不少,但输送给社会的合格技术工人、优秀技术人才还是太少。当然,这是劳动力资源结构不合理、相对于社会经济发展要求失衡的结构性"稀缺",也可以说是另一个层面上的中国劳动力资源的"稀缺"。在这个层面上的"稀缺"也可表述为"短缺"。

以对中国劳动力资源结构性"稀缺"的分析,同时也表明了劳动力资源结构的另一面——结构性"过剩"。除了上面提到的每年都有部分大中专毕业生找不到工作外,我国还有上千万的社会青年、游移在农村和城市之间的农民工处于失业、半失业、隐性失业状态。其原因是多方面的、错综复杂的:户籍制度,地方/部门保护,市场隔离,地区、行业经济差异,政策导向、措施不够有力,不正确的就业观念,等等。这些原因造成劳动力流动不畅,导致劳动力资源的结构性过剩。譬如,前面提到的高等教育结构与产业结构高度化要求不匹配,导致大中专毕业生就业难。再譬如,一部分大学毕业生宁可聚集在一二线城市,也不愿到小一点的城市去发展,更不愿意到农村去创业。

上面提到了中国劳动力资源宏观上总量上的"稀缺",以及结构性上的"稀缺"和"过剩",其实给人印象最深的还是宏观层面的劳动力资源"过剩",在任何大中小城市和农村都可以见到三五成群等待雇主召唤的青壮劳动力和不得已而在家"啃老"的年轻人。这个层面的"过剩"是宏观市场均衡下的过剩,是相对于劳动力市场需求的过剩,本质上是由于不能满足企业家最低限度利润率要求而发生的过剩。可以用图1-7来解释。

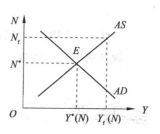

图1-7 宏观层面劳动力资源过剩的产生

图 1-7 中,Y^* 为均衡产量,Y_f 为充分就业下的产量;设 N^* 为市场均衡时的就业量,N_f 为充分就业下的劳动者人数;$N_f - N^*$ 就是过剩的劳动力资源。后面学到了宏观部分后,将会得到更好的理解。

以上分析归纳如表1-4所示。

表1-4 劳动力资源状况

中国劳动力资源	相对日益增长的物质文化需要	稀缺
	从劳动力结构看,存在结构性	稀缺
	从劳动力结构看,存在结构性	过剩
	均衡就业量小于充分就业量(繁荣阶段除外)	过剩

本章小结

1. 人类为了自身生存和发展所进行的物质资料的生产与消费的活动即为经济活动。经济活动是人类最基本的社会活动,是人类从事政治、宗教、艺术等活动的基础,决定并改变人类的行为方式和精神面貌。经济的核心含义是节约、节俭与效率。

2. 人类的欲望与生俱来,具有无限的属性;经济资源相对于人类的欲望来说,总是稀缺的,无限欲望与有限资源构成人类社会的永恒矛盾,引申出任何人类社会都要面对并决策的三个经济基本问题:生产什么与生产多少、怎样生产、为谁生产。

　　3. 选择是人类解决经济基本问题的根本之道。经济学把"如何使用有限的生产资源来满足无限多样化的需要"作为自己的研究对象,经济学就是关于"稀缺与选择"的社会科学。如何合理使用资源的选择,称为资源配置;如何充分利用资源的选择,称为资源利用。

　　4. 对应着资源配置和资源利用,经济学大体分为微观经济学和宏观经济学两个部分。前者主要研究个体经济的行为或单个市场状态,以及政府微观经济管理;后者主要研究总体经济各变量之间的运动关系,产品市场、货币市场均衡和对外经济关系,政府的宏观经济管理。

　　5. 根据是否包含价值判断,经济研究分为实证研究和规范研究。边际分析方法、均衡分析方法是经济学最重要的分析方法,博弈分析方法的重要性日益突出。经济学基本的分析工具有作图(包括示意图、曲线图)、模型(包括文字类模型、数学模型等),以及其他工具。

基本概念

经济　　资源　　稀缺　　经济学　　机会成本　　生产可能性曲线　　实证研究
规范研究　　微观经济学　　宏观经济学　　边际　　均衡

复习实训

一、单选题

1. 下面各项中不属于资源的是(　　　)。

　　A. 土地　　　　　　　　B. 劳动　　　　　　　　C. 货币　　　　　　　　D. 资本

2. 资源的稀缺性是指(　　　)。

　　A. 资源绝对量少　　　　　　　　　　　B. 世界上资源终将会耗尽

　　C. 人民的购买力不足　　　　　　　　　D. 相对于人的欲望,资源总是不足

3. 经济波动属于(　　　)。

　　A. 稀缺问题　　　　　　　　　　　　　B. 资源配置问题

　　C. 资源利用问题　　　　　　　　　　　D. 心理预期问题

4. 下列属于实证经济学研究的是(　　　)。

　　A. 通货膨胀对经济发展有利

　　B. 通货膨胀对经济发展不利

　　C. 治理通货膨胀最重要

　　D. 只有控制货币发行量才能控制通货膨胀

5. 律师亲自做文书工作的机会成本是(　　　)。

　　A. 雇用一名秘书的支出

　　B. 由此不能得到办新案子而失去的收入

　　C. 按律师工资率计算的收入

　　D. 不存在

6. 经济学中运用简化假设是为了（　　　）。

    A. 滤去某些细节以突出要点   B. 增加一些细节以突出要点

    C. 使注意力偏离现实问题   D. 使事情看上去比实际状况更好

二、判断题

1. 稀缺性是贫穷国家才存在的问题。（　　　）

2. 资源的稀缺性是导致经济学产生的唯一原因。（　　　）

3. 微观经济学和宏观经济学是相互独立的两门经济学科。（　　　）

4. "中国应该限制私家车的发展"是一个规范研究的表述。（　　　）

5. 科技进步是解决经济基本问题的根本途径。（　　　）

6. 一个行业内所有企业都实行降低成本的生产，将使全行业利润都增加。（　　　）

三、问答题

1. 微观经济学和宏观经济学的基本内容是什么？

2. 通过本章学习，你了解了哪些经济分析方法与分析工具？

应用训练

一、单项训练

1. 查阅《中国矿产资源报告》等文献，以表格、曲线、柱形图等方式，标识中国各种主要矿产的总量、人均量，并按紧缺程度进行分档（可以推及人力资源等）。

2. 建立一个"经济—资源—环境"系统模型，在此模型基础上思考三者之间的基本关系。并建立"经济""资源""环境"等子系统，分析其内部关系。

二、综合应用

1. 组员研究：分头查找我国房地产业相关资料与数据（多角度，如全国/地区/城市房地产业发展与经济发展关系，房地产业市场供求现状，房地产业对相关产业的各种影响，政府的相关政策及其效果，等等）。

2. 小组研究：利用以上有关资料，借助"生产可能性曲线"探讨中国目前一部分家庭的基本住房没有得到满足，而高档住宅不断增加现象的原因。分析我国资源是否得到了有效利用（实证角度分析），是否得到了合理利用（规范角度分析）。

第 2 章

市场经济运行流程与运行体系

知识目标--
通过本章教学,使同学们了解经济制度的演变过程、掌握市场经济的运行流程模型和运行体系模型。

技能要求--
要求同学们建立起认识市场经济的系统观,运用模型把握市场经济运行流程各环节和市场经济运行体系各组成部分之间的内在联系和作用。

引言导图--
本章先告诉你市场经济是怎么来的,然后介绍市场经济运行的大致流程,了解市场经济运行起来需要哪些"模块",也就是市场经济的运行体系。本章引言导图如图 2-1 所示。

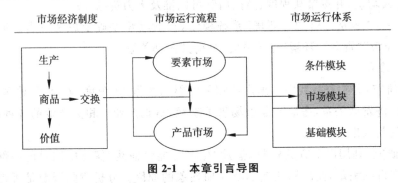

图 2-1　本章引言导图

2.1　经济制度与商品经济发展演变

2.1.1　经济制度

通过第 1 章的学习,我们深刻认识到资源的合理配置对人类的生存发展有多么重要。然而,资源的配置并不是拥有资源的老百姓各自为政、在混乱无序中进行的。资源配置必须在某种人们共同理念、集体规则、公共秩序的约束下进行。我们把这种理念、规则、秩序统称为经济制度。无论是哪一种社会经济都必须在一定的经济制度下运行。

一般认为,人类社会迄今为止存在过四种经济制度。

1. 传统经济制度

传统经济制度一般是指资本主义社会以前的经济制度,它的主要特征是:①与自给自足的社会小生产相适应;②以部族或家庭为基本社会生产单位并以血亲或宗法制度强力维系;③宗教和宿命论的价值观支配人们的经济行为。传统经济制度是通过"传统习惯"方式及其家长意志来配置资源与开展经济活动的。在当今的非洲和太平洋岛屿,某些国家还保留着传统经济的特征。在传统经济制度下,社会往往呈现日出而作,日落而息,鸡犬之声相闻,田园牧歌般的情形,实际上,和平景象的背后是统治阶级对劳苦大众的残暴剥削和蹂躏,还有灾荒和战乱。

2. 计划经济制度

计划经济制度是20世纪相当长一段时期里许多社会主义国家实行过的经济制度,它的主要特征是:①与社会化大生产相适应;②实行公有制,包括国家所有制和集体所有制;③实行计划经济,即由中央当局或机构制定生产计划,确定生产目标和生产方式,并指定分配规则,决策集中化是其最显著特征;④实行按劳分配制度;⑤经济动力来自国家。计划经济制度通过"计划指令"方式及其金字塔经济管理结构来配置资源。20世纪80年代以后,一些实行计划经济的国家转向了市场经济。在计划经济制度下,人们先是看到一个又一个惊动世界的巨大经济成就,然后渐渐显露出高高在上的官僚作风、特权阶层,以及大锅饭、铁饭碗造成的低效率劳动生产。

3. 自由放任的市场经济制度

自由放任的市场经济制度是指完全没有政府干预,而由企业和个人自主决策和自主行动的市场经济。这一经济制度的基本特征:①从决策结构上看,实行个人或者经济单位分散决策的经济制度;②每个人或者经济单位被赋予追逐个人利益的动机;③市场经济中的信息是通过价格涨落传递的;④政府不干预企业和个人的经济行为;⑤经济动力来自私人(居民和企业)。自由放任的市场经济制度唯一地通过"价格信号"及其平面的市场交易关系网络来配置资源。早期资本主义国家大体如此。在资本主义早期,烟囱林立、浓烟滚滚,一派繁忙。马克思说:资本来到世间,从头到脚,每一根毛孔都滴着血和肮脏的东西。那是一个暴发户的疯狂世界。

4. 混合经济制度

混合经济制度是指政府和私人部门按照一定的原则制定决策的经济制度。这一经济制度的基本特征:①分散决策和集中决策相结合;②决策单位的动力既可以是自身的经济利益,也可以是社会目标;③信息传递既有价格自发的波动,又有计划指令的反馈。混合经济制度配置资源的主体仍然是市场机制,政府的作用仅限于弥补市场机制的缺陷,通过"看不见的手"和"看得见的手"来共同配置资源。当今绝大多数国家实行混合经济制度。无论是老牌资本主义国家,还是转型中的社会主义国家,最后都走上了混合经济体制。在市场经济中追逐利润是永远不变的,只是原先那种市场竞争的贴身肉搏,现在被"看得见的手"稍稍隔开了一点,力量错开了一点,生产关系更大程度上适应着社会生产力的发展。

我们说,在人类发展史上存在过四种经济制度,但并不意味着人类可以任意选择经济制度,或者认为经济制度可以随人类的意志而转移。经济制度是历史决定的。很难想象,原始社会人民会选择"混合经济制度"。那时既没有混合经济所对应的社会生产力基础,也没有私有财产以及私有观念,更不需要保护私有财产的法律和政府。当代经济制度也不可能重返传统经济制度,除非"彗星撞地球",社会生产力倒退回旧石器时代。经济制度,既不能选择,也不能逃避。

2.1.2 市场经济的形成

1. 市场经济是商品经济发展到一定程度的产物

商品经济是直接以市场交换为目的的经济形式,它包括商品生产和商品交换。社会分工是商品经济产生的前提条件,生产资料和劳动产品属于不同的所有者,是商品经济产生和存在的决定性条件。

商品经济的发展经历了简单商品经济(它曾存在于资本主义前的社会形态中,依附于当时占主导地位的自然经济)、资本主义商品经济(社会主义商品经济)两大阶段。到了资本主义商品经济这个阶段,商品经济发展成为市场经济。

市场经济是指商品经济进入高度社会化发展阶段、市场成为资源的主要配置方式后的经济形态。

市场经济的实质:以市场运行为中心来构筑经济流程,通过价值规律的作用进行资源配置,用价格信号调节社会生产的种类和数量以协调供需关系,按优胜劣汰的竞争机制进行收入分配,实现国民经济均衡、稳定的发展。

市场经济的特征:①产权的确定性;②市场活动的自主性;③经济活动的竞争性;④经济行为的规范性。

2. 商品经济与市场经济的关系

商品经济与市场经济的区别:①含义不同,商品生产和商品交换的总和就是商品经济,而市场经济是社会化的商品经济,是市场在资源配置中起基础性作用的经济;②商品经济侧重指的是一种经济形态,反映的是人们在生产和流通过程中所采取的一种产品交换方式,与它相对应的是自然经济,市场经济侧重指的是一种经济运行机制,是经济资源通过市场机制来配置的一种经济运行方式,与它相对应的是计划经济;③出现的时间不同,商品经济出现在前,市场经济出现在后,只有在商品经济发展到社会化大生产阶段,才形成市场经济。

商品经济与市场经济的联系:①商品经济是市场经济存在和发展的前提和基础,市场经济是商品经济存在和发展的必然结果;②市场经济是社会化的商品经济,是社会化大生产阶段的商品经济客观要求的资源配置方式。

2.1.3 市场经济的历史演变

商品经济发展到市场经济阶段后,它又有两个发展阶段:古典市场经济发展阶段和现代市场经济发展阶段。

古典市场经济或自由竞争的市场经济发展阶段:17世纪到20世纪30年代。在这一阶段,社会分工发展到相当高的程度,社会生产建立在机器大工业和生产社会化基础之上,市场交换借助货币实现;信用关系逐渐扩大和发展,生产要素没有完全社会化,市场体系不完全,国家的经济职能还没有被认识到并提出来,现代公司处于形成和发展过程中,相应的市场经济法规仍需不断调整和完善,社会保障制度和社会保障体系远未建立。古典市场经济还存在许多局限性：①市场机制不能解决失业和经济周期问题；②市场机制在非完全竞争市场的作用有限；③市场机制不能很好地解决经济外部性问题；④市场或市场机制不能解决收入不平等问题。

现代市场经济发展阶段：20 世纪 30 年代至今。1929 年世界经济大萧条是古典市场经济与现代市场经济的分水岭；凯恩斯巨著《就业、利息与货币通论》的问世开辟了市场经济新纪元，政府日益广泛与深入地介入社会经济生活。以"看得见的手"调节市场经济，其主要做法包括：①建立国有企业；②财政政策和货币政策；③行业管制；④通过完备的法律体系维护市场秩序；⑤通过社会保障体系维护市场秩序；⑥在私人经济方面，现代公司组织形式走向成熟。

本书着重分析混合经济制度条件下的资源配置问题。

知识链接 2-1

"利己"的"经济人"

时下人们最喜欢引用经济学鼻祖亚当·斯密《国富论》中的一句话是："我们每天所需要的食物和饮料，不是出自屠夫、酿酒家和面包师的恩惠，而是出于他们自利的打算。"以此来说明市场机制的美妙——在它的作用下，利己的个人行为不仅给自己带来了经济利益，还无意中最终促成了他人的富足、社会的福利。这句话同时也肯定人的利己的正当性。人们不禁要问：假如屠夫、酿酒家和面包师弄虚作假、强买强卖，此类的利己行为是否亦属斯密的"利己"范畴呢？

不是的。斯密区别了"经济人"和"现实人"[①]。在斯密看来，人是一个矛盾的统一体，人的利己心与同情心作为一个相互对立的统一体共存于人的本性之中。在斯密的论述中理想的"经济人"既不是完全利他的，也不是完全利己的。既有利他的一面，也有利己的一面，在该利己的时候坚决利己（这是一种建立在道德情操上的利己），该利他的时候就必须利他。这就是斯密的"经济人"，是建立在现实基础之上的一种理想人。而现实中的人是很难完全做到这一点的，"现实人"既有"经济人"的那种"利己"，也有损人图财的"利己"。

显然斯密是不赞成损害别人利益的。正是斯密看到了"现实人"在进行经济活动时经常会越轨损害别人的权利，因此要建立法律来保护"经济人"的权利，防止发生损害。作为"经济人"，最易受到的是来自社会上的其他人、家庭和国家对他的损害，因此他探讨了私法、家庭法和公法，目的就在于保护"经济人"的物权与人权等权利。

2.2 市场经济运行流程

2.2.1 市场经济分析发端图

1. 认知现实市场经济的根本途径

我们生活在现实的混合经济制度下的市场经济中，我们的感官使我们真真切切感知到

---

① "现实人"和下面的"制度人"是编者的概括性用词。——编者

市场经济的存在。然而,任何人都不可能凭借感觉来认知和把握市场经济,现实生活中,市场经济太庞大、太复杂了,它的时空存在远远超过了人的把握限度和能力。当你还在睡梦中,你通过网络购买的商品可能正在某个遥远的机场转运,这是你不知道的。即便你正好梦到,那也不是你的真实感知。因此,在感性认识的基础上,理性认识成为我们认识市场经济的不可或缺的、不可替代的方法和途径。其实认识所有世间事物何尝不是如此。

2. 四部门市场经济运行的内部关系

在认识客观事物上,理性认识方法虽然不能取代感性认识方法的作用,但显然比感性认识方法更"经济",而理性认识方法中最"经济"的方法莫过于模型了。图 2-2 将一个庞大无比且复杂至极的、活生生的现实市场经济运行浓缩到了一个四部门经济模型里。

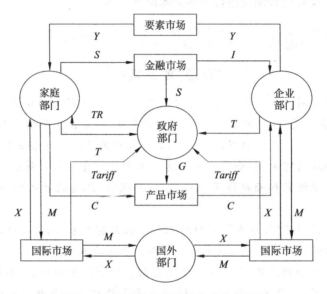

图 2-2　四部门市场经济运行的内部关系

图 2-2 是一个开放性市场经济运行图,包含家庭、企业、政府、国外四个部门;包括要素市场、产品市场、金融市场、国际市场。图中,Y 代表收入,C 代表消费,I 代表投资,S 代表储蓄,T 代表税收,$Tariff$ 代表关税,G 代表政府支出,TR 代表政府转移支付,M 代表进口,X 代表出口。实线箭头代表价值运动方向。

这个运行图显然没有包含市场经济的全部,譬如,产权基础等没有体现,但是这个运行图已经将市场经济最重要的元素、结构、关系呈现在人们的面前,使研究市场经济的人们能够把握市场经济运行的本质、特征与规律。

3. 两部门市场经济运行的流程

为了便于认识市场经济,我们将上述模型进一步抽象,将市场经济最本质的方面和内容抽象出来,形成两部门市场经济运行模型,构造为本书的主体框架与分析发端图,如图 2-3 所示。

必要假设如下:①两部门经济,即经济中只有家庭和企业两个部门;②家庭和企业都是理性人,其行为总是要使自身利益最大化;③封闭型经济,即没有外贸和国际金融活动;④家庭部门掌握所有资源;⑤物价水平不发生变动,即商品和劳务的价格与价值相一致。

图 2-3 中,实线箭头代表使用价值的流动,虚线箭头代表价值的流动。因商品在价值上

具有同一性、可度量性与可比性,因此应采用价值分析;又因价值始终在经济体内流转,并以收入为起始点,因此称为"收入流量循环"。

在两部门经济收入流量循环模型基础上,加上政府部门,就构成了三部门经济;再加上国外部门就构成了四部门经济。四部门经济,即开放经济,接近我们的现实经济生活。两部门经济,是一种高度理论抽象,是研究客观经济最重要的理论基础。两部门收入流量循环模型及其拓展(三部门、四部门)的分析将贯穿于全部经济学分析。

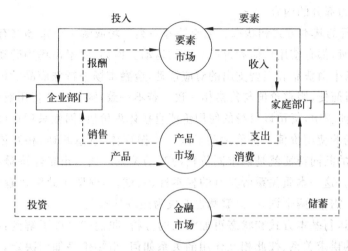

图 2-3 两部门市场经济运行图

这个收入流量循环模型可用于微观经济和宏观经济两个层面的分析,分析个别经济单位和整体经济的行为与状态,从而揭示经济中各个经济元素相互间的基本运动关系。

2.2.2 市场经济运行流程的两个层次

1. 微观经济运行流程

在微观经济运行分析中,把经济中的家庭部门和企业部门定义为个别的家庭和个别的企业,它们处于共同的宏观经济环境之中,譬如,宏观上资源总量和生产技术水平是一定的;共处于同一文化圈;社会实行某一经济体制;接受唯一政府的经济规制与调控。

(1) 家庭的基本经济行为。为了自身的生存与发展需要,通过市场将自己所掌握的资源提供给社会(实线:资源配置中的家庭行为);通过提供要素而获得相应的收入(虚线:分配);家庭将所得到的收入用于消费支出(虚线:购买最终消费品);家庭通过在市场上的购买行为,从市场上获得消费品并进行消费而满足自身的生存与发展需要(实线:最终消费);将余下的收入储存起来(可以是家庭自存,也可以存入社会金融机构,这里假定为后者),即用于储蓄(虚线:延迟消费以及生息增殖)。当家庭的一轮生存与发展需要由发生到满足过程结束后,新一轮的生存与发展需要的发生—满足过程就接着进行了,如此反复循环,以至无穷。

通过对家庭经济行为各个环节更加深入的分析,我们就可以了解到,家庭向社会提供什么要素和提供多少要素,家庭以什么方式获得收入(分配),家庭如何支配收入(包括消费和储蓄),等等。这些构成本书中家庭经济行为部分的内容。

(2) 企业的基本经济行为。为了企业自身利益最大化,企业需要通过市场,投入要素到生产过程中(实线:生产);将生产出来的产品通过市场提供给社会(实线:产品),从而取得收益(虚线:销售);利用销售收入重新回到要素市场购置生产要素(虚线:报酬),进而组织下一轮的生产。通过与家庭经济行为的对接,使企业的生产与再生产不断进行下去。

通过对企业经济行为各个环节更加深入的分析,我们就可以了解到,企业需要投入什么要素及多少要素,如何组合生产要素,如何安排产品组合,采用什么生产技术,选择什么样的生产规模,在市场上产品定什么价,销售多少产品,采用什么样的竞争方式,等等。这些构成书中企业经济行为部分的内容。

(3)市场运行的基本方式和状态。无论是哪一类市场或哪一个市场都有供给需求两种对立的方面与力量,都有使用价值和价值对应的运动。譬如,要素市场中劳动力和工资的对应运动,产品市场中消费品和消费支出的对应运动,金融市场中特殊商品货币和货币价值的对应运动(为分析简便,假定价值与价格相一致。若不一致,则会出现货币贬值或升值现象。在市场经济运行流程中,货币以自身的使用价值直接体现价值,因此只用虚线来表示货币的运动)这三类市场的使用价值—价值运动形成一个循环体,息息相通,相互依存、相互制约、相辅相成。它们的共同特征就是供求同价格的互动关系。这是市场经济最本质的关系,是市场经济的灵魂。这一本质关系所具有的根本性、关键性,保罗·萨缪尔森将其比喻为"只要学会了'供给''需求'两个词,一只鹦鹉也能成为经济学家"。

通过对市场运行基本方式和状态更加深入的分析,我们就可以了解到:要素市场、产品市场、金融市场的供求关系、彼此相互作用的关系如何,市场价格如何决定,市场效率如何,等等。这些构成本书中有关市场部分的内容。

2. 宏观经济运行流程

在宏观经济运行分析中,把经济中的家庭部门和企业部门定义为家庭的总和和企业的总和,忽略它们的个体差异,而假定它们都是理性的经济人,以自身利益最大化为行动准则;所有经济个体的同类经济活动汇合形成总体行为,如(总)消费、(总)储蓄、(总)投资,总供给、总需求、物价水平、国民收入,等等。

在上述微观基础上,家庭部门通过市场体系向社会提供它们所掌握的经济资源,经过要素市场体系均衡后,将资源配置到产业体系(即企业部门的有机结合体)中去,创造出社会财富;而社会财富的价值则转变为国民收入;国民收入分流为消费与储蓄;储蓄又经金融机构将其一部分或全部、即时或延时转化为投资;投资又重新注入生产领域,形成对要素的需求,引导家庭部门的要素再次进入产业体系(要素就业),再次配置资源,实现社会生产与再生产的循环,使国民经济不断运行下去;在纸币制度下,通货膨胀和通货紧缩是常见的宏观货币现象;在国民经济运行的两个循环之间,社会财富总量水平涨落起伏,呈现为经济增长或经济衰退;而从一个较长时间来看,市场经济又呈现出周期性变化。

(1)从宏观角度,在市场经济运行流程上,我们可以更加科学地统计核算,解决这样一些问题:一年中新创造出来的社会财富有多少? 可以采用哪些方法来核算国民收入? 如果存在通货膨胀或通货紧缩,如何计算实际国民收入? 衡量物价水平有哪几个指标? 经济增长如何计算? 对这些问题的分析构成本书中的国民收入核算部分的内容。

(2)从总体市场关系上,我们可以更加深入地分析总供给与总需求的关系,包括:总供给总需求的各个组成部分是什么? 国民收入是如何决定的? 产品市场的均衡和货币市场的均衡及其同时均衡的条件是什么? 对这些问题的分析构成本书中的国民收入决定部分的内容。

（3）通过对宏观经济运行的解析，我们可以了解到：失业是如何产生的以及是如何解决的？通货膨胀是如何产生的？通货膨胀与失业有什么关系？如何控制通货膨胀？了解经济周期的各个阶段宏观经济运行表现、成因与类型。对这些问题的分析构成本书中的宏观经济现象部分的内容。

（4）针对宏观经济现象，我们不仅要了解其发生的直接原因，还要了解其发生的根本原因，了解：为什么政府要对宏观经济进行调控？政府采用哪些宏观经济政策措施？这些政策措施效果如何？对这些问题的分析构成本书中的宏观经济政策部分的内容。

（5）对外经济往来是现代市场经济的基本特征。为什么要进行国际分工、进行国际贸易？贸易保护主义产生的根源是什么？国际经济如何相互影响？开放经济条件下如何实现内部外部均衡？对这些问题的分析构成本书中的"开放中的宏观经济"部分的内容。

市场经济运行图的组成要素不多，结构比较简单，流程也不太复杂，但它却揭示了微观个体最基本的经济行为和宏观整体经济各元素之间的基本关系。它是一个有机关联体系。它既可以让研究者精细入微地观察"树木"，又可以让研究者一览无遗地鸟瞰"森林"，是一个了解市场经济运行的很好的发端图。

2.2.3 经济变量

1. 市场经济运行流程定量分析

通过市场经济运行流程，我们不仅可以定性地把握市场经济体系内各要素的本质关系，还可以对市场经济运行进行定量分析。

在下面这个简单的例子中，你可以将数据写在市场经济运行图对应的变量旁，亲手推算、领会市场经济是如何运行的。

【例 2-1】 假定，从宏观角度，家庭部门提供了价值 10 个单位的要素，这些要素全部被企业部门有效利用，则家庭部门将获得价值 10 个单位的收入，若家庭部门消费了 8 个单位的价值，余下的 2 个单位的价值就存入金融机构；设金融机构有历年存款余额 3 个单位，则当年金融机构可以有 5 个单位的存款余额；如果金融机构不把存款转化为投资，则企业部门通过销售产品仅得到 8 个单位的收入，于是有 2 个单位的产品库存，企业部门下一年的再生产仅需保持价值 8 个单位的产品的生产水平，国民经济将比原先收缩价值 2 个单位；如果金融机构将所有的存款余额转化为投资，则企业部门的生产将扩大到 13 个单位的价值，国民经济将比原先扩张价值 3 个单位。

通过这个简单的例子，我们从中可以看出收入同消费与储蓄之间存在着怎样的数量关系，看出国民经济是如何扩张收缩的。假如金融机构另外获得了政府注入的 1 个单位的价值资金，那么社会再生产可能还可以扩大 1 个单位的价值，达到总量 14 个价值单位的规模经济运行状态。

2. 经济变量的分类

定量分析必然要涉及经济变量。经济学中有许多重要的、性质不同的经济变量，我们可以用上面简单的数字例子来区分它们。

（1）内生变量与外生变量，是按决定变量的因素不同来区分的。内生变量是由模型本身决定并要加以说明的变量,由经济体系内在因素决定的未知变量,例如消费支出 C 是由国民收入 Y 决定的,它是国民收入的函数,$C = f(Y)$,因此它是内生变量。外生变量由经济体系外或模型之外的因素决定的已知变量,如上面提到的政府对金融机构的资金注入。

（2）存量与流量,是按决定变量的时间维度差异来划分的。存量是指在某一时点所测定变量的值,例如,金融机构在当年年底时的存款余额价值共 6 个单位;流量是指一定时期（即两时点间）所测定变量的值。例如,从某年 1 月 1 日到 12 月 31 日这段时间里创造的社会财富价值 10 个单位。流量来自于存量,如金融机构上年年底存款余额为 3 个单位,今年年底存款余额为 6 个单位,则今年金融机构的资金流量为 6 个单位－3 个单位＝3 个单位;存量计入流量,例如金融机构的当年的资金存量为上年存量 3 个单位加上当年的 2 个单位家庭部门储蓄,再加上 1 个单位政府的资金注入,3 个单位＋2 个单位＋1 个单位＝6 个单位。

（3）自变量与因变量,是按变量之间的关系不同来区分的。自变量是由模型外的力量决定的、自己可以变化的量;因变量是由模型决定的经济变量,或是被决定的变量。如消费支出 C 是国民收入 Y 的函数 $C = f(Y)$,C 为因变量,Y 为自变量。又如在两部门经济中,国民收入 Y 是消费 C 和投资 I 的函数 $Y = f(C, I)$,Y 为因变量,C 和 I 为自变量。每一个变量从不同角度观察可以有不同的称谓与叫法。

（4）常数与参数。常数是一个不变的量,与变量相反,它可独立存在。与变量相连的常数叫系数;参数是可以变化的常数。

了解经济变量的性质和用法有助于更深入、更精确地把握市场经济的运行。

知识链接 2-2

马克思的"制度人"

斯密是劳动价值论的创始人,马克思（见图 2-4）把劳动价值论发展到一个全新的高度,在马克思主义劳动价值论的基础上,《资本论》改变了世界的面貌,洗涤着人们的心灵,影响着人类历史的进程。马克思是如何看待自由市场经济制度和自由市场经济的人的呢?

马克思看问题的角度不同于斯密的人性本善的角度,是从人类社会制度的发展规律来看待自由市场经济即早期资本主义制度的。

在马克思看来,自由市场经济确实"自由",劳动者可以"自由"地出卖劳动力,资本家可以自由运用资本来赚取利润。但是所有这些平等自由都是"资产阶级法权"。在自由市场经济中主宰一切的是资本,因此通行的是资本的权利,是一切唯资本意志的主义。追逐剩余价值是资本主义的终极目标。

图 2-4 马克思

在金钱拜物教或资本拜物教下,异化不可避免地改变一切,包括人。马克思是这样描述的:人格资本化,资本人格化。马克思的《资本论》中讲道:"像自然据说惧怕真空一样,资本惧怕没有利润或利润过于微小的情况。一有适当的利润,资本就会非常胆壮起来。只要有 10% 的利润,它就会到处被人使用;有 20%,就会活泼起来;有 50%,就会引起积极的冒险;

有100%,就会使人不顾一切法律;有300%,就会使人不怕犯罪,甚至不怕绞首的危险。""资产阶级撕下了罩在家庭关系上的温情脉脉的面纱,把这种关系变成了纯粹的金钱关系。"岂止"资产阶级"如此,现实生活中平民百姓哪个不追逐经济利益呢?"金钱不是万能的,但没钱却是万万不能的。"这正是人们心态的一个写照。

马克思淋漓尽致地刻画了自由市场经济中的人的行为,这并不是人性的泯灭,而是深刻揭示制度对人的行为的巨大影响。人制定了制度,制度改变着人。

2.3 市场经济运行体系

2.3.1 市场经济运行体系的构成

市场经济不仅仅是商品经济,还必须是货币经济、信用经济、证券经济、法治经济。商品生产与交换、货币媒介、商业道德与信用、法制秩序,等等,这些是市场经济不可或缺的本质属性。

市场经济运行流程所展示的只是市场经济的核心部分——市场。而一个完整的市场经济不仅包含市场经济运行图中体现出来的商品、货币,家庭部门、企业部门、政府部门、国外部门,要素市场、产品市场、金融市场这样的基本组成元素,还包含市场经济运行图中没有直接体现出来的另外一些基本组成元素,如产权基础、道德基础、信用行为模式,法制条件以及市场经济运行必不可少的社会保障条件等。

根据它们相互之间的功能关系,可以大致分为以下三个模块。

(1)核心构成:含市场、市场主体、市场客体、交换媒介。

(2)基础构成:产权基础、道德基础、信用行为、市场规则。

(3)保障构成:分为两层,第一层,是最重要的法制保障;第二层,是补缺市场功能的政府机构,以及围绕市场经济平稳运行的社会保障条件,如失业保障、社会残障人保障、社会公平矫正、经济运行应急,以及社会慈善事业等。

市场经济这些组成部分的相互关系如图 2-5所示。

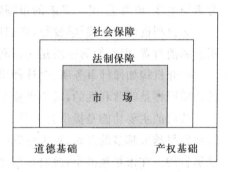

图 2-5 市场经济的组成

2.3.2 市场的基本元素

市场是市场经济的核心部分。从市场构成的角度来看,市场包含四个基本元素:市场——交易场所;市场主体——交易双方;市场客体——交易对象;交换媒介——货币。

1. 市场

所谓市场,是商品的交易场所和商品交易关系的统一。在理解时必须注意的是,这里的交易场所,不仅仅是一个物理空间意义上的处所,还包含商业性质、交易规则的限定,它的功能是汇集人们的商品交易关系,但它本身不是交易关系。交易场所和交易关系的统一才是市场。在日常生活中，人们常以交易场所指代市场。

从交易场所角度看，市场有广义和狭义之分。

狭义的市场是指有形市场，即商品交易的场所。在这种市场上，商品价格可以是明码标价的，也可以是当面议价的，买卖双方在固定的场所进行交易。百货商店、集市贸易等都属此类市场。

广义市场包括有形市场和无形市场。所谓无形市场，是指没有固定的交易场所，靠广告、中间商以及其他交易形式，寻找货源或买主，沟通买卖双方，促进成交。某些广告直销、电话直销、电视直销、网络直销等都是无形市场。

2. 市场主体

商品交易的参与者称为市场主体，是指在市场经济运行中具有独立的经济法人资格，具有自我组织、自我调节、自我约束功能的经济体。典型的市场主体有三个特征：追逐利益最大化的目的性、独立经营的自主性、追逐经济利益的主动性。

市场主体既包括自然人，也包括以一定组织形式出现的法人；市场经济中最主要的市场主体是家庭和厂商。

家庭又称居民户，一方面提供劳动力、资本等生产要素，另一方面又是商品和服务的购买者和最终消费者。

厂商又称企业，是最重要的市场主体，其中既有生产有形物品和服务的生产性企业，又有进行商品交换的商业企业、实现商品位移的运输仓储企业、融通资金的金融企业、提供信息和管理服务的咨询企业。

非营利机构、中介机构、政府等并不是严格意义上的市场主体，而是因为它们在市场经济运行中发挥着不可或缺的辅助作用或调控作用，以及较深入地介入市场经济生活而被视为市场主体，或者说，是广义上的市场经济主体。

非营利机构如医院、学校等，它们以某种方式向社会提供服务，同时又是商品、劳务的购买者和消费者，但它们的性质是非营利性的，属于事业部门和单位。

中介机构如律师事务所、会计师事务所等，在现代市场经济中的作用越来越重要，它们的性质同样是非营利性的，属于事业部门和单位。

政府的主要功能是提供公共品。政府提供的公共品越来越多，从而需要从居民和企业方面取得越来越多的要素，极大地影响着市场的运行，但归根结底是服务、补充、保障市场经济运行的。在市场经济中，政府扮演了特殊角色，政府是市场经济运行的宏观调控者，间接介入经济生活，同时又以某些方式直接介入市场活动；政府还是国有资产的所有者、公共物品的提供者以及一般商品与劳务的购买者和消费者。政府在这个意义上被认为是市场主体。

3. 市场客体

市场客体是指市场主体在市场活动中的交易对象，它包括商品和劳务两大类。

（1）商品

马克思将商品定义为"用于交换的劳动产品"。现代的商品定义为："商品是用于交换的使用价值。"需要特别强调的是"必须通过交换过程，实现使用价值的转移才叫商品"。

狭义的商品仅指符合定义的有形产品；广义的商品除了可以是有形的产品外，还可以是无形的服务。比如"保险产品""金融产品"等。

商品的基本属性是使用价值和价值。其中,商品的使用价值,是商品能够满足人们需要的物品的有用性。不同的商品具有不同的使用价值,不同的使用价值是由物品本身的自然属性决定的;同一种商品具有多种自然属性,因而具有多方面的有用性。商品的使用价值是维系人类的生存和繁衍、维持社会的发展和进步所必需的。因此,不论财富的社会形式如何,使用价值总是构成财富的物质内容。商品的价值,是凝结在商品中的无差别的人类劳动。这是商品特有的属性,是商品的共同属性、本质属性。

(2) 劳务

所谓劳务,是指以活劳动的形式为他人提供使用价值的劳动。这种劳动不是作为物,而是作为活动提供某种服务。

劳务有狭义劳务和广义劳务之分。狭义劳务不留下任何可以捉摸的、同提供这些服务的人分开存在的结果,如教师、律师、医生、理发师等人员提供的服务。广义劳务除了包括狭义劳务之外,还包括这样一类劳务,即它所提供的使用价值附着于物质产品之中,体现为商品,如厨师、修理师、裁缝等人员提供的服务。

劳务概念和第三产业概念之间存在着相通之处。第三产业的主要特征,就在于向社会提供劳务。一个国家的国民经济发展水平和以提供劳务为主要特征的第三产业的发展水平之间,存在着相互促进、相互制约的关系。随着社会生产力和科学技术的发展,第三产业特别是其中的第三个层次(即为提高科学文化水平和居民素质服务的部门),在国民经济中的地位显得越来越重要。

商品和劳务都可以再分为生产资料和消费资料两大类。例如,作为生产资料的商品有土地、稻种、鱼苗、机器设备、厂房、原材料、燃料、卡车、办公室电脑、生物资源,等等;作为消费资料的商品有大米、蔬菜、鱼肉蛋禽、商品房、私家车、家用电脑、宠物,等等;作为生产资料的劳务有劳动力、企业家才能、会展服务、农技站服务,等等;作为消费资料的劳务有家政服务、车站"小红帽"服务、各类服务于私人的理财服务、保险服务,等等。

4. 交换媒介

1) 货币的基本职能

货币的通俗定义有多种。货币是用于媒介买卖、价值储存和记账单位的一种工具,是专门在商品与服务交换中充当等价物的特殊商品。货币既包括流通货币,即合法的通货,也包括各种储蓄存款。

以发行者来分类,货币可分为法定货币、私钱和区域货币;按材质来分类,可分为贝壳、金属货币、纸币和数字货币;就性质来分类,可分为真实货币和虚拟货币。在现代经济领域,货币领域只有很小的部分以实体通货方式显示,即实际应用的纸币或硬币,大部分交易都使用支票或电子货币。

在不同形式的价值运动中,货币起着价值尺度、流通手段、支付手段、贮藏手段和世界货币等作用。每个国家都只使用唯一的一种货币,并由中央银行发行和控制。不过也有例外,亦即多个国家可以使用同一种货币。例如,在欧盟国家通用的欧元。

2) 货币流通规律

(1) 货币流通规律是指决定商品流通领域货币需要量的规律,表述为:一定时期内,流通中所需要的货币量与待售商品和劳务的价格总额成正比,与单位货币的流通速度成反比。

商品在流通过程中所需要的货币量取决于以下三个因素：①参加流通的商品的数量；②商品的价格水平；③货币流通速度。货币流通规律可用下列公式表示：

$$一定时期内流通中所需要的货币量＝\frac{商品价格总额}{同一货币单位的流通速度（次数）}$$

（2）纸币流通规律表述为：纸币制度确立后，流通中纸币的需要量要与它所代表的贵金属货币量相一致。若超过就会发生通货膨胀，导致物价上涨、纸币贬值。

（3）费雪交易方程式

$$M \cdot V = P \cdot Y$$

式中，M 是给定年份的货币数量；V 是给定年份货币流通速度；P 是给定年份的价格水平；Y 是给定年份的商品交易量。

该方程式表示货币数量乘以货币使用次数必定等于名义收入。费雪认为，在方程式中，V 由社会制度和习惯等因素决定的，所以长期内比较稳定；Y 在充分就业条件下也是相当稳定的。于是，M 变动时，P 会同比例变动，其经济含义是，通货膨胀与货币发行量有直接关系。

知识链接 2-3

制度为什么重要

下列几个案例可能有助于理解这个问题。

中国是四大发明的发祥地，为什么近代以来科学技术和经济发展一直比较落后呢？这就是著名的"李约瑟之谜"。制度分析给出了这样的解释：中国和其他亚洲国家缺乏一定的社会、政治和法律前提，即缺乏一定的制度。换言之，在亚洲，制度发展的不足导致技术进步的成果和潜在的巨大市场无法发挥作用，技术进步无法有效地转化为生产力。

在历史教科书里，我们知晓了世界上第一个资本主义国家是尼德兰共和国（1581 年建立，即今荷兰）。为什么是荷兰而不是别的国家——比如意大利或英国呢？资本主义萌芽最早出现在文艺复兴时期的意大利，英国是 1640 年的资产阶级革命后才成为资本主义国家，而荷兰较欧洲其他地区更早形成了私有财产权利制度。

在历史教科书中，我们还知道了第一次工业革命发生在英国，认为这主要归功于瓦特的蒸汽机的发明。导致工业革命的原因还有斯密自由主义经济思想的深入人心和包括保护技术发明的专利制度在内的各种资本主义经济制度的建立和逐渐完备。

研究表明，制度创新虽然不是经济增长的全部，但缺少了制度创新，经济增长则是完全不可能的，从某一方面看，经济增长的历史就是制度创新的历史。这种制度创新能减少交易成本，从而实现日益复杂的交易活动，促成经济增长的实现。

不同的制度安排会对一个人产生不同的激励，从而导致他产生不同的行为反应。下面这个微观案例也说明了制度的重要性。20 世纪 60 年代后期，美国国会通过立法要求生产的汽车必须配备安全带。这项法律旨在提高驾车的安全性，但是它也改变了对人们的激励。安全带法律降低了驾驶员面临的生命危险，导致他们可以更大胆地开车，结果是减少了每次车祸死亡的人数而车祸次数不断增加，净结果是驾驶员死亡人数变动很小而行人死亡人数增加。这个案例印证了经济学的一条重要原理：人们会对激励做出反应。

在社会生活中，所有人际交往都需要一定程度的确定性和可预见性。当且仅当人们的行为受到规则和制度的约束时,个人行为和决策才具有稳定性和可预见性。就人类社会的经济行为而言,人们也需要制度来秩序化经济生活。经济交易和行为不可能在真空中发生作用。

总之,人类的一切活动都与制度有关。

2.4 产权制度

市场经济的存在和运行需要一系列基础条件:淳厚的商业道德、完备的产权制度、健全的市场体系;完善的市场格局;有序的市场秩序。然而其中最基础、最本质、最关键的条件是产权和产权制度。它是市场经济运行的基础,也是企业制度的核心。

2.4.1 产权及产权的特征

1. 产权

产权是财产权的简称。它是法定主体对财产的所有权、占有权、收益权和处分权的总称。排他性是产权的本质特征,即所有者不允许除他自己以外的任何人占有、使用或控制其拥有的财产。在自然人企业制度下,财产权是由法律规定的主体对于客体的最高的排他性的独占权;在法人企业制度下,所有权与经营权的分离具有法律意义,公司财产取得了独立的法律形式——法人资产。

产权内的"四权"(即所有权、占有权、处分权、收益权),在有些情况下是统一的,而在产权的具体运用和交易的情况下,"四权"以不同形式分离。例如,在现代公司制度中,产权分解为股权、法人所有权、经营权,其产权主体分别为股东、董事会和总经理。

产权的经济功能有:①保障产权主体的合法权益;②有利于资源的合理配置;③为规范市场交易行为提供制度基础;④有助于解决外部性问题。强有力的产权约束能防止资源的滥用,合理的产权安排可以促使资源的有效配置。同时,产权归属的确定性使得产权交易中,谈判对象大大减少,从而会大大降低交易费用并提高配置效率,推动经济增长。

2. 产权的特征

(1)产权的本质特征

产权具有以下本质特征:①产权是所有制关系的法律形态;②排他性是产权的契约性质;③产权是一组权利,是多种权利的总和;④产权具有统一性和不完全性。

(2)能够保证经济高效率的产权应该具有的特征

能够保证经济高效率的产权应具有以下特征:①明确性,即它是一个包括财产所有者的各种权利及对限制和破坏这些权利时的处罚的完整体系;②专有性,它使因一种行为而产生的所有报酬和损失都可以直接与有权采取这一行动的人相联系;③可转让性,这些权利可以被引到最有价值的用途上去;④可操作性。

产权概念属于现代经济学的范畴。古典经济学和新古典经济学都不涉及产权问题。但现实世界的不完全竞争性、经济人的不完全理性、信息的不完全性、未来的不确定性以及外部经济等问题,使得现代经济学注意到产权制度对经济效率、资源有效配置、减少政府干预的重要性。

2.4.2　产权与市场、企业的关系

1. 产权与市场的关系

产权制度与市场机制是一个统一整体,产权制度为市场机制的存在创造基础,市场运动不过是产权的实现方式。市场经济作为交换的经济,其交易的内容本质上是产权。正因为如此,市场经济对于产权制度便存在一系列最一般的要求:满足了,市场经济就能有效运行;不满足,就会使市场机制难以成立,至少使市场机制在配置资源过程中存在缺陷。

产权与市场的关系主要体现在以下两个方面。

(1) 市场经济的存在与发展要求有产权制度基础及其保障

市场经济对产权制度的 般要求包括:①市场经济要求产权必须是单纯的或纯粹经济性质的权利,必须是可交易的法权,而不能是超经济性质的特权。譬如,官员经商、军队经商都是不符合这一要求的。②市场经济要求在不同交易主体之间必须有明确的界区。这是规定交易的必要性和交易的有序性的必要条件。譬如,某物品为某人所有,其他人不能再有对该物品的任何权利主张。若产权是分割的——如公司制企业——股东大会、董事会、监事会、总经理之间权力必须清晰明确。③市场经济发展的趋势要求对产权根据其权能进行制度性分工。市场经济本身是一种社会分工的经济。为了满足社会经济发展对运用资产权利效率提高的要求,根据产权不同方面的权能,使产权发生社会分解。在一定制度规定下对产权诸项权能进行社会分工,成为当代市场经济运行对产权制度要求的显著特征。这种关于产权权能的社会分工的典型形式便是委托—代理制。

(2) 市场机制的缺陷源自产权制度的不完善

市场机制的种种缺陷、失灵,都可以直接或间接、或多或少地在产权构造上找到解释,市场失灵之所以存在,最重要的原因在于产权制度安排上,在一定领域,在一定条件下,人们不能或不愿、不会根据市场经济的要求去塑造产权关系。

由于产权制度本身的特点导致市场失灵,主要表现在以下四个方面:一是由于产权界定过程中存在的信息不对称而导致的市场失灵;二是由于产权界定过程中存在的外在性所表现出来的市场失灵;三是由于产权难以界定进而成为公共品领域所存在的市场失灵;四是由于生产社会化要求的规模扩张所导致的产权过于集中,形成垄断所导致的市场失灵。

2. 产权与企业的关系

(1) 企业的运行发展要求产权流动与产权交易

产权流动是指财产所有权、占有权、控制权、收益权在不同主体之间的转换,是权利主体的变更。产权流动分为经济性流动和非经济性流动。产权的经济性流动是指通过经济手段来实现产权的转移,即平等的商品交易。产权的非经济性流动包括战争和暴力导致的产权转移、分封、赠予、继承、划转导致的产权转移等。

产权交易是产权的有偿转让,广义上是财产权(所有权、占有权、控制权、处置权、收益权)的经济性流动。产权交易既包括产权的整体转让,也包括产权的部分转让。产权交易的内涵从单纯的财产所有权转让扩大到财产使用权、收益权的转让,如租赁关系、典当关系、承包关系、代理关系等,使得产权关系变得更加丰富多彩。产权流动与交易的丰富性和多样化

成为现代市场经济中产权的显著特征。

（2）企业产权转让或产权交易在经济生活中具有重要意义

第一，产权交易是实现企业间资产、股权、债权合理流动、有效配置资源和有效利用资源的途径，有利于产业结构、产品结构的调整与合理化。

第二，产权交易是解决资产存量呆滞、增量资本不足、资源利用效率低下的有效途径，有利于增强企业活力。

第三，产权交易是促成资产变现，由实物形态转变为价值形态，收回原有投资，重新投入产业，以实现产业结构调整、产业战略转换的方式，有利于资产的保值增值。

第四，产权交易使得不同部门、地区、企业的不同产权主体能够相互融合、分离、重组、混合，实现企业产权结构的多元化。

2.4.3　产权制度与企业制度的类型

1. 产权关系与产权制度的含义

产权关系是指财产的所有权、支配权、使用权、收益权与由法律界定的经济当事人之间的权利关系，简单地讲就是社会经济运行中各经济当事人与财产权利具体形式的关系。

产权制度是指既定产权关系下产权的组合、调节、保护的制度安排。产权制度是对产权关系、产权界定、产权经营和产权转让的法律确定。

人类社会发展的不同阶段，产权制度具有不同的内容。在现代市场经济中，产权制度至少应包含以下内容：①产权安排。通过产权界定，确定排他性产权，明确谁有权做什么，并确立相应的规则，如产权收益获取规则、产权转让交易规则、产权拥有者承担产权行使后果责任规则、产权拥有者自由行使权利规则，等等。②产权结构安排。明确出资人、经营者、生产者的责权利。③法人产权制度。确定企业法人对法人资产的支配、转让、收益获取、债务责任、企业各利益主体的责权利以及制约监督。

2. 企业制度的主要类型

从企业发展的历史来看，具有代表性的企业制度有以下三种。

（1）业主制。这一企业制度的物质载体是小规模的企业组织，即通常所说的独资企业。在业主制企业中，出资人既是财产的唯一所有者，又是经营者。企业主可以按照自己的意志经营，并独自获得全部经营收益。这种企业形式一般规模小，经营灵活。正是这些优点，使得业主制这一古老的企业制度一直延续至今。但业主制也有缺陷，如资本来源有限，企业发展受限制；企业主要对企业的全部债务承担无限责任，经营风险大；企业的存在与解散完全取决于企业主，企业存续期限短等。因此，业主制难以适应社会化商品经济发展和企业规模不断扩大的要求。

（2）合伙制。这是一种由两个或两个以上的人共同投资，并分享剩余价值、共同监督和管理的企业制度。合伙企业的资本由合伙人共同筹集，扩大了资金来源；合伙人共同对企业承担无限责任，可以分散投资风险；合伙人共同管理企业，有助于提高决策能力。但是合伙人在经营决策上也容易产生意见分歧，合伙人之间可能出现偷懒的道德风险。所以合伙制企业一般都局限于较小的合伙范围，以小规模企业居多。

（3）公司制。现代公司制企业的主要形式是有限责任公司和股份有限公司。公司制的特点是公司的资本来源广泛，使大规模生产成为可能；出资人对公司只负有限责任，投资风险相对降低；公司拥有独立的法人财产权，保证了企业决策的独立性、连续性和完整性；所有权与经营权相分离，为科学管理奠定了基础。

公司制企业具有以下明显的特点。

第一，公司制企业通过特定的财产组织形式，使企业成为一个独立的法人实体和市场主体，这就使企业可以与出资者相分离而独立运行。尤其是股份公司中的上市公司，股东的不断变化并不直接影响到公司企业的运行，企业有其自身稳定发展的机制。公司制企业的资本筹集采取了社会化的形式，从而大大拓宽了资本的来源渠道，使企业有可能在短时间内筹集到数额巨大的资本，能够去做靠个别资本没有能力做到的事。这就为生产力和经济的发展提供了一个良好的企业组织制度。

第二，公司制企业实行有限责任制度，投资者以出资额为限对公司承担有限责任。这就有效地分散了投资风险责任，降低了投资者的财产风险。同时，这一制度极大地提高了资本的流动性。

第三，公司制企业通过建立合理的法人治理结构，有效地提高了企业的运行效率和管理的科学性。

公司制企业的这些特点，实际上也就是这一企业制度的优点，从而使公司制企业成为现代企业制度最主要、最典型的组织形式。

知识链接 2-4

诺贝尔经济学奖

诺贝尔经济学奖（The Nobel Economics Prize），全称是纪念阿尔弗雷德·诺贝尔经济学奖，也称瑞典银行经济学奖，如图 2-6 所示。诺贝尔经济学奖不属于诺贝尔遗嘱中所提到的五大奖励领域之一，而是由瑞典银行在 1968 年为纪念诺贝尔而增设的，其评选标准与其他奖项是相同的，获奖者由瑞典皇家科学院评选，1969 年（该银行的 300 周年庆典）第一次颁奖，由挪威人弗里希和荷兰人丁伯根共同获得。截至 2013 年，诺贝尔经济学奖一共颁发了 45 次，共有 74 人获奖。获奖者的研究领域中宏观经济学占了 7 次，比

图 2-6　诺贝尔经济学奖

其他任何领域都要多。仅居其后的是信息经济学和博弈论，6 次获得诺贝尔经济学奖。有 28 位经济学奖得主来自芝加哥大学，超过其他任何一个机构。

在编者整理这些资料时，诺贝尔奖官网刚刚（2014-10-13 19:00）公布，2014 年诺贝尔经济学奖最终授予让·梯若尔（Jean Tirole），奖励他在市场力量以及规则的分析方面的成就。[①]

---

① http://money.163.com/14/1013/19/A8F7AL2100255467.html.

2.5　社会保障体系[①]

2.5.1　社会保障体系的作用

社会保障体系在市场经济条件下有着极其重要的作用,是市场经济体制的必要组成部分。社会保障体系对市场经济的保障作用是通过收入手段和支出手段的运用来实现的,社会保障体系对于市场经济的作用主要有以下几个方面。

(1)通过社会保障收入手段来调节收入分配关系。现代社会保障制度是一种比较规范的法制体系,通常以社会保障税等形式筹集所需要的资金,这就使国家能够对国民收入分配进行再调节,尽量缩小贫富差距,缓和社会矛盾。社会保障税一般由雇主和劳动者个人共同负担,税率有所差别。

(2)通过社会保障收入手段和支出手段来调控国民经济。通过开征社会保障税和通过社会保障支出,能够调节当时的社会消费总量,影响社会总供求水平,进而达到调控国民经济的目的。开征社会保障税具有压缩个人可支配收入,抑制消费水平,收缩总需求的作用。国家可以根据自身财力状况,以及国民经济运行形势,制定社会保障支出标准或调整系数,实现调节社会总需求的目的。

(3)社会保障税能够在一定程度上稳定国民经济的运行。社会保障税在财政政策工具中属于"内在稳定器",具有稳定国民经济运行的功能。在征收率不变的情况下,当经济高涨时,劳动者收入普遍提高,税基扩大,所筹集的基金相应增多;当经济萧条时,劳动者收入普遍减少,税基缩小,所筹集的基金相应减少,从而自动地起到对经济过热或过冷的抑制作用。

2.5.2　社会保障体系的特征

1. 社会保障体系的社会性

社会保障由国家来组织,为了补偿现代社会中被削弱的家庭保障功能,是家庭保障逐渐解体的结果。当劳动者保障由分散走向集中,由家庭走向社会时,国家作为全社会的总代表,责无旁贷地担当起组织劳动者保障的责任。

2. 社会保障体系权利与义务的对等性

劳动者保障是所有的社会都面临的一个问题,是社会再生产的一种运行费用。无论是家庭保障,还是社会保障,其费用是真实存在的。就社会保障而言,虽然经办主体由家庭变为国家,但其费用负担是不可能转移的,以个体劳动者付费为前提,因此,社会保障制度体现了权利与义务对等的特点。

3. 社会保障体系的共济性

社会保障虽然贯彻了权利与义务对等的原则,但是,就劳动者个人而言,这并不意味着所享受的权利与应承担的义务恰好相等,以国家为主体的社会保障制度集中了全社会成员

① 杨干忠.社会主义市场经济概论[M].北京:中国人民大学出版社,2004.

的一部分财力,仅对部分社会成员提供帮助(每一时点上肯定只有少数人处于需要救济的境地),共济性很强,大大增强了劳动者个人抵御未来风险的能力,从而增加了社会稳定性。

4. 社会保障体系的功能性

社会保障制的功能特性具体表现在三个方面。首先,体现在功能方面:①保障功能,即为满足人们基本生活需要提供物质保障的功能;②调节功能,一方面表现为社会保障是国家对经济进行宏观调控的"内在稳定器";另一方面表现为通过社会保障的再分配缩小贫富差距。其次,体现在保障项目方面:覆盖面具有广泛性。几乎包括了生、老、病、死、伤、残的各个方面。最后,体现在经费来源方面:主要由雇主、雇员和政府三方按比例共同承担。即使企业破产倒闭,个人所应享受的社会保障也不受影响。

2.5.3 社会保障体系的基本内容

一般而言,社会保障制度包括社会保险、社会救助、社会福利三个部分。通过对这一部分内容的学习,我们就能够知道,在起伏变化的市场经济中,当我们遇到某些经济困难时,可以从哪些方面获得基于公民权利的帮助和救助,使我们的公民尊严和基本生存权得到合法的、有效的保护。

1. 社会保险

社会保险是指劳动者及其家属由于生育、年老、疾病、工伤等原因而丧失劳动能力或失业,从而失去生活来源时,根据立法享受的、由社会提供必要物质帮助的社会制度。社会保险主要包括:养老保险,即对因年老丧失劳动能力的劳动者,在养老期间给予养老金、医疗待遇及生活方面的照顾等;生育和疾病保险,即对因生育而中断劳动和因患病而暂时丧失劳动能力者,给予其生育和患病期间的收入补助和医疗保险待遇;失业保险,即对因失业中断工作的劳动者,给予基本的生活费、医疗费,并为他们提供转业培训和职业介绍等服务。

2. 社会救助

社会救助即劳动者在其不能维持最低限度的生活水平时,根据有关法律规定,有权要求国家和社会按照法定的标准向其提供满足最低生活需求的资金和实物援助的一种社会保障制度。社会救助是一种公民应享受的基本权利,其目标是克服贫困。由于现实生活中的贫困现象基本上可分为遭受自然灾害造成的贫困、职业竞争失败造成的贫困、个人生理原因造成的贫困和个人能力原因造成的贫困四类,因此,社会救助一般包括自然灾害救助、失业救助、孤寡病残救助和城乡困难户救助等项目。社会救助子系统是新型社会保障制度的重要支持和辅助系统,它对保护社会脆弱群体,提高社会公平程度具有重要作用。其主要功能是保障社会脆弱群体获得基本生存条件和恢复基本生活水平。它面向因不可抗力(如自然灾害、战争等)袭击而丧失生存条件或生活水平急剧下降的群体而设立。该体系一般由政府主导,社会相关团体共同参与,同时寻求国内外企业和热心者支持。社会救助系统主要由灾害救助、贫困救助、特殊救助等组成。

3. 社会福利

社会福利即由国家或社会为立法或政策范围内的所有公民普遍提供的、旨在保证一定的生活水平和尽可能提高生活质量的资金和服务的一种社会保障形式。它偏重于提供福利设施和福利服务,不带任何前提条件地给予每一位符合规定的公民,囊括了除社会保险、社会救助之外的其他所有社会保障内容。例如,我国城镇职工和居民所享受的物价补贴等,就是一种社会福利。社会福利系统是新型社会保障制度的三大支柱之一,它面向全体社会成员,并按不同群体和阶层设置众多的保险项目。该系统内的大多数项目主要由政府举办,社会团体、志愿机构协助举办。实现形式有直接给付现金、实物捐助、劳务服务等。其功能主要有:一是保障社会成员拥有基本生存条件;二是改善和提高社会成员的生活质量。它依据社会群体特征和社会需要设置相应项目。

学用小品

道德滑坡给中国经济带来怎样的负面影响

记得编者早年备课经济学时看到媒体报道的一则案例,大意是:日本人像中国人一样习惯使用筷子用餐,不同的是日本人的筷子是一次性使用的,因此需要大量的筷子,但国家法律严格限制本国森林的商业性开采,以维护高水平森林覆盖率。那么筷子的国内供求矛盾如何解决呢? 答案是从国外进口,且其中相当大的一部分是从中国进口的。在许许多多的筷子进出口交易中,有一家日本商社与我国东北六家生产企业建立了商业关系。起初,六家中企为了自身利益,抱团形成了一个价格同盟。这样做确实给这些企业带来了不小的经济利益,但好景不长,其中一家中企出于私利,暗地里与日企另订秘密交易,以低于同盟价格的价格换取更大份额的订单。开始还蒙了其他伙伴企业一段时间,随着时间的推移,其他企业慢慢有所察觉,触发同样的想法。精明的日本商人迅速利用了这一点,策略性地成功瓦解了中企价格同盟,杀价又准又狠,用比当初更少的货款获取比当初多得多的货物,赚得盆满钵满,而中企则在自相残杀中遍体鳞伤。商场竞争本是如此,这种情况很正常。十年之后,又有了许多相关的后续报道,在中日筷子商品的交易中,东北的原始森林每天在成片成片地消失。[①]

时间久远,这个案例的一些细节和具体数据现在已记不太清了,但是这个案例始终压在笔者的心底,事件发生的时候我国才刚刚开始转向市场经济体制,其中的案情在当时国内可以说闻所未闻,因为那时国家统一价格才刚松动,承包制下的市场价格还带有计划经济的痕迹,价格同盟还是新生事物,这个案情对于当时的人们颇有冲击力,使人们见识并惊诧于商业道德败坏带来的恶果。

时光之轮转到了 21 世纪,国人在市场经济中已经摸爬滚打了二十余年,对比之下,现在的人们对此类案例的媒体报道早已司空见惯,电视连续剧里常现败坏商业道德的剧情,已然成了大众文化中的一种调味品;本文前面提到的那样的案例在如今看来可能不值得一提,对于大众来说,像苏丹红(2005)、三鹿奶粉(2008)、瘦肉精(2011)、股指乌龙(2013)、足球黑哨这样的败德事件才会产生轰动效应;在全国媒体一波又一波的道义轰炸下,才稍微触动起人们的社会诚信危机。

道德滑坡、诚信缺失给中国经济带来怎样的影响呢? 有这样一组统计数据——我国企业

---

① 田刚,人民网-环球时报,2004 年 4 月 21 日,http://www.people.com.cn/GB/huanbao/2468266.html.

坏账率高达 1%～2%，且呈逐年增长势头，相比之下，成熟市场经济国家的企业坏账率通常为 0.25%～0.5%；我国每年签订的约 40 亿份合同中，履约率只有 50%；我国企业对未来付款缺乏信心，近 33.3% 的企业预计情况将"永不会改善"。① 商务部提供的数据显示，我国企业每年因信用缺失导致的直接和间接经济损失高达 6000 亿元，其中因产品质量低劣、制假售假、合同欺诈造成的各种损失达 2000 亿元。② 还有专家认为，合同违约、逃废债务等商业信用造成的经济损失，合起来约超万亿；至于像假药、假酒、毒奶粉那样的因造假而引致的人们健康和生命的损失，大量的学术造假引致的学术声誉乃至国家形象的损失，更是无法用金钱来衡量的。③

当中国以年均 10% 的经济增长率惊愕世界的时候，诚信缺失给中国经济造成的巨大损失也给世人留下了极其深刻的印象。不光是那些巨额的经济损失，国人现在需时刻绷紧神经、防备欺诈陷阱。人们在疲于赚钱的同时还要做好充分的防止受骗上当的心理准备，活得实在是不轻松。经济损失肇因于诚信缺失，诚信缺失源自于诚信文化的崩坏。诚信缺失造成经济秩序混乱，诚信文化的崩坏荼毒人们的心灵、破坏市场经济的氛围。诚信文化的崩坏就是道德滑坡的大环境、大背景。

诚信指数是败德程度的一个指示器。2011 年下半年，《小康》杂志社中国全面小康研究中心联合清华大学媒介调查实验室，在全国范围内开展了"2011 中国人信用大调查"。调查的结果显示，2010—2011 年中国信用指数为 62.7 分，从 2005 年至今的走势看，中国信用指数始终处于低位运行态势。数字背后，是愈发凸显的社会信任危机。④ 中国社会科学院 2013 年 1 月 7 日发布的《社会心态蓝皮书》显示，中国社会总体信任指标进一步下降，低于 60 分的"及格线"。人际间的不信任进一步扩大，只有不到一半的调查者认为社会上大多数人可信；而群体间的不信任也在加深和固化，表现为民商、医患、警民、干群间等许多主要社会关系间的不信任，也表现在不同阶层群体间的不信任。⑤ 关注一下这些年来中国诚信指数的变化以及道德水准的变化，就不难理解道德滑坡怎样给中国经济带来巨大的负面影响了。⑥⑦

当下，百姓关心着收入的增长，企业关心利润曲线，政府关心的是税收，集中到一起，全社会的关心都倾注到 GDP 增长率上，这些都没有错，可是现阶段我国金钱崇拜、昧德忘义、道德基础的坍塌与缺失给市场经济的运行造成多么严重的影响和多么巨大损失、给市场经济体制改革造成多么巨大的阻力啊！光想着在商海里自己不择手段捞钱而不惜毁坏共同的市场经济的道德基础，长此下去，是不会带来健康的未来的。

本章小结

1. 经济制度确定资源配置方式。一般认为人类社会迄今为止存在四种经济制度：传统经济制度，主要通过"传统习惯"配置资源；计划经济制度，主要通过"计划指令"配置资源；自

---

① 新浪财经，2011 年 5 月 4 日，http://finance.sina.com.cn/roll/20110504/02329787422.shtml.

② 新华网，2011 年 5 月 4 日，http://news.xinhuanet.com/2011-05/04/c_121376369.htm.

③ 中新网，2010 年 2 月 4 日，http://www.chinanews.com/gn/news/2010/02-04/2109298.shtml.

④ http://news.eastday.com/c/20120211/u1a6357772.html.

⑤ http://news.163.com/13/0109/10/8KP7VUE700014JB6.html.

⑥ 中国诚信指数全民调查，2010 年 7 月 29 日，http://style.sina.com.cn/news/p/2010-07-29/094165176.shtml.

⑦ 中国信用指数调查：我们能够相信谁，2012 年 9 月 4 日，http://news.qq.com/a/20120904/000947.htm.

由放任的市场经济制度,主要通过"价格信号"配置资源;混合经济制度,主要并用"看得见的手"与"看不见的手"配置资源。

2. 通过高度抽象的市场经济运行流程图,使人们能够透过庞大纷繁、深奥复杂的现实经济现象,迅速把握市场经济内部的基本要素、整体结构、本质关系、运行流程、重要规律。了解微观层面上家庭有哪些经济行为,企业有哪些经济行为,各类市场的性质与状态,政府为什么要进行微观规制;了解宏观层面上国民收入由哪些因素决定,总供给总需求状态,产品市场与金融市场如何均衡,政府为什么要调控宏观经济和怎样调控宏观经济。

3. 市场经济是人类社会经济发展到一定程度的产物。市场不等于是市场经济,市场经济是一个有机体,它包含市场核心、产权基础、道德基础、法制保障和相关的社会保障,缺少任何一个部分,市场经济都不可能存在;任何一个构成部分的不健全,都将影响市场经济的运行效率。

4. 作为市场经济核心的市场,又包含四个基本元素——作为交易场所和交换关系统一的市场、市场主体、市场客体、交易媒介货币。对于这四个基本元素的性质、特征、形态、关系的深入了解,有助于认识市场运行。

5. 产权制度是经济活动的基础性因素,是市场经济运行的基础,也是企业制度的核心。产权应该具有以下特征:①明确性;②专有性;③可转让性。

6. 市场机制的种种缺陷、失灵,都可以直接或间接、或多或少地在产权构造上找到解释。市场失灵之所以存在,最重要的原因在于产权制度安排。

基本概念

商品经济　　市场经济　　商品　　劳务　　货币　　货币流通规律　　产权
产权流动　　产权交易　　产权关系　　产权制度　　社会保险

复习实训

一、单选题

1. 下列经济制度中主要通过习惯来配置经济资源的是(　　　)。
　　A. 传统经济制度　　　　　　　　B. 计划经济制度
　　C. 自由放任的市场经济制度　　　D. 混合经济制度

2. 市场经济是指(　　　)。
　　A. 自给自足的经济　　　　　　　B. 为交换而生产的经济
　　C. 以社会分工为条件的经济　　　D. 商品交换在社会占统治地位的经济

3. 下列不属于流量的是(　　　)。
　　A. 5 月份钢产量 8000 万吨
　　B. 二季度社会商品零售总额 3590 亿元
　　C. 2008 年汽车产量 440 万辆

D. 截至 6 月 30 日居民存款余额 20 亿元

4. 在市场经济中，注册会计师向社会提供的是（　　）。

　　A. 产品　　　　B. 商品　　　　　C. 劳务　　　　D. 信息

5. 产权不包括（　　）。

　　A. 所有权　　　B. 占有权　　　　C. 行政权　　　D. 收益权

6. 被称为现代企业制度的是（　　）。

　　A. 业主制　　　B. 合伙制　　　　C. 公司制　　　D. 国有制

二、判断题

1. 市场即为市场经济。（　　）

2. 市场经济中决策是分散的，彼此互不相干。（　　）

3. 存量和流量是相互独立的。（　　）

4. 电视直销、网络直销没有交易场所，因而不是市场。（　　）

5. 能够保证经济高效率的产权应该具有可转让性。（　　）

6. 所有企业都应该实行公司制。（　　）

三、问答题

1. 通过本章学习，你了解了哪几个经济"系统"？

2. 产权制度的内容是什么？

应用训练

一、单项训练

1. 查阅文献，比较各种社会经济形态下经济资源的配置方式（如所有制条件、生产要素结合方式）及其配置效率。

2. 通过查阅资料，以事实和数据说明道德基础、产权基础、法律制度、社会保障等怎样对市场经济运行产生影响。

二、综合应用

1. 组员研究：借助本章提供的"四部门市场经济模型"，分头查找模型中各主要经济变量的统计数据（如消费量、储蓄量、投资量等），绘制动态曲线，标识在模型的相应经济变量处，并粗略进行流量—存量分析。

2. 小组研究：形成每一年一张的数据模型图。计算消费率（消费/GDP）、储蓄率（储蓄/GDP）投资（投资/GDP）等。对相邻经济变量的关系进行初步分析，通过历史数据的简单回归处理，看看其中是否存在某种规律。最后尝试进行综合分析。

第 3 章

市场体系与市场机制

知识目标--

通过本章教学,使同学们对市场体系的构成、市场机制的构造、市场运行成本有一个初步的了解。

技能要求--

要求同学们能自行进一步探索各类市场的功能、特征和运作方式,透彻理解市场机制的构造和配置资源的机理,用市场运行成本(微观上即交易成本)概念分析人们的市场经济行为。

引言导图--

这一章里,市场不再是一个笼统模糊的研究对象,市场的微观构造和宏观体系将清晰地呈现在你的眼前。你可能会诧异:一个国家,那么大的市场经济体为什么能够运行得井井有条?市场机制会告诉你其中的秘密。市场经济同样会发生运行成本。本章引言导图如图3-1所示。

图3-1 本章引言导图

3.1 市场体系

3.1.1 市场体系的基本含义

市场体系是指相互联系的各类市场的有机统一体。

市场体系是一个很大的经济范畴,需要从多角度、多层次来观察才能获得较完整的认识。

（1）从在市场中流通的商品的属性来看，横向上有生产品、消费品两大类商品①；纵向上这两大类商品可逐层向下细分至成千上万种不同的商品。这些商品的交易市场汇集在一起，形成一个错综复杂的市场体系。

（2）从不同商品之间的连锁关系来看，所有商品市场都是联动的。就生产品来说，原材料市场影响半成品市场、半成品市场影响产成品市场，反过来也是一样。就消费品来说，人们温饱之后就会追求鲜衣美食，进而添置香车宝马等。人们从一个档次的消费迁移到另一个更高级档次的消费，其背后是各类相关消费品市场的不断调整。生产消费品的生产品的生产活动则把生产品市场和消费品市场连接在一起。

（3）从商品流通的交易场所来看，可以分为实体交易场所的市场和虚拟交易场所的市场，前者如人们经常光顾的各类超市、商店、饮食服务店等，后者如淘宝、亚马逊等电子商场。这两类市场各有其特定功能，无法完全互相替代，既有竞争的一面，又有互补的一面，形成一个虚实交融的交易场所体系。

（4）从产品市场和货币市场的关系来看，在现实经济生活中，伴随着物质产品、精神产品的市场供求的变动，各种货币和各种金融产品市场的供求也跟着发生相应的变动。市场经济条件下，使用价值的运动总是引发出价值的运动，而价值运动又有着相对独立性。实体经济中的各种商品市场与虚拟经济的各种金融产品市场相互依存、相互作用，融为一体。

（5）从商品的价格和销量的决定来看，任何一个商品的价格和销量的决定都不可能是孤立的，总是在其他商品的价格和销量同时决定的条件下而被决定的。这种关系是由上述第2点所揭示的商品间的连锁关系所决定的，由于商品间连锁关系的远近紧密程度不同，其影响力也不同。

总而言之，市场体系具有整体性、关联性、依存性、互动性、虚实性、结构性。

3.1.2　市场体系的结构

对于市场体系的结构，可以从不同角度去观察。下面主要从商品种类和市场竞争度来观察。

从商品种类角度看，成千上万的商品相互间存在着某种数量比例关系，既有使用价值量的比例关系，也有价值量的比例关系，体现在这些商品的市场之间，这就是市场体系的结构。

假定有一个小地方，在外在的大经济背景条件下，短时间内社会经济发生迅速的变化，从产业结构的变化很容易看出与其相联系的市场体系结构的变化来。深圳就是这样一个例子。改革开放以来的短短三十年时间里，深圳从一个主要从事渔业生产活动的小渔村，演变为如今以高端加工业、商贸金融服务业为主的现代化大都市。深圳的产业结构变化如图3-2所示。

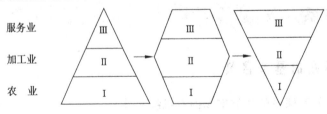

图3-2　深圳产业结构的变化

---

①　商品是指为交易而生产的产品，包括生产品（生产要素）和消费品。但在经济学教科书中有时指消费品，有时还专指消费品中物质产品，和消费品中的服务（或称劳务）相区别。读者须注意不同语境下"商品"的范围。

若以价值指标来反映,从图中可以看出深圳各产业创造的价值在总价值量中的比重,而这些价值都是在相应的商品市场上来实现的。

从市场竞争度来看,可以用产量或销量的集中度来反映一个行业的市场竞争状态。经济学上通常用消费者、企业的数量多少以及规模的大小、产品的同异质性、进出行业的难易程度、要素的流动性大小、市场信息的对称性程度等市场结构变量来测定某一行业的竞争程度。理论上,从完全竞争到垄断竞争,到寡头垄断,再到完全垄断,有四种市场结构类型。[①]在统一的大市场体系中,成千上万的商品市场分别归类于上述市场结构连续体中,从而形成一个从市场集中度划分的市场体系结构。一般来说,各种各样的农产品和生活日用品的市场竞争程度比较大,而自来水、城市供电、电信服务、石油产品、天然气等商品的市场垄断程度较大,其余商品的市场竞争程度介于前述二者之间。

3.1.3 市场体系的基本特征

市场体系的基本特征是统一性、开放性、竞争性和有序性。

(1)统一性。市场体系的统一性是指市场体系无论是从构成上,还是空间上均是完整统一的。从构成上看,它不仅包括一般商品市场,而且包括生产要素市场;不仅包括现货市场,而且包括期货市场;不仅包括批发市场,而且包括零售市场;不仅包括城市市场,还包括农村市场等。从空间上看,各种类型的市场在国内地域间是一个整体,不应存在行政分割与封闭状态。部门或地区对市场的分割,会缩小市场的规模,限制资源自由流动,从而大大降低市场的效率。

(2)开放性。市场体系的开放性是指各类市场不仅要对国内开放,而且要对国外开放,把国内市场与国外市场联系起来,尽可能地参与国际分工和国际竞争,并按国际市场提供的价格信号来配置资源,决定资本流动的方向,以达到更合理地配置国内资源和利用国际资源的目的。反之,封闭的市场体系不仅会限制市场的发育,还会影响对外开放和对国际资源的利用。

(3)竞争性。市场体系的竞争性是指它鼓励和保护各种经济主体的平等竞争。公平竞争创造一个良好的市场环境,以促进生产要素的合理流动和优化配置,提高经济效益。而一切行政封闭、行业垄断、不正当竞争都有损市场效率。

(4)有序性。市场体系的有序性是指市场经济作为发达的商品经济,其市场必须形成健全的网络、合理的结构,各类市场都必须在国家法令和政策规范要求下有序、规范地运行。市场无序、规则紊乱是市场经济正常运行的严重障碍,它会损害整个社会经济运行的效率,容易导致社会经济发展的无政府状态。

知识链接 3-1

市场体制运转的故事:《我,铅笔》

铅笔,看起来是一件非常简单的产品,但事实上,它的生产要求分布在世界各地许多不同的人进行协调一致的活动,它牵动着世界各个角落各种各样的市场。经济学家莱昂纳

---

① 详细见本书第8章。

德·里德写了一篇关于加利福尼亚州埃伯哈特·费伯铅笔公司出售的一支铅笔的"自传"，以此说明市场是如何实现这一协调的。这是有关市场体制如何运转的最为著名的说明之一。

我的家谱开始于生长在北加利福尼亚州或俄勒冈州的一棵雪松。现在想象一下所有那些锯子、卡车，还有用于砍伐雪松木材并把它们用手推车运到铁路边的无数其他工具……

这些木材被运到了位于加利福尼亚州圣莱安德罗的一家工厂，雪松被裁割成短短的、铅笔长度的板条，厚度小于四分之一英尺。到了铅笔厂，由一台复杂的机器给每根板条开八道槽，然后由另一台机器每隔一根板条灌铅。

我的"铅"本身（它根本就不含铅）是很复杂的。石墨开采自锡兰，然后与来自密西西比的黏土混合，而在黏土的提纯过程中又使用了氢氧化铵，为了提高它们的强度和光滑度，随后对铅又进行了处理，加进了灼热的混合物，其中包括来自墨西哥的提纯蜡、固体石蜡，还有经过氢化处理的自然脂肪。

我的雪松外壳涂上了六层漆。你知不知道漆的所有成分？谁会想到蓖麻子的种植者和蓖麻油的提炼者都参与其中？但他们的确实参与了。

我的那点金属（金属箍）是黄铜。想想所有那些开采锌和铜的人，还有那些有本领从这些自然的产物中制做出光闪闪的铜片的人。

然后是我光辉的顶点，人们用来擦去他们用我写下的错误的部分。它是一个像橡皮的产品，通过来自荷兰东印度群岛的菜籽油和氯化硫进行化学反应制作而成。然后，还有无数的硫化剂和促染剂。浮石来自意大利，而给橡皮擦上色的颜料是硫化镉。

数以百万计的人参与了我的创造，他们当中甚至没有一个人认得大多数其他人。这几百万人当中，任何一个人，包括铅笔公司的总裁，所贡献出来的技术诀窍都是极小的、微不足道的……

还有一个更让人瞠目结舌的事实：没有一个主脑，没有任何人规定或强令这些无数让我得以形成的行为，找不到存在这样一个人的痕迹。反之，我们看到了"看不见的手"在起作用。[①]

3.2 市场机制

3.2.1 市场机制的概念

1. 市场机制的含义

市场机制是指市场内部各要素互相适应、互相制约、共同发挥作用形成的市场自组织、自调节的运行机理与综合机能。其动力源于市场主体对其个体利益的追求，在价值规律、供求规律以及竞争规律支配下，通过供给、需求、价格、竞争、风险等市场要素之间互相联系及作用，在价格、工资、利率、汇率等市场信号导引下，调节全社会的商品生产与商品交换。市场机制是市场运行的实现机制。

市场机制有一般和特殊之分。一般市场机制是指在任何市场都存在并发生作用的市场

---

① R. 格伦·哈伯德，安东尼·P. 奥布莱恩. 经济学（宏观）[M]. 北京：机械工业出版社，2007.

机制,主要包括供求机制、价格机制、竞争机制和风险机制,其中,价格机制是核心机制。特殊市场机制是指各类市场上特定的并起独特作用的市场机制,主要包括商品市场上的价格机制、劳动力市场上的工资机制、金融市场上的利率机制、外汇市场上的汇率机制等。

2. 市场机制体系

市场机制是一个有机的整体,它由价格机制、供求机制、竞争机制和风险机制等构成。

(1)价格机制是指在市场竞争过程中,市场上某种商品市场价格的变动与市场上该商品供求关系变动之间的有机联系的运动。它通过市场价格信息来反映供求关系,并通过这种市场价格信息来调节生产和流通,从而达到资源的合理配置。另外,价格机制还可以促进竞争和激励,决定和调节收入分配等。

(2)供求机制是指通过商品、劳务和各种社会资源的供给和需求的矛盾运动来影响各种生产要素组合的一种机制。它通过供给与需求之间在不平衡状态时形成的各种商品的市场价格,并通过价格、市场供给量和需求量等市场信号来调节社会生产和需求,最终实现供求之间的基本平衡。供求机制在竞争性市场和垄断性市场中发挥作用的方式是不同的。

(3)竞争机制是指在市场经济中,各个经济行为主体之间为着自身的利益而相互展开竞争,由此形成的经济内部必然的联系和影响。它通过价格竞争或非价格竞争,按照优胜劣汰的法则来调节市场运行。它能够形成企业的活力和发展的动力,促进生产,使消费者获得更大的实惠。

(4)风险机制是指市场活动同企业盈利、亏损和破产之间相互联系和作用的机制。在产权清晰的条件下,风险机制对经济发展发挥着至关重要的作用。

这四种机制是嵌套在一起的,你中有我,我中有你,互为条件,互相依存,互相作用,互相制约,相辅相成,共同构造一个完整的市场机制。

3. 市场机制的属性

(1)市场机制是一个完整的有机统一体,价格机制在市场机制体系中处于核心地位。价格机制具有信息传递功能、合理配置资源功能、提供生产动力和促使企业竞争功能、影响或决定收入分配和收入水平功能。价格机制在市场机制体系中的作用最为突出、明显。当然,市场机制离不开供求这个基本要素。但供求不可能孤立地存在,其运动态势和双方的变化直接受市场价格及市场竞争状况的制约。因此,构成市场机制运动的三大基本要素是价格、供求、竞争,不论市场性质、规模、范围如何,这三大基本要素均不会变。这三大要素的组合及交互运动正是商品经济的基本规律,即价值规律、供求规律、竞争规律、平均利润率规律、货币流通规律等共同作用于市场的结果。

(2)市场机制运转循环的原动力只能是市场活动参与者的经济利益。市场是商品交换关系的总和,商品供求的后面是经济利益关系。微观主体的市场行为之所以在价格、供求、竞争的制约下进行变化,根源来自这种机制组合的原动力——市场经济人的利益。

(3)市场机制是一种开放型的受多因素影响和制约的社会经济机制。市场机制绝不是一个纯自然的封闭机制,而是一种开放的社会经济机制。这是因为,市场本质就是开放的,它作为社会分工发展和商品生产及商品交换扩大的必然产物,集中反映了社会经济活动中各种复杂的经济关系。

3.2.2　市场规律

1. 价值规律

价值规律的基本内容：商品的价值量是由生产商品的社会必要劳动时间决定的；商品交换以价值量为基础，实行等价交换。价值规律表现形式：价格受供求关系影响，价格围绕价值上下波动。价值规律的表现形式也称价值规律的实现形式和发生作用的形式。

价值规律的作用：①调节生产资料和劳动力在社会生产各部门的分配；②刺激商品生产者改进技术、改善经营管理，提高劳动生产率；③导致商品生产者优胜劣汰。

总之，价值规律的作用，就是竞争机制和价格机制的作用，归结为一点就是资源优化配置和提高经济效益。

2. 竞争规律

竞争规律的内容：在价值规律发挥作用的过程中所显示出来的互相争夺经济利益的客观必然性，称为竞争规律。

竞争的主要功能：使市场机制的功能得以发挥。有利于市场信号的形成与传递，使市场信号能及时、迅速传递到各利益主体；有利于形成经济运行秩序，增强企业活力、激发个人进取心。

竞争通过各利益主体追求自身经济利益的内在要求转化为一种外在的强制或外部的压力，制约着每个经济主体。

竞争包括供给方内部竞争、需求方内部竞争和供给方与需求方的竞争。

3.2.3　市场机制的功能

市场机制具有以下主要功能。

（1）市场价格的形成功能。商品的价值是在生产过程中形成的，但商品价值要通过交换才能实现，要通过供求机制和竞争机制转化商品价格，最终形成一般价格水平。

（2）资源配置的优化功能。市场机制以价格水平的变化，灵敏、高效地向市场中的各个主体提供信息，作为他们决策的依据，同时也为国家提供宏观调控的基本参数。各市场主体出于对自身利益的考虑，将不断地重组和改变资源配置状况，政府也将根据市场价格的变动调整各项宏观政策，从而影响生产要素在社会各部门和企业的投放比例，由此灵活地引导资源在各部门各行业之间的自由流动，使全社会的资源配置不断地趋于优化，实现资源配置的效率。

（3）供求关系的平衡功能。由于信息的不对称等原因，个别商品的供给与需求、社会总供给与总需求在总量上和结构上经常会发生不平衡。在市场经济条件下，供求与价格相互作用，调节着供给和需求，推动经济总量在动态中实现平衡。

（4）提高效率的激励功能。市场的竞争机制可以使商品生产的个别劳动时间低于社会必要劳动时间的企业获得超额的利润，从而在竞争中处于优势地位，又会使商品生产的个别劳动时间高于社会必要劳动时间的企业产生亏损，从而形成被淘汰的压力。这种作用会使企业基于对经济利益的追求，不断采用新技术，加强管理，拓展市场，以提高劳动生产率，降低生产成本，优化产品结构。

（5）经济利益的实现功能。在市场经济中，商品生产者、经营者都是从自身的经济利益出发，从事生产、经营活动的。而经济利益的实现，不仅取决于生产者本身的生产努力程度，还取决于市场状况和生产者在市场竞争中的实力。市场机制客观上起着经济利益的实现和调节功能。

（6）经济效益的评价功能。市场经济中经济主体经济活动的效果如何，不取决于这些主体的主观评价，而取决于他们生产的产品在市场上实现的程度。只有经过市场机制的检验、在市场上实现了的产品才被证明是为社会所承认的，才是有效益的。这样，市场就成为社会各种经济活动效益的客观评价者。

但是，市场机制并不是万能的。它所具有的功能的发挥是有条件的。价格是市场机制的核心。只有在那些可以用价格度量的领域内，市场机制才能充分有效地发挥作用。由于市场价格随着供求状况的变化进行波动，具有短期性和滞后性的特点，因此，市场机制的调节作用往往会造成企业视野的短期性和市场反应的滞后性。此外，市场机制还存在盲目性的弊端。盲目性是相对于计划性而言的，主要是指社会经济不是按照某种预定的统一计划协调发展，因而会发生经济波动和资源浪费。

知识链接 3-2

你不仅在为商品付费——交易费用

"郑人买履"的寓言在中国家喻户晓，意在讽刺那些固执己见、死守教条、不知变通、不懂得根据客观实际采取灵活对策的人。单从"郑人"买鞋的结果来看，他在集市与家之间往返两趟，浪费了大量时间和精力，最终还是没有买到鞋子。用经济学的话来说，他的交易费用实在是太高了。

交易费用又称交易成本，最早由美国经济学家罗纳德·科斯在《企业的性质》一文中指出，交易成本是通过价格机制组织产生的、最明显的成本，就是所有发现相对价格的成本，市场上发生的每一笔交易的谈判和签约的费用，以及利用价格机制存在的其他方面的成本。

学术界一般将交易费用分为广义交易费用和狭义交易费用两种。广义交易费用即为了冲破一切阻碍，达成交易所需要的有形及无形的成本。狭义交易费用是指市场交易费用，即外生交易费用，包括搜索费用、谈判费用以及履约费用。

在生活中，每个人为了实现自己的交易行为，都要以不同的形式支付交易成本。对于每个不同的人来说，其自身的交易成本是不同的。在菜市场上可以看到不少老太太与小商贩讨价还价。这是因为，老太太用来讨价还价的时间并不能另作他用，如果能买到便宜的蔬菜，就是降低了自己的生活成本。但是如果放到年轻人身上，贵几毛钱就贵几毛钱吧，有讨价还价的时间还不如抓紧时间多挣钱。

交易成本经济学认为，市场运行及资源配置有效与否，关键取决于两个因素：一是交易自由度的大小；二是交易成本的高低。[①]

---

① 静涛，黑岛．哈佛教授讲述的300个经济学故事[M]．上海：立信会计出版社，2011．

3.3 市场运行成本

3.3.1 交易成本的含义

市场运行并不是无须代价的,交易成本(又称交易费用)就是市场运行的代价,它是指在一定的社会关系中,人们自愿交往、彼此合作达成交易所支付的成本,也即人—人关系成本。它与一般的生产成本(人—自然界关系成本)是对应的概念。从本质上说,有人类交往互换活动,就会有交易成本,它是人类社会生活中一个不可分割的组成部分。

由于经济体系中企业的专业分工与市场价格机制的运作,产生了专业分工的现象;但是,使用市场的价格机制的成本相对偏高,而形成企业机制,它是人类追求经济效率所形成的组织体。由于交易成本泛指所有为促成交易发生而形成的成本,因此很难进行明确的界定与列举,不同的交易往往涉及不同种类的交易成本。

在市场经济中交易成本的发生是普遍的,在市场经济体系尚不完备的转型期,显得尤其突出。例如,学校或教育主管部门为了获取学生真实的学习水平的信息,在中考或高考期间动用了比以往更多的监考人员、设备、财政支出和宝贵时间来防止作弊现象的发生。与之相对,学生方面,某些实施作弊者,则要花费大量心思、花钱购置作弊装备、承受被查出的巨大风险和道德堕落的人格代价,等等。这两方面发生的成本都是交易成本。再如,现在大学毕业生就业压力增大,毕业生们往往要向多个单位投送简历,以增加录用概率,有的甚至动用整容等手段。与此相对,每个用人单位都要求应聘者提供指定医院的体检报告。这些也都是交易成本。

3.3.2 交易成本的分类

1. 简单分类

总体而言,简单分类可将交易成本区分为以下几项:①搜寻成本,商品信息与交易对象信息的搜集成本;②信息成本,取得交易对象信息与和交易对象进行信息交换所需的成本;③议价成本,针对契约、价格、品质讨价还价的成本;④决策成本,进行相关决策与签订契约所需的内部成本;⑤监督交易进行的成本,监督交易对象是否依照契约内容进行交易的成本,例如追踪产品、监督、验货等;⑥违约成本,违约时所需付出的事后处理成本。

2. 按事前事后分类

1985年威廉姆森进一步将交易成本加以整理,区分为事前与事后两大类:①事前的交易成本,包括签约、谈判、保障契约等成本;②事后的交易成本,包括契约不能适应所导致的成本、讨价还价的成本(即两方调整适应不良的谈判成本)、建构及营运的成本、为解决双方的纠纷与争执而必须设置的相关成本、约束成本(即为取信于对方所需之成本)等。

3. 按内容分类

1979年,Dahlman则将交易活动的内容加以类别化处理,认为交易成本包含:搜寻信息的成本、协商与决策成本、契约成本、监督成本、执行成本与转换成本。简而言之,是当交易行为发生时,所随同产生的信息搜寻、条件谈判与交易实施等的各项成本。

3.3.3 交易成本发生的原因

（1）有限理性。有限理性是指进行交易的参与人，因为身心、智能、情绪等限制，在追求效益最大化时所产生的限制约束。

（2）投机主义。投机主义是指参与交易进行的各方，为寻求自我利益而采取的欺诈手法，同时增加彼此不信任与怀疑，因而导致交易过程监督成本的增加而降低经济效率。

（3）不确定性与复杂性。由于环境因素中充满不可预期性和各种变化，交易双方均将未来的不确定性及复杂性纳入契约中，使得交易过程增加不少订契约时的议价成本，并使交易困难度上升。

（4）少数交易。因为某些交易过程的过于专属性，或因为异质性信息与资源无法流通，使得交易对象减少及造成市场被少数人把持，使得市场运作失灵。

（5）信息不对称。因为环境的不确定性和自利行为产生的机会主义，交易双方往往持有不同程度的信息，使得市场的先占者拥有较多的有利信息而获益，并形成少数交易。

（6）气氛。气氛是指交易双方若互不信任，且又处于对立立场，无法营造一个令人满意的交易关系，将使得交易过程过于重视形式，徒增不必要的交易困难及成本。

3.3.4 交易成本的特征

上述交易成本的发生原因，进一步追根究底可发现源于交易本身的交易商品或资产的专属性、交易不确定性、交易的频率三项特征。这三项特征从三个方面影响交易成本的高低。

（1）交易商品或资产的专属性。交易商品或资产的专属性是指交易所投资的资产本身不具市场流通性，或者契约一旦终止，投资于资产上的成本难以回收或转换使用用途。

（2）交易不确定性。交易不确定性是指交易过程中各种风险的发生概率。由于人类有限理性的限制使得面对未来的情况时，人们无法完全事先预测，加上交易过程买卖双方常发生交易信息不对称的情形，交易双方因此通过契约来保障自身的利益。因此，交易不确定性的升高会伴随着监督成本、议价成本的提升，使交易成本增加。

（3）交易的频率。交易的频率越高，相对的管理成本与议价成本也升高。交易频率的升高使得企业会将该交易的经济活动内部化，以节省企业的交易成本。

学用小品

淘宝购物的疯狂与中国电商市场的狂飙

2014年9月，秋高气爽，一则电视广告在中国大小电视台各档节目间隙反复插播"一秒钟332件化妆品被抢购，一分钟4537件家电被售出，一小时433万件服装被选购，一天超过1亿人在淘宝购物。海量商品等你淘，要购物上淘宝。"与此同时，另一则消息成为世界新闻的头条，撩拨着国人的心，美国时间9月19日，"阿里巴巴在美国证券交易所上市，上市首日开盘价报每股92.7美元，融资规模达218亿美元，成为美国史上融资额最大的IPO。在第一个交易日收盘时，阿里巴巴的市场价值达到2310亿美元。超过了美国两家龙头电子商务公司——亚马逊和eBay总市值之和。50岁的马云及其家族以1500亿元人民币的财富首次登顶中国首富。"正是阿里巴巴运行着中国最大的电子商务终端——淘宝,以及最大的网络零售平台——天猫。

每天超过一亿人在淘宝上购物这已经是难以想象的了,但是超过人们想象的是自2009年起自造的"双十一光棍节"更加疯狂。2009年11月11日发起"品牌商品五折"活动,当天销售额1亿元;2010年同一天,销售额为9.36亿元;2011年的"双十一",成交额飙升至52亿元;2012年这一天突破200亿元成交额;2013年"光棍节",成交额超过350亿元。以上是纵向画面,以下且看单幅细节。2012年报道有网民同时使用三台计算机参与网购,开始的第一分钟,共有1000万人涌入天猫商城;十分钟后,支付宝的交易金额突破2.5亿元;第37分钟,支付宝总交易额超10亿元,半天突破100亿元交易额,交易额每秒过千万元,产生逾5000件快递包裹,从凌晨开始,淘宝的支付系统就出了状况,招商银行、建设银行、中国银行、交通银行等多家银行的网上支付先后瘫痪,引得不少熬夜扫货的消费者在网上"吐槽"。[①]阿里集团公布的数据显示,2013年11月11日零时,天猫、淘宝"网购狂欢节"开场,55秒后,活动通过支付宝交易额便突破1亿元;6分7秒,交易额突破10亿元,超过香港9月份日均社会零售总额;13分22秒,交额超20亿元;38分钟后,交易额达到50亿元;凌晨5点49分,交易额突破100亿元;13点04分,交易额突破191亿元,超越2012年;13点39分,交易额突破200亿元;21点19分,交易额突破300亿元;24点,交易额达到350.19亿元。数据还显示,截至当天20点30分,有14个店铺交易额破亿元。[②]

这种全民疯狂若在15年前是不可思议的,阿里巴巴、淘宝、天猫15年前还名不见经传,甚至有的还不知在哪里,同样,15年前电商市场在国人的脑子里还没有什么概念。如今回头来看,这变化也太大了,中国电商市场的发展简直是在狂飙。相关数据如下[③]。

(1) 电子商务进入规模发展阶段。中国电子商务研究中心数据显示(见图3-3),截至2012年年底,中国电子商务市场交易规模达7.85万亿元,同比增长30.83%。其中,B2B电子商务交易额达6.25万亿元,同比增长27%。而2011年全年,中国电子商务市场交易额达6万亿元,同比增长33%,占GDP比重上升到13%;2012年,电子商务占GDP的比重已经高达15%。预计2013年我国电子商务规模将突破10万亿元大关。

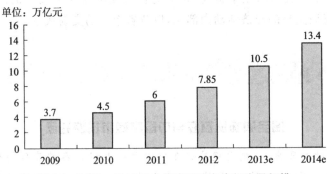

图3-3　2009—2014年中国电子商务市场交易规模

---

① http://news.xinhuanet.com/fortune/2012-11/12/c_113661101.htm.

② http://finance.ifeng.com/a/20131115/11094491_0.shtml.

③ http://www.askci.com/news/201308/27/2716335933361.shtml.

（2）网络零售市场交易依然高速增长。中国电子商务研究中心数据显示（见图3-4），截至2012年年底，中国网络零售市场（包括B2C和C2C）交易规模突破1万亿元大关，达13205亿元，同比增长64.7％，占社会消费品零售总额的6.3％。而2011年全年，网络零售市场交易额达8019亿元人民币，同比增长55.98％，占社会消费品零售总额的4.4％。

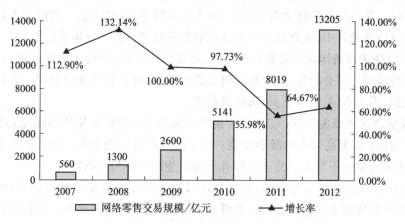

图3-4　中国网络零售市场规模

（3）移动终端网络购物爆发性增长。随着智能手机在中国的日渐普及，移动电子商务在中国将进入快速发展期。2013年第1季度，移动网购交易额（见图3-5）再创新高，达到266.6亿元，同比增长250.3％。占互联网购物比例从2011年第1季度的0.7％提升至2013年第1季度的7.6％，两年时间提升10倍。其爆发性的增长催生出的市场空间可能不亚于现有的基于PC端的网购市场。

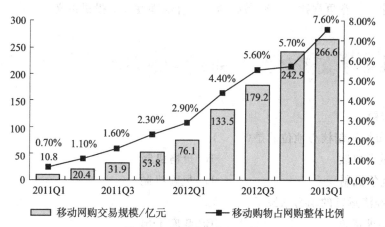

图3-5　移动网购交易规模

中国电商市场的崛起，极大地改变了中国市场体系和市场格局。

本章小结

1. 商品和劳务作为交易对象，在形形色色的市场中被交换。各种各样的市场可以从不同的角度进行分类，但它们都不是孤立的，而是相互依存、相互制约，在动态中相互影响，它们构成一个有机的市场体系。

2. 市场体系结构可以从不同角度去观察。从商品种类角度看,成千上万的商品相互间存在着某种数量比例关系,既有使用价值量上的比例关系,也有价值量上的比例关系,体现在这些商品的市场之间,这就是所谓的市场体系结构。一个国家或地区,一定时期里,有其市场体系结构。从市场竞争度来看,在统一的大市场体系中,成千上万的商品市场分别归类于上述市场结构连续体中,从而形成一个从市场集中度划分的市场体系结构。

3. 市场机制是市场体内各要素互相适应、互相制约、共同发挥作用形成的市场自组织、自调节的运行机理与综合机能,是市场经济的活力构造,是市场经济的灵魂。市场机制体系包含价格机制、供求机制、竞争机制、风险机制等。

4. 市场机制的功能主要有:①市场价格的形成功能;②资源配置的优化功能;③供求关系的平衡功能;④提高效率的激励功能;⑤经济利益的实现功能;⑥经济效益的评价功能。但是,市场机制并不是万能的。它所具有的功能的发挥是有条件的。

5. 市场经济的运行不是免费的,也要付出成本——交易成本。交易成本包含:搜寻信息的成本、协商与决策成本、契约成本、监督成本、执行成本与转换成本。导致交易成本发生的原因有:有限理性、投机主义、信息不对称等。交易成本常常被人们忽略。

基本概念

市场机制	市场体系	价格机制	供求竞争	竞争机制	风险机制
价值规律	竞争规律	交易成本	有限理性	投机主义	

复习实训

一、单选题

1. 处于市场机制核心地位的是(　　)。
   A. 供求机制　　　　　　　　B. 价格机制
   C. 竞争机制　　　　　　　　D. 风险机制

2. 市场经济运行的动力来源于(　　)。
   A. 供求竞争　　　　　　　　B. 政府干预
   C. 经济利益　　　　　　　　D. 货币发行量增多

3. 下面各项中不属于交易成本的是(　　)。
   A. 搜寻成本　　　　　　　　B. 生产成本
   C. 议价成本　　　　　　　　D. 决策成本

4. 不属于交易成本发生的原因的是(　　)。
   A. 有限理性　　　　　　　　B. 投机主义
   C. 企业管理开支　　　　　　D. 信息不对称

5. 市场机制的功能包括(　　)。

A. 配置资源　　　　　　　B. 实现价值

C. 调节供求关系　　　　　D. 利益再分配

6. 下面各项中不属于市场体系的基本特征的是(　　　)。

A. 统一性　　　B. 开放性　　　C. 计划性　　　D. 竞争性

二、判断题

1. 市场机制是一种自组织、自调节的经济机制。(　　　)

2. 价值规律与市场机制没有关系。(　　　)

3. 竞争是指买卖双方之间的讨价还价,买者卖者内部是不存在竞争的。(　　　)

4. 因诚信道德下降导致重复公证,此类费用应计入生产成本。(　　　)

5. 从根本上说,货币流通引起了商品流通。(　　　)

6. 在整个市场体系中,货币市场是决定和影响其他市场的主体和基础。(　　　)

三、问答题

1. 应当从哪几个视角来全面理解市场经济?

2. 市场机制体系包含哪些机制?它们的关系是什么?

应用训练

一、单项训练

1. 画出"私家车为中心的市场体系""商品房为中心的市场体系""旅游为中心的市场体系""交通枢纽为中心的市场体系",等等。

2. 分别对以上市场体系展开分析,建立体系最后各个主要经济变量之间的逻辑关系式,就其相互影响的方式进行解释说明。

二、综合应用

1. 组员研究:首先确定一个小组的研究对象,如本地经济或其他地区经济,可以是学生街、城市或郊区,分头考察其市场体系中的各个市场。

2. 小组研究:将对各个市场的分析综合起来,通过对市场规模比例、物价结构、供求关系等的分析,准确反映该地区经济的经济特征和发展程度。

PART TWO

第 2 篇

微观经济运行

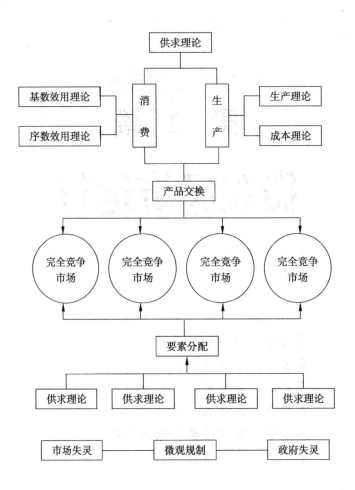

市场均衡分析

通过本章教学,使同学们了解需求及其影响因素、供给及其影响因素、市场均衡条件、弹性理论在市场供求分析上的应用。

技能要求

要求同学们能用因素分析法、均衡分析法、弹性分析法分析现实经济生活中的具体供求问题。

引言导图

美轮美奂的霓虹广告,赏心悦目的室内装修,一排排整齐的货架琳琅满目的商品,人们在这里徜徉、交易。影响买卖双方交易的因素有哪些呢?市场行情是怎样变动的呢?人们有哪些敏感反应?且看市场均衡分析。本章引言导图如图 4-1 所示。

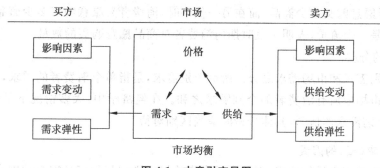

图 4-1 本章引言导图

4.1 需求与供给

4.1.1 需求分析

需求表现消费者选择的形成过程。消费者——市场上的买方;需求——出清市场上商品的一种市场力量。

某日南方某地某冷饮市场,消费者打算比平日多买 1 万份冰激凌。其原因是:①冰激凌降价了,或者②天气变得太热了。就结果来看,我们会认为没有什么区别,都是多买了

1万份冰激凌。经济学家则会说,前一种原因的结果叫"需求量增加",后一种原因的结果叫"需求增加"。

1. 需求、需求形成条件及其属性

(1) 需求与需求量

需求量是指在某一特定时间内,对于某一特定的价格,消费者愿意并且能够购买的某种商品或服务的数量。例如,当冰激凌价格为2元/份时,消费者想买3万份。

与需求量相对应的价格称作需求价格,它表示消费者购买一定数量的产品所愿意支付的最高价格。

需求是指在某一特定时间内,对于每一种可能的价格,消费者愿意并且能够购买的某种商品或服务的数量。例如,当冰激凌价格为2元/份时,消费者想买3万份;当冰激凌价格为1.5元/份时,消费者想买5万份……

需求由一系列相互对应的需求量—需求价格所组成,体现了消费者在多种因素影响下对某种商品的需求状态。

(2) 需求形成条件

需求形成的条件:一是有购买欲望,二是有货币支付能力,二者缺一不可。有欲望而无货币支付能力,只能停留在"需要"上;有货币支付能力而无欲望,便缺乏动机,就不会有后续的购买行为。两种情况都不构成需求。一个穷人向往拥有别墅,但是没有支付能力,因而产生不了需求;同样,一个富翁有能力购买低价住房,但他不愿意购买,也不可能产生需求。

(3) 需求的属性

需求是还没进到实现阶段的消费者购买商品的主观愿望,它只是表明,假如商品为某一价格时,消费者愿意购买多少商品,而在另一价格时,消费者又愿意购买多少商品,是一个期望概念。需求是一个流量,表明一段时期内消费者对商品愿意购买的数量。

(4) 需求的分类

需求有个别需求和市场需求之分。所谓个别需求,是指单个消费者的需求,而市场需求则是指在某一市场中所有消费者的个别需求之和。在经济学中,大多情况下是讨论市场需求,也有讨论个别需求的情形,具体分析时应当区别对待。

2. 影响需求(量)的因素

影响某种商品需求量的因素,就是商品自身价格。影响某种商品需求的因素,是除了商品自身价格以外的其他因素,概括起来主要有以下几种。

(1) 消费者的收入水平(以 Y 表示)。收入变动与商品需求量的变动是正相关还是负相关,取决于商品是正常商品还是低档商品。正常商品的需求量与收入正相关:收入增加时,人们对正常商品的需求量就增加。低档商品的需求量与收入负相关:收入增加时,人们对低档商品的需求量减少。正常商品与低档商品的划分具有相对性:相对于一定的时空条件。

(2) 消费者的偏好(以 T 表示)。消费者偏好是指人们对某种商品的喜欢程度。某种商品的需求量与消费者对该商品的偏好程度正相关:当消费者对某种商品的偏好程度增强时,对该商品的需求数量就会增加;相反,当偏好程度减弱时,需求数量就会减少。人们的偏好一般与所处的社会环境及当时当地的社会风俗习惯等因素有关。

(3) 相关商品的价格(以 P_s 表示)。替代品,如牛肉和猪肉、苹果和梨等。由于它们在

消费中可以相互替代以满足消费者的某种欲望,故一种商品的需求与它的替代品价格呈同方向变化。互补品,如汽车与汽油、影碟机与影碟等,由于它们必须相互结合才能满足消费者的某种欲望,故一种商品的需求与它的互补品的价格呈反方向变化。

(4) 消费者对商品价格的预期(以 P_E 表示)。如果其他因素不变,某种商品当前的需求量与消费者对该商品的预期价格正相关:当消费者预期某种商品的价格上涨时,现在就会增加对该商品的购买量;反之,现在就会减少对该商品的购买量。

(5) 人口数量与结构的变动。人口数量的增加会使需求增加,人口数量减少会使需求减少。其他因素既定,某种商品的市场需求量与人口正相关。人口结构的变动主要影响需求的构成,从而影响某些商品的需求。例如,人口的老龄化会减少对时髦服装、儿童用品等的需求,但会增加对保健用品的需求。

(6) 政府的宏观经济政策。如果政府采取某些扩张性的经济政策,如增加财政支出、减免购物税和降低利息率等政策,市场上对商品的需求量就会增加;相反,如果政府采取某些紧缩的经济政策,如削减财政支出、增加购物税和提高利息率等政策,市场上对商品的需求量就会减少。

(7) 社会财富和社会收入分配的平等程度。在社会财富或社会总收入一定的情况下,如果分配差距拉大,对于某些商品中低收入阶层就无力购买了;如果分配均等一些,这些中低收入阶层很可能就具有购买力了。

(8) 文化习俗。世界许多国家和民族在长期社会发展过程中逐渐形成自己的文化习俗、喜好禁忌。例如,中华民族以红色为喜庆吉利的象征,同样的商品,尤其是逢年过节时,红色的更加为人们喜欢而被更多地购买消费。

总之,影响需求的因素是多种多样的,有些主要影响需求欲望(如消费者喜好与消费者对未来的预期),有些主要影响需求能力(如消费者收入水平)。这些因素的共同作用决定了需求。

3. 需求的表达

(1) 需求函数

① 需求的一般函数

需求的一般函数用来简洁地表示某一商品或服务的需求受到哪些因素影响。譬如,家用轿车的需求 Q_D,受到轿车自身价格 P、收入水平 Y、消费者偏好 T、汽油价格 P_S、轿车价格预期 P_E、泊车费用、国家关于尾气排放的政策等(这里的变量符号是通用的)因素的影响,则家用轿车的需求可以表示为

$$Q_D = f(P, Y, T, P_S, P_E, \cdots)$$

② 需求的特殊函数

需求的特殊函数进一步表明各个相关因素如何具体影响需求量。例如,在某一轿车市场上,对于某一型号轿车,消费者对轿车需求在价格为 8 万元时市场需求量为1200辆,价格达到 12 万元时需求量为零;假设影响轿车需求量的因素除了轿车自身价格(P,万元/辆;起价 8 万元/辆)外,还有收入水平(Y,万元/人)、汽油价格(P_S,元/升)(这里的变量前有了系数)。于是,轿车的具体需求函数可以表示为

$$Q_D = 1500 - 300(P - 8) + 180Y - 30P_S$$

该函数的经济含义是:在不考虑收入水平和汽油价格因素的影响时,轿车价格每上升

1万元,轿车需求量减少300辆;在不考虑轿车价格和汽油价格因素时,收入水平每增加1万元,轿车需求量增加180辆;在不考虑轿车价格和收入水平因素时,汽油价格每上升1元,将导致轿车需求量减少30辆。如果这些因素同时发生影响,而它们又是彼此独立起作用的,那么它们的综合影响可简单相加,如上式所示。

③ 需求的一元函数

需求的一元函数因素过多不便于分析,可以通过假定"其他条件不变",研究某一主要因素对需求量的影响,比如轿车自身价格对轿车需求量的影响,于是轿车的需求函数可以写为

$$Q_\mathrm{D} = 1200 - 300(P - 8)$$

(2) 需求表

表示商品的价格与需求量之间对应关系的表,称为需求表。上面轿车需求的例子也可以用表格表示,如表4-1所示。

表4-1　轿车需求表(1)

组合点	价格/(万元/辆)	需求量/辆
A	8	1500
B	9	1200
C	10	800
D	11	600
E	12	300
F	13	0

需求表也可反映需求量同其他因素之间的关系,如需求量同收入水平之间的关系,如表4-2所示。

表4-2　轿车需求表(2)

组合点	收入水平/(万元/人)	需求量/辆
A	1	180
B	2	360
C	3	540
D	4	720
E	5	900
F	6	1080

注意:这里仅仅考虑收入水平因素对轿车需求量的影响。如果价格因素和收入水平因素各自独立作用,则两个表格可横向相加。

个别需求横向相加得到市场需求,下面用橙汁商品为例。表4-3中,既可以看到不同价格下A消费者、B消费者、其他消费者群对橙汁的周需求量,也可以看到不同价格下整个市场对橙汁的周需求量。

表 4-3　某居民点每周橙汁需求表　　　　　　　　　　　　　　　单位：瓶

价格/(元/瓶)	个 别 需 求			市场需求量
	A 消费者	B 消费者	其他消费者群	
1.0	14	21	450	485
1.2	10	15	320	345
1.5	8	12	270	290
1.8	5	8	220	233
2.0	3	5	170	178

（3）需求曲线

需求曲线是表示商品价格与需求量之间关系的
一条曲线。以坐标系的纵轴表示价格 P、横轴表示
需求量 Q_D，就得到商品的需求曲线。

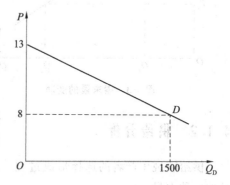

上面轿车需求例子的需求曲线如图 4-2 所示。

从图 4-2 可以看出，需求曲线是向右下方倾斜
的，其斜率为负值，这说明价格与需求量之间存在着
反方向变化的关系。

图 4-2　轿车的需求曲线

4. 需求规律

（1）需求规律的含义

需求规律又称需求定理，是指在其他因素不变
的情况下（或者说前提下），某种商品的需求量与该商品的价格负相关，即在其他条件不变的
情况下，某商品的需求量与价格之间呈反方向变化，商品价格上涨，需求量减少；商品价格降
低，需求量增加。

（2）需求规律的例外

需求规律同人们的日常经验是相吻合的，但对一些特殊商品并不适用。一类是"炫耀性
商品"，这类商品用于炫耀身份，当其价格下降到不足以炫耀身份时，购买就会减少；另一类
是特殊情况下的商品，这些商品原本很普通，但在价格剧烈波动时，就不遵从需求规律了，如
股票，价格剧烈波动时，人们"买涨不买跌"；还有一类是随价格上升需求量反而增加的商品，
其变化显然违背需求规律。这类商品又称为"吉芬商品"[①]。

5. 需求量的变动与需求的变动

（1）需求量的变动

需求量的变动是指其他因素不变，由某种商品价格变动引起的消费者对该商品需求量
的变动。如图 4-3 所示，价格的变动 $P_1 \rightarrow P_2$ 导致需求量的变动 $Q_1 \rightarrow Q_2$。需求量的变动表
现为在同一条需求曲线上点的移动。

（2）需求的变动

需求的变动是指某种商品的自身价格不变，由其他因素变动引起的消费者对该商品需
求量的变动。在坐标图中，需求变动表现为需求曲线本身的移动：需求增加，需求曲线向右

---

① 英国经济学家吉芬在研究中发现，1845 年爱尔兰大灾荒时，土豆的价格上升了，而土豆的需求量却反而增加了。
这种价格上升需求量反而增加的情况被后人称为"吉芬之谜"，并将具有这种特点的商品称为"吉芬商品"。

水平移动;需求减少,需求曲线向左水平移动,如图 4-4 所示。

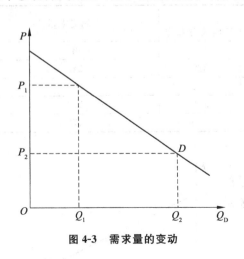

图 4-3　需求量的变动

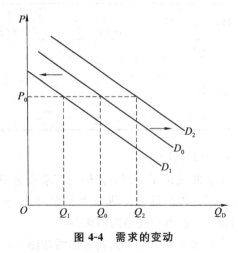

图 4-4　需求的变动

4.1.2　供给分析

供给表现生产者的选择形成过程。生产者——市场上的卖方,供给——增添市场上商品的一种力量。

某日南方某地某冷饮市场,冷饮公司打算比平日多生产和销售 15000 份冰激凌。原因是:①冰激凌卖价提高了,或者②面粉、糖之类原材料价格降低了。就结果来看似乎没有什么区别,都是多销售 15000 份。经济学家则会说,前一种原因的结果叫"供给量增加",后一种原因的结果叫"供给增加"。有了前面对需求的分析,就不难理解经济学家为什么这样说了。

供给分析与需求分析虽然立场相反、内容不同,却在形式上具有对称性,或者说分析格式差不多是相同的。因此在熟悉了需求分析的基础上,供给分析可以大大简化。

1. 供给、供给的形成条件及其属性

(1) 供给量与供给

供给量是指厂商在一定时期内,在一特定价格水平下愿意且有能力出售的某种商品或服务的数量。

厂商出售一定数量的商品所愿意接受的最低市场价格叫作供给价格。

供给是指厂商在一定时期内,在每一价格水平下愿意且有能力出售的某种商品或服务的数量。

供给由一系列相互对应的供给量—供给价格组成,体现了厂商在多种因素影响下对某种商品的供给状态。

(2) 供给形成条件

供给形成的条件:一是厂商有向社会提供商品的欲望,二是有现货或存货,二者缺一不可。

(3) 供给的属性

供给是还没有进入实现阶段的厂商向市场供给商品的主观愿望,它只是表明,假如商品为某一价格时,厂商愿意且能够提供多少商品,而在另一价格时,厂商又愿意且能够提供多少商品,是一个期望概念;供给同时也是一个流量。

（4）供给的分类

供给有个别供给和市场供给之分。所谓个别供给，是指单个厂商的某种产品的供给，而市场供给则是指在某一市场中所有厂商的供给之和。在经济学中，大多情况下是讨论市场供给，也有讨论个别厂商商品供给的，要视情况具体分析。

2. 影响供给（量）的因素

影响某种商品供给量的因素，就是商品自身价格。影响某种商品供给的因素是除商品自身价格以外的其他因素，概括起来主要有以下几种因素。

（1）厂商的经营战略（以 S_t 表示）。在经济学中，一般假设厂商的目标是利润最大化，即厂商供给多少取决于这些供给能否给厂商带来最大的利润。如果厂商的经营战略是产量最大化，或销售收入最大化，或社会道义目标，那么供给就会受到这种因素影响。

（2）生产要素的价格（以 P_f 表示）。生产要素的价格下降，会使产品的成本减少，从而在商品价格不变的情况下利润增加，导致厂商增加供给量；反之，生产要素的价格上升，成本增加，从而在商品价格不变的情况下，利润减少，导致厂商减少供给量。

（3）生产技术的变动（以 T_e 表示）。在资源既定的条件下，生产技术的提高会使资源得到更充分的利用，从而供给增加。

（4）其他商品的市场价格（以 P_o 表示）。如果厂商使用同一种资源生产两种商品，若其中一种商品的市场价格升高，会使厂商减少另一种商品的供给量；反之，若其中一种商品的市场价格降低，会使厂商增加另一种商品的供给量。

（5）厂商对未来价格的预期（以 P_E 表示）。商品的当前供给量与厂商的预期价格负相关：当厂商预期其产品的未来价格上涨时，就会囤积这种商品，从而减少这种商品的当前供给量；反之，当厂商预期其产品的未来价格将下降时，必然大量抛售，增加这种商品的当前供给量。

（6）产品的收入弹性。当国民经济处于稳步增长时期，厂商愿意增加收入弹性高的商品产销量，而减少收入弹性低的商品产销量；反之，当国民经济处于持续负增长时期，厂商会减少收入弹性高的商品产销量，而增加收入弹性低的商品产销量。

（7）自然条件。很多农产品的供给量还受自然条件的制约，在不同的年份（丰收年和歉收年），它们的供给都会有所不同。

（8）政府的经济政策。如果政府采用鼓励投资与生产的政策（如减免税、补贴、提供经营便利设施或条件等），可以刺激生产，增加供给量；反之，如果政府采用限制投资与生产的政策（如增税、减少补贴、提高限制条件等），则会抑制生产，减少供给量。

3. 供给的表达

（1）供给函数

供给的一般函数用来简洁地表示某一商品或服务的供给受到哪些因素影响。供给函数就是用函数关系来表示影响供给的因素与供给量之间的关系。符号含义如前所示，那么供给函数可以表示为

$$Q_S = f(P, S_t, P_f, T_e, P_o, P_E, \cdots)$$

供给的特殊函数，进一步表明各个相关因素如何具体影响供给量。譬如，家用轿车的供给，当市场价格为 8 万元时（此为起价），轿车生产商愿意生产并提供给市场 1200 辆；厂商向

市场供给轿车受到轿车自身价格(P,万元/辆)、生产要素价格(P_f,千元/套)、生产技术水平(T_e,数量级别)等因素影响。家用轿车的具体供给函数可以表示为

$$Q_S = 1200 + 50(P-8) - 4P_f + 6T_e$$

该供给函数的经济含义是:在不考虑要素价格和技术因素时,当轿车的市场价格每上升1万元(起价为8万元/辆)时,轿车供给量将增加50辆;在不考虑轿车价格和生产技术水平因素时,要素价格每上升1000元,轿车供给量将减少4辆;在不考虑轿车价格和要素价格因素时,当技术层次每升1级,轿车供给量将增加6辆。当这些因素是独立作用时,则可以横向相加。

供给的一元函数,用于简化分析,通过假定"其他条件不变",研究某一主要因素对供给量的影响,比如轿车自身价格对轿车供给量的影响,则有:

$$Q_S = 1200 + 50(P-8)$$

或

$$Q_S = 800 + 50P \quad (P \geqslant 8 \text{万元})$$

(2)供给表

表示商品的价格与供给量之间对应关系的表,称为供给表。上面轿车供给的例子也可以用表 4-4 表示。

表 4-4   轿车供给表(1)

组合点	价格/(万元/辆)	供给量/辆
A	8	1200
B	9	1250
C	10	1300
D	11	1350
E	12	1400
F	13	1450

供给表也可反映供给量同其他因素之间的关系,如供给量同生产要素价格之间的关系,如表 4-5 所示。

表 4-5   轿车供给表(2)

组合点	生产要素价格/(万元/辆)	供给量/辆
A	1	4
B	2	8
C	3	12
D	4	16
E	5	20
F	6	24

注意:这里仅仅考虑生产要素因素对轿车供给量的影响。如果价格因素和生产要素价格水平因素各自独立作用,则两个表格可横向相加。

个别供给横向相加得到市场供给。同学们可以模仿前面市场需求表的编写。

（3）供给曲线

供给曲线是表明商品价格与供给量之间关系的一条曲线。把供给表中的数据在坐标系中描绘出来，就能得到该商品的供给曲线。以坐标系的纵轴表示某商品的价格 P，横轴表示某商品的供给量 Q_S，就得到了商品的供给曲线，如图 4-5 所示。

可见，供给曲线是一条向右上方倾斜的线，它的斜率为正值，价格与供给量之间存在着同方向变化的关系。

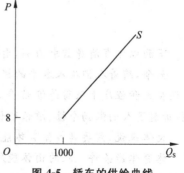

图 4-5　轿车的供给曲线

4. 供给规律

（1）供给规律的含义

供给规律又称供给定理，是指在其他因素不变的条件下，某种产品的供给量与该产品的价格正相关：价格越高，供给量就越多；价格越低，供给量就越少。

（2）供给规律的例外

经济生活中有些商品的供给并不遵从供给规律。一类是供给量固定且可重复使用或转手的商品，如城市规划区内的土地面积，电影院里的座位，已经去世的艺术家的作品等，不会因价格升降而改变供给量。另一类是数量有限且不可重复消费的商品，消费一单位其数量便减少一单位，其减少趋势不受价格升降影响。还有一类是供给量会随价格变动而反转的商品，如个人劳动力的供给量，其个人向社会提供的劳动时间随工资率上升，先增加而后减少。

5. 供给量的变动与供给的变动

（1）供给量的变动

供给量的变动是指其他因素不变，由某种商品价格的变动引起的厂商对这种商品供给量的变动。在图形中，供给量的变动表现为在同一条供给曲线上点的移动，如图 4-6 所示。

（2）供给的变动

供给的变动是指某种商品的自身价格不变，由其他因素变动引起的该商品供给量的变动。在坐标图中，供给变动表现为供给曲线本身的移动：供给增加，供给曲线向右水平移动；供给减少，供给曲线向左水平移动，如图 4-7 所示。

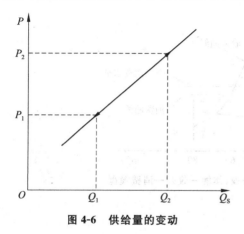

图 4-6　供给量的变动

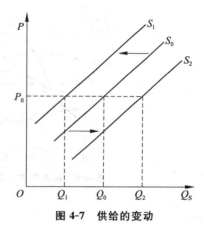

图 4-7　供给的变动

知识链接 4-1

体育消费的条件分析

下面以体育消费需求为例，看如何对影响需求的因素进行系统性、综合性分析。

如今，随着人们收入水平的提高，体育消费也进入人们的消费范围。现在的体育消费虽然还在某种程度上保留着锻炼身体、提高体质的实用功能，但也逐渐被人们当作时尚来追逐，折射了人们张扬个性、炫耀地位的心理。人们进行体育消费需要哪些条件呢？

大体来说，需要具备体育体能、个人可支配收入和体育消费时间三个基本条件。

体育体能条件。人的由体能所能够承受的体育活动量的变化状况，其起点大体与人的心理需要结构中受尊重需要层次发展阶段中后期相当，在16岁左右。这就是说，若以40岁为人的自然衰老界限，则体育需要和体育体能，在20~40岁阶段基本平行发展，而在40岁后将出现分叉，使人们调整体育需要去适应衰落的体育体能。

个人可支配收入条件。收入来源于工作。在这里，个人可支配收入并不意味着一定要参加工作，一个人无论年龄大小，都可以通过亲自参加工作或虽没有参加工作但可以通过家庭、组织、社会的再分配途径获取进行体育消费所必需的个人可支配收入，并且其数量必须超过满足心理需要两个最低层次需要所要求的个人可支配收入界限，如图4-8所示中 aa 水平线（其高度即为消费理论中的自发消费部分），然后才能够进行体育消费。从储蓄的生命周期全程来看，收入流处在起伏变化中，而这种起伏变化显然与工资率的变动有关：$Y_t = W(t) \times h$（这里，Y_t 为可支配收入，$W(t)$ 为随时间变化的工资率，h 为日工作时间）。

体育消费时间条件。体育活动的时间取自于闲暇，而闲暇时间长短的确定，除了同主体的个人偏好有关，显然还同收入条件相关，因为闲暇同收入在效用上两者之间存在着机会成本关系。收入又与工作时间的长短工资率高低有关。一个人一天拥有24小时，其构成为：工作时间＋闲暇时间＋休息时间。当休息时间给定（比如说8小时睡眠），则工作时间和闲暇时间在剩余的16小时内互为消长。

这样，由于上述3个条件相互之间的密切关系，我们就能够把体能、工作、闲暇联系在一起考虑。体能和收入对体育注意力的限制作用，我们可以借助拓展了的"储蓄的生命周期假设"（见图4-8）来进行分析。[①]

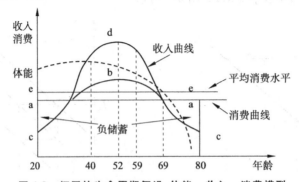

图 4-8　拓展的生命周期假设：体能—收入—消费模型

---

①　黄泽民.体育经济中个人消费行为系统性分析[J].体育科学,2008,28(10):26-32.

4.2 市场均衡分析

4.2.1 市场均衡的条件

1. 均衡的概念

均衡(equilibrium)一词来自拉丁语 aequilibrum,是"相等""平衡"的意思,原来是物理学中的一个概念,当某物体受到两个方向相反的外力作用时,如果两个力正好相等,这时物体处在静止状态,称为均衡状态,或简称均衡。

经济学中的均衡,是指经济中各种对立的、变化的经济力量处在一种均衡静止的状态。均衡总是有条件的,条件变化了原来的均衡就会随之变化。从动态视角观察,社会经济的发展就是旧均衡破坏和新均衡建立的连续过程。

均衡可以分为暂时均衡、短期均衡和长期均衡。暂时均衡是指市场某商品供给与需求瞬间达到的均衡。短期均衡是指在生产技术不变的条件下,根据市场需求状况,在一定限度内调整一种生产要素,从而使市场供求一致的均衡。长期均衡是指较长的时间内,所有的生产要素都能调整,使产量适应市场需求变化的均衡。暂时、短期、长期的区别不能仅仅看作是时间的长短,主要是经济条件变化的程度和状态。

2. 均衡价格与均衡产量

均衡价格 P^* 是指供给与需求相等时的价格,也就是供给量等于需求量,同时供给价格等于需求价格时的价格。从性质上看,均衡价格是买卖双方都愿意接受的市场价格;均衡价格是出清市场中商品的价格,即在这个价格下,成交了的商品从市场上离开,故又称"出清价格"。

均衡产量 Q^* 是指供给与需求相等时的交易量,也就是供给量等于需求量,同时供给价格等于需求价格时的交易量。从性质上看,均衡产量是在均衡价格条件下双方都愿意接受的交易量,故又称为"均衡交易量"。

市场均衡要同时满足以下条件。

$$供给量=需求量=均衡产量$$
$$供给价格=需求价格=均衡价格$$

公式表达为:

$$Q_S = Q_D = Q^*$$
$$P_S = P_D = P^*$$

也就是解方程组:

$$Q_S = Q_D$$
$$Q_S = f(P)$$
$$Q_D = f(P)$$

【例 4-1】 利用前面关于轿车的供给函数和需求函数,轿车市场的均衡条件是:

$$Q_S = Q_D$$
$$1200+50(P-8)=1500-300(P-8)$$

或

$$800+50P=3500-300P$$

解：

均衡价格　$P_E = 8.86$（万元/辆）

均衡产量　$Q_E = 1243$（辆）

将需求曲线和供给曲线合在一个坐标图上，可以看出均衡价格和均衡交易量是如何被确定的。纵轴表示价格，横轴表示商品数量（需求或供给），需求曲线 D 与供给曲线 S 相交于 E 点，E 点是均衡点，决定了均衡价格 P^*，均衡产量 Q^*。如图 4-9 所示。

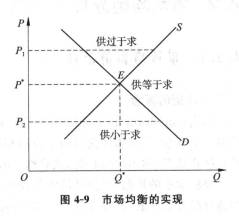

图 4-9　市场均衡的实现

4.2.2　均衡价格的形成

均衡价格是通过市场供求关系的自发调节而形成的。

当市场价格波动到 P_1 时，出现供过于求，市场供求关系失衡。商家的产品在市场上滞销。当库存费用过大时，商家就要降价销售；当市场上所有的商家都降价销售时，市场价格就要整体下降，直至降到均衡点的价格为止。

当市场价格波动到 P_2 时，出现供小于求，市场供求关系失衡。对于消费者来说，市场上商品紧俏，为争得商品消费者愿意出比过去、比别人更高的价格，于是形成普遍的抬价局面，直至达到均衡点的价格水平。

市场均衡是相对静止的，但并非永远不变。当供给与需求出现变动时，均衡就要遭到破坏，市场价格就会偏离均衡价格。在偏离均衡点后，会出现如上面描述的自动恢复均衡的趋势，直至达到新的均衡。

对于均衡价格的理解，应注意以下三点：①均衡价格是由于需求与供给这两种力量的作用使价格处于一种相对静止、不再变动的状态；②决定均衡价格的因素是需求和供给，不存在主次之分，因此，需求和供给的变动都会影响均衡价格的变动；③市场上各种商品的均衡价格是最后的结果，其形成过程是在市场的背后进行的。

4.2.3　市场均衡的变动

市场均衡不是永远不变的。任何影响供给的因素或影响需求的因素发生变动，市场均衡都会发生变动，由一个均衡点转变到另一个新的均衡点。导致市场均衡变动有以下三种情形。

第一种情形，供给不变，需求变动引起的市场均衡的变动。

在供给不变的情况下，当需求增加引起需求曲线向右平移时，均衡价格上升，均衡数量增加；当需求减少引起需求曲线向左平移时，均衡价格降低，均衡数量减少，如图 4-10 所示。

第二种情形，需求不变，供给变动引起的市场均衡的变动。

在需求不变的情况下，当供给增加引起供给曲线向右平移时，均衡价格下降，均衡数量增加；当供给减少引起供给曲线向左平移时，均衡价格上升，均衡数量减少，如图 4-11 所示。

第三种情形，需求、供给同时变动引起的市场均衡的变动。

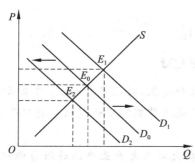
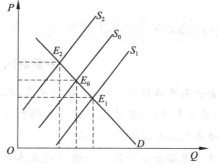

图 4-10 需求变动对均衡价格和均衡数量的影响　图 4-11 供给变动对均衡价格和均衡数量的影响

这是前两种情形的组合。其变动方向与变动幅度又有多种组合,如变动方向相同变动幅度也相同、变动方向相同但变动幅度不同;变动方向相反而变动幅度相同、变动方向相反且变动幅度也不相同。这样会产生不同的均衡价格与均衡产销量变化,新的均衡点位置不同。图 4-12 为供给、需求同时增加时的均衡点的移动。

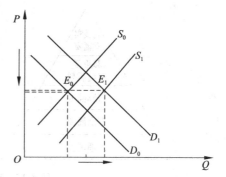

图 4-12 供给、需求同时变动对均衡价格和均衡数量的影响

将以上分析综合起来,我们得到供求规律。

供求规律又称供求定理,可简单地表述为:均衡价格与需求同方向变动,但与供给反方向变动;均衡数量与需求和供给都为同方向变动。

供给、需求单方变化时会出现 4 种情形;双方同时变动时,由于变动方向、幅度的不同会出现 12 种情形。总共 16 种情形,如表 4-6 所示,"↑"表示增加、上升;"↓"表示减少、下降;"—"表示不变。

表 4-6　供求变动表

序号	假 设 条 件			供求变动状况	P 趋势	Q 趋势
1	单方变动	供给不变		需求增加	↑	↑
2				需求减少	↓	↓
3		需求不变		供给增加	↓	↑
4				供给减少	↑	↓
5	双方变动	反向	幅度相等	需求增加等于供给减少	↑	—
6				需求减少等于供给增加	↓	—
7			幅度不等	需求增加大于供给减少	↑	↑
8				需求增加小于供给减少	↑	↓
9				需求减少大于供给增加	↓	↓
10				需求减少小于供给增加	↓	↑
11		同向	幅度相等	需求增加等于供给增加	—	↑
12				需求减少等于供给减少	—	↓
13			幅度不等	需求增加大于供给增加	↑	↑
14				需求增加小于供给增加	↓	↑
15				需求减少大于供给减少	↓	↓
16				需求减少小于供给减少	↑	↓

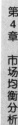

第 4 章　市场均衡分析

知识链接 4-2

产品供给的一般变化规律

企业向市场供给产品，从短期来看，根据市场需求的变化，时而多时而少，这很正常，那么，从长期来看，一直是这么波动的吗？有没有什么变化规律呢？下面提供一种思路，或许能帮助我们深入探讨这个问题。

这个思路并不复杂——通过建立人的心理需要层次同三大产业产品或服务的对应关系，探讨企业产品的长期供给变化规律，如图4-13所示。

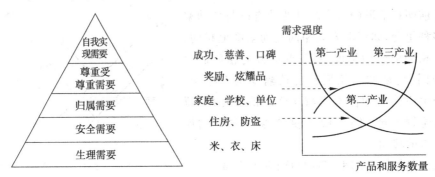

图 4-13　产品供给的一般变化规律

图4-13中，左侧为心理需要层次，这是需求的发动机；中间是对应该需要层次的产品和服务，这是企业要生产并供给市场的东西（包括物质的和精神的）；右侧是这些产品和服务大体对应的产业，曲线的变化为随收入水平变化而变化的需求强度，即产品和服务的变化规律。

在任何时候，任何人都有五个层次的心理需要，只不过比重结构不同、所需要的产品或服务的品种不同而已。对于穷人来说果腹御寒的需要可能占据主导地位，他们会花很多的时间去使之满足，但也有"人穷志不短"的硬气；对于富人来说，摆阔炫富很重要，但同样也有最基本的维持生命的需要。

人们所需要的产品和服务可以分为基本的和弹性的。比如食物，分为果腹的和享受美味的；再比如衣服，分为遮体御寒的和炫耀显富的，当然也有交叉的情形，即档次提高了。基本的产品和服务的需要量变动较小，弹性的产品和服务的需要量随着生活水平的提高和心理需要满足层次的提升而不断增加，两类产品和服务的需要量比重随之改变。

从长期看，随着社会生产力的发展、人民生活水平的提高，人们的心理需要结构层次不断提高，因而，企业产品和服务供给的一般规律是向高档、精致、个性、时尚、休闲、旅游、娱乐、游戏、精神体验等领域拓展。

4.3　弹性分析

在日常生活中，有时可以看到，某些商品价格下降了，人们蜂拥抢购；而另一些商品价格下降了，却无人问津。这就是经济学中的敏感性问题，即弹性问题。

4.3.1 弹性分析的基本要点

1. 弹性概念

（1）弹性的含义

弹性即需求量或供给量的变动对其影响因素变动的敏感程度。敏感程度的大小用弹性系数来表示，即因变量变动率同自变量变动率之比，其通用公式为

$$弹性系数 = \frac{因变量变动率}{自变量变动率}$$

或

$$弹性系数 = \frac{因变量变动\%}{自变量变动\%}$$

（2）弹性的分类

弹性分为需求弹性和供给弹性两大类，又根据各自影响因素的不同分为小类。

① 根据需求函数

$$Q_D = f(P, Y, T, P_S, P_E, \cdots)$$

可以分为：

需求的自身价格弹性（假定其他因素不变，考察需求量变动对价格变动的反应）

需求的收入弹性（假定其他因素不变，考察需求量变动对收入变动的反应）

需求的交叉弹性（假定其他因素不变，考察需求量变动对相关商品价格变动的反应）

② 根据供给函数

$$Q_S = f(P, C, T, P_S, P_E, \cdots)$$

可以分为：

供给的自身价格弹性（假定其他因素不变，考察供给量变动对价格变动的反应）

供给的要素价格弹性（假定其他因素不变，考察供给量变动对要素价格变动的反应）

供给的技术类别弹性（假定其他因素不变，考察供给量变动对技术类别变动的反应）

2. 弹性的计算方法

弹性值的计算通常不用前面的通用公式来计算，而是依给定的条件不同，分别运用以下两种计算方法。

（1）点弹性计算方法

适用点弹性计算方法的条件是，已知某商品的需求函数或供给函数 $Q = f(P)$，以及一个具体行情（价格—销量：$P—Q$）。

在这个条件下，求解需求量或供给量变动对价格变动的敏感程度，即弹性 E_D，使用以下弹性计算公式：

$$E = f'(P) \cdot \frac{P}{Q}$$

此时要用到求导数。

（2）弧弹性计算方法

适用弧弹性计算方法的条件是，不知道某商品的需求函数或供给函数，但知道在坐标系中需求曲线（或供给曲线）上两个点的位置 a 点 (P_1, Q_1) 和 b 点 (P_2, Q_2)。在这个

条件下,求解需求量或供给量变动对价格变动的敏感程度,即弹性 E_D,使用以下计算公式:

$$E=\frac{Q_2-Q_1}{P_2-P_1}\times\frac{P_1+P_2}{Q_1+Q_2}$$

此时要用到平面解析几何求曲线上两点的中点坐标的求解方法。

【例 4-2】 某商品的市场需求函数为:$Q=180-2P$,试求当市场价格为 50 时,商品的需求价格弹性是多少。

已知商品的市场需求函数,可用点弹性计算法。

第一步:将已知价格 P 值代入需求函数,求得需求量 Q。

第二步:对需求函数求导,即求需求量对价格的导数 $f'(P)$。

第三步:将 P、Q、导数值代入点弹性计算公式解之。

● 将价格 50 代入需求函数:

$$Q=180-2\times50=80$$

● 求导 $f'(P)$:

$$f'(P)=-2$$

● 代入 $E_D=f'(P)\cdot\dfrac{P}{Q}$求解,得

$$E_D=-2\times\frac{50}{80}=-1.25$$

【例 4-3】 球赛票价为 80 元一张时,某人打算买 2 张;票价为 100 元时,他决定回家看电视转播。求球赛票的需求弹性。

已知两个价位上的球赛票需求量(80 元,2 张)和(100 元,0 张)。可用弧弹性计算法求解。

将相关数据直接代入弧弹性计算公式:

$$E_D=\frac{0-2}{100-80}\times\frac{80+100}{2+0}$$

得 $E_D=-9$,表明票价偏高 20 元他是无法接受的。

4.3.2 需求价格弹性

1. 需求价格弹性的含义

需求价格弹性通常被简称为需求弹性,是指一种商品的需求量变动对其价格变动的反应程度,或者说是价格变动的比率引起的需求量变动的比率。它的大小可用弹性系数来表示,其弹性系数等于需求量变动的百分比与价格变动的百分比的比值,即:

$$需求价格弹性系数=\frac{需求量变动率}{需求价格变动率}$$

$$E_D=\frac{\Delta Q/Q}{\Delta P/P}$$

以上公式只是概念化公式,通常不用于具体计算。具体计算时要视所给条件,选择点弹性或弧弹性计算方法。

根据需求规律,价格与销量呈反方向变动关系,故需求价格弹性系数为负,通常取其绝

对值;但在运算时,应将符号代回。

2. 影响需求弹性的因素

(1)消费者对某种商品的需求强度。一般来说,消费者对生活必需品的需求强度大而稳定,所以生活必需品的需求弹性就小,像粮食、油、盐、蔬菜这类生活必需品的需求弹性都较小。而奢侈品、高档消费品的需求弹性就较大。

(2)商品的可替代程度。一种商品的可替代品越多,它的需求就越富有弹性;一种商品的可替代品越少,它的需求就越缺乏弹性。

(3)用于购买该商品的支出在总支出中所占的比重。一种商品的花费占收入的比例越大,当该商品涨价时,人们会越多地被迫减少对它的消费,需求弹性就越大。

(4)商品本身用途的广泛性。一般来说,商品的用途广泛,需求弹性就大;用途小,则需求弹性就小。因为一种商品的用途越多,消费者的需求量在这些用途之间调整的余地就越大,需求量做出的反应程度就越大。

(5)商品的耐用程度。一般来说,使用时间长的耐用消费品需求弹性大,而使用时间短的非耐用消费品需求弹性小。

3. 需求价格弹性的分类

(1)针对不同商品的需求价格弹性分类

对于不同的商品,其需求价格弹性各不相同。根据需求弹性系数的大小在理论上可分为五类,见表4-7。

表4-7　需求价格弹性分类

名　称	公　式	含　义	图　形	商　品
无限弹性	$\|E_D\| \to \infty$	价格微小变动,需求无限增加		理论上存在
富有弹性	$1 < \|E_D\| < \infty$	需求量变动百分比大于价格变动百分比		住房[1]　1.2 航空旅行　2.4 国外旅行　4.1
单位弹性	$\|E_D\| = 1$	需求量变动百分比等于价格变动百分比		普通衣服
缺乏弹性	$0 < \|E_D\| < 1$	需求量变动百分比小于价格变动百分比		鸡蛋　0.1 牛肉　0.4 汽油　0.5
无弹性	$\|E_D\| = 0$	无论价格如何变动,需求量不变		胰岛素

---

[1]　以下是经济学家享德里克·S.霍撒克与莱斯特·D.泰勒关于美国产品的需求价格弹性的估算。

（2）针对同一商品的需求价格弹性分类

对于同一商品，在不同的行情条件下，需求价格弹性也有差别，如图4-14所示。

4. 需求价格弹性与销售总收益的关系

价格 P 变动时，不同需求价格弹性$|E_D|$与商品销售总收益 TR 的关系如表4-8所示。

这可以从图4-15中通过比较纵向面积与横向面积清楚看出。

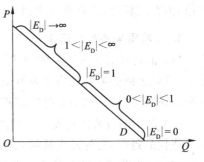

图4-14 同一商品的不同需求价格弹性

表4-8 需求价格弹性与总收益的关系

价格 弹性	$\|E_D\|>1$	$\|E_D\|=1$	$\|E_D\|<1$
P 下降	TR 增加	TR 不变	TR 减少
P 上升	TR 减少	TR 不变	TR 增加

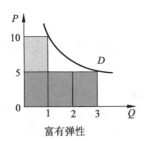
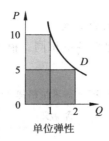
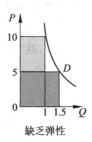

富有弹性　　　　　　单位弹性　　　　　　缺乏弹性

图4-15 需求价格弹性与总收益的关系

【例4-4】 "谷贱伤农"，有时候又叫作"增产不增收"，几乎所有经济学教科书关于粮农生产的分析都是这么下结论的。

"增产"→"谷贱"→"不增收"→"伤农"，这个逻辑看上去"很硬"。还是先分析一下再说。

天公作美，风调雨顺，粮食增产了——供给曲线右移 $S_1 \to S_2$ 或 $S_1 \to S_3$。

一定会"谷贱"吗？不见得，如果需求同幅度扩大，粮食价格不会下跌；若需求幅度更大一点，粮价还会上升呢。假定需求未动，在粮食供给增加的情况下，自然要"谷贱"了：$P_1 \to P_2$ 或 $P_1 \to P_3$。

如果从 P_1"谷贱"到 P_2，价格落在缺乏弹性区间。根据"弹性—总收益"的关系，的确导致"不增收"，结果"伤农"。

如果从 P_1"谷贱"到 P_3，价格落在富有弹性区间。根据"弹性—总收益"的关系，"增收"了，结果就不会是"伤农"的。

分析如图4-16所示。

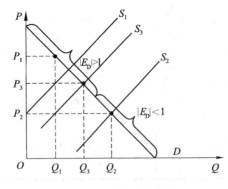

图4-16 "谷贱伤农"

4.3.3 需求收入弹性与需求交叉弹性

1. 需求的收入弹性

（1）需求的收入弹性是指某种商品的需求量的变动率与消费者收入的变动率之比,它用来衡量某种商品的需求量对消费者收入变动的反应程度。

（2）需求收入弹性的计算公式。

① 定义式

$$E_M = \frac{\dfrac{\Delta Q_d}{Q_d}}{\dfrac{\Delta M}{M}} = \frac{\Delta Q_d}{\Delta M} \times \frac{M}{Q_d}$$

② 点弹性和弧弹性计算公式

点弹性计算公式:

$$E_M = \frac{dQ_d}{dM} \times \frac{M}{Q_d}$$

弧弹性计算公式:

$$E_M = \frac{\dfrac{\Delta Q_d}{Q_{d1} + Q_{d2}}}{\dfrac{\Delta M}{M_1 + M_2}} = \frac{\Delta Q_d}{\Delta M} \times \frac{M_1 + M_2}{Q_{d1} + Q_{d2}}$$

式中,E_M 表示需求的收入弹性;Q_d 表示商品的需求量;ΔQ_d 表示商品需求量的变动量;M 表示收入水平;ΔM 表示收入水平的变动量。

（3）需求收入弹性的种类。

$E_M > 0$,正常商品 $\begin{cases} 0 < E_M < 1, & \text{生活必需品} \\ E_M > 1, & \text{高档商品或奢侈品} \end{cases}$

$E_M < 0$,低档商品或劣等品。

（4）估算的几种产品的需求收入弹性(美国)。

以下是美国经济学家亨德里克·S.霍撒克与莱斯特·D.泰勒关于美国产品的需求收入价格弹性的估算。从表4-9中分析哪些是必需品,哪些是奢侈品。

表 4-9　估算的几种产品的需求收入弹性

低收入弹性		高收入弹性	
人造黄油	−0.20	私人教育	2.46
汽油	0.38	新汽车	2.45
电	0.20	休闲和娱乐	1.57
鱼(黑线鳕鱼)	0.46	酒类	1.54
食品	0.51		
烟草	0.64		
医疗服务	0.69		

2. 需求的交叉价格弹性

（1）需求的交叉价格弹性是指某种商品需求量的变动率与另一种商品的价格变动率之比，反映某种商品的需求量对另一种商品的价格变动的反应程度。

（2）需求交叉价格弹性的计算公式。

① 定义式

$$E_{XY} = \frac{\dfrac{\Delta Q_{dX}}{Q_{dX}}}{\dfrac{\Delta P_Y}{P_Y}} = \frac{\Delta Q_{dX}}{\Delta P_Y} \times \frac{P_Y}{Q_{dX}}$$

② 点弹性和弧弹性计算公式

点弹性计算公式：

$$E_{XY} = \frac{dQ_{dX}}{dP_Y} \times \frac{P_Y}{Q_{dX}}$$

弧弹性计算公式：

$$E_{XY} = \frac{\dfrac{\Delta Q_{dX}}{\dfrac{Q_{dX1} + Q_{dX2}}{2}}}{\dfrac{\Delta P_Y}{\dfrac{P_{Y1} + P_{Y2}}{2}}} = \frac{\Delta Q_{dX}}{\Delta P_Y} \times \frac{P_{Y1} + P_{Y2}}{Q_{dX1} + Q_{dX2}}$$

式中，E_{XY} 表示需求的交叉价格弹性；Q_{dX} 表示 X 商品的需求量；ΔQ_{dX} 表示 X 商品的需求量的变动量；P_Y 表示 Y 商品价格；ΔP_Y 表示 Y 商品价格的变动量。

（3）商品关系分类。

$E_{XY} > 0$ 表示 X 商品与 Y 商品正相关，X 与 Y 为替代商品。

$E_{XY} < 0$ 表示 X 商品与 Y 商品负相关，X 与 Y 为互补商品。

$E_{XY} = 0$ 表示 X 商品与 Y 商品不相关，X 与 Y 互不影响。

4.3.4 供给价格弹性

1. 供给价格弹性的含义

供给价格弹性简称供给弹性，是指供给量变动对价格变动的反应程度，即供给量变动比率与价格变动的比率之比。供给弹性的大小可以用供给弹性系数来表示，其弹性系数等于供给量变动的百分比与价格变动的百分比的比值，即

$$供给价格弹性系数 = \frac{供给量变动率}{供给价格变动率}$$

$$E_S = \frac{\Delta Q/Q}{\Delta P/P}$$

以上公式只是概念化公式，通常不用于具体计算。具体计算时要视所给条件，选择点弹性或弧弹性计算方法。

根据供给规律，价格与供给呈同方向变动关系，故供给价格弹性系数为正，从形式上看，供给价格弹性公式与需求价格弹性公式完全相同，但在运用时要注意它们性质上的区别。

2. 影响供给弹性的因素

（1）生产时期的长短。市场上价格发生变化若影响供给量的增减，都必须经过一段时间来调整生产要素，改变生产规模。从价格的变化到供给量的变化有一个过程，存在一个时滞，时间越短，供给弹性越小；时间越长，供给弹性越大。

（2）生产的难易程度。一般而言，容易生产而且生产周期短的产品对价格的反应快，其供给弹性大。反之，不易生产且生产周期长的产品对价格变动的反应慢，其供给弹性也就小。

（3）生产要素的供给弹性。从一般理论上讲，供给取决于生产要素的供给。因此，生产要素的供给弹性大，产品供给弹性也大；反之，生产要素的供给弹性小，产品的供给弹性也小。

（4）生产所采用的技术类型。一般来说，技术水平高、生产过程复杂的产品，其供给弹性小，而技术水平低、生产过程简单的产品，其供给弹性大。

3. 供给弹性的分类

根据弹性系数的大小，供给弹性可分为五种类别，见表 4-10。

表 4-10　供给价格弹性的分类

名　称	公　式	含　义	图　形	商　品
无限弹性	$E_s \to \infty$	价格微小变动，供给无限增加		理论上存在
富有弹性	$1 < E_s < \infty$	供给量变动百分比大于价格变动百分比		可大批量生产的产品
单位弹性	$E_s = 1$	供给量变动百分比等于价格变动百分比		—
缺乏弹性	$0 < E_s < 1$	供给量变动百分比小于价格变动百分比		手工艺品
无弹性	$E_s = 0$	无论价格如何变动，供给量不变		毕加索名画

学用小品

经济战线上的"淮海战役"

67 年前那场攸关共和国命运的经济战线上的"淮海战役"，如今回顾起来还是那么惊心动魄。从经济学角度，这段不寻常的历史至今仍然发人深思。该案例虽属宏观经济学范畴，但可以帮助理解市场均衡原理。

1949 年 5 月 27 日，中国人民解放军第三野战军一举解放了素有"东方巴黎"之称的上海市。毛泽东领导的中国共产党和中国人民解放军在政治上、军事上的胜利已经是毫无悬念，但是在经济上却面临攸关新生共和国命运的一场空前的恶战。

上海解放初期,国民党遗留下来的是一堆烂摊子,国库空虚,生产停顿,物价飞涨,民不聊生;由于战争期间交通阻断,以及帝国主义和国民党反动派对上海口岸的封锁和禁运,上海关乎国计民生的重要物资供应极度紧张,人称"三白一黑"的大米、面粉、棉花、煤炭库存仅够维持6天。一批不法资本家和投机商更是借经济混乱之机,操纵重要物资,扰乱市场,兴风作浪,前后掀起了3次物价暴涨风波,第一次是"银元风波",第二次是"纱布涨价风",第三次是"粮食抢购风"。与此同时,新中国尚未建立,百万大军正向全国新解放区推进,军需民用供应极为紧张,还要修复铁路,维持工农业生产,而税收有限,财政入不敷出,靠发行货币支持,1949年7月至10月的3个月期间增发了5倍。此前国民党统治下的上海通货膨胀已经持续了12年之久,现如今入主上海的共产党人面临着物价一日三涨、市场难以掌控的极其严重局面。上海经济危在旦夕。

从经济上看,在当时,上海危而华夏危矣。此言虽有些夸张,但也是八九不离十。从19世纪末开埠,上海在短暂的半个多世纪里,从一个传统意义上的县城一跃成为中国以至远东的经济中心。在经济功能上,上海既是当时中国的商业贸易中心,又是工业中心、金融中心;上海不只是全国的经济中心,还是国际资本在中国以及远东的汇聚点,是世界市场的东亚枢纽。就其全国轻工业中心而论,当时国家税收的40%来自上海。保持上海的完整、稳定,无论在军事上、政治上还是经济上,对于新中国都具有无比重要的意义。

在上海经济危急之际,主持中共中央财经工作的陈云受命坐镇上海,直接指挥了后来被毛泽东同志赞誉为经济战线上的"淮海战役"。陈云认为,上海的问题主要是物资短缺,特别是粮食、棉花、煤炭的短缺问题。经过细致测算,陈云同志作了全面安排。他测算了货币投放数量和物价上涨的指数,需要调进多少物资?物价会上涨到什么程度?什么时候可以稳住?然后,他决定先从打击投机、平抑物价、抑制恶性通货膨胀入手。

首先,坚决打击金融市场上的投机活动。上海解放后的第一天,市军管会就发布了金字第1号布告,宣布自5月28日起使用人民币,限期收兑伪金圆券,并明令禁止金银外币在市场上自由流通,由人民银行挂牌收兑;干净利索地查封了投机活动的老窝——上海证券大楼。此后又经过一个星期的宣传教育,上海滩4万多银圆贩子销声匿迹,银圆价格即从2000元猛跌至1200元,大米、食油等价格也随之下跌。"银圆之战"为巩固人民币在市场上的地位和建立正常的经济秩序起了重大作用。

其次,坚决扼制三次物价大涨风。迅速从外省调进了相当数量的粮食、棉花、纱布,与投机商低价竞销,同时运用收税、收公债、不放贷款、追缴欠款等经济手段,刹住了纱布涨价风和粮食抢购风,迫使囤积居奇的投机商全部吐出物资,从而将这批不法资本家和投机商彻底制服。

上海物价的平定,影响到全国各地大中城市的物价亦随之降落。到1950年年底,全国物价一直比较稳定。上海等大中城市居民,亲眼见证人民政府治理经济的出色成就,都欢呼庆幸,共产党的天下定了,这对全国保持社会稳定起了重要作用。民心所向,一个崭新的新中国以史诗般的壮丽诞生于世界的东方。

从经济学角度看,可以这样来还原那一伟大的历史事件,如图4-17所示。

设:Y_K为抗战胜利后相对稳定时期中国的生产力在当时政治和社会条件下的最大产出,Y_N为内战末期中国的生产力在当时政治和社会条件下的最大产出,AS_K为抗战胜利后相对

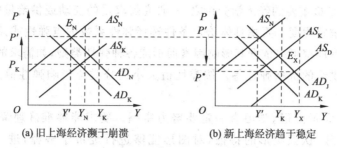

(a) 旧上海经济濒于崩溃 (b) 新上海经济趋于稳定

图 4-17　经济战线的"淮海战役"

稳定时期的总供给，AD_K 为抗战胜利后相对稳定时期的总需求，AS_N 为内战末期的总供给，AD_N 为内战末期的总需求，AS_D 为打击囤积居奇后的总供给，AD_J 为金融稳定后的总需求，Y_X 为劳动人民当家做主人的政治热情激发而形成的社会生产力的总产出。

抗战胜利后，中国迎来了一段短暂的平静，社会生产力有所恢复，上海在当时政治和社会条件下的最大产出可以达到 Y_K 的水平。但是，内战导致了社会生产力的极大破坏，内战末期最大限度总产出减至 Y_N，市场均衡必须落在这个限度之内。当第三野战军进入上海，在旧政权的金圆券失去民众信心和人民币扩大发行双重货币因素作用下（两大政权交接的货币替代是历史趋势，任何力量都无法阻挡），推高市场总需求至 AD_N，同时帝国主义封锁和不法分子囤积居奇、投机倒把致使市场总供给减少至 AS_N，此时市场均衡为 E_N，此时物价水平由 P_K 上升至 P'，食品短缺，物价飞涨，市民饥饿，经济濒危。

上海市人民政府采取了非常正确的、果断的、强有力的措施。行政上取缔旧货币系统（包括它的流通货币、货币流通机构、货币流通市场基础），旧货币彻底退出流通领域，确立人民币唯一合法地位，给恶性通货膨胀来了个釜底抽薪；并同时在经济上，配合以全国物质调运，源源不断注入上海市场，迫使奸商吐出囤货，使得市场总供给增加到比 AS_K 更多的 AS_D；货币性需求被基本剔除，市场总需求回归正常需要 AD_J。市场均衡点为 E_X，市场总供给增多和市场需求回归性减少，两头作用，物价水平从 P' 回落至 P^*，市民生活回复安定。人民以巨大的政治热情，投入到新中国的经济建设中来，社会生产力迅猛增长，超过抗战后稳定期的社会生产力 Y_K 达到 Y_X，赢得了民心。

这场特殊背景下的市场供求大战，最终是市场均衡定了乾坤。

本章小结

1. 需求和供给是组成市场的两个互相对立的基本力量，相互依存，相互作用，共同决定价格及其运动；需求和供给都属于期望概念、流量。函数、表格、图形是表述需求与供给的简洁有效方式，需求和供给的影响因素、需求和供给的变动、需求规律、供给规律是学习者必须吃透并能灵活运用的经济学知识。

2. 市场均衡的两个条件（供给量＝需求量和供给价格＝需求价格）必须同时成立，缺一不可。均衡价格的形成过程就是市场机制的自动均衡过程。供求与价格相互作用构成最精巧高效的配置经济资源的经济机制，是市场力量的根源。市场均衡是相对的，是会发生变动的；供求规律支配着市场均衡的变动。

3. 弹性分析是最重要的经济学分析之一,研究需求量的变动或供给量的变动对其影响因素变动的反应敏感程度。要视具体给定条件选择弹性系数的点弹性或弧弹性计算方法。需求弹性和供给弹性都可以依据其影响因素而形成各种弹性类型,如需求的价格弹性、收入弹性、交叉弹性,供给的价格弹性等。按弹性值大小的分类与影响弹性值大小的因素最为重要。

4. 本章出现大量图形,学习者一定要努力掌握。要求能够准确理解图形,领会其中蕴含的经济学原理,认识图形的特征,对图形能够进行经济学解释,进一步运用图形分析法解决生活中所遇到的经济问题,以及本专业其他相关课程所涉及的经济学问题。对于函数,要在理解的基础上记住,能够讲出函数中有关变量、系数、结构的经济学含义,并灵活应用。

基本概念

需求量　　需求　　供给量　　供给　　需求的变动　　供给的变动　　供求规律
市场均衡　　需求价格弹性　　需求收入弹性　　需求交叉弹性　　供给价格弹性

复习实训

一、单选题

1. 其他条件相同时,下面情况中的(　　)是茶叶价格下降产生的效应。
　　A. 茶叶的需求曲线向右移动　　　　B. 沿着茶叶需求曲线向下移动
　　C. 茶叶的需求曲线向左移动　　　　D. 沿着茶叶需求曲线向上移动

2. 对于某商品,其替代商品价格变动导致该商品供给(　　)。
　　A. 反方向变动　　　　　　　　　　B. 同方向变动
　　C. 变化方向不定　　　　　　　　　D. 数量不变

3. 当鲜鱼价格较大幅度下降时,消费者对其购买的量会(　　)。
　　A. 基本不变　　　　　　　　　　　B. 略为增加
　　C. 大量增加　　　　　　　　　　　D. 说不准

4. 供给变动幅度等于需求变动幅度时(　　)。
　　A. 均衡价格上升　　　　　　　　　B. 均衡价格下降
　　C. 均衡价格不变　　　　　　　　　D. 均衡销量不变

5. 下列商品中需求价格弹性最小的是(　　)。
　　A. 食盐　　　　　　　　　　　　　B. 葡萄酒
　　C. 钢琴　　　　　　　　　　　　　D. 药品

6. 薄利多销的商品其需求价格弹性(　　)。
　　A. 小于1　　　　　　　　　　　　B. 等于1
　　C. 大于1　　　　　　　　　　　　D. 趋于无穷大

二、判断题

1. 棉花价格上升导致丝绸供给曲线向右移动。（　　）

2. 个人劳动力供给曲线总是向右上倾斜的。（　　）

3. 均衡价格就是供给价格等于需求价格时的价格。（　　）

4. 均衡价格不变表明供给没有发生变动。（　　）

5. 薄利多销肯定能带来更多的销售收入。（　　）

6. 供给价格弹性大小与生产周期长短呈反向变化的关系。（　　）

三、问答题

1. 影响需求的因素有哪些？影响供给的因素有哪些？

2. 市场均衡是如何形成的？市场均衡又是如何变动的？

应用训练

一、单项训练

1. 大学生手机需求与使用状况调查。分析手机给大学生的学习与生活带来哪些正、负面影响。分析教学体系和教学管理体系相应地要做怎样的调整以正确引导同学们的手机消费行为。

2. 查找资料，列举弹性理论的各种实例；参考国外商品的长短期弹性，搜集数据，计算出我国商品的弹性值。

二、综合应用

1. 组员研究：分头考察我国公路客运、铁路客运（含普通铁路客运、高铁客运）、民航客运的发展历程，整理出相关数据。

2. 小组研究：计算出各种客运服务的价格需求弹性；用经济学原理分析居民出行的交通工具选择。

第 5 章

家庭经济行为

知识目标

通过本章教学,使同学们认识家庭经济行为的基本类型,了解个人劳动力供给如何决策,掌握实现消费效用最大化的条件与分析方法,了解储蓄对家庭消费的影响,了解恩格尔定律和恩格尔系数。

技能要求

要求同学们能够正确把握家庭经济行为的内在关联,运用工资率变动效应原理分析个人劳动力供给问题,运用边际分析方法、无差异曲线分析方法分析消费效用最大化问题,用简单模型概括劳动者生命周期中的收入—消费—储蓄关系,用恩格尔系数判断生活水平。

引言导图

家庭是社会的基本单元,家庭是市场经济的核心主体,这个主体有哪些重要的经济行为呢?家庭经济行为和个人经济行为有怎样的关系?这些经济行为又受到什么动机支配?又是怎样实现的呢?本章引言导图如图 5-1 所示。

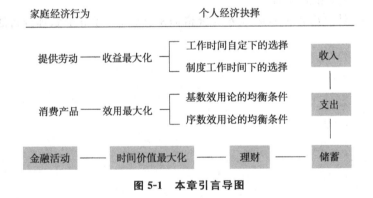

图 5-1 本章引言导图

5.1 家庭经济行为简述

5.1.1 市场经济中家庭的主要经济行为

从市场经济运行模型中可以看出,家庭经济行为主要有:向要素市场提供资源获取收入的行为、用所获取的收入进行消费的行为、将未消费完的收入储蓄起来的行为。

家庭是要素市场的供给者、产品市场的需求者、金融市场的参与者。下面分别予以简单论述。

1. 要素市场的提供者

市场经济中的绝大部分资源是由家庭提供的。家庭作为生产要素的拥有者,向市场提供直接创造产品的劳动力、提供体现为物质生产力的资本、提供私人拥有的广义土地资源、提供组织生产的企业家才能。但我们不能就此认为,每个家庭都能同时提供以上全部要素。如果是那样,市场经济就不可能产生了。由于生产资料的分配或者说要素的占有是历史决定的,因此每个家庭向社会提供的要素种类与数量是互不相同的,当然至少能够提供其中的一种,否则人们将无以为生。无论提供何种要素、多少要素,家庭目的一定是经济利益最大化,即谋求资源的使用效用最大化。

2. 产品市场的需求者

通常,人们把家庭看作是一个单纯消费单位,即生活消费品的消费单位。其实这种认识是不正确的。从家庭是生产要素的提供者方面来看,家庭提供的劳动力、资本、土地、企业家才能经过一个生产周期后,必然有损耗,必然要更新。换句话说,这些生产要素同样有生产和再生产问题。为此必须从产品市场取得补偿。首先,所有的要素拥有者都必须从产品市场取得生活资料以维持生存。其次,作为劳动力要素提供者,他不仅需要维持自身生存、赡养家庭的生活资料,还需要提高本人技能和子女受教育的人力资本投资,如培训、接受正规教育等,只有这样他才能继续作为劳动力要素的提供者。作为资本要素提供者,他不仅需要劳动力拥有着所需要的全部生活资料和人力资本投资,还需要新的资本品,以更新被磨损的资本,这样他才能继续作为资本要素的提供者。同样的分析也适用于土地要素提供者、企业家才能要素提供者。因此,从联系的观点来看,家庭不仅要从产品市场取得生活资料,还要取得各种各样的生产资料和人力资本投资。同样,无论要从市场取得何种性质的资料,家庭的目的一定是谋求这些资料消费效用的最大化。

3. 金融市场的参与者

家庭作为货币市场的供给者(注意:不是货币发行者,那是中央银行的专有权力)与需求者,在市场经济运行模型中主要体现为储蓄与借款(广义地包括透支、分期付款等)行为。家庭的这些行为可以认为是理财行为。模型中的金融市场,包括货币市场、股票市场、债券市场、各类保险、基金,范围再拓展一些,还可以包括金石玉器、古玩字画,等等,这些都是家庭在消费有余的情况下进行理财的渠道和方式。消费是收入的眼前效用,储蓄是收入的未来效用,家庭必定要从生命周期这样一个漫长的过程来考虑收入效用在眼前和将来的综合效用最大化。

5.1.2 效用最大化目的

1. 效用的一般含义

效用最大化是家庭各种经济行为所追求的目标,那么什么是效用呢?

效用与欲望紧密相关。欲望是指一种缺乏的感觉与求得满足的愿望。它有无限性和层次性两个基本特点。欲望虽然是无限的,但却可以有不同的满足程度。欲望的满足程度可以用效用大小来进行比较和计算。

效用是指消费者从消费某种物品中所得到的满足程度。消费者在消费活动中获得的满足程度越高,效用越大;反之,效用越低。可见,效用和欲望一样,是人对欲望被满足以后的一种个人主观感受。某种物品效用的大小没有客观衡量标准,完全取决于消费者在消费某种物品时的主观感受。同一物品不但在不同的人之间因为满足程度的差异而有不同效用,即便是对同一消费者,在不同的时间及不同的环境消费,其效用也有差异。

在这里要注意区别效用与使用价值,两者是不同的。使用价值是物品本身所具有的属性,它是客观存在的,不以人的感受为转移。而效用则是消费者的主观感受。例如,香烟无论对沉迷吸烟的人群还是厌恶吸烟的人群,它都具有使用价值,即它含有的尼古丁具有兴奋神经的作用。但只有瘾君子才能体验香烟的效用,而厌恶吸烟的人群认为吸烟是在戕害自己的身体。

2. 效用最大化

理性的家庭经济行为的目的总是追求效用最大化的。效用最大化可以有不同分类。

(1) 按家庭经济行为的种类,效用最大化有不同分类:提供要素的目的——收入最大化(收入可以转化为现在消费的消费品或将来消费的消费品);消费的目的——当前消费效用最大化;储蓄的目的——延期消费效用最大化。

(2) 按时间效用的构成,效用最大化可以大致分为要素收入最大化和闲暇效用最大化。任何经济过程都是在时间流逝中进行的。每一个人都平等地获得每天 24 小时的时间。从某种意义上说,时间(的效用)就是生命与生活。生活需要消费,消费源于收入,收入得自工作,工作之余还应有闲暇,而睡眠则是人生必不可少的。除去睡眠一项,人一天的时间效用构成可大体用下列公式表达(即西方经济学中所谓的"幸福方程式"):

$$幸福 = 收入 + 闲暇$$

这里的"幸福"可以理解为时间效用。其中收入来自工作,收入转化为消费品;把工作以外的生活内容都归入闲暇范围里去,如用餐、逛街、家庭活动、旅游、独处等,这些活动毕竟与工作不同,不含有劳动的负效用。收入带来物质享受,闲暇获得身心舒适。理性人总是设法使收入和闲暇的总效用最大化,即"幸福"最大化。

(3) 家庭分工效用最大化。在现代社会,家庭通常由三位以上成员组成,在生活中有外出工作和在家做家务两大项目。于是从经济学角度产生了如何分配每位家庭成员的时间和劳动的问题。是否两位主要成员都应外出工作?安排每人工作多长时间?或者一人工作就够了?做家务也有类似的问题,或一人专做家务,或每人分担。总的来说,怎样安排和分配家庭成员的时间和劳动,使工作创收最多和做家务所费时间与气力最少。

(4) 消费效用最大化。局限于追求消费品的消费效用最大化分析,在假定消费者收入水平不变、消费偏好不变、行为理性等条件下,研究在无预算约束下,一种消费品的最佳消费数量;研究在有预算约束下,两种(及以上种类)消费品的最优组合——这是本章分析的主要部分。

知识链接 5-1

国民幸福总值

2009 年 11 月,在巴西伊瓜苏的位菲尼皇官酒店举行了第五届国际国民幸福总值会议。

不丹研究中心主席卡马·尤拉用安静、谦逊的方式吸引了大家的注意力。尤拉告诉大家,多年来不丹关于国民幸福总值的研究表明,幸福应包含9个评估领域:心理健康;身体健康;时间支配(工作和生活相互平衡);社区活力和社会联系;教育;文化保留、文化接触及文化多样性;环境的可持续性;政府治理得当;物质生活富足。

心理学家知道哪些行为能够让人更加幸福,那么我们能够做些什么来提升幸福感呢?我们必须多多关注时间平衡、安全感和社会联系。作为个人而言,我们可以花更多的时间陪伴家人,参与社区活动,共建互相信任的关系;我们不该一味地追求收入的增加,而是应该学会慷慨待人。作为员工而言,我们不该总想着加工资,而是应该向老板要求多放假。虽然收入不高,但是"身外之物"越少,债务越少,压力越小,时间越多,我们的生活就会越好。我们可以在社区建立互动的场所,比如农贸市场,人们在农贸市场互相沟通的概率是超市的10倍。我们可以向丹麦学习,在城市里设计那些能够促进社会联系的场所,而不是盲目地扩建城市。[①]

5.2 个人劳动力供给决策

市场劳动力的供给是由许许多多个人劳动力供给集合而成的,但是个人劳动力供给曲线与市场劳动力供给曲线相比有所不同。

5.2.1 工资率变动的收入效应与替代效应

假设不考虑财产状态、劳动偏好等其他因素变动的影响,当工资率变动时,就会同时产生两个方向相反的影响劳动力供给的效应:收入效应和替代效应。这两个效应的综合结果,即净效应决定了个人劳动力供给是增加了还是减少了。

工资率变动可以是上升的,也可以是下降的。为了解说的方便,此处以工资率上升变动为例,工资率下降情况可以反推。

工资率变动的纯收入效应,是指在工资率不变的情况下,由于收入的变化引起的劳动者愿意工作时间的变化。图5-2表明,在工资率水平上升的情况下,纯收入效应导致劳动者愿意工作的时间减少。Y 为收入,W 为工资率,H 为闲暇时间,工作时间 $L=24-H$。

图5-2中 Y_2-Y_1 就是纯收入,不是通过增加工作时间,而是通过接受赠予、中彩、单纯工资率提高(W_1 变到 W_2)而增加的收入;增加纯收入之后,原预算线平行上升至虚线位置,其斜率与原预算线的斜率相同,未变。这条预算线与无差异曲线 I_2 的切点,形成内含纯收入因素作用的新的均衡点 E_2,从而使闲暇时间由 H_1 增加到 H_2,导致劳动者愿意工作的时间减少——这就是工资率上升的纯收入效应。

工资率变动的替代效应,是指在保持收入不变的情况下,由于工资率的变化引起的劳动者愿意工作时间的变化。图5-3表明,在工资率水平上升的情况下,替代效应导致劳动者愿意工作的时间增加。

---

① 约翰·格拉夫,戴维·巴特克.经济到底为了什么[M].丁莹,译.北京:中信出版社,2012.

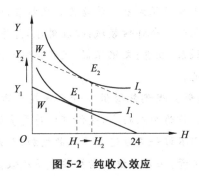

图 5-2　纯收入效应

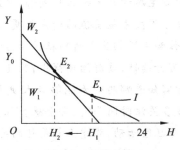

图 5-3　替代效应

以 W_1 为斜率的预算线和以 W_2 为斜率的预算线所体现的预算总额是相同的,即收入不变。当工资率由 W_1 上升为 W_2,在图形中,体现 W_2 工资水平的新预算线的斜率比体现 W_1 工资水平的原预算线的斜率要大,与无差异曲线 I 的切点,即均衡点由 E_1 移到 E_2,从而使闲暇时间由 H_1 减少到 H_2,导致劳动者愿意工作的时间增加——这就是工资率上升的替代效应。

工资率变动的净效应,是指收入效用与替代效应的综合结果。工资率水平变动最终是导致个人劳动力供给增加或减少取决于收入效用与替代效应的相对大小。

在工资率上升的情况下,收入效应——总收入中相当于非劳动收入的效应——趋向于减少工作时间而增加闲暇时间。由于工资率上升,工作时间虽然缩短,工资总收入仍然可以是增加的,减下来的工作时间转变为闲暇,这样增加了总工资收入与闲暇,达到更高的享受水平 I_2。

在工资率上升的情况下,替代效应则是趋向于增加工作时间而减少闲暇时间,因为工资率的提高,使闲暇的机会成本提高,闲暇的代价太高,人们自然会用工作时间替代闲暇时间。

工资率上升的情况下的净效应等于收入效用与替代效应之和,即:

工资率变动的净效应＝收入效用＋替代效应

即图 5-4 中的矢量关系:

$$H_3 H_1 = H_1 H_2 + H_2 H_3$$

图 5-4 中,横轴表示闲暇时间,从 24 小时点反向表示劳动时间,即 $L = 24 - H$。工资率变动的收入效应为 $H_1 H_2$,工资率变动的替代效应为 $H_2 H_3$,均衡点为 E,工资率变动的净效应为 $H_3 H_1$。

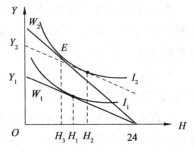

图 5-4　工资率变动的净效应

5.2.2　个人劳动力供给曲线

在前面的图形分析中都是以横轴表示闲暇时间,从 24 小时点反向表示劳动时间。图 5-5(a)中,从 24 小时点垂线至各均衡点的虚线长度即为劳动时间长度,对应标识在图 5-5(b)中,可得到以横轴表示劳动时间、纵轴表示工资率水平的个人劳动力供给曲线。

经过转换后,就可以用来分析工时可变的个人劳动力供给决策了。

假设劳动力市场是完全竞争的,没有实行制度工作日制(如固定的 8 小时工作制),即劳动者可以自由决定在一日之内提供劳动时间的长短,其他条件是给定的。在这些条件下,个人劳动力供给曲线呈背弯形状,如图 5-6 所示。

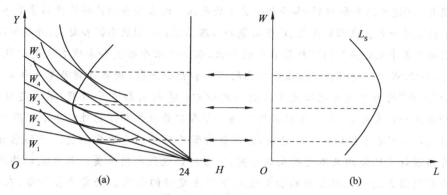

图 5-5　工资率变动下的预算线移动及各均衡点劳动时间

个人劳动力供给曲线最初一段是向右上方倾斜的,替代效应大于收入效应,原因是,这时的总收入没有达到劳动者的基本要求,他宁可少一点闲暇,多干点活多一点收入。在贫困状态中,工资率的提高,会刺激他增加劳动时间。随着工资率上升及工资总收入增多,如果此时日收入为图 5-6 中的阴影部分,按一年计算的总收入已经令他心满意足,满足了他对物质追求的个人偏好,达到了均衡点,此时替代效应与收入效应相等,随着工资率继续上升,他会在保持总收入水平不变(如图中竖纹方块表示)的条件下,改变工作—闲暇安排,他将会有更多的闲暇与家人交流感情、参加社交活动、进行户外活动享受自然。此时替代效应小于收入效应,曲线向左上方倾斜。这样,个人劳动力供给曲线变成背弯的了。

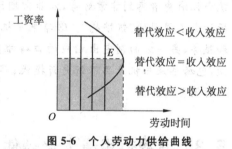

图 5-6　个人劳动力供给曲线

知识链接 5-2

中国"果粉"在行动

人们不得不叹服:世界上再没有哪种产品有苹果手机那么高的人气,那样成功了!

据外电报道,苹果公司 iPhone 6 于 2014 年 9 月 19 日在全球 10 地率先开售,引起抢购潮。苹果宣布发售首 3 天破纪录售出 1000 万部 iPhone 6 及 iPhone 6 Plus。[①] 刷新历史纪录,深夜排队争购,销售店前水泄不通,[②]世界"果粉"甚是疯狂。

中国大陆销售推迟到 10 月 10 日。据报道,中国移动、中国电信、中国联通三大运营商首日收到 iPhone 6 和 iPhone 6 Plus 订单超过 1000 万台,京东商城两款产品的预订量也接近 1000 万台,天猫平台和苹果官网的预订量未公开,中国市场的预售量至少在 2000 万台以上。[③]抢购大军丢丑一直丢到海外[④],中国"果粉"更加疯狂!

是什么掀起了苹果手机的抢购狂潮?是什么在推波助澜?

①　http://news.163.com/14/0923/07/A6QF8GGR00014JB6.html.
②　http://news.163.com/14/0920/18/A6JSUHTV00014JB6.html.
③　http://technews.cn/2014/10/11/iphone-6-iphone-6-plus/.
④　http://blog.sina.com.cn/s/blog_7e18b5b10102v4k2.html.

心理上，①追求时尚和创新，希望获得更多的关注。时尚新颖的高科技产品苹果手机正好满足了他们这样一种尝试新的生活、追逐新潮的心理需求；②彰显个性和自我，外扬鲜亮形象，独具特色的苹果手机成为"果粉"标签自己的个性，满足追求个性美和表现自我的心理要求的最佳道具；③炫耀心理，展现财富，显示自己的品位和社会地位，世界品牌苹果手机以其不菲的价格和"土豪"的外形极大地满足了人们的虚荣心；④超前和享乐心理，竭力趋附先进国家的生活方式和消费观念，苹果手机极好地满足了人们开放性和超前性的享乐心理。①

营销上，①苹果手机的体验式营销，为消费者带去独特的个性化享受。产品感官，苹果手机在外形设计中既简约又不乏时尚的感觉，非常符合现代人的审美。开放式的购物环境，使消费者在简洁大方而又温馨的购物环境之下产生更好的体验。激发消费情绪，在每一代新的苹果手机产品上市之前都会对苹果手机的新功能和新的外观等有各种各样的猜测和期待，此外，苹果手机新产品的发布会也是其思考体验的非常重要的一种方式。②苹果手机的"饥饿式"营销。通过供给小于需求提高售价，依托的是"苹果手机"的国际知名品牌。苹果公司的饥饿式营销是由延时和限量这两个阶段构成，苹果企业在发布新产品之前只是向消费者宣布会有新的苹果手机产品问世，但是对于手机的新性能以及外观等都没有宣布，这样就会让消费者感到非常好奇，以非常期待的心情等待着新产品的问世，这样一来就在手机市场形成了强烈的"饥饿感"。③苹果手机的口碑营销策略。一方面为消费者提供需要的产品和服务，另一方面制定出相应的口碑推广计划，让几乎人人都知道苹果手机产品的优质性能，包括苹果手机产品不断更新换代、苹果产品独具艺术特质的外观形象、确定好最恰当的目标消费群体。②

5.3 消费效用最大化条件

5.3.1 基数效用论与序数效用论

实现消费效用最大化是消费者的消费目的。而关于实现消费效用最大化的条件有两种理论解释——基数效用论和序数效用论。这两种理论的基本观点、分析方法不同，而在分析结果上又能够殊途同归，是经济学中的一个有趣现象。

1. 观点差异

基数效用论认为物品的效用取决于消费者个人的主观感受。效用的大小是可以用一定单位来衡量的，即可用"基数词"（1，2，3，…）来表示效用的大小，而且可以计量与加总。

序数效用论者不同意这种看法。序数效用论认为：效用不是基数概念，而是一个次序概念。效用是消费者个人的"偏好"，物品的效用可根据消费者对其偏好程度来排列先后，即可用序数词（第一，第二，第三，…）来说明效用，但是不能计量与加总。

2. 分析方法

基数效用论运用边际效用分析方法来分析，可以求得消费一种商品、两种及两种以上

---

① 段思岚，胡靖茜. 苹果手机的消费心理及原因分析[J]. 社会心理科学，2011(2)：54-55.
② 杨帅. 苹果手机在中国市场的营销策略研究[J]. 经营管理者，2014(12)：240.

商品消费效用最大化的实现条件。这种方法要涉及总效用、边际效用、平均效用等分析概念。

序数效用论运用无差异曲线分析方法来分析,可以求得消费两种及两种以上商品消费效用最大化的实现条件,这种方法要运用无差异曲线、预算线两个分析工具,以及边际替代率等分析概念。

下面按照消费商品的数量来分析消费效用最大化的实现条件。

5.3.2 一种商品的消费效用最大化条件

榴莲,是一种香味浓郁的上佳水果,有些人适应不了这种气味,以致民航通常不允许将榴莲带上飞机。对于初次品尝榴莲的人来说,也许尝第一个时,只觉得味浓;第二个时感觉特好吃;吃第三个的感觉就比第二个略差了;吃第四个时觉得一般了;第五个吃下去后可能过饱。假如你手上的钱够你买一大篮子,买几个为宜呢?

这个问题可以用基数效用论来解决,用边际概念和边际分析法来寻找答案。我们用效用来表示吃榴莲的感觉。感觉好吃效用评分就高一些,不怎么好吃给分就低一些,吃得不舒服了,给负分数。当然效用评分是相对的,不但因人而异,即使对同一人,在不同时间、不同地点、不同场合、不同心情下,都会有差异。

1. 总效用、边际效用与平均效用的概念

(1)总效用,是指消费者消费一定量商品时所获得的总满足程度,比如说你消费了10个榴莲后的满意程度。总效用函数为

$$TU = f(Q)$$

式中,TU(有时记为U)表示总效用;Q表示商品消费量。

(2)边际效用,是指消费量每增加一单位时,总效用的增加量。总效用用MU来表示,边际效用函数为

$$MU = \frac{\Delta TU}{\Delta Q}$$

式中,Δ表示增量;ΔTU是总效用增量;ΔQ是消费品增量;MU表示边际效用。

(3)平均效用,是指消费一批商品时,每单位商品平均提供的效用。平均效用用AU表示,平均效用函数为

$$AU = \frac{TU}{Q}$$

2. 效用的表达

(1)表格

假如你品尝榴莲后的感觉或者说满足程度如表 5-1 所示,那就很容易决定榴莲的购买数量——最多4个,总效用21,达到最高了。如果你再仔细一点,会发现此时的边际效用为0。不能再多吃了,再多吃将出现负效用,总效用反而越来越小。表 5-1 所列的可能是你生平第一次吃完了10个榴莲后得到的经验。假如在将来,在不考虑其他因素影响的情况下,即你的收入水平、口味等基本没有变化的情况下,你可以立即依据第一次品尝榴莲的经验决定对榴莲的需要量,而不必用你的舌头和胃再来评估一番。

表 5-1　榴莲的效用

榴莲消费数量 Q	总效用 TU	边际效用 MU	平均效用 AU
0	0	0	0
1	4	4	4
2	16	12	8
3	21	5	7
4	21	0	5.25
5	20	−1	4
6	16	−4	2.5
7	10	−6	1.43
8	2	−8	0.25
9	−8	−10	−0.9
10	−20	−12	−2

（2）曲线

将表中的数据标注在坐标系上，可以得到以下总效用曲线、边际效用曲线和平均效用曲线，如图 5-7 所示。

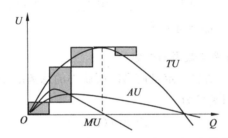

图 5-7　总效用、边际效用、平均效用曲线及其关系

图中，横轴为商品消费量 Q，纵轴为消费效用 U，TU 为总效用曲线，MU 为边际效用曲线，AU 为平均效用曲线；阴影条块为边际效用，叠加而形成总效用。

（3）函数

上面用了表格和曲线表示法。利用最小二乘法，可以从上面的数据中得到你对榴莲消费的效用函数：

$$TU = f(Q)$$

3. 总效用、边际效用与平均效用之间的关系

从图 5-7 可以看出，①总效用由边际效用叠加而成；②三条效用曲线都是先升后降的，但边际效用曲线最先下降，随后是平均效用曲线，最后是总效用曲线。在平均效用曲线最高点处，边际效用曲线经过。总效用曲线达到最高点时，边际效用曲线与横轴相交。然后总效用曲线和平均效用曲线同时与横轴相交。

从数学形式看，存在：①当边际效用等于零时，总效用达到最大；②当平均效用等于零时，总效用也等于零；③当边际效用等于平均效用时，平均效用达到最大。公式如下：

当 $MU=0$ 时，TU 达到最大值。

当 $AU=0$ 时，$MU=0$。

当 $MU=AU$ 时，AU 达到最大值。

4. 边际效用递减规律

从表 5-1 和图 5-7 中可以看到,随着榴莲消费量的增加,边际效用先升后降(有的商品消费边际效用一开始就从某一数值下降),这种情况普遍存在于一般物品的消费中,称为边际效用递减规律。边际效用递减规律是指在其他条件不变的情况下,随着消费者对商品消费量的增加,消费者从该商品连续增加的消费单位中所得到的边际效用是递减的。

边际效用递减的原因:第一,来自人类欲望本身。一种商品的消费使消费者某种欲望获得部分满足后,其欲望要求得到满足的程度就会减弱。如果该商品的消费继续增加,消费者所感受到的满足程度就会减少,即边际效用减少。第二,商品本身用途的多样性。假设一种商品具有多种用途,这些用途的重要性不同,消费者总是先用于最重要的用途而后用于次要的用途。这样,前者的边际效用就大于后者。例如,对于在沙漠中的人来说,在仅有少量水的情况下,人们自然会十分珍惜地饮用,以维持生命,这时水的边际效用极大。如果水量较多,除满足饮用外,多余的水可用于刷牙、洗脸,这时水的重要性相对降低。人们由水所获得的总效用虽然增加,但边际效用则在减少。如果水量更多,人们不但可以刷牙、洗脸,而且可以洗衣、洗澡。这时水的总效用更大,但边际效用更小。可见,商品具有多种用途,其重要性有大有小是造成边际效用递减的另一原因。

5. 一种商品最优消费数量选择

一种商品最优消费数量选择即一种商品消费效用最大化条件。如果消费一种商品的数量满足下列条件时,则对这种商品的消费达到了消费效用最大化。

(约束条件) 预算不受限制。

(实现条件) 当 $MU=0$ 时,TU 达到最大值。

【例 5-1】 假定某人对某一商品的消费效用函数为 $TU=60X+50X^2-2X^3$,问:当 X 商品消费多少时,消费者得到最大满足?

根据消费效用最大化原则(消费者均衡条件),须使 $MU=0$。

先求 $$MU=TU'$$

再令 $$MU=0,\ 60+100X-6X^2=0$$

解得 $$X_1=17.26,\ X_2=-0.58(舍去)$$

6. 消费者剩余

消费者剩余又称为消费者的净收益,是指消费者在购买一定数量的某种商品时愿意支付的最高总价格和实际支付的总价格之间的差额。消费者剩余衡量买者自己感觉到所获得的额外利益。

消费者剩余可以用需求曲线下方、价格线上方和价格轴围成的三角形的面积表示,如图 5-8 中阴影所示。

在理解和运用消费者剩余概念时要注意以下问题。

(1) 消费者获得消费者剩余并不意味着实际收入的增加,而只是一种心理感觉。

(2) 生活必需品的消费者剩余一般较大。例如,消费者对水、食盐、农产品等商品的效用评价很高,需求价格也高,而这类商品的实际价格并不高,因而其消费者剩余量较大。

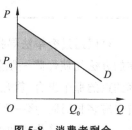

图 5-8 消费者剩余

（3）在公共物品（如道路、水坝、生态林等）投资的成本—收益分析中，消费者剩余概念是非常有用的分析工具。由于公共物品由政府投资，消费者无偿使用，因而它不能带来实际收入，政府对其收益的计量应根据消费者剩余来估算。若有收益，即消费者剩余大于成本，则该项投资就是合理的。

由消费者剩余可知：第一，如果价格上升，则消费者剩余下降；反之，如果价格下降，则消费者剩余上升；第二，如果需求曲线是平的，则消费者剩余为0。

垄断、税收、国际贸易关税等都会造成产品价格上升，导致消费者剩余的减少，即社会福利的损失。

5.3.3 两种及以上商品组合消费效用最大化条件

在日常生活中人们常常消费两种或两种以上的商品，怎样取得消费效用最大化呢？这时可以用基数效用论的方法和序数效用论的方法，即边际分析法和无差异曲线来解决。两种方法都要用到自己的工具。下面举例分别叙述。

1. 边际效用分析法

现在城市里的人到网吧上网和去体育馆租场锻炼比较普遍。上网有上网的效用，锻炼有锻炼的效用，同样是一小时的消费，得到的效用是有差异的，当然两种消费都要计时付费，或付现金或使用会员卡。假定你手上有一定数量的钱，该怎样安排两种消费才能使组合商品的消费效用达到最大呢？

（1）表格解析

假设消费者手上有9元钱，到网吧上网每小时要付2元钱，到体育俱乐部租场每小时付费1.5元。上网冲浪效用与体育运动效用如表5-2所示。

表5-2　上网冲浪效用与体育运动效用

上网冲浪效用			体育运动效用		
上网时间/小时	总效用 TU	边际效用 MU	租场时间/小时	总效用 TU	边际效用 MU
1	10	10	1	7	7
2	18	8	2	13	6
3	24	6	3	18	5
4	28	4	4	22	4
5	30	2	5	26	4
6	30	0	6	29	3
7	28	−2	7	31	2

可以通过穷举法寻找能够带来最大效用的（上网时间，租场时间）组合。然而经济学给你的方法能使你瞄一眼效用表就找出最佳组合（3小时，2小时），边际效益相等而且满足预算约束的那个组合，就是你要找的组合。你只要找到边际效用相同的数字，再看一下它们各自对应多长时间，算一下所花的钱有没有超过或不及预算，剔除超过的或不及的，剩下的唯一一个组合就是你要找的组合。

（2）函数解析

你也可以运用数理方法，求解消费效用最大化的方程组。经济学将之称为"消费者均衡条件"：

（限制条件）
$$M = P_X \cdot X + P_Y \cdot Y$$

（实现条件）
$$\frac{MU_X}{P_X} = \frac{MU_Y}{P_Y}$$

式中，M 为预算额；P_X 为商品 X 的价格；P_Y 为商品 Y 的价格；MU_X 为商品 X 的边际效用；MU_Y 为商品 Y 的边际效用。

如果给出了两种商品的效用函数、总预算和两种商品的市场价格，就可以通过解方程组来求解消费效用最大的商品组合。

【例 5-2】 某人每周花 360 元买商品 X 和 Y，$P_X = 3$，$P_Y = 2$。效用函数为 $U = 2X^2Y$。求他如何购买才能使消费效用最大？

（效用函数）
$$U = 2X^2Y$$

（限制条件）
$$360 = 3X + 2Y$$

构造拉格朗日函数得：

$$W = 2X^2Y + \lambda(360 - 3X - 2Y)$$

$$\frac{\partial U}{\partial X} = MU_X - 3\lambda = 4XY - 3\lambda = 0$$

$$\frac{\partial U}{\partial X} = MU_Y - 2\lambda = 2X^2 - 2\lambda = 0$$

求得
$$4Y = 3X，又 360 = 3X + 2Y$$

得
$$X = 80，Y = 60$$

（3）图形解析

假设你有 5 元钱，饮料 1 元一瓶，面包也是 1 元一个（只是为了叙述方便）。早起肚子饿，感觉面包的效用比饮料大一点。画到坐标上如图 5-9 所示。

MU_M、MU_Y 分别表示面包和饮料的边际效用；面包数量由左向右，饮料数量由右向左；E 为均衡点，即 $MU_M = MU_Y$。此时的商品组合为（面包 3：饮料 2），总效用最大（17.5）。可以通过计算阴影面积获得。如若不信，你可以改变组合，比较一下。

2. 无差异曲线分析法

序数效用论的分析要用到无差异曲线和预算线两个工具，下面分别阐释。

（1）无差异曲线

① 无差异曲线的含义

能够给消费者带来完全相同效用的两种商品的不同数量组合点在坐标系中形成的曲线，就是无差异曲线。无差异曲线上的任何一个点所表示的商品组合虽然各不相同，但当它们在消费者嗜好既定条件下给消费者所带来的效用，即满足程度都是相同的。

比如，做一桌宴席（假设菜肴的品种是固定的，还有赴宴的人口味没有变），需要消耗热量若干，可用管道煤气 X 和民用电 Y 来提供。如表 5-3 所示中的组合都能做出一桌宴席。

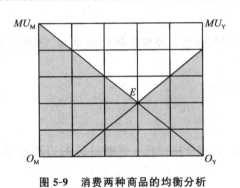

图 5-9 消费两种商品的均衡分析

表 5-3 效用无差异的煤气—电组合

组合方式	煤气/米^3	电/度
A	1	10
B	2	6
C	3	3
D	4	1

将表中的数据标注在坐标系上，就可以得到无差异曲线，如图 5-9 左侧图形所示。

无差异曲线具有以下三个主要特征：第一，无差异曲线上各点所代表的效用组合对消费者来说都是相同的、无差异的。无差异曲线是一条向右下方倾斜的曲线，并向原点凸出，其斜率为负值。第二，同一平面上的不同无差异曲线不能相交或相切，否则，将会出现与上述无差异曲线特征相矛盾的结果。第三，在同一平面图上，可以有无数条无差异曲线。同一条无差异曲线代表相同的效用，不同的无差异曲线代表不同的效用。离原点越远的无差异曲线，所代表的效用越大；离原点越近的无差异曲线，所代表的效用越小。这三个特征可用图 5-10 中的三个图形表示。

图 5-10 无差异曲线及其特征

边际替代率是指消费者在保持相同的效用时，减少的一种商品的消费量与增加的另一种商品的消费量之比。以 ΔX 表示 X 商品的增加量，ΔY 表示 Y 商品的减少量，MRS_{XY} 表示以 X 商品代替 Y 商品的边际替代率，则公式为

$$MRS_{XY} = \frac{\Delta Y}{\Delta X}$$

由于 X 商品的增加（ΔX 为正值）必然伴随着 Y 商品的减少（ΔY 为负值），因此，边际替代率应该是负值。无差异曲线的斜率就是边际替代率。

根据表 5-3 的数据，可得煤气对电的边际替代率如表 5-4 所示。可以发现边际替代率的绝对值是下降的。

② 边际替代率递减规律

边际替代率递减规律是指消费者为保持满足程度不变，在连续增加某种商品消费时，所愿意牺牲的另一种商品消费的数量是递减的。边际替代率递减的原因在于：消费数量相对于越来越多的商品，它的边际效用是逐步下降的，而另一种商品随着消费量下降，其边际效用则在上升。因而，一种商品替代另一种商品的量越来越少，边际替代率是递减的。

（2）预算线

① 预算线的含义

预算线又称为消费可能线，或等支出线，它是一条表明在消费者收入与商品价格既定的条件下，消费者所能购买到的两种商品数量最大组合点的连线。预算线表明消费者的消费行为受到的预算限制。这种限制条件可以写为

$$M = P_X \cdot X_X + P_Y \cdot Y_Y$$

预算线是一条直线，其斜率为 P_X/P_Y。可见，预算线的斜率等于两种商品价格之比。预算线的图形如图 5-11 所示。

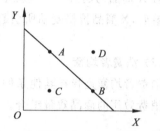

表 5-4　边际替代率

煤气 ΔX	电 ΔY	$\|\Delta Y/\Delta X\|$
1 米³	-4 度	4
1 米³	-3 度	3
1 米³	-2 度	2

图 5-11　预算线与各组合点的状态

预算线上的点与线外的点所体现的经济意义。预算线上的点，如 A、B 表示预算可以实现的最大商品组合；预算线内的点，如 C 表示预算有剩余，该商品组合并非最大；预算线外的点，如 D 表示该商品组合超过预算能力，实现不了。

② 预算线的移动

预算线的移动可用图 5-12 来表示。如果两种商品价格不变，消费者收入增加，则在其他假设保持不变时，预算线向外平行移动；反之，向内平行移动，如图 5-12(a) 所示。

如果消费者收入不变，一种商品的价格不变，而另一种商品的价格发生变化时，也会引起预算线发生移动。Y 商品的价格不变，X 商品的价格变化，这时，预算线在 X 轴上的交点将会右移或左移，如图 5-12(b) 所示。

如果收入不变，X 商品的价格不变，Y 商品的价格变化，这时，预算线在 Y 轴上的交点将会上移或下移，如图 5-12(c) 所示。

③ 商品价格变动的收入效应与替代效应

当一种商品的价格发生变动时，会对消费者产生两种影响：①收入效应是指由商品价格变动所引起的实际收入水平变动，进而引起的商品需求量的变动。②替代效应是指由商品价格变动所引起的商品相对价格的变动，进而所引起的两种商品购买比例的变动。

【例 5-3】　假如你有 100 元钱，消费两种商品 X、Y，价格分别为 $P_x = 5$ 元，$P_Y = 2$ 元，此时你消费 X、Y 为 (10，25)。现在 P_x 降到 2.5 元，你手上 100 元没变，但你现在可以买到相当于 (20，25) 的商品，实际收入水平的提高，会使你改变对这两种商品的购买量，从而达到更高的效用水平，这里包含 X 商品的购买量增加——这就是 X 商品降价的收入效应。

再算一下比价，原先 $P_Y/P_x = 2/5 = 0.4$，现在为 $2/2.5 = 0.8$，Y 商品相对 X 商品更贵了。"不买贵的"，驱使你减少对 Y 商品的购买；"买便宜的"，将原先花在 Y 商品上的钱转而

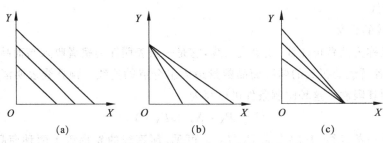

图 5-12   三种情况下预算线的移动

增加对 X 商品的购买——这就是 X 商品降价的替代效应。

最后，X 商品价格变动所引起的该商品需求量变动的总效应等于收入效应与替代效应之和。

（3）消费者均衡

消费者均衡是指在其他条件不变的情况下，在给定的预算约束下，某一能给消费者带来最大消费效用的商品数量组合。

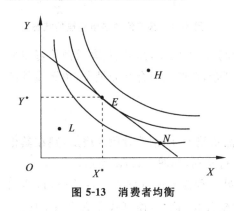

图 5-13   消费者均衡

将无差异曲线与预算线画在同一坐标系上，就可以找到消费效用最大化的商品组合，如图 5-13 所示。

无差异曲线代表人的主观消费愿望，可以画无数条；预算线是客观限制因素，只能画一条。E 点处就是能使消费效用最大化的商品组合（X^*，Y^*），总效用最大；L 点资源没有充分利用，总效用水平低；H 点的效用水平现有资源无法实现；N 点资源虽然全部利用，但所得效用水平与 L 点相同，低于最佳的 E 点效用水平。

消费者均衡重要关系式为

$$\frac{MU_X}{MU_Y} = \frac{P_X}{P_Y} = \frac{\Delta Y}{\Delta X} = \lambda$$

其中，$MU_X/P_X = MU_Y/P_Y$ 表示，当分别花在两种商品上的最后一元钱带来的边际效用相等时，总效用达到最大。

P_X/P_Y 是预算线的斜率，$\Delta Y/\Delta X$ 是无差异曲线某点的斜率。当某个商品组合点上，这两个斜率相等，即预算线与无差异曲线相切，总效用达到最大。

$\Delta Y/\Delta X$ 又是边际替代率，在消费者均衡时，它与 MU_X/MU_Y 相等，表明边际替代率只不过是边际效用的另一种表达形式。

$P_X \cdot \Delta X = P_Y \cdot \Delta Y$，表示两种商品数量的相对变化不会改变预算总额。

$MU_X \cdot \Delta X = MU_Y \cdot \Delta Y$，表示两种商品数量的相对变化不会改变总效用水平。

λ 表示货币的边际效用。它前面的分式与它相等，也表示达到了消费者均衡。

反过来，如果以上各项之间不是用等号连接的相等关系，说明没有达到消费者均衡，或消费者均衡遭到破坏。

【例 5-4】   假如政府准备实行房租补贴，是将补贴直接发给消费者自由支配，还是将补贴发给房主,以间接降低房租?补贴的做法不同,其效果是不同的。

如图5-14所示,横轴表示居民的住房消费水平,纵轴表示居民除住房以外的其他消费。在未实行住房补贴前,消费者的预算线为A_0B_0,消费者所得到的效用水平为I_0,消费者均衡点为E_0,住房水平为OX_0。

如果政府实行直接补贴,等于消费者增加了收入,预算线会平行移动到A_1B_1的位置,消费者的效用水平将达到I_1水平,住房水平将提高到OX_1。如果政府实行间接房贴,则居民的住房水平将提高很多,而其他消费不会增加。预算线将移动到A_2B_0的位置。消费者的效用水平将提高到I_2的水平,住房消费将增加到OX_2的水平。

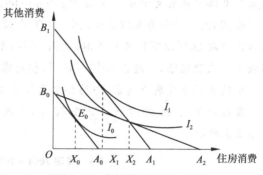

图5-14 直接房贴与间接房贴

比较两种不同的补贴方式,我们会发现:直接房贴的总效用水平大于间接房贴($I_1 > I_2$),而间接房贴的住房改善大于直接房贴($OX_2 > OX_1$)。如果政府更注重提高居民的整体消费水平和购买能力,应实行直接房贴;如果政府首先要解决居民的住房问题,并有充足的房源为保障,则以间接房贴为宜。

知识链接5-3

如何观察中国家庭的消费行为

图5-15 恩格尔

观察家庭的消费行为有很多视角,可以从社会学的角度,也可以从心理学的角度。当然,在这里是从经济学的角度来观察的。从经济学角度又可以分为微观和宏观两种,研究个体消费与研究总体消费肯定有所不同,但有一个测量指标既可以用于微观又可以用于宏观——恩格尔(见图5-15)提出的恩格尔系数。这么说并不意味着可以用微观的恩格尔系数去分析宏观消费行为,也不是反过来用宏观恩格尔系数去分析微观消费行为,而是说可以用恩格尔系数这个指标去测度。当你了解了一个具体家庭的恩格尔系数后,就可以大体把握这个家庭可能会去什么档次的超市购物、购买什么种类的商品、数量多少;当你了解了一个国家的恩格尔系数,就可以大体把握平均数意义上的家庭会有怎样的消费。

恩格尔系数(Engel's Coefficient)是食品支出总额占个人消费支出总额的比重。19世纪德国统计学家恩格尔根据统计资料,对消费结构的变化得出一个规律:一个家庭收入越少,家庭收入中(或总支出中)用来购买食物的支出所占的比例就越大,随着家庭收入的增加,家庭收入中(或总支出中)用来购买食物的支出比例则会下降。这个规律又被称为恩格尔定律。推而广之,一个国家越穷,每个国民的平均收入中(或平均支出中)用于购买食物的支出所占比例就越大,随着国家的富裕,这个比例呈下降趋势。

恩格尔系数是衡量一个家庭或一个国家富裕程度的主要标准之一。计算公式如下：

$$恩格尔系数 = \frac{食物支出金额}{总支出金额} \times 100\%$$

联合国根据恩格尔系数的大小，对世界各国的生活水平有一个划分标准，即一个国家平均家庭恩格尔系数大于60％为贫穷；50％～60％为温饱；40％～50％为小康；30％～40％属于富裕；20％～30％为相对富裕；20％以下为极其富裕。按此划分标准，20世纪90年代，恩格尔系数在20％以下的只有美国，达到16％；欧洲、日本、加拿大，一般在20％～30％，是富裕状态。东欧国家，一般在30％～40％，相对富裕，剩下的发展中国家，基本上分布在小康水平。中国也属于发展中国家，即恩格尔系数在40％～50％。

现在距20世纪90年代已过去20年，中国家庭的恩格尔系数有什么变化呢？近年数据如表5-5所示。

表5-5 我国2004—2013年城乡恩格尔系数

年　份	城镇居民家庭人均可支配收入/元	农村居民家庭人均纯收入/元	城镇居民家庭恩格尔系数/％	农村居民家庭恩格尔系数/％
2004	9422	2936	37.7	47.2
2005	10493	3255	36.7	45.5
2006	11760	3587	35.8	43.0
2007	13786	4140	36.3	43.1
2008	15781	4761	37.9	43.7
2009	17175	5153	36.5	41.0
2010	19109	5919	35.7	41.1
2011	21810	6977	36.3	40.4
2012	24565	7917	36.2	39.3
2013	26955	8896	35.0	37.7

资料来源：国家统计局年度数据.

通过比较可以看出，中国无论城镇还是农村，从整体上已经进入富裕生活水平。由此消费行为也随之发生变化，所谓"三大件"的变迁就是这种变化的生动写照——"三大件"，20世纪70年代之前是手表、缝纫机、自行车(加上收音机，被称为"三转一响")；20世纪80年代是彩电、冰箱、洗衣机；20世纪90年代是电话、电脑、空调，而到了21世纪的今天，"三大件"的含义已经不再与家电有关，而延伸成住房、私家车、旅游和良好的子女教育(保险)。

5.4　家庭消费与储蓄

上面的分析是从如何配置消费品才能取得最大消费效用的角度进行分析的，下面探讨影响消费支出的主、客观因素。

5.4.1　影响家庭消费的主观因素——储蓄动机

从市场经济运行模式中可以看出，家庭收入等于消费与储蓄之和，消费＝收入－储蓄。说明储蓄就等于进一步说明消费。因此储蓄动机是决定消费的主要因素。

凯恩斯认为,人们的储蓄动机有以下 8 种。

(1)建立准备金,以备未来预测不到的情况发生。

(2)为未来的消费支出做好准备,例如为了养老、子女教育、赡养亲属等。

(3)获取利息及其他收益而牺牲现期消费,这就能赚取利息或投资收益,增加未来的收入与消费。

(4)为了提高未来的生活水平而储蓄,尽管年老后的享受能力会下降,处于人类的本能,人们仍然会这样做。

(5)增加储蓄来维护个人的"独立感",或"有所作为感",其实没有什么特殊用途。

(6)获得从事投机活动或发展事业的本钱。

(7)给后人留下遗产。

(8)满足纯粹的吝啬欲,乃至节约到不合理的程度。

凯恩斯把这 8 种储蓄动机概括为"谨慎、远虑、计算、改善、独立、发展、自豪与贪婪"。与此相应的消费动机为"享受、短见、慷慨、失算、炫耀与奢侈"。

注意:在全部储蓄中,政府和企业占了 1/3 到 2/3,它们的储蓄动机与家庭或个人是不同的。这些将在宏观部分有所论述。

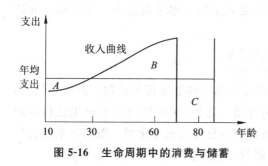

图 5-16　生命周期中的消费与储蓄

如果从生命周期来看,可以把总收入、总消费、总储蓄的关系表达如下:

总收入=总消费

(曲线下的面积=年均支出线下的面积)

总储蓄=负债+退休后的生活费($B=A+C$)

生命周期中的消费与储蓄如图 5-16 所示。

图中,总储蓄为 B,负债为 A,退休后的生活费为 C。

5.4.2 影响家庭消费的客观因素

(1)工资率的变化。工资率是由劳动市场决定的。工资率提高,意味着工资收入的增加,从而引致消费数量的增加。

(2)收入与净收入之间差额的变化。净收入指收入中扣除了某些支出(如所得税)后的收入,决定消费的主要不是收入,而是净收入。所以,消费量与收入和净收入之间的差额有关。

(3)财产的货币价值的意外变化。财产的增值或减值是难以预料的。这种变化与收入之间并无规律性联系,但这种意外变化会影响消费。

(4)时间贴现率的变化。时间贴现率指现在物品与未来物品的交换比率。时间贴现率并不完全等于利率,还包括货币购买力的变化、各种风险等。通常以利率代表时间贴现率。虽说短期利率变化不会影响消费,但当利率大幅变动时就会影响消费。

(5)财政政策的变化。主要指所得税、资本利润税、遗产税的作用。这些税的征收会减少人们的净收入,使消费随之下降。

(6)个人对未来收入预期的变化。人们会随着对将来收入增加或减少的预期,而改变消费支出倾向。这种预期会影响个人消费。但对社会而言,由于人们的预期往往相反,发生抵消作用，导致预期因素不确定，故而对消费影响并不很大。

5.4.3 恩格尔定律与恩格尔系数

恩格尔定律是19世纪德国统计学家恩格尔根据统计资料揭示出的一条经济规律，通常表述为：随着家庭和个人收入的增加，收入中用于食品方面的支出比例将逐渐减小。反映这一定律的系数被称为恩格尔系数。

恩格尔定律表明：食物开支占总消费数量比重越大，恩格尔系数越高，生活水平越低；反过来，食物占比重越小，恩格尔系数越低，生活水平就越高。整个社会经济发展水平越高，用于食物消费部分支出的比重就越小。

恩格尔定律有两个定义公式：

$$食物支出对总支出的比率（R_1）= \frac{食物支出变动百分比}{总支出变动百分比}$$

$$食物支出对收入的比率（R_2）= \frac{食物支出变动百分比}{收入变动百分比}$$

R_2 又称为食物支出的收入弹性。

恩格尔系数是根据恩格尔定律得出的比例数，是表示生活水平高低的一个指标。其计算公式如下：

$$恩格尔系数 = \frac{食物支出金额}{总支出金额} \times 100\%$$

恩格尔定律的适用范围是有条件的。首先，假定其他一切变量都是常数。其次，对食物支出要有统一的含义，即维持生活所需要的食物支出。此外，在现代经济中运用恩格尔定律，还必须考虑城市化的影响、饮食业的影响以及食物本身构成的变化等。恩格尔系数的计算结果受到商品价格、居民消费观念、消费偏好、消费习惯等多种因素的影响。

随着时间的推移，以后的经济学家又对恩格尔定律做了若干补充，恩格尔定律的内容有所增加。目前西方经济学对恩格尔定律的表述如下：

（1）随着家庭收入的增加，用于购买食品的支出占家庭收入的比重（即恩格尔系数）会下降。

（2）随着家庭收入的增加，用于家庭住宅建设和家务经营的支出占家庭收入的比重大体不变。

（3）随着家庭收入的增加，用于服装、交通、娱乐、卫生保健、教育方面的支出和储蓄占家庭收入的比重会上升。

学用小品

中国职场妇女能回归家庭吗

1. 理论分析

本章的个人劳动力供给分析虽然放在家庭经济行为的标题之下，实际上还是一个脱离家庭框架的抽象分析，同现实情况有一定的距离，分析上存在着一些局限性。那么，从经济学角度,家庭框架内的劳动力供给要用什么样的方法进行分析呢?家庭框架内的劳动力供给会是一种怎样的情形呢?下面是一个简要的介绍。[①]

在方法上,首先,对工作闲暇模型进行扩展,也就是将本章中的"幸福方程式"。

(个人)时间资源价值效用＝物质享受效用＋休闲享受效用

改换为

家庭创造效用的时间＝市场工作时间＋生产家庭商品时间＋消费商品时间

其次,定义两种商品:①时间密集型商品,这类商品含有较多时间和较少物品;②物品密集型商品,这类商品含有较多物品和较少时间。两类商品的特征:第一,工资率变动会改变家庭对两种商品消费的数量组合关系;第二,在一定限度内,生产商品的时间和物品可以互相替代。

再次,画出家庭等产量曲线。如果将家庭得到的效用公式中的前一项视为市场工作的成果,即"市场产品";后两项合并起来视为家庭生产的成果,而这一成果也可以以生产它的家庭生产时间来表示,即"家庭产品";那么可以得到"家庭等产量曲线"。

最后,绘制家庭生产可能性曲线。先根据男士、女士单身时的(市场劳动,家务劳动)生产率绘制各自的生产可能性曲线(假定男士市场劳动效率相对较高,女士家庭劳动效率相对较高),然后将其组合起来,形成联合的家庭生产可能性曲线(也称家庭生产可能性边界)。

将家庭的等产量曲线和家庭生产可能性曲线放在同一个"市场产品—家庭产品"坐标系中,找出两条曲线的切点,便可以得到家庭男士和女士向社会供给劳动力的最佳数量组合。

以上方法其实就是我们已经学习过的"无差异曲线分析法"。

在"男士市场劳动效率相对较高,女士家庭劳动效率相对较高"的假定下,得到以下分析结果:由于每个家庭的等产量曲线形状和位置不同,因此会有不同的切点,从而每个家庭会有不同选择。家庭劳动力供给最优选择出现以下三种基本情况。

第一种:男士专门进行市场劳动,女士在两者之间分配自己的时间。

第二种:男士专门进行市场劳动,女士专门进行家庭生产。

第三种:女士专门进行家庭生产,男士在两者之间分配自己的时间。

2. 现实检验

理论分析之所以能推导出三种结果出来,是在理论分析里还暗藏了一个隐含假设:劳动时间可以自由安排。可见,上述推论比较适用于农户经济,而不适用于农场经济和城市经济,因为在现代社会,后两类经济基本上都是实行8小时工作制,劳动者并不能自由安排劳动时间。在发达国家,农户经济在国民经济中只占极小的比重,在许多发展中国家,农户经济所占比重也是很小的。也就是说,在实现8小时工作制的经济体中,上述第一种和第三种情况被排除。从家庭劳动力供给最优选择来说,只剩下第二种情况。

上述推论支持了时下越来越强的"中国女人回归家庭"的呼声。暂不论失业情形,在中国的城市里,大多数双职工家庭都没有选择男在外工作女在家打理的这样一种经济学上的最优分工模式。就在撰写本文时一则电视新闻进入笔者的思维过程。事件是这样的(为保护当事人的权益,时间、地点、人物都隐去):一对年轻夫妻由外地来到一个大城市,在同一家公共服务单位工作,孩子年幼无人看管,妻子上班时带在身边,引起了一些人的异议但博得

---

① 完整阐释见附录2:家庭劳动力供给分析模型。

了更多数人的同情。异议改变这个小家庭看管孩子的方式，但并没有让妻子放弃自己的工作。这种情况在中国的城市中随处可见，是一个极其普遍的现象。为什么人们只能选择次优而不能实现最优呢？

如此看来，似乎"男士专门进行市场劳动，女士专门进行家庭生产"的经济学模式也被现实否定。

3. 中国职场妇女回归家庭的条件

实际上，上述经济学模式在理论上并没有被推翻，只是它为了抓住本质规律、简化分析而舍掉了许多"干扰因素"，因而呈现了与现实的差距。也可以这么说，只要具备那些在原理中没有被考虑的条件，那么职场妇女就能回归家庭，并且实现家庭劳动力资源的最优配置，获得帕累托最优的产出效果。

关于中国职场妇女回归家庭的条件，笔者在此不想做教科书式的罗列，或许活生生的事实和数据能给读者真切的感受，并由此而认真地思考。以下撷取若干片段。[①]

——发起"中国女人是否应该回归家庭"讨论的网文的观点是这样的：①妇女回归家庭，对社会和家的稳定起到了一定的作用；②妇女回归家庭，那失落许久的女红也许会让中国的女人少些浮躁的思想；③妇女回归家庭更能得到人们的尊重；④妇女回归家庭是孩子的幸福。

——2011年，一项题为"多少职业女性想当'全职太太'"的调查问卷，吸引了超过20000名女性参与，超过1/3的被调查女性有过或长或短的"全职太太"经历。在这个调查中，为何选择做"全职太太"，有22.09%的女性表示"为了更好地照顾家人"，21.32%的女性是为了"生育小孩"，15.10%的女性因为"工作压力大"。

——2011年，《经济学人》发布的一份报告指出，中国的职业女性比例接近70%，为全球最高；而《旧金山论坛报》的调查显示，受雇于跨国公司的中国妇女一个星期经常工作超过70小时。相当一部分中国职业女性希望逃离这种生活，尤其是高知阶层。CNN在2010年针对中国各地2万名女性的一项调查显示，有40%的被调查者表示希望当家庭主妇，只有38%的人想成为职业女性。

——在这种情况下，中国必须做出选择，或者继续鼓励女性就业，或者做出改变。《家庭变迁背景下的中国家庭政策》开出了几条药方：一条是以家庭计税和计算社保医保等；另一条是像欧、美、日、韩国家和地区一样设立以"家庭可持续发展"为目标的机构来制定系统的家庭政策（鼓励劳动者重视家庭的福利政策）。联合国早在1984年就在《世界人权宣言》里说过，家庭是社会之本。

——根据记者的小范围调查，在已婚男性中，如果经济条件允许，有80%赞成女性成为全职太太。在持赞成意见的男性看来，全职太太是一种正常的社会现象，这样可以使女性全身心地照顾家庭和子女。不过，持反对意见的男性则认为，和谐的夫妻关系应该有共同语言，如果一方长期赋闲在家，可能会与社会脱节，甚至会造成夫妻交流的障碍，并不利于家庭的稳固与和谐。

---

① 以下资料引自中国女人是否应该回归家庭？http://bbs.tianya.cn/post-free-1186816-1.shtml；中国职场女性回归家庭做全职太太成新浪潮.南都周刊，2012-11-14，http://www.qingdaonews.com/content/2012-11/14/content_9491251.htm.

——有时候，金钱能买到很多东西，不只是时间。对于老公每月赚多少就能让太太"全职"，中国各地很难有一个统一的标准。湖北一记者综合了几个地市的情况来看，多数人月收入过万才会考虑。

——当然，作为一名无法享受全额社会福利的家庭主妇来说，长远考虑是必需的。某女性网友说："我们俩的医疗和退休金，女儿将来去海外上学的费用，都要计划进来，我的目标是，钱足够让我们按现在的生活方式花到80岁。"

本章小结

1. 从市场经济运行模型中可以看出，家庭经济行为主要有：向要素市场提供资源获取收入的行为、用所获取的收入进行现期消费的行为、将未消费完的收入用于延期消费，即储蓄的行为。

2. 按照凯恩斯的理论，人们进行消费动机是"享受、短见、慷慨、失算、炫耀与奢侈"。人们进行储蓄的动机有8个，可概括为"谨慎、远虑、计算、改善、独立、发展、自豪与贪婪"；而影响家庭消费的主观因素是储蓄，影响家庭消费的客观因素有工资单位的变化、收入与净收入之间差额的变化、财产的货币价值的意外变化、时间贴现率的变化、财政政策的变化、个人对未来收入预期的变化。

3. 在市场经济中，家庭是需求者和供给者的复合体。家庭在产品市场上，一方面需求消费资料，另一方面需求生产资料。经济学中通常仅分析了怎样实现消费资料消费效用最大化的条件，其实同样的分析也适合于关于生产资料"拥有"效用最大化，比如生产工具与某些半成品的组合，这种组合将使得家庭或个人有更多的要素资源，在要素市场供给要素，这方面，经济学中没有分析，但学习者要知晓存在这个问题。

4. 关于消费资料的消费效用最大化条件分析，经济学有两种观点和分析方法。基数效用论认为效用可计量与加总，用边际效用方法可以分析一种消费品和两种及以上消费品的消费效用最大化条件。序数效用论认为效用不可计量与加总，只可排序，用无差异曲线可以分析两种消费品的消费效用最大化条件。两种理论在两种消费品的消费效用最大化条件的结论上殊途同归。

5. 恩格尔定律表明：随着家庭和个人收入的增加，收入中用于食物方面的支出比例逐渐减小。恩格尔系数的计算结果受到城市化程度、商品价格水平、居民消费观点、消费偏好、消费习惯等因素的影响。恩格尔系数可以在某种程度上反映一国或一地区人民的生活水平。

基本概念

效用　　总效用　　平均效用　　边际效用　　边际效用递减规律　　边际替代率
无差异曲线　　价格变动的收入效应　　价格变动的替代效应　　预算线
消费者均衡　　恩格尔定律

复习实训

一、单选题

1. 在经济学中，家庭（　　）。
    A. 只是消费品需求者
    B. 只是要素供给者
    C. 两者都不是
    D. 两者都是
2. 边际效用下降时（　　）。
    A. 平均效用一定下降
    B. 总效用也一同下降
    C. 平均效用保持不变
    D. 有时平均效用和总效用可以同时上升
3. 一种消费品的消费效用最大化条件是（　　）。
    A. MU 最大时
    B. MU 等于零时
    C. AU 最大时
    D. AU 等于零时
4. 好坏搭配的商品组合的无差异曲线是（　　）。
    A. 凸向坐标系原点的
    B. 向右下倾斜的直线
    C. 向右上倾斜的曲线
    D. 是直角形的
5. 两种商品的消费效用最大化条件是（　　）。
    A. $MU_A = MU_B$
    B. MU_A 和 MU_B 都等于零
    C. $MU_A/P_A = MU_B/P_B$
    D. TU_A 和 TU_B 达到最大
6. （　　）是影响家庭消费的主要因素。
    A. 工资单位的变化
    B. 财产的货币价值的意外变化
    C. 储蓄
    D. 财政政策的变化

二、判断题

1. 毒品是有害的，因而毒品是没有效用的。（　　）
2. 效用是指所消费的商品的数量。（　　）
3. 边际效用曲线从下方经过平均效用曲线的最高点。（　　）
4. 收入效应是指相对价格变动引起的商品需求量的变动。（　　）
5. 等量价值的商品，其延期消费的效用要小于现期消费的效用。（　　）
6. 从生命周期来看，总储蓄＝退休后的生活费。（　　）

三、问答题

1. 各项家庭经济行为有何内在联系？
2. 基数效用论和序数效用论的基本观点、分析方法是什么？

应用训练

一、单项训练

1. 从现实生活中各选取必需品和奢侈品若干，分别研究它们的价格变动收入效应、替代效应和总效用。

2. 为了帮助低收入租房者满足住房需求，政府可以采取：①直接将补贴发到租房者手中；②把补贴发给房东，以间接降低房租。试分析政府该如何运用这两种补贴方法。

二、综合应用

1. 组员研究：分别考察①低收入者旅游消费的收入条件、体能条件、时间条件及其相互间的制约关系；②高收入者旅游消费的收入条件、体能条件、时间条件及其相互间的制约关系。

2. 小组研究：对低收入者和高收入者的旅游消费行为进行比较分析。

第 6 章

企业投入产出

知识目标 --■

通过本章教学,使同学们弄清楚什么是企业、什么是生产,理解长、短期划分和生产技术类型对投入产出分析的重要性,掌握边际产量分析法等产量曲线分析法和柯布—道格拉斯生产函数分析法。

技能要求 --■

要求同学们能够针对不同的投入产出问题,正确运用相应的分析方法,求解投入最小化、产量最大化或收益最大化。

引言导图 --■

企业是社会的基本生产单位,生产必然是在一定的技术条件下、在一定的时间过程里进行的,企业要寻求最优的要素投入量(或投入数量组合),获取最大限度的产量或收益。本章引言导图如图 6-1 所示。

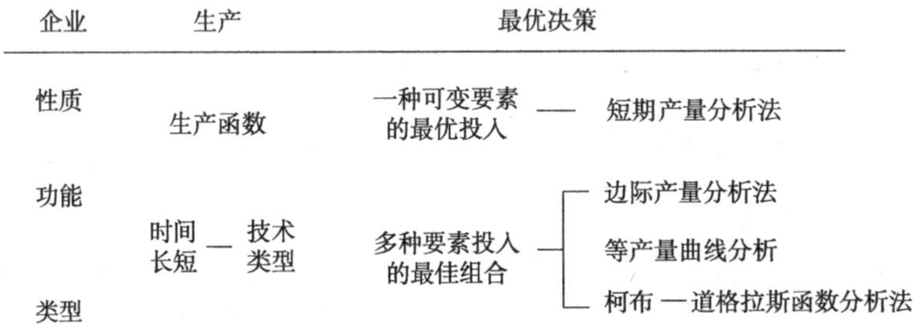

```
企业        生产                    最优决策

性质                          一种可变要素
          生产函数            的最优投入  ——  短期产量分析法
功能                                        ┌ 边际产量分析法
          时间  —  技术        多种要素投入 ┤  等产量曲线分析
          长短     类型        的最佳组合    └ 柯布—道格拉斯函数分析法
类型
```

图 6-1　本章引言导图

6.1　企业经济行为简述

6.1.1　企业的主要经济行为

1. 企业是什么

(1)企业的本质属性。生活中的绝大部分产品与劳务是由企业生产和销售的。企业有大有小,小到街边小店,大到跨国公司,但无论大小,都必须是以赚取利润为目的且能做出统一经营决策的独立经济单位。缺少其中任何一点,都不能称其为企业。这是企业的本质属性。

（2）企业的功能。首先，批量生产的功能。企业拥有专业化的厂房、机器设备、生产流水线、劳动分工等，这些使得企业具有很高的生产效率。其次，筹集资金的功能。大规模生产、新产品研发、新项目的拓展等都离不开资金的支持，在现代社会，这些方面的高额投入，唯有企业能通过筹资行为予以实现。第三，经营管理的功能。生产的组织、指挥、调度、产品工艺的更新换代、新经营理念的引入、企业文化的营造等都要在企业的管理过程中实现。

（3）企业的类型。从企业制度角度来分，通常分为三类：独资企业、合伙企业和公司制企业。在现实经济生活中，前两类企业占绝大多数，而公司则是现代化生产力的主力军，三类企业都有社会需要，它们分别适应不同的社会生产力层次。它们相互依赖，互相支持，共同推动国民经济的运行。从企业的竞争或者垄断特质角度来分，理论上可以分为完全竞争企业、垄断竞争企业、寡头垄断企业和完全垄断企业。还可以有其他的分类。

2. 企业的生产

生产是指企业对各种生产要素进行组合以制成产品的行为。在生产中要投入各种生产要素并生产出产品，所以，生产也就是把投入变为产出的过程。

（1）投入。企业要投入的生产要素有劳动（L）、资本（K）、土地（N）与企业家才能（E）。劳动是劳动力在生产中所提供的服务，直接创造产品；资本是生产过程中使用的各种设备，如厂房、设备、机器和原料等，并不是专指货币；土地是一个广义的概念，不仅包括土地，还包括河山、森林、能源、矿藏、原料等一切自然资源；企业家才能是指企业家对整个生产过程的组织与管理能力。

按与产量变动的关系，投入分为固定投入和变动投入。固定投入是与产出量变化没有关系的投入，在短期内不可能增减，如工厂占地、厂房、机器设备等。变动投入又称可变投入，是随着产出量的变化而变化的，在短期内可以增减，比如劳动力、燃料、原材料等。

需要特别注意的是，在属性上，要素的投入首先是一种引致投入，或者说是间接需要。由于人们直接需要产品从而间接需要要素投入，这就是说，要素投入的种类、数量、组合、产品方向等都完全服从社会对产品的需要；其次是一种联合需要，企业的生产要同时投入四种生产要素，并且要按照产品生产的技术要求按比例投入各种要素，生产是这四种生产要素结合在一起共同发挥作用的过程。有了关于要素投入属于间接需要的认识，我们就能避免为生产而生产的纯技术观念，建立生产服务于人类社会的人文观念；有了关于要素投入属于联合需要的认识，我们就能更好地理解和运用边际报酬递减规律。

（2）产出是指经过生产过程所能得到的各种物质产品和劳务的数量。产出的物质产品是有形的，分为消费品和资本品。消费品是指用来直接满足人们生活消费需求的物品。资本品又称为投资品，是用于生产性消费的物品，也就是生产资料。产出的劳务，比如理发、美容、金融服务等，它的特点是：①劳务产品是无形的；②劳务只有在提供时才存在；③劳务与提供劳务的人一般是联系在一起的，服务对象也是人本身。

3. 主要企业经济行为

（1）企业的目标

经济学中假定生产者都是具有完全理性的经济人，不光要赚取利润，还要实现利润最大化。利润最大化的实现涉及以下三个问题：①使用价值方面，涉及投入的生产要素与产量的关系，也就是如何使用各种生产要素，使投入最小，产量最大；②价值方面，涉及成本与收益的关系,要使利润最大化,就要使扣除成本后的收益达到最大化,并确定一个利润最大化的原则;③市场方面,涉及厂商与厂商的关系,厂商处于不同的市场结构时,应如何确定产品的产量与价格、竞争方式,以便实现利润最大化。

（2）企业的主要经济行为

从市场经济运行图中可以看出,企业有到要素市场购买生产要素的采购行为,有投入—产出的生产行为,有把生产出来的产品售卖出去的销售行为,有从金融机构获取贷款(即金融机构之投资)和偿还贷款的融资行为。在以上基本行为的基础上,可以进一步细化——确定生产要素最适投入量的行为;选择最佳生产要素组合的行为;确定最佳生产规模的行为;确定能使效益最大化的定价定产(产销售)的行为;确定与同行展开市场竞争策略的行为;等等。

6.1.2 企业生产的计量

1. 生产函数

（1）生产函数的含义

在经济学里,企业的投入—产出关系被抽象地表达为生产函数。生产函数是描述在技术水平不变的情况下,生产要素数量的某种组合和所能生产出来的最大产量之间依存关系的函数。

（2）生产函数的一般形式

生产函数的一般形式如下:

$$Q = f(L, K, N, E)$$

式中,Q代表总产量;L、K、N、E分别代表劳动、资本、土地、企业家才能这四种生产要素;f可以理解为生产技术系数,即要素的组合比例。

为了论述简便,通常只考察劳动和资本两种要素投入,而假设土地、企业家才能是给定的。这样,生产函数又可写为

$$Q = f(L, K)$$

（3）柯布—道格拉斯生产函数

著名的"柯布—道格拉斯生产函数",可以说是经济学中的宝藏,具有极高的研究价值,人们在它的基础上发展出各种各样的理论,同时还具有很好的应用价值。其表达式为

$$Q = AL^{\alpha}K^{\beta}$$

在这一生产函数中,A为"技术、习惯、经验、社会文化"等外部因素(后来的研究将其中的某些因素内生化);L、K为劳动、资本。"柯布—道格拉斯生产函数"简洁明了,有强大的解释力和深厚的研究内涵。例如:

$$Q = AL^{\frac{3}{4}}K^{\frac{1}{4}}$$

表明,在生产出来的全部产量中,劳动所做出的贡献为3/4,资本为1/4,即劳动因素对产量的影响是资本因素对产量影响的3倍。通过观察指数就能得出结论。

2. 生产技术系数

生产函数中f为技术系数,即各种要素的组合比例,企业的生产技术系数大体上分为以下两种。

（1）固定技术系数，生产要素彼此不能相互替代，即各种市场要素之间的配合比例不能改变。例如，某产品的生产，一条生产流水线固定配置 20 名生产工人到不同工位。关于规模经济的分析就是以固定技术系数为前提的。

（2）可变技术系数，生产要素彼此能够在某种程度上相互替代，即各种生产要素之间的配合比例可以改变。例如，为了生产一定数量的小麦，农户可以采用多投入土地、少投入人力的广种薄收的生产方式；也可以采用多投入人力，少投入土地的精耕细作的生产方式。6.2 节关于两种可变要素投入生产者均衡问题的分析都是以可变技术系数为前提的。

3. 生产时间长短的划分

经济学中关于企业生产时间长短的划分不是以日历时间划分的，而是以生产要素调整所需要的时间长短来划分的。一般分为以下四种类型。

（1）瞬时，是指这样一段时间，在这段时间里所有生产要素及技术系数都无法变动。例如，对于一家成衣小厂，在半天时间里，不要说机器、厂房、作业面积、管理人员无法变动，增加熟练的缝纫工人也是一时半会儿找不到的。这段时间即为瞬时。

（2）短期，是指这样一段时间，在这段时间里只有一种生产要素可以调整，其余要素及技术系数都无法变动。如上面的例子，在一周时间里可以增加若干名熟练的缝纫工人，其余要素及技术系数无法变动。这段时间即为短期。

（3）长期，是指这样一段时间，在这段时间里所有生产要素可以调整，生产技术系数可以为保持不变的或者发生改变的。譬如，在半年时间里增加一个或几个生产车间，每个新车间的工人—设备比例没有变；或者在半年时间里增加一个或几个生产车间，每个新车间的工人—设备比例改变了，这段能够调整所有生产要素数量的时间即为长期。

（4）超长期，是指这样一段时间，在这段时间里不仅所有生产要素可以调整，而且生产技术发生了实质性改变。例如，在将来的某个时候，不仅生产水稻的所有种类的要素的投入数量能够调整，而且大面积采用了安全的水稻克隆种植技术，这种革命性的变化在时间上肯定十分漫长。

对于生产不同产品的企业来说长短期的含义是不同的。例如，对于成衣小厂，半年即可为它的长期，而同样的时间，对于大型造船厂来说，要增加所需数量的、符合造船特殊要求的电焊工可能都成问题。换句话说，半年，在成衣厂已经是长期，而在造船厂可能还是一个瞬时。

知识链接 6-1

柯布—道格拉斯生产函数

柯布—道格拉斯生产函数是以美国数学家 C. W. 柯布和经济学家保罗·H. 道格拉斯的名字命名的。它是在生产函数的一般形式上做出的改进，引入了技术资源这一因素，用来预测国家和地区的工业系统或大企业的生产并分析发展生产的途径的一种经济数学模型，简称生产函数。这一生产函数在经济学中使用最为广泛，它在数理经济学与经济计量学的研究与应用中都具有重要的地位。

柯布—道格拉斯生产函数的基本形式为

$$Y = A_t L^{\alpha} K^{\beta} \mu$$

式中，Y 是工业总产值；A_t 是综合技术水平；L 是投入的劳动力数(单位是万人或人)；K 是投入的资本，一般指固定资产净值(单位是亿元或万元，但必须与劳动力数的单位相对应，如劳动力用万人作单位，固定资产净值就用亿元作单位)；α 是劳动力产出的弹性系数；β 是资本产出的弹性系数；μ 表示随机干扰的影响，$\mu \leqslant 1$。

根据柯布—道格拉斯生产函数可以得到下列经济参数(设 $\mu=1$)。

(1) 劳动力边际生产力 $MP_L = \dfrac{\partial Y}{\partial L} = \alpha \dfrac{Y}{L}$ 表示在资产不变时增加单位劳动力所增加的产值。

(2) 资产边际生产力 $MP_K = \dfrac{\partial Y}{\partial K} = \beta \dfrac{Y}{K}$ 表示在劳动力不变时增加单位资产所增加的产值。

(3) 劳力对资产的边际代换率 $MP_S = \dfrac{\partial K}{\partial L} = \dfrac{\alpha}{\beta} \left(\dfrac{A}{Y} \right)^{\frac{1}{\beta}} L^{-\left(1+\frac{\alpha}{\beta}\right)}$ 表示产值不变时增加单位劳动力所能减少的资产值。

(4) 劳动力产出弹性系数 $\alpha = \dfrac{\partial Y}{Y} \bigg/ \dfrac{\partial L}{L}$，表示劳动力投入的变化引起产值的变化的速率。

(5) 资产产出弹性系数 $\beta = \dfrac{\partial Y}{Y} \bigg/ \dfrac{\partial K}{K}$，表示资产投入的变化引起产值变化的速率。国际上一般取 $\alpha=0.2\sim0.4$，$\beta=0.8\sim0.6$。中国根据国家计委测算一般可取 $\alpha=0.2\sim0.3$，$\beta=0.8\sim0.7$。

6.2 生产要素的最适投入分析

生产要素的最适投入分析是企业投入—产出分析的一个组成部分，侧重于怎样配置生产要素，进而实现产量最大化。企业投入—产出的另一项内容是产品的最优组合。

生产要素的最适投入与第 5 章消费效用最大化分析模式、方法完全相同，简单移植即可达到分析目的。只是要从消费者立场转到生产者立场，将消费品从柴米油盐、吃穿住用行转到劳动力、机器设备、原材料等即可。

6.2.1 一种可变要素的最优投入——产量概念分析法

1. 短期分析的假设前提与基本分析概念

(1) 假设前提

短期分析的假设前提：一是固定技术系数；二是短期。这两个前提的结合形成了"只有一种生产要素可以调整"的条件，即时间上限定了可调整的要素种类的数量，技术上给定了要素组合的最佳比例。

比如某种产品的生产，其要素配合的最佳比例为(劳动力—机器—作业面积—管理人员：20 名工人—2 台机器—100 平方米—2 名监工)，当机器—作业面积—管理人员条件已给定，工人数量从 1 名到 10 名、20 名、30 名，甚至更多范围内调整，如何寻找出最适合的工人投入数量？这个问题可用产量概念分析法来解决。

（2）三个分析概念

产量概念分析法要用到三个分析概念：总产量、平均产量和边际产量。

总产量是指投入一定量的某生产要素所生产出来的全部产量，用 TP_X 表示，X 表示要素，可以是劳动、资本、土地、企业家才能。

$$总产量＝平均产量×生产要素投入量$$

$$TP_X = AP_X X$$

平均产量是指平均每单位某种生产要素所生产出来的产量，用 AP_X 表示。

$$平均产量＝\frac{总产量}{生产要素的投入量}$$

$$AP_X = \frac{TP_X}{X}$$

边际产量是指增加一个单位某种生产要素的投入所引起的产量的增加，用 MP_X 表示。

$$边际产量＝\frac{总产量的增量}{生产要素投入量的增量}$$

$$MP_X = \frac{\Delta TP_X}{\Delta X}$$

边际产量可以由总产量推导出来，如图 6-2 所示。

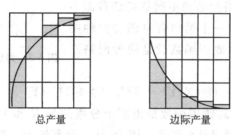

总产量　　　　　　边际产量

图 6-2　由总产量推导边际产量

2. 边际产量递减规律与网络经济中的反趋势

（1）边际产量递减规律

边际产量递减规律又称边际收益递减规律，是指在技术系数不变的情况下，当把一种可变的生产要素投入一种或几种不变的生产要素中时，最初这种生产要素的增加会使产量大幅度增加，但当它的增加超过一定限度时，增加的产量将要递减，最终还会使总产量绝对减少。这是一条在传统工业经济中普遍适用的规律。

边际收益递减规律有三个前提：第一，技术水平既定不变，即现有的生产方法工艺和技术是确定不变的。如果技术水平发生变化，比如技术水平提高了，当保持其他生产要素不变而增加某种生产要素时，边际收益不一定递减而可能递增。在技术进步的推动下，会使边际收益递减现象延缓出现，但不能使边际收益递减规律不存在或失效。第二，生产要素投入时的比例是可变的。这就是说，在维持其他生产要素既定而只增加某种生产要素的投入量情况下，边际收益才会出现递减的现象，如果各种生产要素按原比例同时增加，那么，边际收益不一定递减。第三，增加的生产要素必须具有同等的效率，或者投入的生产要素是同质的。如果增加的生产要素比以前的更有效率，那么边际收益不是递减而可能是递增的。

(2) 网络经济中的边际产量递增趋势

① 网络经济产品边际效用呈递增趋势

在知识经济中,边际效用可以看成是相关运营商的边际产量。知识经济发展的实践表明,边际效用递减规律对网络经济产品并不普遍适用。当网络节点的数目以算数级数增加时,网络产品的总效用则以指数增长。以传真机为例,第一台现代传真机诞生于1965年,尽管在研究开发这台传真机上花费了数百万美元,但当只有第一台传真机时,它的效用几乎为零。因为传递与接收是同一事物的两面,只有在第二台传真机制造出来以后,第一台才有效用,才可以用它发传真;当传真机使用数量增多,将许多台传真机联结在一起形成网络时,传真机的总效用将会随着传真机的增多急剧增加。同样的道理,增加电话用户可以增加整个电话网络和网络内原有各个电话的使用。网络节点和E-mail地址也具有同样的道理。信息服务更具有联结效应和边际效用递增的特性。

网络经济产品的边际效用的递增特性如图6-3所示。

图6-3中,MU为边际效用,Q_w为网络产品的消费量。边际效用曲线呈陡直上升态势。

② 网络经济产品的效用表达

网络经济产品的效用往往同时与几种产品有关,并且总效用也随着不同网络产品的不同数量消费而不同。为说明起见,我们假定一个消费者只消费两种网络产品。在这种情况下,总效用函数就是两种网络产品的效用简单相加,即

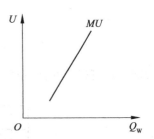

图6-3 网络经济产品的边际效用曲线

$$TU(X,Y) = TU_X(X) + TU_Y(Y)$$

可见,一个网络产品的总效用函数是由两个分割的与 X 和 Y 的消费量相关的部分组成。但是,一般来说,这种情况是罕见的。因为,从一种网络产品消费中获得的效用不仅依存于这种网络产品,而且会依存于别的网络产品。比如,从传真机获得的效用不仅依存于传真内容本身,而且还依赖于别的网络产品像电子邮件(替代品)和油墨(补充品)等的消费数[①]。

3. 一种可变要素的合理投入

(1) 一种可变要素投入区间的划分

假定生产某种产品时所用的生产要素是资本与劳动。其中资本是不变的,劳动是可变的。随着劳动这一可变投入要素的变化,总产量、平均产量和边际产量发生了相应的变化,如表6-1所示。

表6-1 劳动对总产量、平均产量和边际产量的影响

资本量(K)	劳动量(L)	劳动增量 ΔL	总产量(TP)	平均产量(AP)	边际产量(MP)
1	0	0	0	—	—
1	1	1	3	3	3
1	2	1	8	4	5

① 黄宗捷. 网络经济学[M]. 北京:中国财政经济出版社,2001.

资本量(K)	劳动量(L)	劳动增量 ΔL	总产量(TP)	平均产量(AP)	边际产量(MP)
1	3	1	12	4	4
1	4	1	15	3.75	3
1	5	1	17	3.4	2
1	6	1	17	2.83	0
1	7	1	16	2.29	−1
1	8	1	13	1.63	−3

将表中数据标注到坐标系中,如图 6-4 所示。

在图 6-4 中,经过平均产量曲线最高点和总产量曲线最高点分别作垂直虚线,它们将第一象限分为三个区间。

（2）三个区间内总产量、边际产量与平均产量的关系

Ⅰ区间:边际产量虽然先升后降,但还是正值,仍然在使总产量增加;并且平均产量尚未达到最高点。

Ⅱ区间:虽然平均产量和边际产量已经开始下降了,但边际产量仍然为正值,它使总产量继续增加,直至最高水平。平均产量也处于正值区间。

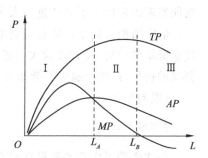

图 6-4　总产量曲线、边际产量
曲线和平均产量曲线

Ⅲ区间:此时虽然平均产量还未下降到零以下,但边际产量已经为负值,随着劳动投入的继续增加,以负产量降低总产量的数量（在图上表现为降低总产量曲线的高度）。

在使用价值量上,显然是能使 $MP=0$ 的可变要素投入量最优,它使总产量最大。

一种可变要素的最佳投入数量,可在合理区间中选择,至于哪一个具体数量,有待结合成本分析来决定。

（3）一种可变要素投入量的选择

一种可变要素投入量的选择与生产目标有关。

如果生产者以产量最大化为追求目标,可以不考虑单位产品成本,变动要素投入以第二区域右边为界,即劳动投入量为 L_B,达到总产量最大为目标。

如果生产者以平均成本最低为追求目标,那么一种可变要素投入应在第一区域的右边界,劳动投入量为 L_A,达到平均产量最大,即单位产品平均成本最低。

如果生产者以利润最大化为追求目标,生产者决策应该满足:①一种变动要素的投入起码必须达到平均产量的最高点;②使单位成本最低,同时又绝不会超过总产量最高点。不然边际产量就要变负了。这样生产者应该选择在第二区域,即劳动投入在 L_A—L_B 之间,到底哪一点能达到最大化利润,还必须结合成本分析才能确定。①

6.2.2　多种生产要素投入的最适组合——边际产量分析法

多种生产要素投入的最适组合又称为生产者均衡,是研究生产者在长期里如何把既定的成本(即生产资源)分配于两种或更多的生产要素的购买与使用上,以达到产量最大化。

---

① 许纯祯,耿作石.西方经济学[M].长春:吉林大学出版社,1994.

对于长期产量最大化问题有两种分析方法——边际产量分析法和等产量曲线分析法。下面先介绍边际产量分析法。

边际产量分析法的生产者均衡,顾名思义就是用边际产量概念来分析实现产量最大化的条件。

边际产量分析法的生产者均衡表述如下:在总成本与生产要素价格既定的条件下,各种要素投入数量组合,满足各要素最后一单位增量所带来的总产量的增量与其价格之比均相等,此时的要素数量组合即为能够实现产量最大化的组合。使所购买的各种生产要素的边际产量与价格的比例相等,也就是使每一单位货币成本所带来的生产要素的边际产量相等,就能实现既定成本下的产量最大化。

假定所购买的生产要素是资本与劳动。用 K 代表资本,MP_K 表示资本的边际产量,P_K 代表资本的价格,K 代表购买的资本量;用 L 代表劳动,MP_L 表示劳动的边际产量,P_L 代表劳动的价格,L 代表购买的劳动量;C 代表货币成本,则生产要素最适组合条件可表示为

(限制条件)
$$C = P_L \cdot L + P_K \cdot K$$

(实现条件)
$$\frac{MP_L}{P_L} = \frac{MP_K}{P_K}$$

公式表明了生产要素最适组合的条件,即每一单位货币不论用于购买资本,还是购买劳动,所得到的边际产量都相等。只有这样,才能实现既定成本下的产量最大化,进而实现利润最大化。

6.2.3 多种生产要素投入的最适组合——等产量曲线分析法

1. 等产量曲线分析法的两个分析工具

1)等产量曲线

(1)等产量曲线的含义

等产量曲线是表示两种生产要素的不同数量的组合,可以带来相等产量的一条曲线,或者说是在一定技术水平下某一固定数量的产品,可以用所需要的两种生产要素的不同数量的组合生产出来的一条曲线。

等产量曲线的表达有函数表达、表格表达和图形表达三种方式。

(2)函数表达

以两种要素生产一种产品为例,与等产量曲线相对应的生产函数形式为
$$Q = f(L, K)$$
式中,Q 为不变的产量水平;L,K 分别为劳动和资本两要素的投入数量。

(3)表格表达

假定某厂商用劳动和资本两种要素生产一种产品,劳动和资本有 A、B、C、D 四种组合方式,这四种组合都可以生产出相同的产量(比如 10 个单位),如表 6-2 所示。

(4)图形表达

在总成本与生产要素的价格既定的条件下,等产量曲线上任何一点所表示的资本与劳动不同数量的组合,都能生产出相等的产量。等产量曲线与无差异曲线相似,所不同的是它所代表的是产量,而不是效用。在图 6-5 中,横轴和纵轴分别代表劳动和资本的投入数量,曲线 Q 为等产量曲线。

表 6-2　等产量表（产量 10 个单位）

组合方式	劳动（L）	资本（K）
A	1	8
B	2	3
C	3	2
D	6	1

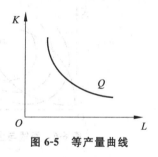

图 6-5　等产量曲线

等产量曲线的特征：①等产量曲线是一条凸向原点的线。这是由边际技术替代率递减决定的、向右下方倾斜的线，其斜率为负值。这表明，两种生产要素之间存在替代关系。②在同一坐标平面图上，任意两条等产量曲线不能相交。③在同一坐标平面内，可以有无数条等产量曲线，离原点越近的等产量曲线代表的产量水平越低；离原点越远的等产量曲线代表的产量水平越高。

边际技术替代率是指在维持相同的产量水平时，减少一种生产要素的数量，与增加的另一种生产要素的数量之比。以 ΔL 代表劳动的增加量，ΔK 代表资本的减少量，$MRTS_{LK}$ 代表以劳动替代资本的边际技术替代率，则有

$$MRTS_{LK} = \frac{\Delta K}{\Delta L}$$

在正常情况下，边际技术替代率呈递减的趋势。这是因为，根据边际收益递减规律，随着劳动投入量的增加，它的边际产量在递减。这样，每增加一定数量的劳动所能代替的资本量越来越少，即 ΔL 不变时，ΔK 越来越小。边际技术替代率就是等产量曲线的斜率。等产量曲线的斜率递减决定了它是一条凸向原点的曲线。

（5）脊线和生产区域

一般来说，维持既定的产量可以通过增加一种要素投入并相应减少另一种要素投入来实现。但要素之间的这种替代关系可能仅在一定的限度内是有效的，超出这个限度，这种替代关系就不存在了，而转向互补关系，其组合也变成无效的了。有效组合转变为无效组合表现为等产量曲线上点的斜率由负值转变为正值，这所有正值转变为负值的临界点的连线就是经济学中的"脊线"，如图 6-6 所示。

两条"脊线"所形成的区域是要素的有效组合区域。厂商可以在此区域内从事生产，任意变动其投入要素的组合。这一区域称为"生产区域"，如图 6-6 所示。也就是说，在脊线以内，两种生产要素的替代是有效率的，在脊线之外，替代是无效率的。

2）等成本线

（1）等成本线的含义

等成本线就是一条表示在既定的总成本和要素价格的条件下，生产者所能购买到的两种生产要素数量的最大组合点的连线，也称为企业预算线，如图 6-7 所示。

画等成本线有一种很简单的方法：在给定的总成本 C 和要素价格 P_L、P_K 的条件下，先分别确定 $(L,0)(0,K)$ 两个组合，标注在坐标系上，其连线就是等成本线。

（2）等成本线的变动

图 6-8 表示三种情况下等成本线的变动。导致等成本线变动的原因，一是企业预算变动，

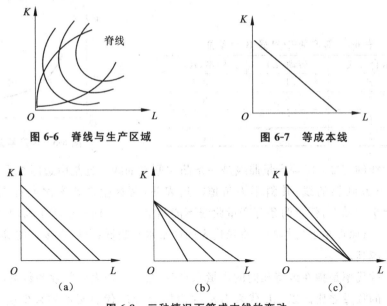

图 6-6　脊线与生产区域　　　　图 6-7　等成本线

图 6-8　三种情况下等成本线的变动

或者说投资额变动所致;一是生产要素价格发生变动。分析如消费者行为的分析,不再赘述。

2. 多种要素投入的产量最大化条件

(1) 数学表达

(限制条件)　　　　　　　　　$C = P_L \times L + P_K \times K$

(实现条件)　　　　　　　　　$\dfrac{MP_L}{P_L} = \dfrac{MP_K}{P_K}$

(2) 图形表达

一般表达如图 6-9 所示。在诸多给定的等产量线和等成本线中,只有彼此相切的等产量线和等成本线在切点处 E 确定生产者均衡,其最优要素投入组合为(L^*,K^*)。生产者均衡又区分为如下两种具体情况。

第一种情况,成本既定时产量最大。在图 6-10 中,由于成本已定,平面上只有一条等成本线,从无数条等产量曲线中寻找出一条,它与等成本线只有一个切点,这个切点就是成本既定时能使产量最大的要素组合点(L^*,K^*)。

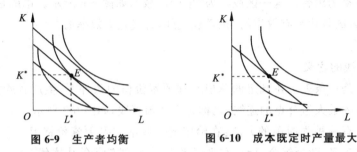

图 6-9　生产者均衡　　　　　图 6-10　成本既定时产量最大

第二种情况,产量既定时成本最小。在图 6-11 中,由于产量既定,平面上只有一条等产量曲线 Q,且不变化。从许多条等成本线中挑选出一条,它与等产量线相切,这个切点就是产量既定时成本最小的要素组合点(L^*,K^*)。

（3）生产扩张线

生产扩张线又称生产扩展线，其经济含义是：当厂商沿着这条线扩大生产时，可以始终实现生产要素的最适组合，从而使生产规模沿着最有利的方向扩大，如图6-12所示。

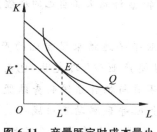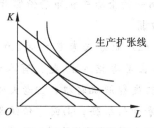

图6-11　产量既定时成本最小　　　　　图6-12　生产扩张线

不同的等成本线与不同的等产量线相切，形成不同的生产要素最适组合点。将这些点连接在一起，就得出生产扩张线。

知识链接6-2

诺基亚：商业帝国黯然谢幕

1. 北京裁员

2014年7月中旬，微软宣布了公司历史上最大规模的裁员计划，预计将在新的财政年内裁员1.8万人，其中约1.25万被裁员工来自收购过来的诺基亚设备与服务部门。

诺基亚在北京有两个主体，分别是投资有限公司和硬件手机工厂。前者约2000人，后者约有3000人。裁员后最终留下的只有300人左右，这意味着微软要裁掉诺基亚90%以上的员工。诺基亚北京员工不得不怀着无限的眷恋，以悲凉的心情告别那个曾经充满朝气、充满欢乐、充满人性的商业王国。

2013年北京时间9月3日微软宣布，将以54.4亿欧元，约折合71.7亿美元收购诺基亚手机业务，以及大批专利组合的授权。

2. 兴衰曲线（见图6-13）

2000年诺基亚市值高达3030亿欧元。曾经连续14年高居全球手机龙头，从顶峰跌到谷底也不过短短5年时间。

图6-13　产品生命周期

诺基亚的介绍期（1985—1995年）。1991年首次全球通话开始，诺基亚就一直是全球通技术的主要开发商。此后，在摩托罗拉于1993年抢先进入中国手机市场后，诺基亚也很快跟进。

诺基亚的成长期（1996—2004年）。从2000年到2004年，诺基亚凭借着较低的价格、较高的性价比一路卖好。同时又通过能够吸引人的创意广告给消费者以极大的震撼，树立了良好的品牌形象。2004年，诺基亚成功超越摩托罗拉成为全球第一大手机厂商。

诺基亚的成熟期（2004—2007年）。诺基亚2007年第四季度占领全球市场的40.4%，位居第一。其对手摩托罗拉则只以11.9%萎缩至第三。这表明2007年诺基亚已经达到了巅峰时代。

诺基亚的衰退期(2007—2012年)。自2007年苹果推出iPhone以来,诺基亚的市场份额急剧下降。2010年,在全球品牌排行中,诺基亚在12个月内下降了30位,仅仅排到了43位。2011年第二季度,全球手机市场份额第一、第二位已被苹果、三星所取代,诺基亚连续15年占有第一的全球手机市场份额开始急速下降,最终结束了自己的辉煌。

3. 惨痛教训

当世界手机产业方兴未艾之时,为什么诺基亚早早地结束了自己的产品生命周期?许许多多的人在思考这个问题。有人认为是"封闭产业链"的失败,也有人这样总结:①行动迟缓,错失智能机时机;②老大心态作祟,不肯与操作系统新秀结盟;③战略摇摆不定,不断从零开始折腾;④固守传统思维,封闭策略导致移动互联战略失败;⑤总是低估市场,巨资研发转化不成生产力;⑥用人不利,美系人士掌管欧系风格公司本身就是冒险。[①]

4. 创造性毁灭

诺基亚作为全球的知名手机品牌,曾经红极一时,几乎是家喻户晓。令人唏嘘的不只是手机领域的诺基亚,还有照相机领域的柯达,汽车制造业的底特律,这些曾经令人仰视的商业帝国,而今星光不再。然而,世界正是在这样的变化中不断以崭新的面貌进步。

6.3 规模经济与范围经济

长期中企业可以调整所有的生产要素,而所有要素投入的变动,意味着企业生产规模的变动。企业规模变动对产量的影响,就是规模经济问题。

规模经济研究有两个假设前提:一是固定技术系数;二是长期,意味着在给定时间内所有要素都是可调整的。

6.3.1 规模经济三阶段

1. 规模经济的含义

"规模经济"一词有两种含义。

一种是中性的,是指从事单一产品生产或经销的企业,其产品产量/销量变化率同企业规模变化率之间的比率(倍数)关系。譬如,产量增加150%/企业规模扩大100%,其比率是1.5;或产量增加50%/企业规模扩大100%,其比率是0.5。前一比率(倍数)意味着企业规模变化的效果是"经济的",后一比率意味着企业规模变化的效果是"不经济的"。但中性概念的"规模经济"重点在数量关系上,不在效果意义上。

另一种则是指效果意义上的且产生前一比率的那种"规模经济",是指当生产或经销单一产品的单一经营单位因规模扩大而减少了生产或经销的单位成本时而导致的经济。[②] 人们常在这个含义上使用"规模经济"一词。

---

① http://news.mydrivers.com/1/274/274799.htm.
② 小艾尔弗雷德·D.钱德勒.企业规模经济与范围经济[M].北京:中国社会科学出版社,1999.

2. 规模经济的三个阶段

（1）规模经济的三个阶段的含义

第一阶段，当企业生产规模扩大时，会使产量增加的比率大于、小于或等于生产规模扩大的比率。如果产量增加的比率大于规模扩大的比率，这就是规模收益递增。例如，劳动和资本的投入数量增加一倍，即生产规模扩大了一倍，而产量的增加大于一倍。

第二阶段，如果产量增加的比率等于规模扩大的比率，这就是规模收益不变。例如，劳动和资本的投入数量都增加一倍，即生产规模扩大一倍，产量也增加一倍。

第三阶段，如果产量增加的比率小于规模扩大的比率，这就是规模收益递减。例如，劳动和资本的投入数量都增加一倍，即生产规模扩大一倍。而产量的增加不到一倍。

（2）根据生产函数的幂指数进行判断

$$Q = AL^{\alpha}K^{\beta}$$

当 $\alpha + \beta = 1$ 时，规模收益不变。

当 $\alpha + \beta > 1$ 时，规模收益递增。

当 $\alpha + \beta < 1$ 时，规模收益递减。

6.3.2 规模经济变动的原因

生产规模的扩大之所以会引起产量的不同变动，可用内在经济与内在不经济、外在经济与外在不经济来说明。

1. 内在经济与内在不经济

企业自身生产规模的变化对其经济利益的正负面影响称为内在经济和内在不经济，也称规模经济和规模不经济。

（1）内在经济是指一个厂商在生产规模扩大时，由自身内部原因所引起的产量或收益增加。其原因有以下几点。第一，使用更加先进的机器设备。只有在大规模生产中，大型的先进设备才能充分发挥效用，使产量大幅度地增加。第二，实行专业化生产。在大规模的生产中，专业程度越高越细，分工就会更细，这样就会提高工人的技术水平，提高生产效率。第三，提高管理效率。管理人员的配置是固定的，生产规模扩大后，可以在不增加管理人员的情况下增加生产，使管理人员的作用得到充分发挥。第四，对副产品进行综合利用。进行大规模生产，可以对许多副产品进行再加工，做到充分利用。第五，在生产要素的购买方面具有有利的价格。企业在大批量购进时容易获得较便宜的价格。

（2）内在不经济是指由于生产规模过大而引起产量或收益减少。其原因主要有以下两点。第一，管理效率的降低。生产规模过大，使管理层次过多，信息不灵，指挥不灵，管理上漏洞百出，致使产量和收益减少。第二，生产要素价格与销售费用增加。生产规模过大，必然造成对生产要素的需求增加，使生产要素的价格上升。同时，生产规模过大，必然造成产品供给增加，导致产品的价格下降，当产品的需求价格缺乏弹性时，总收益必然减少。另外，为了解决滞销问题，销售机构和人员增多，费用加大，成本提高，致使产量或收益减少。

因此，企业的生产规模并不是越大越好。规模过大会使一些优势转化为劣势，不但不能使规模收益递增，反而使规模收益递减。企业应该保持适度规模。

（3）内在经济与内在不经济的判断

通过图 6-14 可以看出，可以利用边际成本和平均成本的关系来判断内在经济和内在不经济（规模经济和规模不经济）。如果边际成本小于平均成本，则存在规模经济；反之，若边际成本大于平均成本，则存在规模不经济。

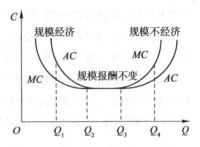

图 6-14　规模经济与规模不经济

在图 6-14 中，当产出量小于 Q_1 时，边际成本曲线在平均成本曲线的下方，这意味着增加一个单位产出量所发生的成本小于单位产出的平均成本，从而，随着产出量的增加，平均成本曲线向右下方倾斜，即单位产品成本呈下降趋势，这表明存在生产的规模经济性。而当产出量大于 Q_3 时，边际成本曲线在平均成本曲线的上方，每增加一个单位的产出所发生的成本大于平均成本，从而导致平均成本曲线向右上方上升，这意味着存在生产的规模不经济性。当产出量大于 Q_2 但小于 Q_3 时，规模报酬不变，这时，平均成本正好等于边际成本。换句话说，从 O 向 Q_3 的企业规模扩张都具有规模经济效应，但 Q_2Q_3 区间最佳，Q_3 以后的规模扩张就转变为规模不经济了。

也可以用平均成本和边际成本的判定系数 FC 来判断规模经济性。

$$FC = \frac{AC}{MC}$$

当 $FC>1$ 时，平均成本大于边际成本，则存在规模经济。

当 $FC<1$ 时，平均成本小于边际成本，则存在规模不经济。

当 $FC=1$ 时，平均成本等于边际成本，规模收益不变。

2. 外在经济与外在不经济

整个行业生产规模的变化对个别企业经济利益的正负面影响称为外在经济、外在不经济。

（1）外在经济是指整个行业生产规模的扩大，给个别厂商带来的产量与收益的增加。由于个别厂商可以从整个行业的扩大中得到更加方便的交通辅助设施、更多的信息与更好的人才等，由此促成企业产量与收益增加。

（2）外在不经济是指一个行业的生产规模过大，使个别厂商的产量与收益减少的情况。这是因为一个行业过大，各厂商之间的竞争更加激烈。为了争夺生产要素与产品销售市场，取得竞争优势，各个厂商必须付出更高的代价。同时，整个行业的扩大，也会使环境污染严重，交通紧张，个别厂商也要为此付出代价。由此最终导致企业产量与收益减少。

因此，行业的生产规模既不能过小，也不能过大，行业也应该实现适度规模。

6.3.3　范围经济

1. 范围经济的含义

范围经济是指利用单一经营单位内原有的生产或销售过程来生产或销售多于一种产品而产生的经济。[1]

---

[1]　小艾尔弗雷德·D. 钱德勒. 企业规模经济与范围经济[M]. 北京：中国社会科学出版社，1999.

设 $TC(Q_X, Q_Y)$ 表示一个企业生产 Q_X 单位的产品 X 和 Q_Y 单位的产品 Y 所发生的总成本,则存在范围经济的条件可用下式表示:

$$TC(Q_X, Q_Y) < TC(Q_X, 0) + TC(0, Q_Y)$$

即由一个企业同时生产产品 X 和产品 Y 比一个企业生产产品 X,另一个企业生产产品 Y 所花的成本较小。该定义式与规模经济的定义不同,规模经济通常按照不断下降的平均成本函数来定义的。

对古典经济学中经常提到的羊毛和羊肉联合生产的例子而言,范围经济是指利用同一群绵羊同时生产羊毛和羊肉的成本,往往低于用一群羊只生产羊毛而用另一群羊只生产羊肉的成本之和。

2. 范围经济的成因

范围经济的成因包括前述规模经济的一些成因,如大批量采购和销售的经济性,大批量运输的经济性和大规模管理的经济性。此外,产生范围经济的主要原因还包括以下几点。

(1) 生产技术设备具有多种功能。在科学技术快速发展的过程中,许多生产技术设备具有向标准化、通用化发展的趋势,这些具有通用性的生产技术设备,可用来生产不同产品,从而提高生产技术设备的利用率。

(2) 零部件或中间产品具有多种组装性能。许多零部件或中间产品具有多种组装性能,可以用来生产不同的产品,因而可以增加零部件或中间产品的生产批量,取得因规模经济而引起的范围经济。

(3) 研究与开发的扩散效应。企业一项研究开发技术的成果往往可以用于多种产品的生产,从而有利于扩散研究开发成果,大大降低单位产品所分摊的研究开发成本。

(4) 企业无形资产的充分利用。企业的经营管理知识和技术等无形资产在生产经营多种产品时同样可以使用,不会大幅增加额外费用。又如,由于企业的声誉能转化为产品的声誉,企业良好的声誉能支持企业生产经营多种产品。

学用小品

怎样比较中外企业的生产效率和经济效率

1. 引例与基本概念

笔者在撰写本章"学用小品"的过程中接触了一些相关信息,采撷两则如下:

——目前(2010 年,笔者注)我国的综合效率约 33%,比发达国家低近 10%。电力、钢铁、有色冶金、石化、建材、化工、轻工、纺织 8 个行业主要产品单位能耗平均比国际先进水平高 40%。钢、水泥、纸和纸板的单位产品综合能耗比国际先进水平分别高 21%、45% 和 120%。[①]

——中国扛着庞大的能源包袱,创造的价值只有世界平均水平的一半?2012 年我国一次能源消费量为 36.2 亿吨标煤,消耗全世界 20% 的能源,单位 GDP 能耗是世界平均水平的

---

① http://www.ssbgzzs.com/txt/2010-05/26/content_3531305.htm.

2.5 倍,美国的 3.3 倍,日本的 7 倍,同时高于巴西、墨西哥等发展中国家。中国每消耗 1 吨标煤的能源仅创造 14000 元人民币的 GDP,而全球平均水平是消耗 1 吨标煤创造 25000 元 GDP,美国的水平是 31000 元 GDP,日本是 50000 元 GDP。[①]

从第 1 则信息可以看出,这是一个使用价值指标上的比较。在电力等 8 个行业的主要产品上,若以产品单位能耗国际先进水平为 1,则中国的产品单位能耗为 1.4;反过来说,每消耗单位能源,中国仅生产出先进国家同样能耗产出的 71.4%。

从第 2 则信息可以看出,这是一个价值指标上的比较。无论 1 吨标煤的价格如何变化,都不会改变比较的结果。单位 GDP 能耗,又叫万元 GDP 能耗,每产生万元 GDP 所消耗掉的能源,一般用来反映一个国家经济活动中对能源的利用程度,反映经济结构和能源利用效率的变化。从其中的比较数据可知,中国落后了。

上面提到的两个指标分别反映生产效率和经济效率。

生产效率是从使用价值量上反映投入产出的关系,通常表达为单位要素的产出量。第 1 则资料就是从这个角度来比较的。

经济效率是从价值量上反映成本收益的关系,通常表达为单位成本收益量。第 2 则资料就是从这个角度来比较的。

生产效率和经济效率的区别可以用这样一个数字例子来理解:假设有 2 个工人,1 日里共生产了 10 件产品,显然,单位人工产量是 5 件。假设工人的工资为 100 元/日/人,产品单价是 25 元/件,则单位成本收益是 1.25 元,即付出 1 元成本可得到 1.25 元收益。两个指标,不仅数值不同,单位也不同。

生产效率和经济效率又有密切的关系。当生产效率提高,单位人工产量提高到 8 件,假设工资水平不变,经济效率变为(25 元×8 件×2 人)/(100 元×2 人)=2 元,即付出 1 元成本可得到 2 元收益。在工资水平不变的情况下,二者同方向变动;而在工资水平变动情况下,二者反方向变动。

由于存在这样的关系,在工资水平不变的情况下,可以用经济效率间接地反映生产效率。单一生产要素或多种生产要素组合的生产效率是可以计算出来的。但是,非组合的多种生产要素,因其物理单位不同,不能简单加总,从而无法计算它们的生产效率。然而,多种生产要素的成本价值可以加总,通过求取单位成本收益,即经济效率,可以间接地反映生产效率。

2. 根据比较目的的不同确定合适的比较范围

上面两则信息披露的是生产效率和经济效率的比较,当然,这只是在能耗上的生产效率和经济效率的比较,并非全面的投入要素的生产效率和经济效率的比较(经济学中的投入要素包括劳动、资本、土地和企业家才能,能耗包含在资本要素中)。

上面两则信息的比较是以国家而论的,现在的问题是:其比较结果能不能作为企业的生产效率和经济效率比较呢?

可以的,任何国家的产量、产值归根结底都是由企业生产和创造出来的。但是,要想得到准确的比较结果,还要看比较的目的、比较范围的选取,如图 6-15 所示。

显然,如果比较的目的是综合性、概貌性的,可以选取"全国"范围的企业(两则信息中的比较即属此类);如果比较的目的是针对制造业,就要选取"制造业"范围的企业;如果比较的目的

---

① http://epaper.21cbh.com/html/2013-12/02/content_84688.htm? div=-1.

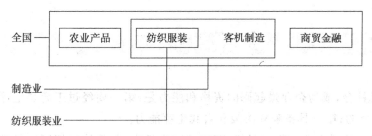

图 6-15　企业的范围

是针对纺织服装业,则只能选取"纺织服装业"的企业,而不应把客机制造或其他行业的企业选取进来。其实,纺织服装业内还可以细分。

服装产业价值链一般的利润分配结构是:设计占 40%,营销占 50%,生产占 10%,即设计和营销处于价值链的高端,经济附加值较高,生产加工处于价值链的低端,附加值最低,如图 6-16 所示。[①]

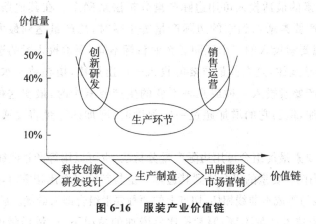

图 6-16　服装产业价值链

3. 比较的准则:可比性

前面引例只是一个具体例子,其实任何比较都必须遵守比较的准则:可比性。可比性体现在以下三个方面。

第一,比较内容的确定性。换句话说,要进行比较的是什么? 比的是身高? 是劳动生产率? 是全要素生产率? 或是每元资金盈利率? 在作劳动生产率比较时,就不应该偷换到全要素生产率的比较上。

第二,比较目的和比较范围的对应性。如前面所述,什么样的比较目的,就要有什么样的比较范围与之对应,否则就不能够得出科学的、有意义的比较结论。

第三,比较的尺度、标准、条件、方法、方式、格式、规范、模型等始终如一。譬如,比较高中毕业文化程度和大学本科毕业文化程度的车工的劳动生产率,就必须在同一类型的机床上进行,不能各在不同类型的机床上进行;要按照相同的程序和技术规范要求进行,而不是各搞一套。

---

① http://www.chyxx.com/industry/201405/241876.html.

本章小结

1. 在现代社会,成为企业最起码的资格和能力是:第一要经过工商登记等合法程序;第二要以营利为目的;第三具备独立决策和自我生存能力。

2. 利润最大化是企业的根本目标,而在现实生活中,其具体目标可以是满意利润、市场份额、公共形象等,但最终还是服从于利润最大化目标。进而,导引出企业的三方面经济行为:投入—产出行为、成本—收益行为、市场营销行为。目标都是指向经济效益最大化。

3. 企业的投入—产出行为,从使用价值角度研究市场要"消费"的效用(即产量)的最大化实现条件。努力使投入最小、产量最大。其分析思路、模式、概念、方法与消费效用最大化的分析完全相同。

4. 一种可变要素的最适投入可用边际产量分析法来确定。在其他条件不变时,当唯一可以调整数量的生产要素增加到它的边际产量等于零时,总产量达到最大。在要素数量增加过程中,先后出现要素投入的三个区间。企业目标不同,要素投入量的选择也不同。

5. 边际产量递减规律,是企业最重要的投入—产出规律,指在技术水平不变的情况下,当把一种可变的生产要素投入一种或几种不变的生产要素中时,最初这种生产要素的增加会使产量大幅度增加,但当它的增加超过一定限度时,增加的产量将要递减,最终还会使总产量绝对减少。

6. 两种及以上要素最优组合可用边际产量分析法,也可以用等产量曲线分析法来确定:前者,在限制条件下,当两种要素的组合达到其边际产量与其价格之比相等时,要素组合就是最优的;后者,等产量曲线与等成本曲线相切,切点上的两种要素组合即为最优。最优即产量最大。

7. 规模经济,指技术系数不变,要素按比例增加的情况下,产量增量的比率与要素增量的比率的对比结果。随着企业规模的扩大,将先后出现规模报酬递增、规模报酬不变、规模报酬递减三个阶段。根本原因是边际报酬递减规律在起作用,而表层原因有内在经济、内在不经济、外在经济、外在不经济等。

基本概念

生产　　生产函数　　总产量　　平均产量　　边际产量　　边际产量递减规律
等产量曲线　　等成本线　　规模经济　　范围经济　　内在经济　　外在经济

复习实训

一、单选题

1. 生产者行为理论中的长短期划分是按(　　　)。

　　A. 日历时间　　　　　　　　　　B. 生产周期

C. 调整要素所需时间　　　　　　D. 产品生产实践

2. 以下各条曲线中最先下降的是( )。

　　A. 总产量曲线　　　　　　　　B. 边际产量曲线

　　C. 平均产量曲线　　　　　　　D. 等产量曲线

3. 一种可变要素最优投入条件是( )。

　　A. $AP = MP$　　　　　　　　　B. AP 达到最大值

　　C. MP 达到最大值　　　　　　D. $MP = 0$

4. 生产要素最适组合条件是( )。

　　A. $MP = 0$　　　　　　　　　　B. $MRTS = \Delta K / \Delta L$

　　C. $MP_L / P_L = MP_K / P_K$　　　D. $AP = 0$

5. 等产量曲线是凸向原点的线,这是由( )。

　　A. 产品的生产性质决定的　　　B. 边际技术替代率递减决定的

　　C. 生产技术系数决定的　　　　D. 企业预算决定的

6. $Q = 4L^{0.5}K^{0.8}M^{0.2}$ 表示规模经济( )。

　　A. 递增　　　　　B. 递减　　　　C. 不变　　　　D. 不确定

二、判断题

1. 能够创造利润的生产单位就是企业。( )

2. 平均产量最大时总产量就达到最大。( )

3. 当要素价格不变,企业资本投入增加时,等成本线向外平移。( )

4. 要素投入最优组合发生在等产量线与等成本线相切的点上。( )

5. 等产量线是生产规模扩张的最优路径。( )

6. 行业生产规模过大导致个别厂商的产量减少的情况称为内在不经济。( )

三、问答题

1. 生产者行为与消费者行为有哪些相似之处? 都用了什么分析方法?

2. 内在经济与外在经济的原因是什么?

应用训练

一、单项训练

1. 从社会生产中寻找规模报酬递减、规模报酬递增的例子。

2. 从社会生产中寻找内在经济和内在不经济、外在经济和外在不经济的例子。

3. 从社会生产中寻找范围经济的例子。

二、综合应用

1. 组员研究:分头考察①服装企业的要素投入品种、生产技术类型、生产过程特点、生产周期、规模经济;②造船企业的要素投入品种、生产技术类型、生产过程特点、生产周期、规模经济。

2. 小组研究:对服装企业和造船企业的以上各个方面进行比较分析。

第 7 章

企业成本收益

知识目标 --■

通过本章教学,使同学们弄清楚会计成本和经济成本的区别与联系,掌握企业短期—长期成本理论、企业收益理论和企业利润最大化条件原理。

技能要求 --■

要求同学们能够用经济成本概念对企业经营进行思考,用短期成本概念体系和长期成本概念体系进行决策,把握企业收益变化走势,通过利润最大化条件确定企业最优产量。

引言导图 --■

企业经营者除了要把会计成本和会计利润放在心上,更要把经济成本和经济利润装在头脑里;短期的经营决策和长期的经营决策是有所区别的,所用的决策概念体系也不相同;利润的计算公式不同于利润最大化的计算公式,当然,前者是后者的基础。本章引言导图如图 7-1 所示。

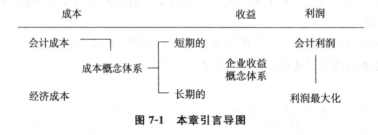

图 7-1　本章引言导图

7.1　成本与利润

成本与利润是企业生产经营最重要的范畴。这里涉及两种视角下的成本和利润概念,它们往往是成双结对的。

7.1.1　会计成本与机会成本

1. 会计成本

会计成本即生产成本,是指企业在生产与经营中所使用的各种生产要素的货币支出,又称生产费用。生产要素包括劳动、资本、土地、企业家才能,在它们上面的货币支出分别是工资、利息、租金、正常利润(即人们叫作年薪的支出)。这些成本项目由于已经发生,故被称为历史成本;又因其记入账本经过核算,所以又称会计成本。在会计成本上看不出稀缺资源的配置之优劣。

2. 机会成本

机会成本是指生产者利用一定资源获得某种收入时所放弃的在其他可能的用途上所获得的最大收入。

【例7-1】 设某人得到小麦10公斤。小麦的各种用途、小麦的新产品、新产品的享受效用(主观评价,可以使用任何单位,如"分""点"等)如表7-1所示。

表 7-1　资源的多种用途

原料小麦	用　途		
	馒头	面包	啤酒
10公斤	100个	50块	5瓶
享受效用	10	20	100

根据机会成本定义,仅仅从新产品的享受效用角度看,小麦的3种用途的机会成本分别是:

用于制作馒头的机会成本为100(即以放弃啤酒享受为代价)。

用于制作面包的机会成本为100(即以放弃啤酒享受为代价)。

用于制作啤酒的机会成本为20(即以放弃面包享受为代价)。

很显然,这个人不会将小麦用于机会成本大(100,馒头或面包)的用途上去,而是用在机会成本小(20,啤酒)的用途上。

机会成本的存在是与资源的稀缺性紧密相连的,采用这个概念有助于实现生产资源的最优配置。同一资源配置,有些时候用会计成本计算是盈利的,用机会成本计算则可能是不合算,或者说资源配置是不合理的。

机会成本并不都是由个人选择所引起的;其他人的选择会给你带来机会成本,你的选择也会给其他人带来机会成本。例如,当你在夜晚享受"卡拉 OK"时,你所放弃的宁静就是这种享受的机会成本;这时,你还会使别人得不到宁静,别人放弃的宁静就是你这种选择给别人带去的机会成本。

利用机会成本的概念可以解释,为什么学生在考试后的每周比考试前的每周看电视的时间要多。在考试前,看电视具有很高的机会成本,因为时间的另一种用途(学习)在提高成绩上具有很高的价值。在考试以后,时间具有较低的机会成本。

7.1.2　显性成本与隐性成本

1. 显性成本

显性成本是企业购买所需投入物,需要企业实际支出货币的投入成本。显性成本包括采购原辅材料的支出、购置机器设备的支出、运输费的支出、销售费用的支出、雇用劳动力的工资支出、借入资本的利息支出、租用生产场地的租金支出,等等。所有这些费用都是用货币支出的,所以被称为显性成本。显性成本就是通常所说的会计成本。

2. 隐性成本

隐性成本是企业主在生产过程中或经营活动中使用了自己拥有的投入物,但未实际支出货币的投入成本。譬如,企业主使用部分自有生产要素时,并没有像购买生产要素时那样,按照合同把货币支付出去;企业主亲自管理企业,并没有像外聘高管那样,对自己支付年薪;企业主要承担经营企业的风险,却没有为此收取相应的报酬。然而企业主的自有生产要素、自有黄金、管理能力、担当风险都实际投入了,却未以货币形式支出,这部分成本就成为隐性成本。

显性成本与隐性成本合起来就构成了经济成本(即总机会成本)。

7.1.3 会计利润与经济利润

在日常生活中,我们所接触的利润概念一般都是会计学的利润概念。在那里,利润被定义为

$$利润 = 总收益 - 总成本$$

而这个利润概念在经济学中被称为"会计利润":

$$会计利润 = 总收益 - 会计成本(显性成本)$$

会计利润与经济学家使用的"经济利润"概念有很大的差别,这个差别主要反映在总机会成本上:

$$经济利润 = 总收益 - 经济成本(总机会成本)$$

$$经济利润 = 总收益 - (显性成本 + 隐性成本)$$

经济利润概念适用于企业经营管理决策。

示意图 7-2 能够使会计利润概念与经济利润概念的区别一目了然,你会注意到,显性成本是相同的:差别在于有无考虑隐性成本。

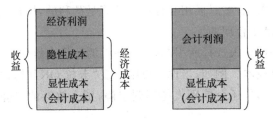

图 7-2　会计利润与经济利润的区别

【例 7-2】　小李在市区某繁华地段开了一家糕点店。店面是自家的前厅改造的,若是出租,月租金为 2000 元;购置了一些设备,花了 60000 元,年折旧 12000 元,此时银行的年利率为 8%;每月面粉、糖、佐料、煤气、水电等原材料燃料开支 4000 元;雇用店员 2 名,每月工资共开支 3000 元,通常月营业额 14000 元。另外,小李还是个电脑动漫设计好手,若为电视台做专职动漫设计人员,月收入可达 5000 元。试问:小李开店的每月利润是多少? 开店合算吗?

看了最后一个问题,你可能会觉得问得奇怪。$14000 - (1000 + 4000 + 3000) = 6000(元)$,每月能赚这么多的利润有什么不合算的?

会计师说:你赚了。经济学家说:你再想想。

表 7-2 是根据上例中的数据整理而成的。请同学们仔细对照理解,最后将问号处的数据填上。

表 7-2　小李的会计利润和经济利润（月）　　　　　　　　　　　　　　　　单位:元

项　目	会计学核算	经济学核算
总收益	14000	14000
减显性成本:		
工资	3000	3000
原材料	4000	4000
折旧	1000	1000
减隐性成本:		
放弃的薪金	0	?
放弃的租金	0	?
放弃的利息	0	?
等于利润	6000	?[①]

正常利润与经济利润的区别:前面学过了,正常利润是企业家才能的报酬,是企业主对聘请来的高级经理支付的报酬,因此要归到成本里去,而且要归到显性成本里去,从下式中可以很清楚地看出正常利润与经济利润的区别。

会计利润＝总收益－显性成本(工资＋利息＋租金＋正常利润)

经济利润＝总收益－[(工资＋利息＋租金＋正常利润)＋隐性成本]

知识链接 7-1

能源的成本[②]:总平均成本抑或总边际成本

美国西部的一种重要能源是水力发电站,它们利用水坝里所蓄的水来发电。在适宜条件下,一般是一条大河流经狭窄的峡谷时,水力发电要比燃料发电更廉价,例如煤电、核电等。在西部,尽管它的人口不足美国人口的 1/6,却有着全国一半以上的水利发电量。这种廉价能源的优势使得它们吸引了众多工业,例如铝熔炼,因为这项工业要消耗大量的电。

西部政府是否应该鼓励这些电力的大消耗工业迁移到他们的管辖范围内呢? 在 20 世纪 80 年代以前,很多政治家和商业领袖都认同这一点,而很多能源密集型工业也搬迁到西部地区。然而,能源公司声称原先的价格已经不能覆盖它们的生产成本,并要求提高价格,这使得消费者非常惊讶并感到气愤。那么究竟是怎么回事呢?

答案是官方将发电的平均总成本和边际成本混淆了。因此,他们低估了向迁入这些地区的新工业提供电力的成本。

在西部,现有设备生产能源的平均总成本很低,因为很多成本来源于水利能源。但是额外生产能力的边际成本却很高,由于很多有利地势都已经修建了大坝,而出于环境考虑,很多未开发的地势被排除在外,这就使新建大坝变得越来越困难。所以当新的能源消耗产业搬入西部时,能源公司为了满足需要,不得不建造高成本的新的燃料或核能发电站。所以电

---

① 答案是:经济利润－1400 元。

② 保罗·克鲁格曼,罗宾韦尔斯,玛莎奥尔尼·克鲁格曼经济学原理[M]. 黄卫平,等,译. 北京:中国人民大学出版社,2011.

能源的边际成本要高于平均总成本。

然而,电能是管制产业,而电力公司向消费者索要的价格反映了平均总成本。这就使看似自相矛盾的结果产生了:当一个工厂搬入西部时,它支付的电力费用比其他供应电的公共事业部门支付的费用少,因此,为了覆盖更高的平均总成本,能源公司必须提高对消费者的收费。

如果官方能够理解平均总成本和边际成本之间的区别,通过向电力使用者收取更高的费用并劝阻新的电力使用产业迁入西部,他们就可能避免这种困扰。

这是一个经济学原理应用于社会经济实践的一个真实的、典型的案例。原理本身不复杂(见图 7-3),但很好地解决了经济生活中的大问题。

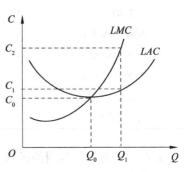

图 7-3 中,C_0 是政治家和商业领袖主张将耗能产业迁入西部的成本根据,其实那是在最好的水力发电条件被利用情况下的发电平均成本。为满足新迁入耗电产业的新增电力需要 Q_0Q_1,电力公司不得不开发较差的发电条件,其边际成本大幅上升 C_0C_2,以至于要求提价 C_0C_1 才能保本。若按政治家的主张,发电公司将难以长期维持,西部经济将走向毁灭。

图 7-3　总平均成本与总边际成本

7.2 短期成本分析

7.2.1 短期成本概念体系

短期内,企业只能调整一种要素的数量,只能调整可变生产要素(如劳动力、原材料等),而不能调整固定生产要素(厂房、设备、管理人员等),从而短期成本分为固定成本和可变成本。

短期成本共含有 7 个概念,分为以下三类。

1. 短期总成本

(1)短期总成本(STC),是指短期内生产一定量产品所需要的成本总和。短期总成本由固定成本和变动成本两部分构成。

(2)总固定成本(TFC),是指短期内在一定产量范围内不随产量变动而变动的成本。这类成本是与产量变动无关的成本。即使停产了,厂房设备投资的利息、折旧费、维修费、各种保险费、某些税金,以及企业基本管理人员(包括高层)的薪金和看守人员的工资等,也是要照旧支出,一分不少,属于固定性成本支出。

(3)总可变成本(TVC),是指短期内随着产量变动而变动的成本。这类成本包括工人的工资,厂商为购进原料与其他物品而发生的支出,以及电力费、营业税和短期借款的利息等。它随产量的增减而增减,当产量为零时,可变成本为零。

这三个成本都是绝对量。

2. 短期平均成本

(1)短期平均成本(SAC),是指短期内平均每一单位产品所消耗的全部成本。它是由平均固定成本和平均可变成本构成的。

（2）平均固定成本（AFC），是指短期内平均每一单位产品所消耗的固定成本。随着产量的增加，平均固定成本是逐渐减少的。

（3）平均可变成本（AVC），是指短期内平均每一单位产品所消耗的可变成本。随着产量的增加，平均可变成本是先递减，到达最低点以后再递增。

这三个成本都是相对量，即一个变量同另一个变量比较的结果。

3. 短期边际成本

短期边际成本是指短期内厂商增加一单位产量所增加的总成本量。这是企业经营管理中最重要的变量，最重要的成本概念。

短期边际成本也是相对量，但它是两个增量之比。

我们可以用一个表来概括上述短期成本概念以及它们之间的数量关系，见表 7-3。

表 7-3 短期成本概念体系

成本概念	公 式	图 形	变 化 规 律
短期总成本	$STC = TFC + TVC$ $= SAC \times Q$		波浪形，在纵轴有截距
总固定成本	$TFC = STC - TVC$		水平，不随产量变化
总可变成本	$TVC = STC - TFC$		波浪形，但从原点出发
短期平均成本	$SAC = AFC + AVC$ $= \dfrac{STC}{Q}$		U 形，相对平缓
平均固定成本	$AFC = \dfrac{TFC}{Q}$		滑梯形，急降而后缓降
平均可变成本	$AVC = \dfrac{TVC}{Q}$		U 形，先降后升幅度居中
边际成本	$SMC = \dfrac{\Delta STC}{\Delta Q}$ $= \dfrac{\Delta TVC}{\Delta Q}$		U 形，急降而后急升

7.2.2 各类短期成本的变动规律及其关系

1. 短期总成本与总固定成本、总可变成本

（1）总固定成本不随产量变动而变动，因而对短期总成本的变动不产生影响。

（2）总可变成本随产量变动而变动，是总成本变动之根源，同步同幅度变化。

短期总成本与总固定成本、总可变成本的关系如图 7-4 所示。

2. 短期平均成本与平均固定成本、平均可变成本

（1）平均固定成本在平均成本中的比重随产量增加而持续下降，对平均成本影响越来越小。

（2）平均可变成本在平均成本中的比重随产量增加而持续上升，对平均成本影响越来越大。

短期平均成本与平均固定成本、平均可变成本的关系如图 7-5 所示。

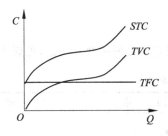

图 7-4 短期总成本与总固定成本、总可变成本的关系

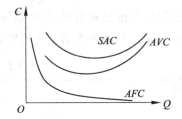

图 7-5 短期平均成本与平均固定成本、平均可变成本的关系

3. 短期边际成本与平均可变成本、平均成本

（1）短期边际成本与固定成本无关，只受可变成本增量影响。

（2）短期边际成本先经过平均可变成本最低点，然后经过平均成本最低点。

短期边际成本与平均可变成本、平均成本的关系如图 7-6所示。

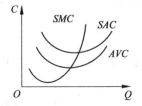

图 7-6 短期边际成本与平均可变成本、平均成本的关系

【例 7-3】 短期成本函数。

假设某产品生产的边际成本函数是 $MC=3Q^2-8Q+100$。生产 5 单位产品时，总成本是 595。求总成本函数、平均成本函数、可变成本函数与平均可变成本函数。

利用积分学可由边际成本函数 $MC=3Q^2-8Q+100$ 得到的成本函数为

$$TC=Q^3-4Q^2+100Q+a$$

这里 a 为常数。

又因为生产 5 单位产品时总成本是 595，$595=5^3-4\times5^2+500+a$，求得 $a=70$，因此，总成本函数：

$$TC=Q^3-4Q^2+100Q+70$$

平均成本函数：

$$AC=Q^2-4Q+100+70/Q$$

总可变成本函数：

$$TVC=Q^3-4Q^2+100Q$$

平均可变成本函数：

$$AVC=Q^2-4Q+100$$

【例 7-4】 企业短期内亏损要立即停产吗？

如果一个企业是完全竞争行业中的企业，那么它在短期里的经营状态如图 7-7 所示。

如果产品的市场价格为 P^* 以上，则在一定产量范围内有盈利；为 P^* 时，则不盈不亏；P^* 以下时就要亏损了。

产品的市场价格在 P^* 以下时是否要马上停止生产？这要看价格下降到什么程度。

如果价格在 ES 之间，可以不必停产。因为 SAC 和 AVC 两条曲线所夹的空间正是平均固定成本。此时继续生产，平均可变成本自然可以完全循环回来，平均固定成本虽然不能全部收回，但总可以收回一部分。若不生产，则连这一部分也收不到了，亏得更多；若生产，亏得会少一点。

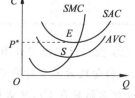

图 7-7 企业短期经营决策

如果价格下降到 S 的高度以下，那就要停产了。此时生产，不仅所有平均固定成本收不回来，平均可变成本也只能收回一部分。在固定技术条件下，这意味着周转回来的资金不能保证生产技术所要求的可变要素按比例再投入，停产便是必然的了。

图中 E 点称为收支相抵点，S 称为停止生产点。

知识链接 7-2

平均成本分析模式的应用性扩展

将总成本 TC 划分为要素购入或使用的成本 $(L \times P_L + K \times P_K)$ 和生产管理所发生的成本 (M)，得到一个新的分析平均成本的模式，从这个新模式出发，我们可以进行更加接近企业管理实践的应用性扩展分析。

$$AC = (L \times P_L + K \times P_K + M)/Q \qquad (1)$$

这个公式把企业面对的要素市场、生产过程和商品市场有机地连接起来，构成一个互动系统，提供了一个能够综合分析企业要素使用效率的模式，使平均成本分析不再停留在一维单向分析上，而是可以进入多维多向分析上，见图 7-8。

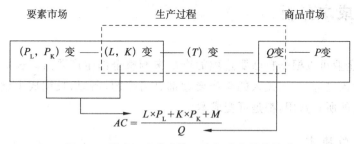

图 7-8 影响平均成本的三个领域变量的关联

（1）要素市场和商品市场配置效率对平均成本的影响。市场配置效率同市场结构密切相关，两个市场有不同的组合。对一个以追求利润最大化为目的的企业来说，不同的市场组合，意味着它将具有不同的平均成本曲线，并有不同的平均成本取值点。两市场可以有如下组合，见表 7-4。

表 7-4　要素市场和商品市场的基本组合

竞争状况		商品市场			
		完全竞争	不完全竞争		
			垄断竞争	寡头垄断	完全竞争
要素市场	完全竞争	要素市场完全竞争 商品市场完全竞争	要素市场完全竞争 商品市场不完全竞争		
	不完全竞争	要素市场不完全竞争 商品市场完全竞争	要素市场不完全竞争 商品市场不完全竞争		

（2）生产过程配置效率对平均成本的影响。从大的方面看,投入要素的利用效率和组织生产的管理效率会对平均成本产生重大影响。生产管理费用 $M=S+F$,S 为库存管理费用(分为意愿库存 $C1$,非意愿库存 $C2$),F 为企业行政管理费用。把 AC 改写为

$$AC = (L \times P_L + K \times P_K)/Q + S_{C1}/Q + S_{C2}/Q + F/Q \tag{2}$$

这样便可以更加细致地分析企业生产过程的配置效率因素对平均成本的影响了。

（3）非配置效率因素对平均成本的影响。非配置效率因素对企业平均成本的影响也不可忽视。

假设管理也具有生产效率,即投入一定的 M 对产量 Q 也会有(正的或负的)贡献率 γ,则可通过扩展柯布—道格拉斯生产函数,将平均成本公式中的分母 Q 写成 $AL^\alpha K^\beta M^\gamma$,从而平均成本公式可以表达为

$$AC = \frac{L \times P_L + K \times P_K + M}{AL^\alpha K^\beta M^\gamma} \times \phi \tag{3}$$

该式考虑了非配置效率因素对平均成本的影响。ϕ 为非配置效率因子,变动区间为 $[AC(Q) \ X(Q), 1]$。[①]

7.3　长期成本分析

在长期中,企业可以根据自己要达到的产量来调整全部生产要素。长期中企业没有可变投入与固定投入之分,一切投入的生产要素都是可变的,所以,长期成本就是企业用于投入生产要素支出的所有费用,都是可变成本。

7.3.1　长期总成本

1. 长期总成本及其曲线

长期总成本是长期中生产一定量产品所需要的成本总和,它随着产量的变动而变动。如果各种产量都在最优生产规模上生产,也就是说以最优的生产要素组合来进行生产,则由

---

① 黄泽民. 平均成本分析模式的应用性扩展[J]. 商业研究,2005,324(16):74-77.

此而支付的总成本便是长期总成本。

长期总成本等于长期平均成本乘以产量,用公式表示为

$$LTC = LAC \times Q$$

长期总成本曲线如图 7-9 所示。

2. 长期总成本的变动规律

长期总成本曲线呈向右上变化的波浪形,分为三个阶段,可用图 7-9 来说明。在图 7-9 中,在 *OA* 段,长期总成本曲线比较陡峭,表明成本的增加比率大于产量的增加比率,这是产量较低时,生产要素未得到充分利用的表现;在 *AB* 段,长期总成本曲线比较平坦,表明成本的增加比率小于产量的增加比率,这是规模经济的表现;在 *B* 点以后,长期总成本曲线比较陡峭,表明成本的增加比率又大于产量的增加比率,这是规模收益递减的表现。

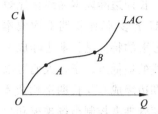

图 7-9　长期总成本及其变动规律

7.3.2　长期平均成本

1. 长期平均成本及其曲线

长期平均成本是长期中平均每单位产品的成本。由于在长期中所有生产要素都是可变的,企业就能够建立它所需要的任何规模的工厂,能够通过规模调整实现每一个产量条件下的最小成本,也就实现了相应的最小平均成本。

长期平均成本等于长期总成本除以产量,用公式表示为

$$LAC = \frac{LTC}{Q}$$

长期平均成本曲线如图 7-10 所示。

2. 长期平均成本的变动规律

长期平均成本曲线呈平缓 U 字形。当企业的规模由较小规模 1 变到较大规模 2 再变到更大规模 3,它们是经过一个又一个短期实现的,相应的平均成本变化为 $SAC_1 \rightarrow SAC_2 \rightarrow SAC_3$,如图 7-10 所示。于是,长期平均成本曲线是由多个表示规模变动的短期平均成本曲线的外包络线形成。它的变动规律是:先高后低然后再高。其背后是规模报酬递减规律在起作用。

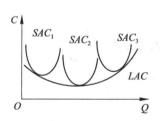

图 7-10　长期平均成本及其变动规律

长期平均成本曲线又称为计划曲线,是企业生产规模决策、生产技术类型选择、成本战略决策等经营管理活动的基本依据,极其重要。

7.3.3　长期边际成本

1. 长期边际成本及其曲线

长期边际成本是长期中增加一单位产量所增加的总成本。用公式表示为

$$LMC = \frac{\Delta LTC}{\Delta Q}$$

长期边际成本曲线如图 7-11 所示。

2. 长期边际成本的变动规律

长期边际成本曲线呈比短期边际成本曲线平缓一些的 U 字形,但比长期平均成本曲线还是更为陡峭一些。最显著的特征是长期边际成本曲线相交于长期平均成本曲线的最低点。于是人们可以看出在不同的产量规模上长期边际成本与长期平均成本的相互关系,十分有利于经营管理者控制市场规模和生产成本。长期边际成本曲线先高后低再高的变化规律,背后仍然是规模报酬递减规律在起作用。

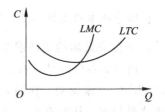

图 7-11 长期边际成本及其变动规律

7.4 收益与利润最大化

7.4.1 收益分析

1. 两种收益表示方式

收益是指企业销售产品的收入,包含成本与利润。经济学上,收益可以分别用含实际产量因素和含价格因素两种方式来表示。

(1) 含实际产量(Q)的总收益、平均收益和边际收益的表达方式

总收益(TR)是指厂商出售一定量产品所获得的全部收益。

$$TR = AR \cdot Q$$

平均收益(AR)是指厂商在平均每一单位产品销售上所获得的收益。

$$AR = \frac{TR}{Q}$$

边际收益(MR)是指厂商每增加一单位产品的销售时所获得的收益增量。

$$MR = \frac{\Delta TR}{\Delta Q}$$

(2) 含价格因素(P)的总收益、平均收益和边际收益的表达方式

总收益=总产量×价格

即

$$TR = TP \cdot P$$

平均收益=平均产量×价格

即

$$AR = AP \cdot P$$

边际收益=边际产量×价格

即

$$MR = MP \cdot P$$

式中,P 代表价格;TP 代表总产量;AP 平均产量;MP 边际产量。

这表明，TR、AR 和 MR 是作为 TP、AP 和 MP 三个实物量的货币表现形式。在实际经济活动中，厂商更关心的不是实物形式的产量，而是以货币形式实现的收益。

2. 价格不变与价格递减条件下的收益曲线

（1）价格不变条件下的收益曲线

在完全竞争条件下，厂商是市场价格的接受者，只能按照不变的市场价格出售产品。从而其总收益随销量的增加而增加，而平均收益与边际收益则是相等的，如图 7-12 所示。

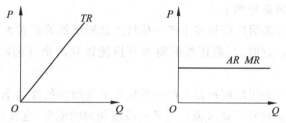

图 7-12　价格不变条件下的总收益、平均收益与边际收益

（2）价格递减条件下的收益曲线

在不完全竞争条件下，厂商在不同程度上能够制定价格或影响价格，因而其总收益随销量的增加先是增加，之后减少，而平均收益与边际收益则从一开始就是下降的，如图 7-13 所示。

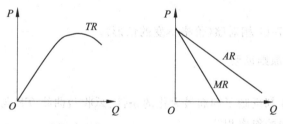

图 7-13　价格递减条件下的总收益、平均收益与边际收益

7.4.2　利润分析

这里分析的利润是指超额利润或经济利润，即总收益与总成本之间的差额。如果以 π 代表利润，TR 代表总收益，TC 代表总成本，则公式为

$$利润＝总收益－总成本$$

即

$$\pi＝TR－TC$$

如果 $TR>TC$，则 $\pi>0$，厂商获得经济利润（即超额利润）；如果 $TR=TC$，则 $\pi=0$，厂商没有经济利润但有正常利润，各项生产要素都获得了各自应得的报酬；如果 $TR<TC$，则 $\pi<0$，厂商发生亏损。

由于总收益（TR）和总成本（TC）都是产销量（Q）的函数，利润（π）自然也是产销量的函数，则上式可写成：

$$\pi(Q)＝TR(Q)－TC(Q)$$

要想实现利润最大，就必须使 $TR(Q)$ 与 $C(Q)$ 之差最大，也就是要求出利润函数的极大值。

7.4.3 利润最大化原则

1. 利润最大化原则的含义

利润最大化的原则是:在其他条件不变的情况下,厂商应该选择最佳的产量,使得最后一单位产量所带来的边际收益等于所付出的边际成本。也可以简单地说是边际收益等于边际成本,即 $MR=MC$。

利润最大化的原则解释如下:

- 如果 $MR>MC$,表明厂商每多生产一单位产品所增加的收益大于生产这一单位产品所增加的成本。这时,厂商还没有得到其所能得到的全部利润,还没有达到利润最大化。
- 如果 $MR<MC$,表明厂商每多生产一单位产品所增加的收益小于生产这一单位产品所增加的成本。这对厂商来说造成了收益或利润的流失,也没有达到利润最大化。

所以,无论厂商增加产量,还是减少产量,厂商必须要寻找一个最佳产量点。在这个产量点上,他既能得到由产量变动所可能带来的总利润增加的全部好处,又能避免由于产量变动可能带来的总利润减少的全部损失。这个最佳的产量点,必然只能是 $MR=MC$ 的均衡点。所以,$MR=MC$ 是厂商实现利润最大化的均衡条件,厂商根据这一条件来确定自己的产量。

这个分析可与图 7-14 相对照(价格不变的情形)。

2. 利润最大化的原则证明

(1) 图示证明

图 7-14 和图 7-15 都反映了利润最大化的条件:总收益曲线 TR 与总成本曲线 TC 在某个产量点 Q^* 上的切线的斜率相等。

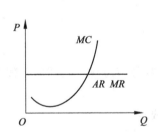

图 7-14 价格不变时的利润最大化

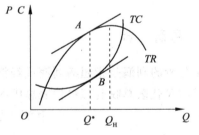

图 7-15 价格递减时的利润最大化

从图中可以看出,并不是能使总收益最大(TR 最高点)的产量(Q_H)能使利润达到最大,而是当产量(Q^*)能使其在总产量曲线上点的切线的斜率与在总成本曲线上点的切线的斜率相等时,利润空间最大,即总利润最大,而上述两点的斜率正是边际收益 MR 和边际成本 MC。

两种情况都证明利润最大化的原则是:边际成本等于边际收益,即 $MC=MR$。

(2) 数学推理

利润最大化的原则也可以通过数学工具得到进一步验证。从数学原理可知,任何函数有极值的必要条件是一阶导数等于零,对于利润函数:

$$\pi(Q)=TR(Q)-TC(Q)$$

求对产销量 Q 的一阶导数,并令其所得结果为零,则有

$$TR'(Q) - TC'(Q) = 0$$

解得 Q^*，即为能使利润最大的产量。

利润最大的充分条件是 π 的二阶导数小于零，即：$\pi''(Q) < 0$。

学用小品

漫谈宏观视角下的中国企业交易成本的估算方法

1. 企业成本概念

下面仅就跟本章教学有关的成本列举一二，其中一些成本概念会在以后的章节中出现，有的是补充进来的，如图 7-16 所示。

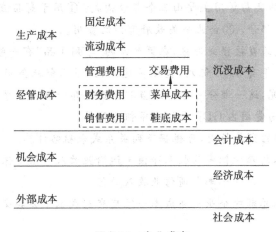

图 7-16 企业成本

生产成本是一定时期内在产品生产过程中发生的各项耗费支出，如固定成本、流动成本、某些发生在产品生产过程中的沉没成本。

经管成本是经营管理成本的简称，一定时期内并不在产品生产过程中发生而应当计入成本的各项耗费支出，包括某些发生在此范围的沉没成本。

交易费用包含管理成本中用于原材料、产品进出的那一部分流通费用，以及财务费用等（虚框内的成本或费用）。

菜单成本是指企业调整价格而发生的成本。这个词来自餐馆印刷新菜单的成本。菜单成本包括印刷新清单和目录的成本、把这些新价格表和目录送给中间商和顾客的成本、为新价格做广告的成本、决定新价格的成本，甚至还包括处理顾客对价格变动怨言的成本。由于改变价格有成本，所以企业不会经常改变价格。

鞋底成本是一种形象化的说法，是通货膨胀的五种成本之一，泛指为了减少货币持有量而产生的成本。当发生通货膨胀时，必须频繁到银行去存钱，以保证所持资金的市值。这样频繁地光顾银行，必然使鞋底磨损得较快，所以将这种成本称为鞋底成本。[1]

沉没成本是企业在以前经营活动中已经支付现金，且不可收回，而经营期间摊入成本费

---

① 此名词出自于格里高利·曼昆的《中级宏观经济学》一书。

用的支出，包括固定资产、无形资产、递延资产等。沉没成本是由于过去的决策已经发生，而不能由现在或将来的任何决策改变的成本。

外部成本是指由于企业生产产品的外部效应（主要是负的外部效应，给他人或社会带来的经济损失，并且企业对其行为造成的损失没有进行补偿）所引起的成本。

社会成本是产品生产的私人成本和生产的外部性（企业造成的外部成本）给社会带来的额外成本之和。

以上会计成本是企业生产产品的内部成本；经济成本（含计划成本）是企业进行商业决策时使用的概念；内部成本加上外部成本构成企业生产产品的社会成本。

2. 宏观视角下的中国企业交易成本估算方法

中国企业交易成本是个什么状态呢？这是个科研难题，目前我国的研究成果并不多。笔者在此尝试做一点探讨。

宏观上，中国企业的交易费用主要由三个部分构成：①用于商品流通的部分；②企业诚信下滑造成的直接损失部分；③企业公关政府部门的费用。

企业诚信下滑造成的直接损失部分，在第3章的"学用小品"有一些引用数据，学者们估计全国企业损失大约每年有6000亿元，甚至多达万亿，还不含社会损失。企业公关政府部门的费用，未见系统研究，这一部分可分为正当即合规的部分和属于寻租的违法部分。具体数字不详，可按总体交易费用占GDP平均比率粗略估算。

企业用于商业流通的交易费用，可根据下列关系式来粗略计算。

全社会交易成本总额＝批发业收入净值＋运输业收入净值＋保险业收入价值
＋邮电通信业收入净值

全社会交易成本总额＝企业交易成本＋家庭交易成本＋公共交易成本

得到：

企业交易成本＝全社会交易成本总额－（家庭交易成本＋公共交易成本）

其中：

家庭交易成本＝存款负利率＋私人保险费支出

公共交易成本＝因有效行政支出而发生的交易费用

于是：

企业交易成本＝（批发业收入净值＋运输业收入净值＋保险业收入价值
＋邮电通信业收入净值）－[（存款负利率＋私人保险费支出）
＋因有效行政支出而发生的交易费用]

企业的交易费用支出构成批发零售业、金融保险业、邮电通信业的收入的一个组成部分，可用这些服务业的收入净值（即收入总额减掉运用成本后的余额）来估算未计入在内的交易费用。

公共交易支出包含两大块：国防支出和行政支出。国防支出是有效支出，而行政支出分为有效支出（如公安建设）和无效支出（如公款消费）两部分。[①]

① 建议阅读：沈满洪，张兵兵. 交易费用理论综述[J]. 浙江大学学报（人文社会科学版），2013，43(2)：44-45. 夏正荣. 中国企业交易成本过高分析及解决之道[J]. 国际商务研究，2006(3)：28-31. 中国宏观交易成本的变动分析，http://www.docin.com/p-321891585.html.

本章小结

1. 关于成本和利润,会计师和经济学家的观点差距是很大的。会计师的观点:利润＝总收益－总成本;经济学家的观点:经济利润＝总收益－(显性成本＋隐性成本)。

2. 短期成本分析是企业经营管理最重要的内容之一。短期成本概念体系包含 3 组 7 个概念,分别是短期总成本、固定成本、可变成本;短期平均成本、平均固定成本、平均变动成本;短期边际成本。一定要记住,只有在短期里,才有固定成本与可变成本之分。

3. 长期成本分析一般有三个概念,它们是长期总成本、长期平均成本、长期边际成本。它们的变化规律对于企业的长期经营管理极其重要。

4. 收益的构成从会计师和经济学家的角度来看是不相同的,根本原因是对成本的不同认识。利润最大化原则:能使边际成本与边际收益相等的产量,就能使企业获得最大利润。注意,总产量最大时或者总收益最大时并不意味着利润最大。

基本概念

会计成本　　显性成本　　隐性成本　　短期总成本　　短期平均成本
短期边际成本　　长期总成本　　长期平均成本　　长期边际成本

复习实训

一、单选题

1. 由企业购买或雇用任何生产要素所发生的成本是(　　　)。
   A. 显性成本　　　　B. 隐性成本　　　　C. 固定成本　　　　D. 可变成本

2. 当 AC 达到最低点时,下面等式中正确的是(　　　)。
   A. $AVC=FC$　　B. $MC=AC$　　　C. $P=AVC$　　　D. $P=MC$

3. 当 TP 从 100 增加到 102,TC 从 300 增加到 330 时,MC 等于(　　　)。
   A. 30　　　　　　B. 330　　　　　　C. 300　　　　　　D. 15

4. 长期平均成本呈 U 形变化是(　　　)作用的结果。
   A. 需求规律　　　　　　　　　　B. 供给规律
   C. 边际效用递减规律　　　　　　D. 边际报酬递减规律

5. 随着产量增加,平均固定成本(　　　)。
   A. 保持不变　　　B. 先下降后上升　　C. 不断下降　　　D. 不确定

6. 利润最大时(　　　)。
   A. 产量一定最大　　　　　　　　B. 收益一定最大

C. 平均产量最大　　　　　　　　D. 边际成本等于边际收益

二、判断题

1. 隐性成本概念没有实际意义。（　　）

2. 随着产量增加,短期平均成本与可变成本越来越接近。（　　）

3. 短期里企业亏本了就要立即停产。（　　）

4. 长期边际成本曲线没有经过长期平均成本曲线的最低点。（　　）

5. 长期平均成本曲线是许多短期平均成本曲线的外包络线。（　　）

6. 正常利润就是日常生活中利润。（　　）

三、问答题

1. 会计师与经济学家眼中的成本、利润有何不同?

2. 长短期成本变化的规律是什么?

应用训练

一、单项训练

1. 通过查找资料,了解哪一类产业或行业具有平底锅型平均成本曲线,哪一类产业或行业具有向右下倾斜的平均成本曲线。

2. 通过查找资料,罗列出生产中和销售中的机会成本例子。

二、综合应用

1. 组员研究:分头研究店铺商品打折、民航机票打折、旅游淡季门票打折。

2. 小组研究:对上述打折现象进行比较分析,它们打折的成本依据是什么?

市场结构与收入分配

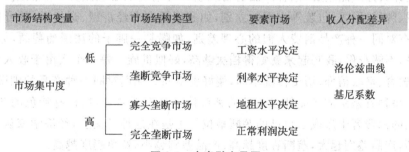

图 8-1 本章引言导图

8.1 市场结构变量与完全竞争市场结构

在市场经济运行图的下半部分,企业到产品市场上来销售产品。在市场经济运行图的上半部分,家庭经过要素市场来取得收入。因此,市场自身状态会对企业的市场行为和对家庭的市场行为产生重大影响。俗话说,什么山上唱什么歌。作为个体,企业的行为和家庭的行为被市场决定了,就像木偶的动作被提线人所摆布一样。

企业的市场行为主要有三个方面:给企业生产的产品定什么价(定价行为);打算在市场

上销售多少产品（定产行为）；采取什么策略与同行们竞争（竞争行为）。家庭（或者个人）的市场行为是怎么样在要素市场上将自己拥有的资源卖个好价钱（收入行为）。

在经济学中，市场就是行业，一个行业就是一个市场。所谓市场结构，是指市场的垄断与竞争程度。

市场结构不同，企业的市场行为也就不同，企业的定价、定产、竞争策略都会不同。对于家庭来说也是一样，在不同的市场结构其市场行为也会有所不同。

8.1.1 市场结构的划分标准、分类与分析方法

1. 市场结构变量

不同企业处于不同的市场，其竞争目标与手段都不同，因此，市场结构对企业竞争战略影响重大。要了解市场结构，首先应了解划分市场结构的标准。划分市场结构的标准又称市场结构变量，主要有以下四个。

（1）行业中买者与卖者的数量多寡和规模大小

市场有买方卖方两个方面。无论是对于哪一方，其数量多寡和规模大小对市场状态都是有很大影响的。如果数量多，则每个个体难以控制市场价格和市场交易量，反之亦然；如果规模大，则影响力就大，反之亦然。这里还要看有没有串通与勾结，若有，则许多小个体也能聚合成数量少而规模大的市场力量。数量多寡和规模大小的结合可以用市场集中程度来表达。从企业角度，市场集中程度是指大企业在市场上的控制程度，用市场占有份额来表示。市场集中度越高，这个市场的垄断程度就越高。反之，这个市场的竞争程度就高。

（2）产品差异

产品差异又称产品差别，包含产品的物理差异与消费的心理差异。产品差异是同一种产品在质量、牌号、形式、包装等方面的差别，如家用轿车有经济型、豪华型、越野型、跑车型的差别；还有对同一种产品消费人们的心理差别，如喝某一牌子的法国葡萄酒，你喝起来觉得档次平平，不够身份，我喝起来就觉得档次够高，好似贵族。每一个人由于收入水平、社会地位、文化教育、宗教信仰、历史传统不同，偏好也不同。他们对同一种产品的细微差别都有一定要求。每种有差别的产品都以自己的某些特色吸引消费者，这样有特色的产品就在喜爱这一特色的消费者中形成了自己的垄断地位。正是在这种意义上，经济学家认为，产品差别引起垄断，产品差别越大，垄断程度越高；产品差别越小，竞争程度越高。

（3）行业的进退难易

行业的进退难易可以看作是门槛。有进的门槛，有出的门槛。这些门槛又分为经济门槛与人为门槛。经济门槛有高投入低价格的入门门槛，有资产变卖性方面的出门门槛。进门不易，竞争者难入，行业内原有企业便能保护自己的既得利益；出门不易，行业内的竞争格局可能会变得更为严峻。还有规模经济造成的经济门槛。人为门槛多是制度、行政等人为因素使然，或天赋这样的人的天生生理条件方面的因素所造成。如专利制度、特许经营、天才明星等，都会对业内竞争造成极大限制或困难。

（4）要素流动性

对于企业来说，生产要素的投入是一种联合投入，因而需要生产要素的全面和充分流动。生产要素越是能够全面、充分流动，企业就越能够把握商机，在行业中就越容易形成

竞争局面。生产要素流动是否畅通与行业内是否存在资源控制极为相关,资源控制必然产生垄断。

2. 市场集中度及其衡量

市场结构指的是市场的组织特征,从实用的目的看特指那些决定买者之间、卖者之间、买卖者之间、在位卖者与潜在卖者之间关系的那些特征。换句话说,市场结构特指那些对市场竞争性质和价格行为产生战略影响的市场组织特征。[①]

单纯用一个行业中的企业数量来刻画市场结构是不够准确的,如果假设企业规模分布信息较好地反映了企业在市场中的地位或者势力,那么综合反映企业数量及其规模分布信息的集中度数据就能够描述市场竞争的激烈程度或者操纵程度。

市场是由买卖双方组成的,相应地市场集中度包括买方集中度和卖方集中度。由于买方集中仅限于某些特殊产业,因此产业组织理论对市场集中度的研究主要集中于卖方集中度。

市场集中度描述特定市场中卖者或买者的规模结构。例如在汽车制造业中,销售规模处于前几名的最大汽车生产企业的市场占有率,某种市场占有率内企业的数目,等等。市场集中度是反映特定市场集中程度的指标,它与市场垄断力的形成密切相关。

衡量市场集中度的指标有很多,有综合反映企业数量和资源份额非均等的指标、单纯使用市场份额非均等指标、单纯测量企业数量的指标、反映共谋潜力的指标等。

(1) 绝对集中度指标。这是最基本的市场集中度指标,通常用在规模上处于前几位企业的生产、销售、资产或职工的累计数量(或数额)占整个市场的生产、销售、资产、职工总量的比重来表示。其计算公式为

$$CR_n = \sum_{i=1}^{n} X_i \Big/ \sum_{i=1}^{N} X_i$$

式中,CR_n 表示市场上规模最大的前 n 位企业的市场集中度(一般来说,n 在 4 到 8 之间,最常见的是 CR_4,测量市场或产业中最大的 4 个企业的资源份额);X_i 为按照资源份额大小排列的第 i 位企业的生产额或销售额、资产额、职工人数;N 为市场上卖方企业数目(计量买方集中度时指买方的数目);$\sum_{i=1}^{n} X_i$ 表示前 n 位企业的生产额、销售额、资产额或职工人数之和。CR_n 接近于 0 意味着最大的 n 个企业仅供应了市场很小的部分。相反地,CR_n 接近于 1 意味着非常高的集中程度。

最早运用绝对集中度指标对产业的垄断和竞争程度进行分类研究的是贝恩教授,他将集中类型分成 6 个等级,并依据这种分类对当时美国产业的集中程度进行了测定,见表 8-1。

表 8-1　贝恩对产业垄断和竞争类型的划分及实例(美国)

类　型		C_4	C_8	该产业的企业总数	列入该类型的产业
Ⅰ. 极高寡占型	A	>75%		20 家以内	轿车、电解铜、氧化铝
	B	>75%		20~40 家	卷烟、电灯、石膏制品、平板玻璃
Ⅱ. 高集中寡占型		65%~75%	>85%	20~200 家	轮胎、洋酒、变压器、洗衣机

① Joe S. Bain. Industrial Organization[M]. New York: John Wiley & Sons, Inc., 1968:7.

类　型	C_4	C_8	该产业的企业总数	列入该类型的产业
Ⅲ．中(上)集中寡占型	50％～65％	75％～85％	较多	粗钢、钢琴、轴承
Ⅳ．中(下)集中寡占型	35％～50％	45％～75％	很多	使用肉类制品、壁纸、杀虫剂
Ⅴ．低集中寡占型	30％～35％	40％～45％	很多	面粉、男式鞋、女式鞋、水果和蔬菜罐头、涂料
Ⅵ．原子型	＜30％		极多,不存在集中	妇女服装、纺织、木制品中的大多数

(2) 相对集中度指标。相对集中度是反映产业内企业的规模分布状况的市场集中度指标,常用洛伦兹曲线和基尼系数表示。

3. 市场结构类型

利用市场结构变量,人们将所有行业划分为四种类型,即四种市场结构。按照竞争程度的大小,由高到低分为完全竞争市场、垄断竞争市场、寡头垄断市场和完全垄断市场。完全竞争市场和完全垄断市场是两个极端。而垄断竞争市场和寡头垄断市场是介于这两种极端之间的状态。现实中,垄断竞争市场和寡头垄断市场较为常见,完全竞争市场和完全垄断市场只有近似市场。完全竞争市场虽说不具有现实性,但它却是其他三种市场结构分析的理论基础,对它的把握是理解其他市场结构的关键。完全竞争结构还是一种理想的市场类型,是评价其他市场结构效率的标准,是市场经济制度安排的目标市场模式。

4. 市场结构分析方法

利润最大化是企业的目标,因此下面对各种市场结构中企业行为的分析,在理念上要抓住"成本—收益"核心;在分析上抓住"边际成本—边际收益"方法;在理解上要记住,无论在哪一种市场结构中,企业自己的成本结构只有一个,而在不同的市场结构中,企业面对的需求曲线会有很大不同,各种需求曲线有各自的特点。把成本结构和需求曲线合在一起分析,就能把握企业在各种市场结构中的行为。

8.1.2 完全竞争结构及企业行为

1. 完全竞争市场的含义与特征

完全竞争市场又称纯粹竞争市场,是指一种竞争完全不受任何阻碍和干扰的市场结构,既没有国家政府的干预,也没有企业的集体勾结行为对市场机制作用的阻碍。

完全竞争市场具有以下特征。

(1) 市场上有无数的买者和卖者。例如,无数分散的卖粮农与无数分散的买米人。任何个人所占比重极小,其经济行为不能影响市场价格,犹如增减沧海一粟,不足以影响海平面高低,反过来,只能被大海所左右。因此,单个企业只能够接受市场价格,是市场价格的被动接受者。

(2) 产品是同质的。市场中同一行业中的每一个企业生产出来的同种产品,在性质和质量上都没有差别,在消费者眼里、心里都是无差异的。这里的同质无差别的商品,不仅指商品之间的质量完全一样,还包括在销售条件、商标、装潢等方面是完全无差别的。或者说,在买者看来,所有生产者的产品具有完全的互相替代性。

（3）行业进退非常容易。譬如,农民要进入水稻生产无须太多的投资,种田亏本了,那些稻种和务农上的损失不至于影响生存,也没有什么法律对农民是否愿意种田、何时种田予以规定;生产资源都可以自由流动。

（4）完全畅通的信息。所谓畅通,是指买卖双方信息获取全面、及时,信息理解正确、无歧义。在完全竞争市场中,卖者和买者被假定为对于有关市场的信息具有完全的认识,他们不仅掌握市场上现在出现的情况,也了解市场今后将发生的情况。这就排除了由于市场信息不畅通而可能产生的一个市场同时存在几种价格的情形。

2. 完全竞争市场的行业需求和厂商需求

完全竞争市场的行业需求和厂商需求是不同的。在完全竞争市场上,企业是市场价格的接受者,可以用图8-2来解释。

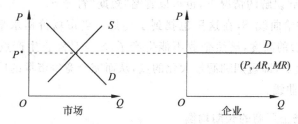

图8-2 市场与企业的关系

企业无法影响市场,市场决定企业。市场形成市场价格 P^*,企业接受市场价格 P^*。

既然企业无法影响市场价格,企业能做的就是安排自己的产量。这个产量只能按照市场价格销售。因此,企业面对的需求曲线 D 是水平的,换句话说,消费者按照市场价格购买企业的产品。企业从卖掉的一批产品中所得到的平均收益 AR 一定与市场价格相同;它每增加一单位产品销售所得到的总收益的增量 MR 与增加前一单位产品带来的总收益的增量也是相同的。D、P、AR、MR 都是相同的,都是同一条水平线。当然,也可以认为 D、P、AR、MR 四条曲线重合在一起（见图8-2右图）。

完全竞争市场结构的最显著特征——需求曲线、平均收益曲线、边际收益曲线重合且呈水平状态。

3. 完全竞争市场的厂商短期均衡

所谓完全竞争市场的厂商短期均衡,就是指在其他条件不变的情况下,短期内（即只能调整一种可变要素投入数量的时间）能使企业实现利润最大的产量条件。

在价格上企业无能为力,但企业在产量安排上可以自主,为了寻找能使利润最大的产量,需要将企业的短期成本结构同企业的短期需求曲线结合起来,其实就是把企业的成本状态和企业的收益能力结合起来。从结合中可见:短期里,企业可能处在盈利、不盈不亏、亏本三种状态之一上。如图8-3所示的是有盈利的状态。

在图8-3中,SMC 为短期边际成本曲线,SAC 为短期平均成本曲线,AR 为平均收益,MR 为边际收益,AVC 为平均变动成本,E 为收支相抵点;S 为停止生产点;P^* 为均衡价格,Q^* 为均衡产量。

当市场价格高于过 E 点的价格水平虚线 P,企业在一定产量范围内即有盈利;当市场价

格正好等于过 E 点的价格水平虚线,不盈不亏;当市场
价格低于过 E 点的价格水平虚线,企业就要亏本了。E
点(即 SAC 与 SMC 的交点)是收支相抵点。

但无论哪种情况,只要找到能使边际成本等于边
际收益($MC=MR$)的产量点 Q^*,就能使企业处于盈利
时,获得的利润最大(如图 8-3 所示阴影部分),处于亏
本时,亏损的数额最小。如果你注意到,价格线就是边
际收益曲线 MR,你就很容易得出完全竞争市场厂商短
期均衡条件:

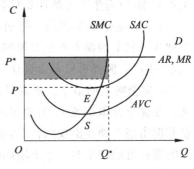

图 8-3　完全竞争厂商短期均衡

$$SMC=SMR$$

即能够使利润最大化的产量条件是 Q^*,此时的均衡价格为 P^*。其数学证明可见
7.3 节。通常在不引起误解的情况下,也可以省略"短期"符号 S。

第 4 章论述的供给曲线 S,在这里也找到了出处。当市场价格水平虚线低于 S 点(即
AVC 与 SMC 的交点)的高度,显然企业不能生产了,S 点是停止生产点。而此点以上都可
以是 MC 与 MR 的交点,即短期利润最大化的点,从而完全竞争市场的厂商短期供给曲线是
自 S 点以上的 SMC 曲线。

4. 完全竞争市场上厂商的长期均衡

厂商的长期均衡,是指在长期中各个厂商都可以根据市场价格来调整全部生产要素
和生产,厂商可以根据自身的盈亏状况,自由进入或退出该行业,最终使整个行业的供求
均衡,均衡状态下各个厂商的产量不再调整,达到各个厂商既无超额利润又无亏损的
状态。

注意:这个状态上厂商虽然没有超额利润,但有正常利润。完全竞争市场上厂商的长期
均衡如图 8-4 所示。

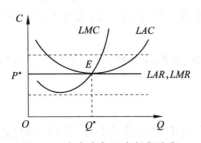

图 8-4　完全竞争厂商长期均衡

图 8-4 中,LAC 为长期平均成本曲线,LMC 为长期
边际成本曲线,LAR 为长期平均收益曲线,LMR 为长期
边际收益曲线。完全竞争厂商的长期均衡点为 E,长期
均衡产量是 Q^*,长期均衡价格是 P^*。

由于在完全竞争市场,企业可自由进出;在长期里
企业可调整所有生产要素,若整个行业有盈利(如图 8-4
所示上边一条水平虚线所示),行业外面的企业会纷纷
涌入,结果供给量增加,而使价格下降;若全行业亏损
(如图 8-4 所示下边一条水平虚线所示),行业内许多亏本企业就要退出,余下一部分不盈不
亏的企业,产量减少,而使价格回升,总之,最后都要稳定到整个行业不盈不亏的状态上去,
此时长期平均成本曲线、长期平均收益曲线、长期边际成本曲线、长期边际收益曲线(即
LAC、LAR、LMC、LMR)交于一点 E。于是有完全竞争市场厂商长期均衡条件:

$$LAC=LAR=LMC=LMR$$

完全竞争市场厂商的竞争行为:竞争力度最大,以至于整体环境使个别企业在定价上无
能为力。企业更多要做的是,加强企业内部管理,改进技术,降低成本,同时挖掘需求而不是
扩大既定市场中的份额,所谓争夺不如做大。

5. 完全竞争市场的经济效率

完全竞争市场有明显的市场效率:第一,成本上,资源利用最好——在长期平均成本最低处生产;第二,价格上,定价最低——不使企业亏本又不使消费者多花费;第三,产量上,福利面最广——所提供的产品最大限度满足了社会需要;第四,服务上,态度最好最周到——竞争使厂家的服务必须尽心尽力。

不过,金无足赤,完全竞争市场的缺点有:企业太小,缺乏创新能力,如研发新产品的财力人力受限;企业太多,容易导致过度竞争,危及全行业的生存。虽然有种种不足,经济学家还是特别推崇完全竞争市场结构,并把它作为评判其他市场结构的效率标准。

最后,完全竞争市场上企业行为可归纳如下。

- 定价行为:市场价格接受者。
- 定产行为:产量安排在能使边际成本等于边际收益的产量水平上。
- 竞争策略:加强内部管理,降低成本。
- 现实中近似市场:大米市场、棉花市场。

知识链接 8-1

数字鸿沟:贫富差距的放大器

1. 数字鸿沟的定义

数字鸿沟进入大众视野是在 20 世纪 90 年代中期,尤其是美国商业部电信与信息局(NTIA)进行的一系列调查后,数字鸿沟引起了公众普遍的关注。

各国和国际组织从不同角度出发,对数字鸿沟下了很多定义。以下列举国际电信联盟以及世界银行的定义。

在全面考察了国家、贫富阶层、城乡、年龄、教育水平等因素后,国际电信联盟在 2002 年世界电信发展大会上对数字鸿沟进行了重新定义:"数字鸿沟可以理解为,由于贫穷、教育设施中缺乏现代化技术以及由于文盲而形成的贫穷国家与富裕发达国家之间、城乡之间以及年青一代与老一代之间在获取信息和通信新技术(NICT)方面的不平等。"

世界银行将"数字鸿沟"定义如下。国与国之间、一个国家不同地区之间以及不同社会群体(根据不同职业、年龄、性别、教育程度和收入划分)在以下三方面的"贫"和"富"之间的差距:①接入差距,指对信息和通信基础设备的使用和承受能力方面的差距;②电子化就绪差距,指所有行动主体在电子化就绪、电子化意识和电子化读写能力方面的差距;③应用差距,政府和企业对信息和通信技术利用的有效程度的差距。

2. 数字鸿沟的主要影响因素(见表 8-2)

表 8-2　数字鸿沟的主要影响因素

指　标	含　义	指标影响效果
政务水平与政府政策	鼓励竞争、普遍服务、信息化、投资、资助、培训	政府政策将促进基础设施建设、提高大众信息识别能力
社会人口因素	性别、年龄、民族、地理、宗教等	影响消费理念和信息获取意识
教育水平	义务教育与高等教育	与技术创新能力、经济承受能力、信息识别和接受能力等有关

续表

指　标	含　义	指标影响效果
经济水平	GDP、人均收入、人均消费等	决定了经济承受能力
技术创新能力	研发能力、专利数等	决定了基础设施建设水平
基础设施建设	网络覆盖率、主线普及率等	影响信息资源和设备丰富程度
信息识别与接受能力	识字率、获取信息的能力或意识等	影响信息应用程度
经济承受能力	用于支付软硬件设备等费用	影响信息应用程度
信息资源丰富程度	网站数、信息提供商数目等	信息资源丰富程度决定应用水平高低
设备资源丰富程度	集成商数目、网络提供商数目、通信信道数、计算机数目等	设备资源丰富程度影响数字接入方便程度
信息应用能力	频率、时间、目的、技能、使用自由度	信息应用程度的差异决定数字接入及应用水平的差异

3. 数字鸿沟的产生机理（见图 8-5）

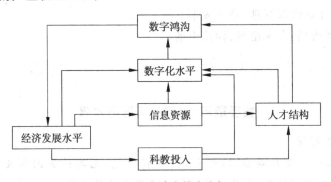

图 8-5　数字鸿沟的产生机理

4. 数字鸿沟的测度方法

（1）美国电信管理局：绝对差距与相对差距法。考察变量：电话、计算机、互联网。考察对象：收入、教育、地区、种族、年龄、家庭结构。

（2）帕沃·西切尔（Pavle Sicherl）：时间差距法。考察变量：互联网普及率。考察对象：西欧与北美地区。

（3）里卡帝尼、法里奥：相对集中度指数法——基尼系数。考察变量：服务器、互联网、联网主机、PC、固定电话、移动电话。考察对象：国家、地区。

（4）托比阿斯·休星和汉尼斯·塞尔霍夫：DDIX（弱势群体与平均水平间的综合差距）——数字鸿沟综合指数法。考察变量：计算机、互联网。考察对象：性别、年龄、受教育程度、收入。

（5）国家信息中心：相对差距综合指数法（DDI）。

8.2　非完全竞争市场结构

8.2.1　完全垄断结构及企业行为

1. 完全垄断的含义、形成条件与成因

（1）完全垄断的含义

完全垄断又称纯粹垄断，它是指由一个独家厂商控制整个市场的一种极端的市场结构。

人们印象中的完全垄断企业都是如美孚石油那样的巨无霸,其实山沟沟里头唯一一家理发店也荣列完全垄断企业。

（2）完全垄断市场形成条件

完全垄断市场形成条件有以下三个:①市场上只有唯一的一个厂商生产和销售某种商品;②该厂商生产和销售的商品没有相近的替代品;③其他任何厂商都不能进入该行业的生产中来。这样,独家垄断厂商就控制了整个市场。

（3）垄断的成因

自然垄断。这是由于市场力量自然形成的垄断。在某些行业,若一家厂商平均成本呈持续下降态势,就没有必要再建第二家同样的企业,既浪费投资,又使产品价格比一家企业时高一倍,加重消费者的负担。属于自然垄断的行业主要有铁路、电力、天然气、自来水、市内公共交通、电话等。

生产要素垄断。某些产品的生产必然使用特定的生产要素,如某些特殊的自然资源或矿藏等。若某一厂商对此种生产要素拥有绝对的控制权,就会形成垄断。例如,美国铝公司长期保持制铝业的完全垄断地位,就是因为它控制了铝土矿。

专利权垄断。政府为鼓励发明创造,对某些研究成果给以专利保护,使厂商拥有独家生产权,从而形成垄断。

许可证垄断。政府为了保护公众利益,对某些厂商发放生产经营许可证,使其获得合法的垄断地位。

2. 完全垄断市场上的厂商需求曲线

在完全垄断市场上,因为整个行业只有一家企业,企业有完全的定价权。根据需求规律,产品定高价,消费需求少;定低价,消费需求多。因而其需求曲线向右下倾斜,曲线的斜率为负。

如果完全垄断企业面对的需求曲线是一条斜直线,通过其总收益函数对价格求导得到边际收益函数,其斜率是总收益曲线斜率的 2 倍,其边际收益曲线平分需求曲线顶角,向右下倾斜,更陡峭,如图 8-6 所示。

完全垄断市场结构的最显著特征——需求曲线与平均收益曲线重合,与边际收益曲线分离,曲线右下斜。

3. 完全垄断市场的厂商短期均衡

所谓完全垄断市场的厂商短期均衡,就是指在其他条件不变的情况下,短期内(即只能调整一种可变要素投入数量的时间)能使垄断企业实现利润最大的产量条件。

完全垄断企业不仅可以自行定价,它还可以在产量上自主安排,以使利润最大。把垄断企业的短期成本结构同企业的短期需求曲线结合起来,可以看出:在短期里,垄断企业可能处在盈利、不盈不亏、亏本三种状态之一上。如图 8-7 所示为有盈利的状态。

同样,不管哪种情况,只要找到能使边际成本等于边际收益($MC=MR$)的产量点 Q^*,就能使企业处于盈利时,获得的利润最大(如图 8-7 所示阴影部分),处于亏本时,亏损的数额最小。

完全垄断市场厂商短期均衡条件:

$$SMC=SMR$$

此时，均衡产量为 Q^*，均衡价格为 P^*。

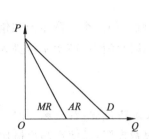

图 8-6　完全垄断市场的厂商需求曲线

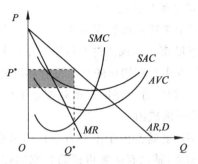

图 8-7　完全垄断市场的厂商短期均衡

4. 完全垄断市场上厂商的长期均衡

在长期内，所有生产要素都可以调整，垄断厂商可以通过生产规模的调整来获得比在短期时更高的垄断利润。垄断企业在长期里的利润最大化条件依然是边际收益与长期边际成本和短期边际成本都相等，即

$$SMC = LMC = MR$$

即找到这样一个产量点 Q^*，使得 $LMC = MR$，所得利润最大；此时均衡价格为 P^*。

关于完全垄断厂商的供给曲线：在完全垄断条件下，垄断厂商和市场不存在供给曲线。因为，供给曲线表示，市场"给"一个价格，企业"出"一个供给量来对应。但是，完全垄断企业，自己出价，自己出产，价格与产量之间不存在一一对应的函数关系。

5. 完全垄断市场的经济效率

与完全竞争市场结构相反，完全垄断市场结构对经济是有害的。第一，资源浪费，在平均成本最低点之上生产；第二，价格偏高，导致消费者剩余的减少和社会经济福利的损失；第三，产量少，缩小了社会本应得到的产品消费面。另外服务态度差；有保守倾向，阻碍技术进步。

但是，完全垄断市场也有可取之处。不以追求垄断利润为目的的公共垄断，如果不受官僚主义的干扰，有可能给全社会带来好处。但有时也会引起效率低下。一般来说，完全垄断企业都很巨大，有能力进行技术创新。实际上可怕的不是规模上的垄断，而是行为上的垄断。

在完全垄断市场上，由于一家厂商垄断整个市场，所以，它就可以实行价格歧视，即在同一时间对同一种产品向不同的购买者索取不同的价格。这样获得的利润就是垄断利润。对于价格歧视的理解：一方面，它是不公平的；另一方面，卖方是满意的，价格歧视增加了利润，而许多买方也从价格歧视中受益，因为他们没有被排除在购买商品的群体之外。

最后，完全垄断市场上企业行为可归纳如下。

- 定价行为：市场价格制定者。
- 定产行为：产量安排在能使边际成本等于边际收益的产量水平上。
- 竞争策略：无对手，有广告宣传，但无广告竞争。
- 现实中近似市场：国营石化、烟草专营、城市水电煤气供应。

8.2.2 垄断竞争结构及企业行为

1. 垄断竞争市场结构的含义与形成条件

垄断竞争市场结构是经济中比较常见的市场结构,它是指一种既有垄断又有竞争,既不是完全竞争又不是完全垄断的市场结构。

垄断竞争市场的形成条件:①行业中企业数量较大、规模较小,产品技术含量不太高;②产品差异不太大,具有一定的相互替代性;③行业进退比较容易;④生产要素比较容易获得。

2. 垄断竞争厂商的需求曲线

在这种市场结构中,企业较多——竞争因素;产品有差异——垄断因素。竞争因素垄断因素兼有。

垄断因素导致需求曲线向右下倾斜,在这一点上与完全垄断企业的需求曲线相同;竞争因素使曲线的倾斜程度不太大,在这一点上与完全垄断企业的需求曲线不同。最独特的是,它有两条需求曲线——主观需求曲线和实际需求曲线。如图8-8所示为其简略示意图。

起初,某一垄断竞争企业根据其需求曲线 D,想通过降价 P_1P_2,扩大市场份额 Q_1Q_2,这是主观愿望。实际仅得 Q_1Q_3,根据实际情况画出的需求曲线为 d。为什么呢?道理很简单:虽说对手不会为此而与你死拼,但也不会拱手相让。你顶多占了一点点便宜。其实你的市场份额扩大更合理的解释是,你原来的忠实顾客因你产品的降价而多买了你的产品。

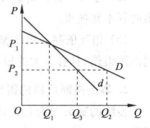

**图 8-8 垄断竞争厂商的
需求曲线**

实际分析时,只以实际需求曲线为准,即只画一条曲线,这样就类似于完全垄断企业的需求曲线了,不过曲线平坦了一些。

垄断竞争市场结构的最显著特征——存在主观需求曲线和实际需求曲线。

3. 垄断竞争厂商的短期均衡

分析与完全垄断市场结构相同。垄断竞争厂商的短期均衡条件是:

$$SMC = SMR$$

使边际成本等于边际收益($MC = MR$)的产量点 Q^*,就能使企业处于盈利时,获得的利润最大,处于亏本时,亏损的数额最小。其图形与完全竞争厂商的短期均衡相同(见图8-3)。

4. 垄断竞争厂商的长期均衡

在长期内,垄断竞争厂商不仅可以调整生产规模,还可以根据盈亏状况,选择加入或退出该行业。垄断竞争厂商的长期均衡条件是:

$$LAC = LAR, \quad LMC = LMR$$

与完全竞争厂商的长期均衡比较一下,看有何异同。

最后,垄断竞争市场上企业行为可归纳如下。

- 定价行为:市场价格影响者。
- 定产行为:产量安排在能使边际成本等于边际收益的产量水平上。
- 竞争策略:价格竞争与非价格竞争并用。

● 现实中近似市场：日用工业品、小型家电、餐饮服务、酒店旅馆等。

8.2.3 寡头垄断结构及企业行为

1. 寡头垄断的含义与特征

寡头垄断就是指少数几家厂商垄断了某一行业的市场，控制了这一行业的供给。在这种市场上，几家厂商的产量在行业的总供给中占了很大的比例，每家厂商的产量都占有相当大的份额，从而每家厂商对整个行业价格与产量的决定都有举足轻重的影响。寡头垄断市场是介于垄断竞争市场和完全垄断市场之间的一种市场结构。

寡头垄断按照产品的相似性可以分为两种：一种是产品无差别寡头垄断，也称纯粹寡头，如钢铁行业、石油行业的寡头。另一种是产品有差别寡头垄断，如汽车行业、机械制造业的寡头等。

寡头垄断市场的特征如下：

(1) 企业数量少。寡头垄断的市场上只有两个或少数几个企业，它们控制了大部分的市场供给，因而，每个厂商在市场上都有举足轻重的地位。

(2) 进出不易。新企业加入与旧企业的退出都是相当困难的。进入时投资门槛高，退出时资本转换难。

(3) 相互依存。由于整个市场上只有几家企业，寡头企业实力巨大。和则各得益处，争则两败俱伤，具有很大的依存性。

2. 寡头垄断厂商的需求曲线

传统的寡头理论有古诺模型和斯威齐模型。下面介绍斯威齐模型，其需求曲线如图 8-9 所示。

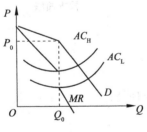

图 8-9 寡头垄断厂商的需求曲线

寡头垄断企业面对的需求曲线（价格线）有两个部分组成，上面较平缓的价格线所对应的产量 Q_0，是企业占有的市场份额；而与较陡峭的价格线所对应的产量 Q_0 以右，则属于其他厂商（包括寡头垄断厂商）的市场份额。这部分价格线陡峭说明，要想抢夺其他寡头垄断企业的一点点地盘是要付出巨大的价格代价的。

对应于需求曲线，边际收益曲线也分为两段。中间断开，其实可以看作经过一段虚线而从平均成本曲线的最低点经过。

上下两条平均成本曲线 AC_H、AC_L 之间可以有无数条平均成本曲线。这种情况表明，即使寡头垄断企业有降价的经济实力——平均成本有降低的空间，寡头垄断企业还是不愿贸然降价抢占市场份额，那样必然会引起价格大战，结果可能是同归于尽。

寡头垄断市场结构的最显著特征——需求曲线是折弯的。

最后，寡头垄断竞争市场上企业行为可归纳如下。

● 定价行为：市场价格寻求者，价格黏性。

● 定产行为：根据对手行为而反应。

● 竞争策略：非价格竞争。

● 现实中近似市场:汽车、钢铁、石化等。

知识链接 8-2

中国收入分配不平等的成因

"二次收入分配理论"认为市场的"初次分配"和政府"再分配"决定了社会财富的最终分配状态。但是有一种"四次收入分配理论"提出了不同观点。该理论认为,在现实经济生活中,社会的总财富在各个社会成员之间的最终分布状态是经过市场、政府、非政府组织和非法活动共四次分配形成的,而且在法治并不健全的社会里第四次分配发挥着举足轻重的作用[1]。

市场是第一次分配的主持人,它按照"效率原则"进行分配,社会财富被以工资、利润和利息的形式分配给生产要素的所有者。与世界各国一样,中国的第一次分配也导致不平等。

第二次分配由政府主持,理论上说它应该按照"公平原则"通过税收和财政支出进行"再分配",以校正市场分配"失误"。但是,中国政府实施的再分配具有一个突出的特征,那就是"锦上添花"。也就是说,受到市场优待的人进一步受到政府的优待,从政府再分配中受益最大的群体恰恰是高收入群体。财政部最近一次统计显示,政府的转移支付比市场分配更加不平等。

第三次分配由非营利组织通过募集自愿捐赠和资助活动实施。这次分配依据的是"道德原则"。目前,在中国,第三次分配发挥的作用可以用"微不足道"来概括,但是它的确发挥了"雪中送炭"的作用,也就是说"发挥了应有的作用"。

第四次分配也就是所谓的"灰色分配"和"黑色分配",表现为各种非法活动,如偷税漏税、贪污受贿、卖官鬻爵等。这一层次的不合法分配极大损害了社会公平,扭曲了市场经济运行所要求的收入分配结构,阻碍了国民经济的健康发展。

资源占有的不平等、要素收入的差异性、竞争条件与机遇的不平等、包括数字鸿沟在内的先天与后天形成的差异,加上分配方式的不合理,造成了中国巨大的贫富差异[2]。

中纪委机关报刊文:中国高强度反腐带来五大红利。[3] 新华网2014年9月25日文《外媒:反腐运动将使中国获得700亿美元红利》。彭博社对17位经济学家进行了一项调查,这些经济学家的中位数预测值是,习近平总书记的反腐运动将在2020年使该国国内生产总值提高0.1至0.5个百分点。随着贿赂对商业的拖累不断得到缓解,按美元的现价计算,那可能相当于获得一笔大约高达700亿美元的红利,相当于斯里兰卡的经济规模。[4]

8.3 收入分配决定及分配状况分析

如果说上面两节主要分析了厂商在产品市场上的行为,那么这一节要分析家庭在要素市场上的行为,要说明要素所有者如何取得工资、利息、地租和正常利润(年薪),以及从社会

---

① http://wenku.baidu.com/view/8a3b08d376a20029bd642dbe.html.
② 黄泽民. 劳动经济学[M]. 北京:清华大学出版社,2013.
③ http://news.163.com/14/1002/11/A7I2N78N00014SEH.html.
④ http://news.xinhuanet.com/2014-09/25/c_1112629237.htm.

角度看,这些收入分配的均等程度。分析在完全竞争市场条件下进行。

8.3.1 工资、利息、地租、正常利润

1. 工资

(1) 工资的含义

工资是在劳动力市场上形成的,作为市场上形成工资的供给方,是家庭或者个人;需求方是企业,它们都是以集合的力量相互作用,形成工资。

工资是对劳动力所有者提供的劳务的报酬,是劳动力使用权的报酬。劳动者转让了劳动力在一定时间内的使用权,所获得的收入就是工资。

(2) 货币工资与实际工资

工资可划分为货币工资和实际工资。货币工资是每单位时间以货币形式得到的工资;实际工资是用货币工资所能买到的物品和劳务的数量,因而也称为货币工资的实际购买力。

(3) 工资的形成

完全竞争市场上市场工资的决定。个人劳动力供给曲线是背弯的(见第 5 章),但是作为集合,市场劳动力供给曲线却是向右上方倾斜的,因为每个劳动者的偏好不一样,拐点 E 的位置不同,横向加总以后就变成向右上倾斜的了。而市场劳动力需求则是个别企业的劳动力需求之加总,服从需求规律,从而劳动力需求曲线向右下方倾斜。将这两股力量放在一起,它们共同决定了工资水平和劳动力数量,即均衡工资率 W^* 和均衡就业量 L^*,如图 8-10 所示。

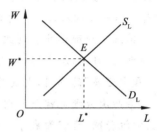

图 8-10 工资率的决定

在图 8-10 中,S_L 为市场劳动力供给,D_L 为市场劳动力需求,L 为劳动力数量,W 为市场工资率。

2. 利息

(1) 利息与利率

利息是资本的使用权的价格,是在一定时间内转让资本使用权的报酬,有时候称为资本的价格。

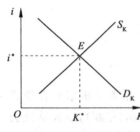

图 8-11 利率的决定

利息＝资本量×利息率

利息率有名义利率与实际利率之分,前者包含通货膨胀因素,后者则剔除通货膨胀因素。例如,若某时名义利率为 5%,通胀率为 2%,则实际利率为 3%。区别名义利率与实际利率在经济生活中有重大意义。另外还有市场利率、银行利率、官方利率等的分别。

(2) 利率的形成

均衡利率是由市场资本供给与市场资本需求共同决定的,如图 8-11 所示。

在图 8-11 中,S_K 为市场资本供给,D_K 为市场资本需求,K 为资本数量,i 为市场利率,

i^* 为均衡利率，K^* 为均衡资本交易量。

3. 地租

地租是土地使用权的价格。

地租的形成，一般认为土地的供给量是固定的，不随地租的变动而变动，土地供给曲线为一条垂线；而土地需求则服从需求规律，土地需求曲线为向右下斜的曲线。因此地租的形成如图 8-12 所示。

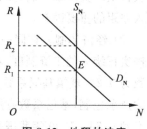

图 8-12　地租的决定

在图 8-12 中，S_N 为市场土地供给，D_N 为市场土地需求，N 为土地出租数量，R 为租金。

4. 正常利润

正常利润是企业家才能的报酬，同样是由市场决定的。

一般认为，正常利润的源泉是以下几个方面。

（1）经营管理。企业家在企业的经营管理上付出了劳动，应当获得相应的报酬。

（2）风险。可能的经营失败应当有所补偿。

（3）创新。创新能给企业带来更大的利益，是企业家的贡献。

8.3.2　社会收入分配状况分析

对于社会收入分配状况，可以用洛伦兹曲线和基尼系数来分析。

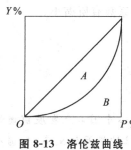

图 8-13　洛伦兹曲线

1. 洛伦兹曲线

对于一个社会，以横轴表示人口比例（要求将人口按收入由少到多排序），以纵轴表示收入比例。然后将与人口比例对应的实际收入比例标注在坐标系上，将上面的点连起来，就形成了洛伦兹曲线，如图 8-13 所示。

在图 8-13 中，$Y\%$ 代表收入比例，$P\%$ 代表人口比例，对角线为收入分配绝对平等线。

洛伦兹曲线有广泛用途，可用于国别经济差异比较、政策效果对比、政策组合比较等。

2. 基尼系数

在图 8-13 中，洛伦兹曲线将对角线以下的三角形面积分为 A、B 两个部分，由此可以构造基尼系数：

$$G_N = \frac{A}{A+B}$$

式中，$G_N = 0$，表示收入分配绝对平均；$G_N = 1$，表示收入分配绝对不平均，大多数情况下为 $0 < G_N < 1$。

按照国际通用标准，基尼系数小于 0.2 表示绝对平均；0.2～0.3 表示比较平均；0.3～0.4 表示基本合理；0.4～0.5 表示差距较大；0.5 以上表示收入差距悬殊。联合国将 $G_N = 45\%$ 定为警戒线。若超过了警戒线，经济关系紧张，矛盾激化，可能引发社会动荡。

影响基尼系数大小的因素主要有以下几个方面。

（1）社会制度。社会主义国家的基尼系数要低于资本主义国家。这是由于社会主义国家实行按劳分配，而劳动能力差别所引起的收入差异一般只能相差3～5倍；而资本主义国家实行生产资料私有制，如美国收入最高的5%的人口占有全部个人储蓄的2/3，这是扩大收入差距的重要因素。

（2）经济体制。在同一社会制度下，可以存在不同的经济体制。例如，我国在改革前，全国实行统一的工资制度，农村实行人民公社制度，基尼系数很低。1980年，我国农村基尼系数为0.24，城镇基尼系数为0.16。在改革后，我国在城市推行现代企业制度，在农村搞家庭联产承包制，基尼系数有所上升。1990年，我国农村基尼系数上升到0.31，城镇基尼系数上升到0.34。1999年我国基尼系数已经上升到0.417。

（3）教育因素。在市场经济中，人们的收入与教育水平有十分密切的联系。在由农业社会向现代经济发展的初期，由于教育资源的稀缺性，只有少数人能够得到较好的教育，教育成为扩大基尼系数的因素。随着教育的逐渐普及，劳动报酬在总收入中的比例上升，资产报酬在总收入中的比例相应下降，基尼系数会逐渐变小。

（4）部门结构。在经济发展的初期，非农产业的人均收入显著高于农业部门。因此，在农业剩余劳动力开始向非农产业转移的时候，基尼系数将会变大。但是，当相当一部分人口离开农村之后，农村人均资源有所增加，人均收入也相应提高，城乡差距缩小，导致基尼系数变小。

（5）政策因素。在市场经济发育初期，政府往往实行扶植工业的政策，这会导致基尼系数的扩大。在经济发展达到一定水平之后，政府一般会通过累进所得税和社会福利措施减小收入差距，特别是发达国家普遍对农业给予各种巨额补贴，使基尼系数有所缩小。

学用小品

编者按：收入分配差距拉大是我国改革开放之痛，每一位真正关心中国未来发展前途的中国人都会严肃地思考这个严峻的问题。以下是学者、投资专家蔡慎坤撰写的文章，数据翔实、观点鲜明、笔锋犀利。转载如下，供同学们了解和思考我国的收入分配问题。

基尼系数表明中国成收入差距最大国

2014年7月25日，北京大学中国社会科学调查中心发布《中国民生发展报告2014》。报告指出，中国的财产不平等程度在迅速升高：1995年我国财产的基尼系数为0.45，2002年为0.55，2012年我国家庭净财产的基尼系数达到0.73，顶端1%的家庭占有全国三分之一以上的财产，底端25%的家庭拥有的财产总量仅在1%左右。

在对基尼系数沉默数年之后，2013年1月18日，国家统计局一次性公布了自2003年以来10年的全国基尼系数：2003年0.479，2004年0.473，2005年0.485，2006年0.487，2007年0.484，2008年0.491，2009年0.490，2010年0.481，2011年0.477，2012年0.474。

中国经济经过30多年的高速发展，现在成为世界上贫富悬殊最严重的国家（不是之一），这个结果难免让人沮丧。贫富悬殊一直刺痛着公众的敏感神经，中国经济改革研究基金会国民经济研究所副所长王小鲁2010年所做的调研报告显示：中国收入最高的10%家庭与收入最低的 10％家庭的人均收入相差 65 倍。

联合国计划开发署的统计数据显示：中国占人口总数 20％的最贫困人口占收入或消费的份额只有 4.7％，而占总人口 20％的最富裕人口占收入或消费的份额则高达 50％。由此可以计算出，中国 20％的最高收入群体的平均收入和 20％最低收入群体的平均收入之比值是 10.7。同样的数据，在美国是 8.4，印度是 4.9，俄罗斯是 4.5，而日本只有 3.4。这意味着，中国现在已是世界上收入差距最大的国家。

初次分配中，中国劳动者报酬占 GDP 的比重由 1992 年的 54.6％下降到 2011 年的 47％左右，明显低于世界平均 50％～55％的水平，而美国该项指标早在 19 世纪就达到了 50％。城乡差距，2005 年中国是 3.22 倍，2009 年就扩大到 3.36 倍，绝对差距首次超过一万元。目前中国城乡居民收入差距已处于历史最高水平。东部与中西部居民收入差距扩大的趋势也没有扭转迹象，仍在持续扩大中。

从 2002 年到 2012 年中国的财政收入年均增长 20％以上，而国民收入年均仅增长 13％。在同一时期，美国的财政收入年均增长 1.86％，美国国民收入年均增长 3.95％；韩国财政收入年均增长 6.6％，而国民收入年均增长 6.4％。西南财经大学 2011 年取样 8000 户家庭做的一项社会调查结果显示，其中 10％的家庭控制了 86.7％的财富。而从金字塔顶到塔底，其间的贫富差距就不言而喻了。

贫富悬殊必然导致尖锐的社会矛盾，特别是贫富悬殊逼近社会容忍底线之后。一个国家的基尼系数是判断收入分配是否公平的重要指标，国际上通常把 0.4 作为贫富差距的警戒线，大于这一数值容易出现社会动荡。据世界银行的数据，20 世纪 60 年代，中国基尼系数为 0.17～0.18，20 世纪 80 年代为 0.21～0.27，从 2000 年开始，中国基尼系数就越过 0.4 的警戒线，并逐年上升。

主要发达国家的基尼指数为 0.24～0.36，美国 2007 年为 0.45，2013 年为 0.42。目前全球基尼系数最高的地方是非洲的纳米比亚（0.70），2001 年以后中国香港达到 0.525，2006 年高达 0.533，2012 年更高达 0.537，中国香港成为已发达国家或地区中贫富悬殊最严重的地区；即使把发展中国家包括在内，中国香港和新加坡的贫富悬殊也十分严重，仅次于萨尔瓦多、哥伦比亚、智利、危地马拉、巴西、南非以及一系列非洲国家而排名倒数 18 位，中国台湾 2010 年官方的基尼系数为 0.342，2013 年学者计算为 0.36；日本、韩国、欧洲等民主国家的基尼系数均低于 0.4。

国际上常用基尼系数定量测定社会居民收入分配的差异程度。认为基尼系数低于 0.2 表示收入过于公平；而 0.4 是社会分配不平均的警戒线，故基尼系数应保持在 0.2～0.4 之间，低于 0.2，社会动力不足；高于 0.4，社会不安定。中国改革开放前的基尼系数为 0.16（是绝对平均主义造成的），2007 年已经达到了 0.484，但目前基尼系数已经超过了 0.7。由于部分群体隐性福利和灰色收入甚至腐败的泛滥，中国实际收入差距比这个数据还要高得多。

中国基尼系数已高于所有发达国家（如日本基尼系数仅为 0.23）和大多数发展中国家。这意味着未来中国有可能引发一系列社会问题，进而造成社会动荡甚至政权稳定。而维稳经费飙高被外界解读为中国最大的威胁不是国外，而是国内，尖锐的社会矛盾并没有随着维稳经费飙高得到有效化解。

近年来，除了土地、资源、资本制造富豪外，众所周知的"灰色收入"和"黑色收入"，更使

第 8 章　市场结构与收入分配

得中国富豪人数庞杂，社会财富底数更加模糊混乱。凡是熟稔政府公共投资的都很清楚，大凡政府操刀的重大基础设施项目，包括各类形象工程，其腐败寻租成本一般都在20％以上。自2009年世界金融危机以来，中国政府主导的4万亿投资项目和各级政府以及银行配套的20多万亿投资中，至少有5万多亿通过不同渠道，流入了大大小小的贪官以及各类代理人的私囊之中。

贫富悬殊一直以来都是一个全球性的问题，也是人类社会在发展过程中无法逾越的一道鸿沟。一般情况下贫富悬殊并不可怕，只有当贫富悬殊巨大，特别是造成贫富悬殊的主要原因是来自体制或政策不公，或者是腐败大行其道时，贫富悬殊才会变得复杂并且伴随着巨大的危险。

中国是一个拥有5000多年悠久历史的国家，在其漫长的发展过程中，曾经出现过一次又一次的王朝更迭，每一次的政权变更和社会动荡除了外族入侵，基本上都是贫富悬殊而引发的社会内乱和抗争。中国自夏代大禹王朝至清宣统退位，史家公认的"五大盛世"加起来不足300年，而见诸史料记载的战争就有3800余次。

从历史的角度看，一个多民族的大国，必须慎重处理国民收入分配机制，不能任凭贫富悬殊无限扩大。中国社会的和谐稳定，也完全取决于政府所制定的公共政策，如果中国的发展只是让极少数人富起来，绝大多数人长期只能维持温饱抑或艰难度日，中国将会很快陷入一种恶性循环之中。[①]

本章小结

1. 市场结构是指市场的竞争或垄断程度。市场结构决定企业在市场上的行为方式。划分市场结构有四个标准，又称市场结构变量，它们分别是市场上买家和卖家数量的多寡与规模的大小、产品的同异质性、行业进退难易、要素的流动性。

2. 理论上有四种市场结构：完全竞争市场结构，垄断竞争市场结构，寡头垄断市场结构和完全垄断市场结构。它们的需求曲线各不相同，厂商的均衡条件互不相同，定价行为、定产行为和竞争方式也不一样。

3. 四种市场结构中，完全竞争市场结构是基本模式，是理想模式。完全竞争市场结构的分析方法、模式可以移植到其他的市场结构上去。它还是评价其他市场结构的效率标准。

4. 在市场经济中，收入分配是经由市场机制来实现的。个人劳动力供给曲线是背弯的，但由无数个人劳动力供给所形成的市场劳动力供给曲线却是向右上倾斜的，劳动力供给和劳动力需求共同决定了工资率，其他要素价格的决定也是由供给和需求共同决定的。

5. 最常用分析社会收入分配均等程度的方法是洛伦兹曲线和基尼系数，这是两个简单实用的分析工具，被广泛用于各个学科的分析。

---

① http://finance.eastmoney.com/news/1371,20140729406003744.html.

基本概念

市场集中度　　完全竞争市场　　垄断竞争市场　　寡头垄断市场　　完全垄断市场
工资　　利息　　洛伦兹曲线　　基尼系数

复习实训

一、单选题

1. 供给曲线是(　　)。
   A. 平均成本曲线
   B. 停止生产点以上的边际成本曲线
   C. 平均变动成本曲线
   D. 收支相抵点以上的边际成本曲线

2. 完全垄断企业是(　　)。
   A. 价格接受者
   B. 价格影响者
   C. 价格寻求者
   D. 价格制定者

3. 寡头垄断企业的需求曲线是(　　)。
   A. 水平的
   B. 向右下斜的
   C. 有主观和实际两条
   D. 折弯的

4. 垄断竞争企业是长期均衡的条件是(　　)。
   A. $MC=MR$
   B. $LAC=LAR=LMC=LMR$
   C. $MP=0$
   D. $LAC=LAR,LMC=LMR$

5. 整体上经济效率最佳的市场结构是(　　)。
   A. 完全竞争市场结构
   B. 垄断竞争市场结构
   C. 寡头垄断市场结构
   D. 完全垄断市场结构

6. 下列不属于影响基尼系数大小的因素是(　　)。
   A. 经济体制
   B. 教育因素
   C. 部门因素
   D. 宗教因素

二、判断题

1. 完全垄断企业有供给曲线。(　　)

2. 寡头垄断企业以价格竞争为主要竞争手段。(　　)

3. 完全竞争企业长期里没有正常利润。(　　)

4. 垄断企业对经济总是有害的。(　　)

5. 工资是劳动的全部报酬。(　　)

6. 当社会收入分配过大时,洛伦兹曲线比较接近对角线。(　　)

三、问答题

1. 完全竞争市场结构原理的内容和方法是什么?

2. 怎样正确评价各种市场结构的经济效率?

应用训练

一、单项训练

1. 通过查找资料,了解目前中国存在哪些自然垄断企业。

2. 查找资料,对国别基尼系数进行比较,了解基尼系数大小与经济发展、社会稳定之间的关系。

二、综合应用

1. 组员研究:分头研究我国职业收入差距、地区收入差异和家庭财富分布状况。

2. 小组研究:综合上述研究,探讨职业收入、地区收入差异与家庭财富分布之间的关系。

第 9 章

政府微观规制

知识目标

通过本章教学,使同学们了解帕累托效率;了解市场失灵和导致市场失灵的原因;了解政府矫正市场失灵的各种政策措施、政府自身的失灵以及克服政府失灵的措施。

技能要求

要求同学们能够运用帕累托概念评价市场效率,准确解析现实经济生活中的各种市场失灵问题,正确评价政府的各种微观经济政策。

引言导图

市场机制不是完美的,市场失灵需要政府来矫正和弥补;政府也不是全智全能的,需要制度规范其行为和人民的严格监督。本章引言导图如图 9-1 所示。

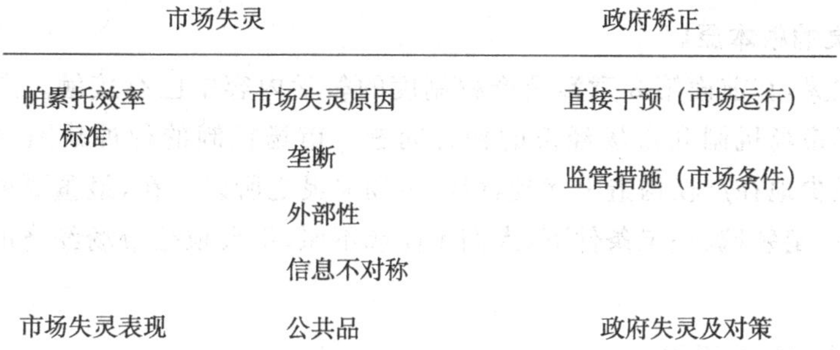

市场失灵		政府矫正
帕累托效率 标准	市场失灵原因	直接干预(市场运行)
	垄断	
	外部性	监管措施(市场条件)
	信息不对称	
市场失灵表现	公共品	政府失灵及对策

图 9-1　本章引言导图

9.1　市场失灵

前面章节关于市场经济的论述给了学习者这样一种印象:市场机制在配置资源的作用上几乎是无所不能、完美无缺。然而,那是在一系列严格的假定或者说前提条件下呈现出来的状态。在现实生活中并非如此。经济人也有"非理性",会有"损人利己和机会主义倾向";市场信息具有明显的"不充分和不对称性"。因此,市场机制总体上能够对资源配置发挥有效的调节作用,但在某些方面、某些领域、某些情况下低效甚至无效。这就是"市场失灵"问题。

9.1.1　市场失灵的含义

1. 市场失灵的含义

市场失灵是指由于垄断、外部性、公共物品和信息不对称等原因，导致资源配置不能达到最优，即资源配置低效率或无效率的状态。也可以理解为：市场机制亦即价格机制在充分运作下，不能如预期那样圆满实现经济效率的情况。

2. 市场失灵的效率描述

关于效率，经济学中常用帕累托的效率概念来描述。

（1）帕累托改进，指经济中的一种变化，在没有使任何人境况变坏的前提下，这种变化使得至少一个人的状况变得更好。

（2）帕累托最优，指经济中不可能再有更多的帕累托改进余地的状态；换句话说，经济中的交换效率、生产效率、产品组合效率已经全部达到最优状态，再做变动，一个人的状况的改善必定以另一个人的损失为代价。

现实生活显然不是这样的，我们随处可以看到不如意的现象：环境污染、商业欺诈、霸王条款……这些现象的去除，能够使更多的人的境况得到进一步改善。也就是说，市场机制并没有把我们带到帕累托最优那个完美的境界，市场机制在某些方面、某些领域低效率甚至无效率。在距离帕累托最优一步之遥的地方，市场机制无能为力了。

9.1.2　市场失灵的原因

1. 市场失灵的根本原因

关于市场失灵，在前面第2章涉及产权制度的教学内容中已有接触。产权与产权制度上的缺陷导致了市场机制和市场经济的种种问题。市场机制的种种缺陷、失灵，都可以直接、间接、或多或少地在产权构造上找到解释，市场失灵之所以存在，最重要的原因在于产权制度安排上，在一定领域、一定条件下，人们不能或不愿、不会根据市场经济的要求去塑造产权关系。

2. 市场失灵的具体原因

产权制度本身的特点导致市场失灵。一是由于生产社会化要求的规模扩张所导致的产权过于集中，形成垄断以至竞争性市场失灵；二是由于产权界定过程中存在的外在性所表现出来的市场失灵；三是由于产权界定过程中存在的信息不对称而导致的市场失灵；四是由于产权难以界定进而成为公共品领域所存在的市场失灵。简述如下：

（1）垄断原因。垄断是指对市场的直接控制和操纵。市场机制本身不能保证竞争的完全性。自由竞争不可避免地要导致垄断，而且程度会越来越高，由此产生：第一，对消费者的掠夺和欺诈；第二，当生产者或要素投入品的供给者拥有市场势力（即垄断）时，会产生无效率。

（2）信息不对称原因。信息不对称是与信息对称相对的。信息对称是指市场交易双方对商品的有关信息具有同等的了解。如果市场交易双方所掌握的信息出现一方多、一方少，或者一方有、一方无的情况，即出现了信息不对称，由此导致逆向选择和道德风险，竞争性市场的无效率。

（3）外部性原因。外部性是指个人或企业的行为直接影响到其他个人或企业，但其他个人或企业并没有因此而支付任何成本或得到任何补偿。外部性分为两种类型：正外部性和负外部性。其发生机理是私人成本与社会成本不一致。最严重的影响是它可能导致资源配置失当，私人自主决策所决定的最优产量在外部性影响下通常是缺乏效率的。

（4）公共产品原因。公共产品是指不具有竞争性和排他性的商品。非竞争性是指某一公共物品一旦被提供，多一个消费者的加入并不影响其他人对该公共物品的消费，例如，国防、路灯、环境治理等公共物品都有这种特点。非排他性是指某一公共物品一旦被提供，便可以由任何消费者进行消费，其中任何一个消费者都不会被排斥在外。由于其特点，导致"搭便车"，从而使市场无法有效提供公共品。

3. 垄断对经济运行和社会福利有负面的影响

尽管自然垄断往往会带来规模经济，降低成本，具有科学研究和采用新技术的实力，从而有助于生产力发展，但垄断同时又具有经济上的不合理性。例如，垄断可能造成生产效率不能最大限度发挥，资源不能得到充分利用，社会福利受到损失等。

图 9-2 反映了垄断造成的经济效率低下和社会福利的损失。

在图 9-2 中，曲线 D 为厂商需求曲线，MR 为边际收益曲线，再假定平均成本和边际成本相等且固定不变，由直线 $AC=MC$ 表示。根据利润最大化原则 $MC=MR$，厂商的产量应定在 Q_2，价格应定在 P_2，它高于边际成本，说明没有达到帕累托最优，因为这时消费者愿意为增加额外 1 单位产量而支付的货币超过生产该单位产量所耗费的成本。

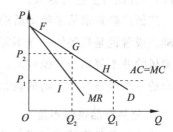

图 9-2　垄断造成的经济效率低下和社会福利损失

显然，要达到帕累托最优，产量应增加到 Q_1，价格应降到 P_1，即满足 $AC=AR$。这时 $P=MC$。然而，垄断决定的产量和价格只能是 Q_2 和 P_2。如果产量和价格是完全竞争条件下的产量 Q_1 和价格 P_1，消费者剩余是 $\triangle FP_1H$ 的面积，而当垄断者把价格提高到 P_2 时，消费者剩余只有 $\triangle FP_2G$ 的面积，所减少的消费者剩余的一部分（图 9-2 中 P_1P_2GI 所代表的面积）转化为垄断者的利润，另一部分（$\triangle GIH$ 所代表的面积）就是垄断所引起的社会福利的纯损失，它代表由于垄断所造成的低效率带来的损失。

9.1.3　现实生活中市场失灵的表现

前面提到的市场失灵的具体原因，它们同时也是市场失灵的主要表现。现实生活中市场失灵具体表现在以下几个方面。

1. 竞争失效和市场垄断的形成

竞争是市场经济中的动力机制。竞争是有条件的，一般来说竞争是在同一市场中的同类产品或可替代产品之间展开的。但是，一方面，由于分工的发展使产品之间的差异不断拉大，资本规模扩大和交易成本的增加，阻碍了资本的自由转移和自由竞争；另一方面，由于市场垄断的出现，减弱了竞争的程度，使竞争的作用下降。技术进步、市场扩大、企业为获得规模效应而进行的兼并，促成市场垄断的形成。一旦企业获利依赖于垄断地位，竞争与技术进步就会受到抑制。

2. 外部负效应问题

外部负效应是指某一主体在生产和消费活动的过程中，对其他主体造成的损害。外部负效应实际上是生产和消费过程中的成本外部化，但生产或消费单位为追求更多利润或利差，会放任外部负效应的产生与蔓延。如化工厂，它的内在动因是赚钱，为了赚钱对企业来讲最好是让工厂排出的废水不加处理而进入下水道、河流、江湖等，这样就可减少治污成本，增加企业利润。结果对环境保护、其他企业的生产和居民的生活带来危害。社会若要治理，就会增加负担。

3. 逆向选择与道德风险

逆向选择是指由于交易双方信息不对称和市场价格下降产生的劣质品驱逐优质品，进而出现市场交易产品平均质量下降的现象。例如，在产品市场上，特别是在旧货市场上，由于卖方比买方拥有更多的关于商品质量的信息，买方由于无法识别商品质量的优劣，只愿根据商品的平均质量付价，这就使优质品价格被低估而退出市场交易，结果只有劣质品成交，进而导致交易的停止。因此，要从根本上解决"打假"问题，关键是解决买卖双方的信息不对称问题，舍此可能越打越假。

道德风险是指从事经济活动的人在最大限度地增进自身效用的同时做出不利于他人的行动。或者说是当签约一方不完全承担风险后果时所采取的自身效用最大化的自私行为。道德风险并不等同于道德败坏。道德风险亦称道德危机，是20世纪80年代西方经济学家提出的一个经济哲学范畴的概念。

4. 公共产品供给不足

公共产品是指消费过程中具有非排他性和非竞争性的产品。所谓非排他性，也就是当这类产品被生产出来，生产者不能排除别人不支付价格的消费。因为这种排他，一方面在技术上做不到，另一方面却是技术上能做到，但排他成本高于排他收益。所谓非竞争性，是因为对生产者来说，多一个消费者，少一个消费者不会影响生产成本，即边际消费成本为零。而对正在消费的消费者来说，只要不产生拥挤也就不会影响自己的消费水平。这类产品如国防、公安、航标灯、路灯、电视信号接收等。所以这类产品又叫非营利产品。从本质上讲，生产公共产品与市场机制的作用是矛盾的，生产者是不会主动生产公共产品的。而公共产品是全社会成员所必须消费的产品，它的满足状况也反映了一个国家的福利水平。这样一来公共产品生产的滞后与社会成员与经济发展需要之间的矛盾就十分尖锐。

5. 公共资源的过度使用

有些生产主要依赖于公共资源，如渔民捕鱼、牧民放牧。他们使用的主要就是江湖河流这些公共资源，这类资源既在技术上难以划分归属，又在使用中不宜明晰归属。正因为这样，由于生产者受市场机制追求最大化利润的驱使，往往会对这些公共资源出现掠夺式使用，而不能给资源以休养生息。有时尽管使用者明白长远利益的保障需要公共资源的合理使用，但因市场机制自身不能提供制度规范，又担心其他使用者的过度使用，于是出现使用上的盲目竞争。

6. 失业问题

失业是市场机制作用的主要后果，一方面从微观看，当资本为追求规模经营，提高生产效率时,劳动力被机器排斥。另一方面从宏观看,市场经济运行的周期变化,对劳动力需求的不稳定性,也需要有产业后备军的存在,以满足生产高涨时对新增劳动力的需要。劳动者的失业从微观与宏观两个方面满足了市场机制运行的需要,但失业的存在不仅对社会与经济的稳定不利,也不符合资本追求日益扩张的市场的需要。

7. 收入与财富分配不公

收入与财富分配不公是因为市场机制遵循的是资本与效率的原则。资本与效率的原则又存在着"马太效应"。从市场机制自身作用看,这是正常的经济现象,一方面,资本拥有越多在竞争中越有利,效率提高的可能性也越大,收入与财富向资本与效率也越集中;另一方面,资本家对其雇员的剥夺,使一些人更趋于贫困,造成了收入与财富分配的进一步拉大。这种拉大又会由于影响到消费水平而使市场相对缩小,进而影响到生产,制约社会经济资源的充分利用,使社会经济资源不能实现最大效用。

8. 区域经济不协调问题

市场机制的作用只会扩大地区之间的不平衡现象,经济条件越优越,发展起点越高的地区,发展也越有利。随着这些地区经济的发展,劳动力素质,管理水平等也会相对较高,可以支付给被利用的资源要素的价格也高,也就越能吸引各种优质资源,以发展当地经济。那些落后地区也会因经济发展所必需的优质要素资源的流失而越发落后,区域经济差距会拉大。再就是因为不同地区有不同的利益,在不同地区使用自然资源过程中也会出相互损害的问题,可以称其为区域经济发展中的负外部效应:江河上游地区林木的过量开采,可能影响下游地区居民的安全和经济的发展。这种现象造成了区域间经济发展的不协调与危害。

市场失灵的表现还有许多。鉴于市场失灵的种种表现,要求人们在充分肯定市场机制作用的同时,要科学认识而不是盲目迷信市场机制的作用。

知识链接 9-1

发生在空中的帕累托改良

维弗雷多·帕累托(Vilfredo Pareto,1848—1923)(见图 9-3),意大利经济学家、社会学家,洛桑学派的主要代表之一。他提出了著名的帕累托最优概念,发现了"二八法则"。

"帕累托改良"的意思是:在其他条件不变的条件下,如果某一经济变动改善了一些人的状况,同时又不使一些人蒙受损失,这个变动就增进了社会福利;"帕累托最优状态"是指:在其他条件不变的条件下,如果不减少一些人的经济福利,就不能改善另一些人的经济福利,这标志着社会经济福利达到了最大化的状态。

图 9-3　维弗雷多·帕累托

下面是一个"帕累托改良"的案例。

航空公司总是希望航班上座率越高越好,然而他们也知道总有一小部分订了机票的旅客临时取消旅行计划。这使他们开始尝试超额售票,就是在一个合理估计的基础上,让售票数量稍大于航班实际座位数。不过,有时确实可能出现所有旅客都不打算改变行程要按期出发的情形,航空公司必须决定究竟取消谁的座位才好。

这里列举几种可能的解决方法。第一种，在20世纪60年代，航空公司只是简单取消最后到达机场的乘客的座位，安排他们换乘后面的航班，而那些倒霉的乘客也不会因行程被迫改变而获得任何额外补偿。结果确认座位的过程演变成让人血压骤升的紧张时刻。

为了避免这种情况，第二种选择是由政府出面明令禁止超额售票。但是这样一来，飞机可能被迫带着空座位飞行，而外面其实还有急于出发的旅客愿意购买这些机票。结果航空公司和买不到票的旅客都受到损失。

1968年，美国经济学家尤利安·西蒙提出了第三种方案。西蒙这样写道："办法非常简单，超额售票需要改进之处就是航空公司在售票的同时交给顾客一个信封和一份投标书，让顾客填写他们可以接受的延期飞行的最低赔偿金额。一旦飞机出现超载，公司可以选择其中数目最低者按数给予现金补偿，并优先售给下一班飞机的机票。各方受益，没有任何人受到损害。"实际上，目前航空公司采用的超额售票同西蒙的方案非常接近，区别在于通常干脆以免费机票现金补偿(有时提供相当数量的机票折扣)。人们远比估计的更加愿意接受这种安排。航空公司从中受益，因为他们可以继续超额售票，有助于实现航班满员飞行。事实上，免费机票本身可能属于根本卖不出去的部分，航空公司提供免费机票的边际成本接近于零。这是一个发生在真实世界的帕累托改良。其中牵涉的各方均受益，至少不会受到损害。

资料来源:斯蒂格利茨《经济学》小品和案例.

9.2　价格干预与价格管制

市场失灵的种种问题，是市场机制本身无法解决的，于是，借助外部力量来克服和弥补市场机制的缺陷，就成为一个合乎逻辑的推论。

政府介入经济生活，在经济学家中间有很大的分歧，但随着社会生产力的发展，政府对经济生活越来越大的影响却是不可能摆脱的现实。其实并不是政府有没有必要介入经济生活的问题，而是政府如何恰当、适度地介入经济生活的问题。

政府介入微观经济有很多方面。下面将政府在价格方面的介入集中论述，分为对市场价格的干预和对垄断价格的管制。

9.2.1　价格干预

市场运行在短期里出现产品的成本价格同市场价格的偏离、上下波动是正常的，但是如果某种固定倾向的偏离，如成本价格低于市场价格或成本价格高于市场价格，在一段时间持续存在，就有可能对经济体和经济生活产生危害。在这种情况下，就需要政府对市场价格进行临时价格干预。

临时价格干预是指为了防止经营者利用市场波动串通涨价、哄抬价格等，损害消费者和其他经营者的利益，政府采取的保持价格总水平基本稳定的临时性干预措施。临时价格干预措施包括:规定限价;限定差价率或者利润率;实行提价申报制度和调价备案制度。本书主要介绍政府的规定限价，即支持价格干预和限制价格干预。

1. 支持价格干预

（1）支持价格

支持价格是政府为了扶持某一行业而规定的该行业产品的最低价格，如图 9-4 所示。

（2）支持价格的实施

如果某行业产品的成本价格为 C，而市场均衡价格为 P_0，这种成本价格高于市场价格的情形若一直持续下去，就有可能危及整个行业的生存。这时需要政府的价格干预，以支持该行业的生存。政府规定产品的生产价格 P^* 不仅要高过均衡价格 P_0，而且至少要等于成本价格 C，甚至超过成本价格。市场价格的运动不得低于这个价格。因此，政府的支持价格又称为最低限价。当然，这个支持价格点必须是落在需

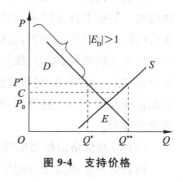

图 9-4　支持价格

求价格缺乏弹性区间，这样较高的政府支持价格能导致总收益的增加；否则，落在需求价格富有弹性区间，价格的提高就会导致总收益的减少。

（3）支持价格的配套措施

当价格从 P_0 提高到 P^*，对生产者和消费者的影响是截然相反的。生产者增加产量，消费者减少购买，于是供过于求（$Q^{**}-Q^*$）。政府随后要采取相应的措施，否则会造成资源的浪费。对于农产品，政府会采取缓冲库存法和稳定基金法。

缓冲库存法是政府或其代理人按照年份收购全部农产品。在供大于求时，增加库存或出口；在供小于求时，减少库存，以平价进行买卖，从而使农产品的价格由于政府的支持而维持在某一水平上。

稳定基金法也就是由政府或其代理人按照某种平价收购全部农产品，但并不是建立库存进行存货调节，不是平价买卖，而是供大于求时努力维持一定的价格水平，供给小于需求时使价格不致过高。在这种情况下，收购农产品的价格也是稳定的。同样可以起到支持农业生产的作用。

（4）支持价格的利弊

支持价格运用对经济发展和稳定有积极的意义。以对农产品实行的支持价格为例，从长期来看，支持价格确实有利于农业的发展，这是因为：第一，稳定了农业生产，减缓了经济危机对农业的冲击；第二，通过对不同农产品的不同支持价格，可以调整农业结构，使之适应市场需求的变动；第三，扩大农业投资，促进了农业现代化的发展和劳动生产率的提高。正因为如此，实行农产品支持价格的国家，农业生产发展都较好。但支持价格有副作用，主要是会使财政支出增加，使政府背上沉重的包袱。

2. 限制价格

（1）限制价格的概念

限制价格是政府为了限制某些生活必需品的物价上涨而规定的这些产品的最高价格，如图 9-5 所示。

如果 P_C 是消费者能够接受的最高价格水平，当市场自动均衡以后，市场均衡价格 P_0 大大高过消费者的承受能力。如果这种情况发生在基本生活消费品上，如大米、食用油、煤气、汽油等，而且持续时间较长，很可能超过老百姓的货币支付能力和心理承受限度。此时，政

府就要适当予以价格干预。政府规定商品价格上涨的最高界限，所以又称为最高限价。

（2）限制价格的实施

限制价格政策一般是在战争或自然灾害等特殊时期使用的。但也有许多国家对某些生活必需品或劳务，长期实行限制价格政策。例如，法国在第二次世界大战后对关系国计民生的煤炭、电力、煤气、交通与邮电服务等实行限制价格政策。在英国、瑞典、澳大利亚等国，则对房租实行限制价格政策。有一些国家，对粮食等生活必需品实行限制价格政策。

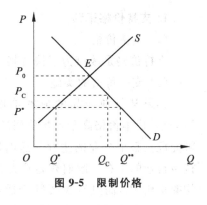

图 9-5　限制价格

（3）限制价格的配套措施

限制价格会极大地抑制生产者的积极性，产品出现市场短缺，为了使社会成员能够公平地享受有限的社会生产成果，政府通常都要实行配给制。为了保证配给制的实施，政府必须对违反配给制的行为进行严厉打击，也就是说，运用行政手段和法律手段来保证配给制的实行。

（4）限制价格的利弊

限制价格，一方面有利于社会平等的实现，有利于社会的稳定。另一方面会引起某些不良。这主要是因为：第一，价格水平低不利于刺激生产，从而出现产品短缺现象；第二，价格水平低不利于抑制需求，从而会在资源缺乏的同时出现严重的浪费；第三，限制价格之下所实行的配给制会引起社会风气败坏，如倒卖票证、行贿受贿等。因此，一般经济学家都反对长期采用限制价格政策。

9.2.2　价格管制

如果说价格干预是针对市场运行的，那么价格管制是针对市场主体的，主要是限定市场主体的某些市场行为。这方面以对垄断企业的价格管制比较突出。价格管制是指政府对处于自然垄断地位的企业的价格实行管制，以防止它们为牟取暴利而危害公共利益。

1. 垄断企业的市场行为

有些垄断企业属于自然垄断企业，即由于规模经济或范围经济所导致的行业垄断。其最大特点是长期平均成本曲线持续下降，这样，一个行业只保留一家企业是经济的。从理论上讲，它可以以最低的成本进行生产，使资源得到最有效的利用；以最低的价格出售商品，使社会得到最大限度的消费者剩余；以最多的产品供给来满足市场需求，最广泛地惠及人民。然而一个企业一旦取得了垄断地位，就不会按照理想模式行事了。高成本、高价格、限产量、劣服务相随而来，于是政府的介入变得很有必要。政府对垄断企业价格行为的管制具有特殊意义。因为垄断企业的垄断行为往往影响整个行业，影响全体人民，影响一个国家。

2. 价格管制的条件

在实践中，价格管制能够实行需要满足以下条件：一是垄断厂商必须能够盈利，否则它将拒绝生产。二是管制成本必须低于社会福利（净损失的消除）。

对于价格管制,最困难的事情是确定最优管制价格。如果价格定得过低,垄断者将削减产量。同时,由于价格已经下降,需求量将上升,结果存货会发生枯竭,出现短缺。

现实中,往往出现这种情况:即使政府能够限制价格,但垄断者仍能获得高于正常水平的利润,因而导致人们的不满。再者,某些价格管制可能在短期内是有效的和成功的,但在长期内不一定有效和成功。

3. 价格管制的主要目的

(1) 保护消费者利益,促进社会分配效率的提高。根据自然垄断产业的经济特性,在成本劣加性范围内,由一家企业提供产品(或服务)比多家企业提供相同数量的产品具有更高的生产效率,这样,在这些行业,就通常由政府特许由一家企业进行垄断经营。但由于处于垄断地位,在缺乏外部有效约束的情况下,垄断企业作为市场价格的制定者,就可能通过制定垄断价格,把一部分消费者剩余转化为生产者剩余,从而扭曲社会分配结构,降低消费者福利水平。对企业价格进行管制,以保证消费者福利水平,就成为政府进行价格管制的重要目的。

(2) 促进自然垄断产业提高生产和经营效率。政府对自然垄断产业进行管制,实质上是在这种不存在竞争或只存在较弱竞争的产业领域,建立一种类似于竞争性机制的企业经营体制,既实现产业的规模经济效益,同时又刺激企业不断进行技术和管理创新,提高生产和经营效率。

(3) 维护企业发展潜力。自然垄断产业具有投资最大,投资回收期长的特点,同时,社会经济发展对自然垄断产业的需求具有不断增大的趋势,这就需要自然垄断产业的企业不断进行大规模投资,以保证满足不断增大的社会需求,而面对这些产业生产的内在特征,政府在制定自然垄断产业管制价格时,就要保证有利于使企业具有一定的自我积累能力,能够不断进行大规模投资,不断提高产业供给能力。

4. 价格管制的主要方式

价格管制的主要方式有以下几种。

(1) 投资回报率管制

从理论上看,按照产品或服务的边际成本来确定管制产业的价格,是一种理想方式,能够实现帕累托最优效率,但投资回报率管制的方法在自然垄断产业难以执行,因为这些产业具有明显的规模经济效应,如果按边际成本定价,就会出现价格低于平均成本,企业面临亏损,从而没有动力提供供给。尽管政府可以运用税收对企业进行财政补贴,但却可能导致企业缺乏有效的激励去提高内部效率。若在成本递增行业采取边际成本定价,又无法消除企业的超额利润。因此,对于自然垄断产业通常采取平均成本定价方式,即允许企业在正常运营成本的基础上,获取一个合理的或公正的资本收益率。

(2) 平均成本定价法

平均成本定价法是根据平均成本曲线与需求曲线的交点来制定管制价格的方法。这种定价法可以确保价格等于平均成本,使自然垄断厂商像完全竞争企业一样,无法获得超额利润,只能得到包括在经济成本在内的正常利润。这样,价格正好等于生产要素报酬之和,所以,平均成本定价法符合资本主义收入分配的公平原则。但是,它不能保证价格正好等于边际成本,即可能满足资源最优配置的条件。但是,与自然垄断厂商自由定价所规定的价格相比,在需求旺盛时平均成本定价法所规定的价格较低,从而可以在一定程度上提高资源配置效率。

（3）边际成本定价法

边际成本定价法所确定的管制价格都会低于垄断厂商自行定价时所规定的价格。

在短期分析中,由于固定资产的数量和技术水平不变,边际成本是随着产量增加而递增的。因此,当需求旺盛时,边际成本定价法规定的管制价格可能高于平均成本,给自然垄断厂商带来超额利润。而当需求不振时,边际成本定价法规定的管制价格可能低于平均成本,使自然垄断厂商蒙受亏损。

在长期和超长期分析中,由于固定资产数量和技术水平都是可变的,规模经济效应特别显著的自然垄断行业的边际成本会随着产量增加而递减。在这种情况下,边际成本定价法所规定的管制价格将始终低于平均成本。任何企业的长期生存,都要求收入能够弥补成本。因此,政府在推行边际成本定价法的领域,往往需要对自然垄断厂商提供一些补贴。由于这种补贴有利于提高自然垄断行业的资源配置效率,只要补贴数量得当,它便有经济上的合理性。

知识链接 9-2

最低工资法

1. 最低工资法的政策意图

最低工资法是保证工薪劳动者通过劳动所获得的最低工资能够满足自身及其家庭成员的基本生存需要的国家法律规定。

最低工资法的实行,体现了政府对贫困问题的关注和对社会公平的追求,包含着这样几层用意:①保护低收入阶层的利益;②减轻通货膨胀对低收入阶层的影响;③控制平均工资水平的变化,以使人数众多的低收入劳动者在受到经济周期下行冲击时生活水平不至于下降太大。

2. 最低工资法的经济学分析

最低工资法对涵盖部门和非涵盖部门的影响如图9-6所示。

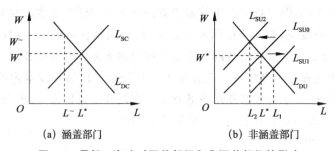

(a) 涵盖部门   (b) 非涵盖部门

图9-6 最低工资法对涵盖部门和非涵盖部门的影响

在图9-6中,下标C指代最低工资法涵盖部门,下标U指代非涵盖部门,带 * 为均衡状态。

从涵盖部门可见,最低工资法的实施保障了劳动者的劳动能够获得生存所需要的最低限度工资收入,但是也缩减了就业量。

只有当$(W^\sim - W^*)L^\sim \geqslant W^*(L^* - L^\sim) + B_U(L^* - L^\sim)$才值得实行,其中$B_U$为人均失业救济金,而且上述条件不是充分条件。

最低工资法实施过程中,起初涵盖部门的多余劳动力被排挤到非涵盖部门,导致非涵盖部门劳动力增多,从而工资率下降。

如果非涵盖部门的劳动力也涌向高工资的涵盖部门,则将使欲进入涵盖部门的劳动力获取在该部门工作的概率下降,非涵盖部门劳动力供给减少,工资率和就业量都会发生变动,非涵盖部门工资率＝涵盖部门工资率×获得最低工资工作的概率。最终结果比较复杂,如果非涵盖部门是出清的,当获得最低工资保障的工作难度很大时,劳动者宁肯留在非涵盖部门领取较低但有保证的工资。

9.3 政府监管

9.3.1 政府监管的内容

政府监管又称政府管制、政府规制,都有共同的含义,即政府运用公共权力,通过制定一定的规则,对个人和组织的行为进行限制与调控。政府监管的手段包括经济性监管和社会性监管。

1. 经济性监管

经济性监管是指通过制定特定产业的进入、定价、融资以及信息发布等政策对主体行为进行有效的调整,以达到避免出现竞争主体过多或过少而引起过度竞争或竞争不足,造成资源浪费或者配置低效率,妨碍社会生产效率和服务供给的公正、稳定。经济性管制主要包括以下内容。

（1）价格管制。前面9.2节的内容均属于这个范围。政府对特定产业的竞争主体在一定时期内的价格进行规定,并根据经济原理规定调整价格的周期。

（2）进入和退出管制。进入和退出管制是确保特定公共经济领域存在数量适当的主体的重要调控手段。确保公共服务的稳定供应,以避免出现重复建设、浪费资源或者垄断状况。

（3）融资管制。政府通过对经济主体对特定产业进行投资的鼓励或限制,控制产业主体的数量以及资本构成比例。

（4）质量管制。政府通过对公共服务规定标准质量,结合价格管制、进入管制等手段,促使特定产业主体改进服务质量,从而增进公共利益。

（5）信息管制。政府利用公共权力,采取各种政策措施以缓解信息不对称问题,使主体处在平等的地位上,以维护公平。

2. 社会性监管

社会性监管主要针对外部不经济和内部不经济。

（1）针对外部不经济的政府监管。由于市场交易双方在交易时,会产生一种由第三方或社会全体支付的成本,像环境污染、自然资源的掠夺性和枯竭性开采等,政府因此必须对交易主体进行准入、设定标准和收费等方面的监管。

（2）针对内部不经济的政府监管。由于交易双方在交易过程中，一方控制信息但不向另一方完全公开，由此造成的非合约成本由信息不足方承担。比如假劣药品的制售、隐瞒工作场所的安全卫生隐患等，政府因此要进行准入、标准以及信息披露等方面的监管。

9.3.2 政府应对市场失灵的主要措施

1. 反垄断

（1）两种性质的垄断

垄断的性质不同，反垄断的措施也会有所不同。有以下两种性质的垄断。

① 市场垄断。市场垄断是指一家或几家厂商控制了市场的大部分或全部而产生的垄断。市场垄断产生的原因主要有两点：产品差别和法律限制。

② 自然垄断。自然垄断是指在一个行业由一家厂商来生产将达到最高效率时所产生的垄断。自然垄断产生的原因主要有两点：规模经济和范围经济。

（2）反垄断措施

① 反垄断法规——以立法的形式反垄断

对于市场垄断，西方国家制定的反垄断法主要有谢尔曼法、克莱顿法和塞勒-凯弗维尔法等。这些法案相互补充，从不同侧面对垄断加以限制，形成了一个完整的反垄断法律体系。这些法规的主要内容包括：禁止企业缔结固定价格或分割市场的协议；禁止一个企业垄断一个产业；禁止以强迫手段使买者或卖者只能与某家企业进行交易；禁止企业用不正当竞争手段或欺骗手段做生意；禁止企业搞价格歧视。当企业违反这些法律时，要受到罚款、警告、变更公司结构、对受损人进行赔偿等处罚。

某些国家虽然制定了反垄断法规，但是在执行上仍持保留态度。这种保留态度的理论基础是：反垄断法规与规模经济原则之间存在冲突。根据规模经济原则，企业通过合并、排挤竞争对手等方法扩大市场占有份额，可以显著地降低生产成本。某些国家在外国商品的竞争压力下，甚至以各种手段鼓励企业合并。

② 规定专利的时限——以专利制度反垄断

掌握专利是企业成为垄断厂商的重要手段。从这个角度来看，专利制度实际上是保护不完全竞争的。在推进技术变革方面，不完全竞争有其特殊的激励作用。如果按照完全竞争的模式，一家公司成功地开发出一种新产品而听任竞争对手进行仿制，该公司只能在极短的时间里获得超额利润，科技开发的成本将无法得到补偿。

但是，在专利制度中，专利时限是十分重要的。如果专利时限过长。技术垄断会严重削弱竞争机制，不利于全社会生产率的提高；如果专利时限过短，则新的动力会受到严重削弱。例如，美国的专利持有者拥有使用和出售其发明或创新的17年专有权。在这种专利制度保护下，美国成为世界上许多重大技术创新的发源地。

③ 政府管制——以行政方式反垄断

对自然垄断的限制，政府通常采取对企业行为实行管制的方式。指政府机构通过价格决定、产品标准与类型以及新企业进入一个行业的条件对经济活动进行管理和限制。管制适用于银行与金融、服务、通信、煤气和电力、铁路、公路、公共汽车交通等许多行业。

政府管制的措施主要包括价格控制或者价格和产量的双重控制、税收或补贴以及国家直接经营。

2. 消除外部性

（1）外部性的成因

产生外部性的原因主要有两个：一是公共财富或无主物，例如空气与水；二是无法排他而难以保障财产权，例如，家中的花香为外人享用而无法收取报酬，室内的宁静被外面的噪声破坏而无法索取赔偿，其所以如此，是因为无法排他，如此亦形成所谓的外部性。一般说来，无法排他的事物即使赋予财产权，亦无法获得保障。

（2）消减外部性的对策

第一，赋予财产权。对能排他的公共财富或无主物赋予财产权，这样就能对享用者索取费用，对破坏者要求赔偿，使外部性削减，从而提高经济效益。

第二，课税与补贴。对产生外部成本者课税，对产生外部利益者补贴，目的在于使外部效果的产生者自行负担其外部成本或享有其外部利益，此种方式称为"外部效果内部化"。

第三，政府直接管制。主要是指政府对产生外部成本的情况加以管制。例如，对污染的管制。

第四，合并企业。合并企业，是指如果某企业的行为对另一个企业产生了外部性，可以将这两个企业合并为一个企业，这样，无论是正外部性还是负外部性，都将转化为企业内部问题，从而这些影响都会消失。

第五，有效协商。科斯定理认为，如果与外部性有直接利害关系的各方能够在不花费成本或只花费很少成本的条件下通过协商来解决外部经济效果的赔偿问题，那么即使面临严重的外部性，完全竞争的市场经济机制也能够有效地实现资源的最优配置，不会出现私人成本同社会成本、私人利益同社会利益之间的差异。

3. 公共品供给

（1）公共品的分类

公共品可分为两大类：纯公共品和准公共品。纯公共品是指既无排他性，又无竞争性的物品。比如，国防、外交、灯塔等。准公共品是指具有竞争性但无排他性或具有排他性但无竞争性的物品。如社会卫生保健、中小学教育等。其分类如图9-7所示。

	排他性	非排他性
非竞争性	准公共品	纯公共品
竞争性	私人品	准公共品

图9-7　公共品的分类

（2）公共品的生产方式

公共品供给不足的根本症结在于"搭便车"，这种情形导致市场无法正常提供公共品，而必须由政府来提供社会所需的公共品。当然，政府不可能提供全部公共品。根据公共品的类别，政府可以选择政府直接生产、政府间接生产两种方式。

政府直接生产的公共品通常都是纯公共品和自然垄断性很高的准公共物品。例如，造币厂和中央银行都是由中央政府直接经营的。邮政服务、电力、铁路、保险业、煤气等在有些国家也是由中央政府直接经营的。地方政府直接提供的公共物品主要有：保健、医院、警局、消防、煤电供应、图书馆等。

政府间接生产的公共品都是准公共品，由政府利用预算安排和政策安排形成经济刺激，引导私人企业参与公共物品生产。具体形式有，政府与私人企业签订生产合同、授权经营、政府经济资助、政府参股等。

4. 应付信息不对称

（1）信息不对称市场的基本形式

信息不对称的市场是指各个市场参与者所掌握的信息呈不均匀分布的市场，市场中存在的各种非对称信息的集合体。

经验商品市场就是具有很大的信息不对称性的市场。所谓经验商品，是指只有通过使用产品的经验才能发现商品的质量的一类商品和劳务。

信息不对称市场的基本形式：其一，买主具有完全信息而卖主处于零信息状态；其二，买卖双方都只具有不完全信息，其中一方比另一方拥有更多信息；其三，卖主拥有完全信息而买主处于零信息状态。

根据信息不对称发生在交易契约签订之前还是之后，信息不对称市场可以分为：信息事前不对称市场，信息事后不对称市场。

典型信息不对称市场及其问题：旧车市场——逆向淘汰问题。旧车的价格下跌，导致高质量二手车被逐出市场。保险市场——道德风险问题，导致超过一定岁数的人几乎难以以任何价格买到医疗保险。信贷市场——道德风险问题，导致信用卡公司和银行无法区分高质量借款人和低质量借款人。

不对称信息市场表现：市场欺诈；市场侵权；模糊的市场表示；等等。

（2）政府应对信息不对称措施[①]

第一，"生产"信息机制。政府利用其"生产机制"，可以将私人信息转化为公共信息，从而使市场信息分布趋向对称。如果消费者中存在一些知情消费者，他们能够识别产品的质量，那么厂商生产和销售伪劣产品的动机将会减弱，那些不知情的消费者也将因此而获益。

第二，信息披露的微观责任规则。这是政府强制交易者在交易前必须承担责任，它可以使居于信息劣势的交易者明了自己选择的性质和结果。政府强制居于信息垄断地位的交易者承担披露危害性事实的义务，可以避免未来更大的损害。此外，强制承担欺诈、误述、滥用信息、泄露等责任，也是信息披露的微观责任所规定的内容。

第三，产品责任机制。疏忽原则是产品责任的一个基本形式。在疏忽原则下，如果损害源自生产者的疏忽，责任则由生产者承担；反之，由消费者承担。产品责任的另一个基本形式是绝对责任。绝对责任要求生产者对产品出现的任何问题承担责任，而不论生产者的预防水平。当生产者的努力是产品损害事故的唯一决定因素时，绝对责任能刺激生产者进行有效预防。

第四，市场准入制。市场准入制主要借助于职业许可证的办法来实现，目的是提高从业人员的整体素质和职业道德，节约信息成本，减少"道德风险"，改善服务质量，促进市场健康发展。

第五，制度创新。通过旧制度的更改甚至废黜，采用新制度来减轻信息不对称的程度。

---

① 参考顾然的网络文章《信息不对称与政府规制》。

时序公平

从时序角度可以将公平分为起点公平、过程公平与结果公平。起点公平与过程公平是保证结果公平的必要而非充分条件。

（1）起点公平

就人的活动起点而言，有人生总的起点、某一阶段的起点、某一具体活动的起点。在实际中，无论是天赋和人赋的权利，还是天赋的天赋，都会造成人生起点的差异性，从而造成后天的过程与结果的不公平。于是就产生了如何对待这些起点差异的问题，只有在一定程度上解决了起点公平问题，才能在一定程度上为过程公平与结果公平建构打下基础。处理的原则是千差万别的，但无论取哪种原则，都不得损害社会总的利益（或效率）和绝大多数人的利益以及后代人的利益，这是可持续发展的要求，也是和谐社会的本质属性。

（2）过程公平

过程公平是指个人或群体在社会活动中，能获得发挥自身能力的平等机会以及在公平的原则和操作下进行公平竞争。过程的公平取决于两个方面：一方面是处于裁判者地位的原则与操作；另一方面是处于当事人地位的竞争者所能获得的机会。只有原则公平、操作公平和机会公平才有可能使得过程公平。在机会公平的前提下，原则的公平和操作的公平保证竞争的公平性，于是，结果的公平就不会受到过程运动的改变，而基本取决于起点是否公平，从而实现过程公平。

（3）结果公平

过程是公平的，但由于起点不同，结果也会不同，而且由于起点不同在现实中是通例，再加上活动主体能力发挥不同，所以结果不同也是通例，相同却是特例。然而，要纠正起点不公平，几乎是不可能的，起点公平并不是我们所追求的最主要的内容，我们最主要追求过程的公平和结果的公平。结果公平可以分为两类：相对结果公平和绝对结果公平[1]。就相对结果公平来说，它包含两个方面的内容：一是就同一个体而言，其产出、贡献与所得是否匹配、相称，我们称其为纵向相对结果公平；二是就不同个体而言，他们之间的收入差距是否在一定的范围之内，也就是所谓的社会是否基本公正，而不看其贡献大小，我们称其为横向相对结果公平。绝对结果公平是指社会成员间的收入不按贡献而是按人头来分配，追求平均，社会成员之间收入结果差距很小，是一种平均主义。[2]

9.4 政府作用的局限性

政府失灵也称政府失效，是指政府为弥补市场失灵而对经济、社会生活进行干预的过程中，由于政府行为自身的局限性和其他客观因素的制约而产生的新的缺陷，进而无法使社会

---

[1] http://wiki.mbalib.com/wiki/%E5%85%AC%E5%B9%B3%E7%90%86%E8%AE%BA.
[2] 黄泽民.劳动经济学[M].北京:清华大学出版社,2013.

资源配置效率达到最佳的情形。

9.4.1 政府失灵的主要表现

1. 政府决策失效

政府主要是通过政府决策（即制定和实施公共政策）的方式去弥补市场的缺陷，因此，政府失灵通常表现为政府决策的失效。它包含以下三个方面：第一，政府决策没有达到预期的社会公共目标；第二，政府决策虽然达到了预期的社会公共目标，但成本（包括直接成本和机会成本）大于收益；第三，政府决策虽然达到了预期的社会公共目标，而且收益也大于成本，但带来了严重的负面效应。

2. 政府机构和公共预算的扩张

官僚主义导致政府扩张，政府机构有自身增长的内在冲动。由于官僚主义者有喜欢无事忙和扩大下属机构，从而抬高自己身份的毛病，致使行政机构总是按照一定的速度向上增长。这样就会造成预算约束的软化，使公共预算呈现增长的趋势，而忽视社会公共价值的存在。由于政府官员也是个人利益最大化者，他们总是希望不断扩大机构规模，增加其层次，以相应地提高其机构的级别和个人待遇，结果导致资源配置效率低下，社会福利减少。

3. 公共物品供给的低效率

由于缺乏竞争和追求利润的动机，利润的作用变得非常虚幻，以至于在公共机构就会产生 X 低效率（X 低效率是指在一些组织中，存在着一种非配置低效率，即由于组织成员行为中的缺陷或不足而导致的实际产出与最大产出之间出现缺口）。垄断使得公众的群体效应失去作用，即使公共机构在低效率操作下运转也能生存下去，因为政府垄断公共物品的供应，消费者就不可能通过选择另外的供应者以表示其不满，只能预期一种新制度的安排与供给。

4. 政府的寻租活动

一切由于行政权力干预市场经济活动造成不平等竞争环境而产生的收入都称为"租金"，而对这部分利益的寻求与窃取行为则称为寻租活动。如果政府行为主要限于保护个人权利、人身与财产安全以及确保自愿签订的私人合同的实施，市场这只"看不见的手"将能保证市场中所出现的任何租金随着各类企业的竞争性加入而消失。我国处于特殊的历史时期，政治体制和经济体制中传统和现代的因素交替运行，致使官场经济中权力的货币化、市场化以及广泛寻租机会存在。

9.4.2 政府失灵的原因

1. 政府部门之间缺乏竞争

在缺乏如利润约束之类机制的限制下，政府公职人员将最有可能追求个人最大化利益。因此，政府虽抱着弥补市场缺陷的初衷，而实际上往往做下很多更糟糕的事，从而导致政府失灵。

2. 政府干预缺乏完全准确的信息

在以社会化大生产为基础的现代经济中，政府不可能充分了解经常变化的经济生活，也不可能对要调控的行业以及自己做出的调控决策进行充分的经济分析与论证。因此,政府任何干预经济的良好愿望与理性都具有一定盲目性,以此为基础做出的调控决策难免出现失效的情况。此外,即便政府获得了信息,也未必就是真实有用的。在约束机制失衡的情况下,基层单位就会根据其需要任意地扩大或缩小这些数字。

3. 政府干预活动的时滞性

政府机构的自我扩张行为只能使机构扩大和人员增加,其结构变化对经济结构的变化敏感性差,缺乏弹性,它往往滞后于现实经济的变化。政府干预过程中种种非线性、多变量的经济社会变化和各种突发事件的出现,会阻碍政府贯彻既定政策,达不到预期目标,使政府干预滞后或出现政策的时滞效应,同样会导致政府失灵。

4. 对政府行为缺乏合理的规则约束和有效的监督

政府决策者是人而不是神。既然是人,他与企业决策者就没有本质区别,同样要追求个人利益的最大化。而企业决策者由于受多种制度规则制约,决策行为可能更规范和谨慎,而政府官员所受的约束比企业家少,因此,更容易出现决策失误,从而导致政府干预失灵。我国处于社会主义初级阶段,制定政策的决策过于集中且无规则可循,决策往往取决于决策者对经济的主观评价,难以切合实际,而且现行政治规则难以约束少数当权者的利己主义,进而导致了不同程度的"政府失灵"。

9.4.3 政府失灵的治理对策

1. 确立政府干预原则

对市场"友善"的干预应遵循以下三个原则。

(1) 不作主动干预,除非干预能产生更明显的良好效果,否则就让市场自行运转。

(2) 把干预持续地置于国际和国内市场的制约之下,确保干预不致造成相关价格的过度扭曲,如果市场显示出干预有误,则应取消干预。

(3) 公开干预,使干预简单明了,把干预置于制度的规范约束下,而不是由某些个人、官员的好恶或判断来左右。

2. 大力推行电子政府

大力推行电子政府的举措包括:政府决策观念转向服务型;政府决策系统信息化;政府决策组织网络化;政府决策过程公开化、民主化。电子政府最大限度地完善了监督机制,限制了暗箱操作带来寻租的可能,减少了权力滥用的现象,使政府决策的透明度得以提高,决策的民主化得以实现。

3. 在公共机构中引入竞争机制,打破垄断的非理性

在政府各个官僚部门之间引入竞争,这样既可以提高政府提供物品和服务的效率与质量,又可以控制政府机构和预算规模的扩大。20世纪90年代以来,美国陆续将一部分政府内部的环保、卫生、保安等工作出租给私营部门管理;英国甚至设立了一座私人监狱来从事犯人的监管和改造工作。

4. 加强政府法治

规则及监督制度建设,使政府行为法治化。公共选择理论强调立宪改革,注重宪法、法

律、规则的建设尤其是公共决策规则的改革。因此,要在大力加强法制建设的过程中,特别注意把行政决策行为、执行行为、监督行为纳入法制化的轨道中去,并通过制定各种科学严密的行政规则、市场规则、社会规则来保证政府行为的合法化和高效率。

学用小品

中国经济的发展要求分清政府和市场的边界

1. 新闻报道

中国青年报 2011 年 3 月 25 日报道:河南村民称被政府强制种烟叶,返青麦苗被毁。对于已经毁掉的麦田,村民们的愿望很简单。"我们也不要赔偿,只想以后能够按我们自己的意愿种庄稼。"一位村民抽着烟说。①

河南新浪 2013 年 7 月 10 日报道:淮阳政府强制种黄花菜后不管不用。在麦种的时候,农民们把麦子种在了地里,管理部门为了让农民们快些致富就把麦子给除掉,种上了黄花菜,辛苦了一年,劳累了一年,希望能够卖到一些钱的时候,却没有地方收购,只有把黄花菜堆在地里,堆在家里。②

深圳广电集团网 2013 年 7 月 10 日曝光:7 月 5 日,广西壮族自治区桂林市兴安县高尚镇济中五马村,因不满县政府强行征地,村民向征地人员下战书抗议。据悉,兴安县政府为修建发电厂,强行征占五马村 12000 亩山林并拒绝赔偿,并发生雇用社会人员殴打村民、派警察抓捕维权村民的行为。7 月 8 日,部分村民前往桂林市政府维权。③

凤凰 2013 年 7 月 15 日报道:随着城市化的推进,出现了越来越多的新规划高标准建设的城市新区,这些新城新区因空置率过高,鲜有人居住,夜晚漆黑一片,被形象地称为"鬼城"。如鄂尔多斯市新城康巴什,杭州郊区的天都市等。2013 年,内地"鬼城"现象蔓延,除了此前广泛报道的贵阳、营口等城市,江苏常州、河南鹤壁和湖北十堰,也开始出现"鬼城"的魅影。④

2. 政府和市场的关系

以上摘取的只是近年来许许多多类似媒体报道中的几例。这类报道一点一点地使人们强化了这样一种印象:政府管了不该管的事,造成了经济损失,带来了负面影响。从经济学角度来看,这是政府侵犯了市场的边界。

那么,是否政府和市场应该两不搭界呢? 不是的,从来都不是的,也不可能。①即使在请求英国女王不要干涉市场经济的亚当•斯密那个年代,英国政府也要保护专利发明、铸币并管理货币流通、强制流浪者劳动、设立东印度公司。②凯恩斯经济学革命之后,政府更是深深地介入市场经济活动。2012 年税收占 GDP 百分比,美国 26.7%,阿根廷 37.2%,澳大利亚 30.8%,法国 44.6%,俄罗斯 36.9%,中国 17.0%,财政预算支出覆盖到社会生产生活的各个方面,其广度和深度都是前所未有的。③中国 1992 年进行经济体制转型,市场经济

---

① http://news.ifeng.com/mainland/detail_2011_03/25/5356247_1.shtml.

② http://jizhe.henan.sina.com.cn/report11490.html.

③ http://www.s1979.com/tupian/china/201307/1094077110.html.

④ http://news.yt.fang.com/2013-07-15/10523080_all.html.

一开始就是在政府的主导下从计划经济中蜕变出来，并通过中国政府与国际经济组织和外国政府艰难地谈判加入世贸组织，中国的市场经济融入了世界市场经济。

那么，又怎么说中国政府管了不该管的事呢？在市场经济中，真正的经济活动主体是家庭（又称居民户）和企业（又称厂商）这两大主体，正如亚当·斯密所说的那样，并不是出于恩惠，而是出于自利的打算向社会提供产品和服务，他们的行为是营利性的。那又是什么使他们所供给社会的产品和服务正好满足社会的需要呢？是市场机制，市场机制那只看不见的手调节着生产什么、生产多少、怎样生产和为谁生产。市场机制是在社会化大生产条件下到目前为止配置经济资源最精妙、最有效率机制。配置经济资源本来就是市场机制所"管"的事。而政府以及社会组织，虽然现在大规模参与社会经济活动，但是它们并不是社会经济活动主体，是非营利性的，他们并不创造社会财富，而是消费社会财富，他们的职责也不是创造社会财富，而是维护私有个体自身无法维护的公共利益（包括公共利益产生条件的公共秩序）。它们的经济行为应当仅限于亚当·斯密当年谆谆告诫的"打更人"，以及凯恩斯主义所规定的有限监管与调控经济的职责。以此看来，上述媒体报道的事件中，某些地方政府确实越俎代庖了。

3. 中国政府与市场的边界

近年来，在中国各界尤其是在学术界中，关于政府和市场的边界问题展开了大讨论。为什么走过来的发达国家没有过这样的大讨论呢？这跟中西方市场经济的演变历程不同有关。发达国家的市场经济不是从公有制转型而来的，因此，在他们的国度里，私人拥有大量的土地、资源。国有资源通常也不用于商业化运作，而是服从于国家资本主义政策的需要。生产要素普遍私有化，与市场机制形成极好的契合，完备成熟的法制、保障等运行条件，使得市场机制得以高效率地发挥配置经济资源的功能。而在中国，现有的市场经济是公有制转型而来的，公有制经济自身就含有政府管理的架构，因此中国的市场经济与政府存在着天然的血脉关系，其分离不会是彻底的，也不可能要求彻底，从而中国市场机制的运行，总要受到政府因素的牵制、影响。利益多元化使政府利益得到凸显，尤其是在政府官员的政绩利益被置于极其重要的地位条件下，政府插手市场是再"自然"不过的了。现在为什么要来厘清政府与市场的边界呢？除了上面提到的"脱胎换骨"不彻底，更严重的是，改革至今形成了有政府影子的垄断和既得利益者（包括以权谋私的贪腐分子），他们的利益格局正在阻碍改革的深入发展，现阶段市场失灵的各种状况都与这种阻碍因素有关。再不厘清政府与市场的边界，中国的经济发展将受到严重影响。

那么，要怎样厘清政府与市场的边界呢？首先，政府要自我革命，把自己从既得利益者变为与全体人民共利益者，没有这样一种基本理念的根本性转变，政府就不会放弃谋取自身利益的渠道；其次，政府要放权，这是对应于让市场机制获得更好运行条件的放权，直接说就是让利；再次，要转变经济职能，使政府变成是真正的服务者（政府本来就不是社会财富的创造者，它的本职就是为社会财富创造者主体提供良好的经济秩序和环境条件），政府不是在社会经济活动中无事可做，相反要在本职经济职能上做得更多、更好；最后，按照其经济职能，考核标准不再是政府官员在任时的GDP，而是经济职能履行是否称职、山是否更青水是否更绿，家乡是否更让人牵挂更有"乡愁"。

如果做到这些，那么，市场的边界应当是"非禁即行"，使市场在资源配置中起决定性作用，而不是政府来指挥插足，让自利的家庭和企业有更大的创造发挥发展空间；政府的边界应当是:自断掠夺之手(指政府的权力过大并没有受到制约),坚持无为之手(不干预正常运行的市场机制),用好扶持之手(恰到好处地矫正市场失灵),创造良好发展环境、提供优质公共服务、维护社会公平正义。

本章小结

1. 产权和产权制度的不完善导致市场机制的缺陷。而市场机制的缺陷造成市场失灵。市场失灵主要表现在垄断、外部性、信息不对称、公共品供给不足。

2. 价格干预和价格管制是政府介入经济生活的一个重要方面。政府对市场运行的价格干预主要有支持价格和限制价格;政府对市场主体的价格管制,主要是针对垄断企业的价格行为,针对由规模经济形成的自然垄断企业采取投资回报率管制和其他价格管制。

3. 政府的微观规制是一个体系,包括价格管制、进入和退出管制、质量管制、信息管制等。还有针对垄断、外部性、信息不对称、公共品供给不足的种种措施。

4. 政府虽然能矫正和弥补市场机制的一些缺陷,但政府自身也会出现失灵,表现在政府公职人员有可能追求个人最大化利益,政府干预缺乏完全准确的信息,政府干预活动存在时滞性,政府行为缺乏合理的规则约束和有效的监督。

基本概念

市场失灵　　帕累托改进　　帕累托效率　　外部性　　自然垄断　　逆向选择
道德风险　　公共品　　支持价格　　限制价格　　经济性监管　　支付失灵

复习实训

一、单选题

1. 下面各项中不属于市场失灵表现的是(　　)。

　　A. 垄断　　　　　　　　　　　　B. 外在不经济

　　C. 信息不对称　　　　　　　　　D. 公共品供给不足

2. 公共品具有(　　)。

　　A. 排他性　　　　　　　　　　　B. 非排他性

　　C. 增值性　　　　　　　　　　　D. 非消耗性

3. 支持价格(　　)均衡价格。

　　A. 高于　　　　　　　　　　　　B. 等于

　　C. 低于　　　　　　　　　　　　D. 不相关

4. 限制价格会产生(　　)。

　　A. 商品积压　　　　　　　　　　B. 黑市

C. 价格上升　　　　　　　　　D. 正常利润消失

5. 下面各项中不属于政府微观规制的是( )。

A. 进入与退出管制　　　　　　B. 质量管制

C. 外汇管制　　　　　　　　　D. 信息管制

6. 下面各项中是公共品的是( )。

A. 家用轿车　　　　　　　　　B. 公交公司的客车

C. 公共图书(馆)　　　　　　　D. 小区公共绿地

二、判断题

1. 失业是经济周期现象,不属于市场失灵。( )

2. 市场失灵的根本原因是信息不对称。( )

3. 价格干预有种种副作用,所以绝对不可实施。( )

4. 价格管制是针对规模经济的。( )

5. 社会性监管要针对外部不经济和内部不经济。( )

6. 政府是理性的,因而不会出现政府失灵。( )

三、问答题

1. 市场失灵的原因和表现是什么?

2. 价格干预和价格管制的主要内容是什么?

应用训练

一、单项训练

1. 通过查找资料,了解目前中国存在哪些自然垄断企业?怎样规范这类企业?

2. 根据公共品的特征,罗列人们日常生活中会接触到的公共品和半公共品。

二、综合应用

1. 组员研究:分头研究本地或其他地区的各行各业的正外部性和负外部性。

2. 小组研究:建立某种评价指标和标准,对各行各业的外部性分类分级,作为城市规划的参考。

PART THREE

第 3 篇

宏观经济运行

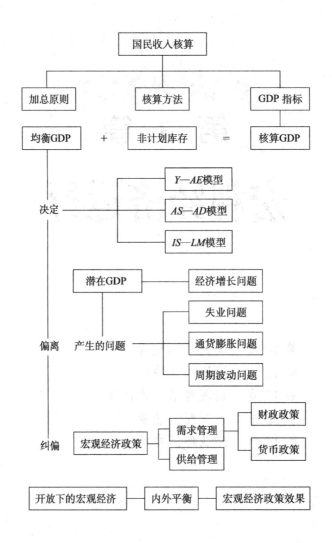

第 10 章

国民收入核算

知识目标

通过本章教学,使同学们理解 GDP 指标的内涵,了解国民收入核算方法、GDP 的相关指标,区别名义 GDP 和实际 GDP,掌握物价水平指数计算公式。

技能要求

要求同学们能够用三种方法计算 GDP,推算 NDP 等相关指标,正确进行 GDP 和 GNP 的换算,计算名义 GDP 和实际 GDP。

引言导图

国民收入核算是由个量经济分析转入总量经济分析的前提条件,GDP 是 20 世纪最伟大的发明之一,GDP 有 3 种等值的核算方法,区别名义 GDP 和实际 GDP 有重要意义,物价水平指数是人们日常生活中最为关心的话题。本章引言导图如图 10-1 所示。

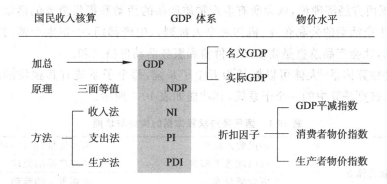

图 10-1　本章引言导图

10.1　国民收入核算体系

没有国民经济的统计核算就不能分析和把握国民经济运行。因此到了宏观经济这个层次和领域,就必须将微观经济中的个别经济行为、个别经济变量向上抽象到一个新的高度。把所有家庭的消费集合起来,变成宏观上的总消费;把所有家庭的储蓄集合起来,变成总储蓄;把所有企业名分上的投资集合起来,变成总投资……当然最不可缺少的是对经济体系在一定时期内创造的全部社会财富的统计核算。国内生产总值(GDP)是一个关于国民收入的总量指标、综合指标。人们通过它了解社会经济活动的水平，进行宏观经济分析与决策。它所衍生的各种指标是衡量宏观经济运行状况的标准。它提供宏观经济分析的工具、方法，它是宏观经济分析的基础。

10.1.1　国民经济核算体系的类别

1. 国民经济核算两大体系

自20世纪初以来，世界上实行过两大国民经济核算体系——适合于计划经济体制的"物质产品平衡体系"（简称 MPS），和适合于市场经济体系的"国民收入核算体系"（简称 SNA）。

（1）物质产品平衡体系

物质产品平衡体系是经互会组织根据会员国的实践经验制定的适用于计划经济国家的国民经济核算方法。该体系在很长时间内没有得到联合国的承认。直到1971年，联合国统计处出版了名为《国民经济平衡表体系的基本原理》后，才承认了这套体系。东欧剧变以后已基本不再使用。

制定 MPS 的基本依据是马克思主义的再生产理论，它根据劳动的性质，将国民经济划分为物质生产领域和非物质生产领域，而在非物质生产领域投入的社会劳动，不增加供社会支配与使用的物质产品总量，所以不创造国民收入。

（2）国民收入核算体系

1953年，联合国经济和社会事务部统计处公布了国民经济核算体系。这套体系就是通行于世界各国的 SNA 体系，它是市场经济国家普遍采用的国民经济核算体系。

SNA 依据西方经济理论，认为所有生产物质产品的活动和提供劳务的活动都是生产活动，凡是从事生产活动的公私企业、机构和个人都列入生产部门，一切生产部门活动的成果都是社会产品，社会产品总量是物质产品价值和服务活动价值之和。

国民经济核算体系[①]大体可以概括为五个子系统，每个子系统有其独特的统计核算功能。国民收入核算是其中的一个子系统，其功能如表10-1所示。

表 10-1　国民经济核算体系的构成与功能

	国民收入核算	考察流量（生产和收入）
国民经济核算体系（SNA）	部门联系平衡表	考察产品的流动
	资金流量表	考察资金的流动
	国民资产负债表	考察存量（资产和负债）
	国际收支平衡表	考察与外国的经济往来

国民经济核算体系迄今为止已经产生了 SNA（1953）、SNA（1968）、SNA（1993）、SNA（2008）四个版本，每个版本都在力图反映社会经济新进展的过程中而得到不断的改进。

本章阐释其中的国民收入核算体系。

对国民收入核算体系做出重大贡献的是美国经济学家库茨涅兹和英国著名的国民经济

---

① 国民经济核算体系内容庞大复杂，可参阅《国民账户体系（2008）》，中国统计出版社，2012年11月1日第1版。联合国、欧盟委员会、经济合作与发展组织、国际货币基金组织等编撰。中国国家统计局国民经济核算司、中国人民大学国民经济核算研究所翻译。

核算专家斯通。

2. 国民生产总值与国内生产总值

实行市场经济的国家可以选择采用国民生产总值或国内生产总值作为国民经济核算的总量指标。

(1) 国民生产总值

国民生产总值(GNP)是指一个国家(或地区)所有国民在一定时期内新生产出来的最终产品和服务的市场价值总和。GNP是按国民原则核算的,只要是本国(或地区)居民,无论是否在本国境内(或地区内)居住,其生产和经营活动新创造的增加值都应该计算在内。比方说,我国的居民通过劳务输出在境外所获得的收入就应该计算在GNP中。

(2) 国内生产总值

国内生产总值(GDP)是指一个国家(或地区)在一定时期内所有常住单位生产的最终产品和服务的市场价值总和。GDP是按国土原则核算的生产经营的最终成果。比方说,外资企业在中国境内创造的增加值就应该计算在GDP中。

(3) GNP与GDP的换算关系

GNP与GDP的关系是,GNP等于GDP加上国外要素净收入。所谓"国外要素净收入",是指本国公民投在国外的资本和劳务的收入减去外国居民投在本国的资本和劳务的收入。用公式可表示为

$$GNP = GDP + 国外要素净收入$$

以2001年为例,当年我国GDP为95933亿元,GNP为94346亿元,两者差额为1587亿元,也就是说2001年,外商来华投资和来华打工新增加的价值之和比中国人在国外投资和劳务输出新增的价值之和多1587亿元。

$$94346 = 95933 + (-1587)$$

(4) GNP与GDP的区别

在核算对象上,GNP按国民原则,GDP是按国土原则;在经济属性上,GNP是收入概念,GDP是生产概念,换句话说,前者强调的是获得的原始收入,后者则强调的是创造的增加值。一般讲,各国的国民生产总值与国内生产总值二者数额相差不大,但如果某国在国外有大量投资和大批劳工,则该国的国民生产总值往往会大于国内生产总值;反之,如果国外在某国有大量投资和大批劳工,则该国的国民生产总值往往会小于国内生产总值。

(5) 我国国民经济核算体系的使用情况

我国国民经济核算体系的建立、变化和完善大体经历以下几个阶段。

第一阶段为1952—1984年。这一阶段采用的是物质产品平衡表体系(The System of Material Product Balance,MPS),这一阶段我国实行高度集中的计划经济管理体制。

第二阶段为1985—1992年。这一阶段MPS和SNA两种核算体系共存、并用,立足于我国实行有计划的商品经济现实。1992年制定了《中国国民经济核算体系(试行方案)》。

第三阶段为1993年至今。这一阶段为适应发展社会主义市场经济体制的要求,建立起了与联合国SNA(1993)接轨的新版本《中国国民经济核算体系(2002)》,完全取消了MPS。中国国民经济核算体系在实践中继续完善。

2014年又进行了新的调整,新的核算体系主要是在研发支出、住房服务、央行产出和劳动报酬、财产性收入方面做出统计变革。

3. 对 GDP 的限定词的理解

理解 GDP 这一概念时应特别注意把握下列几个限定词。

(1)"在某一既定的时期内"。首先,GDP 是一个流量,是一个在某个时段里发生的量。因此在进行国民收入核算时,要先确定时段。可以为一年,也可以为半年、一个季度。其次,必须是当年的,上年已被核算过的,不应再计算,来年预计的也不该算到当年 GDP 中来。

(2)"一个国家之内"。GDP 是按照国土原则来统计核算的总量指标。只要是在考察的国家或地区的主权范围内,无论本国(地)居民还是外国居民,凡是常住者,其要素产出都予以统计核算。

(3)"生产的"。GDP 是生产性的,换句话说,以实际生产出来的产品和劳务为核算对象。这样计算出来的总量指标能更准确地反映经济景气变化。

(4)"产品与劳务"。GDP 不仅包含人们通常生产性消费和生活性消费的产品和劳务,也包含教师、医生、公务员、部队官兵等提供的服务,即以他们的当年(或计算期)的收入作为核算对象。

(5)"最终的"。"最终的"也就是计算当年新增的部分,要把中间产品的价值去掉,以避免重复计算。举例如表 10-2 所示。

表 10-2　中间产品与增加值

生产者	产　品	总产出	用　　　途	
农民	小麦	1000 元	卖给面粉商 500 元	直接消费 500 元
面粉商	面粉	800 元	卖给面包商 400 元	直接消费 400 元
面包商	面包	600 元		直接消费 600 元
总　计	总产值 2400 元		中间产品 900 元	增加值 1500 元

(6)"市场价值"。"市场价值"也就是说 GDP 是一个价值指标,由于价值是产品和劳务的共同属性,因而便于统计、加总与核算,当然,这些产品和劳务是以市场价格计算的。

(7)"所有的"。这些产品和劳务,只要是当年为交换目的而新生产出来的,无论其是否经过市场交易,都要计算,经过市场交换的,以市场价格计算其价值;未经市场交换的,按照市场价格计算价值,算是企业自己购买。而像家务劳动、自己生产自己消费的产品和劳务则不属于这个"所有"范围,即不计算入 GDP 之内。

4. 国内生产总值五个相关指标

(1)国内生产总值五个相关指标分述

① 国内生产总值(GDP),如前所述,是指一个国家(或地区)在一定时期内所有常住单位生产经营活动的全部最终成果的市场价值总和。

② 国内生产净值(NDP),是一个国家在一定时期内新增加的产值,等于国内生产总值减去固定资产折旧。

③ 国民收入(NI),也就是广义的国民收入,是指一个国家各种生产要素(劳动力、土地、资本、企业家才能)的收入之和,也就是工资、地租、利息、正常利润之和。

④ 个人收入(PI),是指个人在一定时期内从各种来源所得到的全部收入。从国民收入中减去那些不会成为个人收入的项目(如公司所得税、公司未分配的利润、社会保险

金),再加上那些不是来自个人要素收入的项目(如政府转移支付、企业转移支付等)就是个人收入。

⑤ 个人可支配收入(PDI),是指一个国家的所有个人在一定时期内实际得到的个人可以支配的全部收入。从个人收入中减去个人所缴纳的税收,就成为个人可以自由支配的收入。个人可支配收入可以分为个人消费和个人储蓄两部分,其关系可以用公式表示为

$$个人可支配收入 = 个人收入 - 个人所缴纳的税收$$
$$= 个人消费 + 个人储蓄$$

(2) 国内生产总值五个相关指标的关系

根据上述五个总量的定义,可以将国民收入核算中五个总量之间的关系表示如下(见图 10-2)。

① 国内生产净值=国内生产总值-折旧。

② 国民收入=国内生产净值-间接税=工资+利息+地租+正常利润。

③ 个人收入=国民收入-公司所得税-公司未分配利润-社会保险金+政府向个人的转移支付+企业向个人的转移支付。

④ 个人可支配收入=个人收入-个人所缴纳的税收(如所得税、财产税等)=个人消费+个人储蓄。

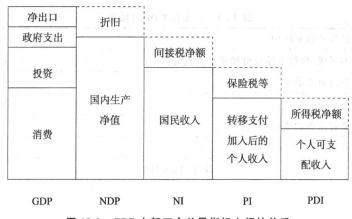

图 10-2　GDP 内部五个总量指标之间的关系

10.1.2　国民收入核算方法

我们可以在市场经济运行模型中设置三个价值流量测量点,如图 10-3 中　所示,测量统计在一定时期要素所有者创造的社会财富总价值量,或者说,经过某一测量点的价值循环流量。因测量点的位置不同,形成了三种基本核算方法。为了直观起见,这里采用两部门经济模型来示意,而 GDP 具体构成则为四部门经济之构成。

1. 支出法

支出法又称为产品流动法、产品支出法、最终产品法。它是从产品的使用出发,将一个国家在一年内消费者所购买的各项最终产品和劳务的货币支出进行加总,来计算该年内全社会所生产出来的最终产品与劳务的市场价值总和。

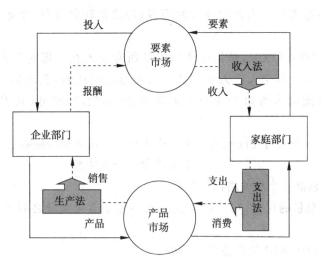

图 10-3 国民收入核算方法

GDP＝消费＋投资＋政府支出＋净出口

GDP＝$C+I+G+(X-M)$

【例 10-1】 表 10-3 是某国某年的支出法 GDP 核算实例,其中的具体项目与支出法 GDP 核算的一般计算公式中的项目几乎一一对应。

表 10-3 支出法 GDP 的核算 单位:百万元

家庭和非营利机构	760680
资本形成(含资本性投资和库存性投资)	194800
政府的最终消费	246820
商品和服务的出口	289960
商品和服务的进口	−382400
统计误差	580
GDP:1110440	

2. 收入法

收入法又称要素所得法、要素收入法,这种方法是从收入角度出发,将各种生产要素所得到的收入相加,即把劳动所得到的工资、土地所得到的地租、资本所得到的利息和企业家才能所得到的利润相加起来计算国民收入,然后再从国民收入中推算出国民生产总值。从理论上说,用要素所得法计算应为

GDP ＝要素收入＋政府税收－转移支付

＝工资＋利息＋租金＋利润＋间接税减津贴

公式中的工资、利息、租金、利润等项已含转移支付,故要减去转移支付,以避免重复计算。

【例 10-2】 表 10-4 是某国某年的收入法 GDP 核算实例,其中的具体项目名称与前述收入法核算一般公式中的项目名称略有不同,但实质是一致的。

表 10-4　收入法 GDP 的核算	单位:百万元
雇员报酬(工资和薪金)	639050
营业盈余(企业、政府和其他机构的毛利润)	259500
混合收入	73820
对生产课征的税收减去补贴(不含对产品的税收和补贴)	11450
统计误差	6530
GDP:990350	

3. 生产法

生产法又称部门法,它是根据提供产品和劳务的各部门所提供的最终产品的价值来计算国民生产总值。它反映了国民收入从各个不同部门的来源,所以又称为部门法。在根据这种方法进行计算时,各生产部门要把所使用的中间产品的产值扣除,仅计算新增加的价值。商业、服务业等部门也按增值法计算;卫生、教育、行政、家庭服务等部门则按工资收入来计算其服务的价值。

$$GDP = \sum 部门增加值$$

【例 10-3】　表 10-5 是某国某年的生产法 GDP 核算实例,从中可以很明显看出来生产法 GDP 的核算是按照具体的经济部门来统计的。

表 10-5　生产法 GDP 的核算　　　　　　　　　　　　　　单位:百万元

产　业	增加值	产　业	增加值
农业、林业、渔业	9400	采矿、能源、供水业	46200
制造业	154600	建筑业	67620
批发和零售业、修理业	128380	旅店、餐饮业	33760
交通、通信业	78280	金融机构	20800
房屋出租(商用、居住)	254670	公共管理、国防	53480
教育、保健、社会工作	131920	其他服务	54240
GDP:1033350			

以上三种方法是从不同角度对国民生产总值进行计算的,从理论上说所得出的结果应该完全一致。在这三种方法中,第一种方法,即产品流动法是最基本的方法,最后得出的国民生产总值的数字应以它为标准。如果用其他两种方法计算所得出的数字与用产品流动法计算所得出的数字不一致,则按产品流动法计算得出的数字进行调整。

10.1.3　国民收入核算中存在的缺点

通过国民收入核算可以使人们了解一个国家的总体经济情况,但经济学家认为,这个体系并不能完全准确地反映出一个国家的真实经济情况,因为在现行的国民收入核算体系中还存在着一些缺点。这些缺点主要包括以下几个方面。

1. 经济中的一些数字无法真实计算

国家在进行国民收入统计与核算时,经济中的一些活动经常无法真实计算,所以还有很多经济活动没有被计入国民收入。

(1) 经济中的一些非法活动无法计入国民生产总值(GNP)。

（2）经济中的一些非市场活动无法计入 GNP。

（3）各种偷税、漏税活动无法计入 GNP。

（4）在经济生活中，还有些项目很难精确计算，比较典型的是家务劳动。

2. 国民收入只反映经济情况，不能反映经济福利情况

（1）GDP 不能反映人们在精神上的满足或不满足。

（2）GDP 不能反映闲暇给人们带来的享受。现代经济学家认为，闲暇时间是生活水平的反映；是社会财富的尺度；是文明生活的体现；是个人才干的发挥。随着经济的发展，人们收入不断提高，更多的将是追求闲暇，这与 GNP 的生产要求是矛盾的。

（3）GDP 不能反映生活质量的变化，比较典型的是环境污染问题。

（4）GDP 只是笼统地统计产品的市场价值，并不反映哪些产品能给人们生活带来福利，哪些不能。

（5）GDP 统计的是总量，它的增加与减少，是经过交易的产品和劳务的多寡来决定的，并没有反映出社会产品在各类人群中的分配情况，因此 GDP 的增加并不等于社会福利的增加。

由于以上提到的在国民收入核算中存在的一些问题，20 世纪 70 年代，美国经济学家托宾和诺德豪斯提出了"经济福利尺度"（简称 MEW）的概念，萨缪尔森提出了"经济净福利"（简称 NEW）的概念。这两个概念内容大致相同，都是对国民生产总值指标进行的部分修改，以使其能反映出国民经济给人们带来的福利程度。

知识链接 10-1

对国民经济账户体系的赞扬与批评

赞扬——

（1）GDP 设计的理论价值。①GDP 和其他国民收入账户属于最伟大的发明之列；②GDP 账户数据是核心经济信息；③GDP 是经济学家创新的源泉。

（2）GDP 对于政府管理的贡献。①GDP 是政府经济安全的必要信号；②发展政府职能的作用；③GDP 账户是整个统计系统中最大的宏观经济分析工作；④GDP 是制度基础设施的关键部分。

（3）对于经济稳定和增长的贡献。这使得政府能够及时准确地把握宏观经济运行态势，采取合理措施保持经济稳定运行和持续增长。

国民经济账户已经成为现代宏观经济分析的支柱。[①]

批评——

1968 年 3 月 18 日，约翰·肯尼迪总统的弟弟罗伯特·肯尼迪在堪萨斯大学演讲：

很长一段时间以来，我们放弃追求个人品质和公众价值，只是一味地积累物质财富。目前一年的 GNP 已超过 8000 亿美元；然而随之而来的还有空气污染和香烟广告，以及清理高速公路车祸的救护费用。随着 GNP 的提高，我们不得不安装防盗锁，建造监狱关押犯人。在 GNP 提高的过程中，珍贵的红木和自然景观遭到了破坏；随之而来的还有凝固汽油弹和核弹头、用来镇压城市暴乱的警用装甲车。社会上还出现了查尔斯·惠特曼和理查德·斯

---

① 赵彦云，伍业峰. GDP：20 世纪最伟大的发明之一[J]. 统计研究，2001（7）：52-56.

拜克那样残忍的凶手。为了向我们的孩子销售玩具,电视节目频频美化暴力。GNP 并没有考虑到孩子们的健康,以及他们的教育质量或他们玩耍的乐趣;它也不包含诗歌之美和婚姻的力量、公共舆论的智慧以及公共官员的正直。它既不衡量我们的敏锐,也不衡量我们的勇气;既不衡量我们的智慧,也不衡量我们的学识;既不衡量我们的怜悯之情,也不衡量我们对国家的忠诚。简言之,除了那些使生活富有意义的事物以外,它衡量一切。此外,它能告诉我们有关美国的一切,却不能告诉我们,为什么我们因为自己是美国人而感到骄傲。[1]

10.2 名义国内生产总值与实际国内生产总值

10.2.1 名义 GDP 与实际 GDP

1. 名义 GDP

名义 GDP 是指按当年市场价格(即现期价格)计算的一年所生产的全部最终产品和劳务的市场价值总和。设某国生产 n 种产品与服务,Q 为产量,P 为价格,则有名义 GDP 的计算公式:

$$名义\,GDP = \sum_{i=1}^{n}(Q_i \cdot P_i)$$

影响名义 GDP 变化的因素:①商品和劳务实际产出量的变化;②市场价格的变化。前面一个因素反映了社会财富的实际变动,后一个因素则扩大或者缩小了社会财富实际变化状况,通常要将它剔除。剔除物价变动因素后的 GDP 就是实际 GDP。

2. 实际 GDP

实际 GDP 是指在一年内该国居民所生产的最终产品与劳务按某一基年的市场价格计算得出的货币总量。由于不同年份的实际 GDP 按同一基年的不变价格计算得出,剔除了在不同年份中价格变动对 GDP 的影响。实际 GDP 反映了这一时期内国内生产总值中实际产出数量的真实变化情况,便于不同年度国内生产总值之间的比较。

$$实际\,GDP = \frac{名义\,GDP}{GDP\,平减指数} \times 100\%$$

名义 GDP 与实际 GDP 的比较举例如表 10-6 所示。

表 10-6 名义 GDP 与实际 GDP 比较

项目 产品	10 年前名义 GDP			今年名义 GDP			今年实际 GDP		
	产量	价格	产出	产量	价格	产出	产量	价格	产出
面包	10	3	30	20	4	80	20	3	60
电影	30	3.5	105	50	5	250	50	3.5	175
产出合计	—	—	135	—	—	330	—	—	235

$$10\,年间名义\,GDP\,增长 = \frac{330-135}{135} \times 100\% = 144\%$$

$$10\,年间实际\,GDP\,增长 = \frac{235-135}{135} \times 100\% = 74\%$$

---

[1] 亚瑟·奥利沙文. 生活中的经济学[M]. 刘春生,译. 北京:中国人民大学出版社,2013.

实际 GDP 是以不变的价格计算的 GDP，计算实际 GDP 时首先要选个基年，以选定的基年的物价计算 GDP，这样就有个不同年份 GDP 比较的基础。基期不同，名义 GDP 和实际 GDP 的关系也不同。因此，当你在图中看指数时，一定先要核对一下基期是哪一年。

名义 GDP 的增长一般快于实际 GDP 的增长，名义 GDP 的增长既可以来自实物产出的增加，也可以来自价格水平的上涨，而实际 GDP 的增长却只能来自实物产出的增加。

3. 人均国内生产总值

用当年的国内生产总值除以同一年的人口数量，则可以得出当年的人均国内生产总值。人均国内生产总值的计算公式：

$$某年人均国内生产总值 = \frac{某年\ GDP}{当年人口数量}$$

这里所用的人口数量是当年年初与年末的人口数平均值，或者是年中（当年 7 月 1 日零时）的人口数。

国内生产总值有助于了解一国经济实力与市场规模，而人均国内生产总值则有助于了解一国的富裕程度与生活水平。

10.2.2　物价指数

1. GDP 平减指数

GDP 平减指数又称 GDP 缩减指数、GDP 紧缩指数或折算系数，是指没有扣除物价变动的 GDP 增长率与剔除物价变动的 GDP 增长率之差。名义 GDP 的增长和实际 GDP 的增长之差就是 GDP 价格的增长，该价格时常被称为 GDP 平减指数。

GDP 平减指数[①]的计算公式：

$$GDP\ 平减指数 = \frac{代表性商品组合按当期价格计算的价值总和}{代表性商品组合按基期价格计算的价值总和} \times 100\%$$

$$GDP\ 平减指数 = \frac{\sum P_i \times Q_i}{\sum P_b \times Q_i} \times 100\%$$

式中，Q_i 为代表性商品组合；P_i 为报告期价格；P_b 为基期价格。

GDP 平减指数的计算基础比 CPI 广泛得多，涉及全部商品和服务，除消费外，还包括生产资料和资本、进出口商品和劳务等。因此，这一指数能够更加准确地反映一般物价水平走向。

经济专家们之所以关注 GDP 平减指数，还因为与投资相关的价格水平在这一指标中具有更高的权重。例如，我国 2004 年 GDP 平减指数上涨 6.9%，高出 CPI 涨幅 3 个百分点，说明投资价格的上涨远远高于消费价格的上涨。

---

① 在 GDP 平减指数、CPI 指数、PPI 指数等指数类的计算公式中，在化为百分数表达形式时，许多教科书都乘上 100，似乎乘上 100% 更准确些。——编者

2. 消费者物价指数

消费者物价指数(CPI)是反映与居民生活有关的产品及劳务价格统计出来的物价变动指标,通常作为观察通货膨胀水平的重要指标。

如果消费者物价指数升幅过大,表明通胀已经成为经济不稳定因素,央行可能会实行紧缩货币政策和财政政策,从而造成经济前景不明朗。因此,该指数过高的升幅往往不被市场欢迎。

CPI是一个滞后性的数据,但它往往是市场经济活动与政府货币政策的一个重要参考指标。CPI稳定、就业充分及GDP增长往往是最重要的社会经济目标。不过,从中国的现实情况来看,CPI的稳定及其重要性并不像发达国家所认为的那样"有一定的权威性,市场的经济活动会根据CPI的变化来调整"。

CPI的计算公式:

$$CPI = \frac{一组固定的代表性消费品按当期价格计算的价值}{一组固定的代表性消费品按基期价格计算的价值} \times 100\%$$

$$CPI = \frac{\sum P_i \times Q_i}{\sum P_b \times Q_i} \times 100\%$$

式中,Q_i为代表性消费品组合;P_i为报告期价格;P_b为基期价格。

萨缪尔森的价格指数表述[1]与上面的表述有所不同,以CPI指标为例,计算的结果是价格水平的变化量。

$$t 期 CPI 的变动百分比 = 100 \times \Big(\sum 商品 i 在 t-1 期权重$$
$$\times 从第 t-1 到第 t 期商品 i 的价格变动百分比\Big)$$

核心消费者物价指数(核心CPI)。所谓核心消费者物价指数(Core CPI),是指将受气候和季节因素影响较大的产品价格剔除之后的居民消费物价指数。目前,我国对核心CPI尚未明确界定,美国是将燃料和食品价格剔除后的居民消费物价指数为核心CPI。

导致CPI高估真实通货膨胀率的四种偏误[2]如下:

第一种,替代性偏误。构建CPI时,统计局假设消费者每月在代表性商品篮子中购买相同数量的商品。其实消费者对篮子中涨价的商品会减少购买,而对降价的商品会增加购买,消费者实际购买的一篮子商品的价格上涨幅度会比统计局的一篮子商品价格涨幅要小。

第二种,质量增加偏误。有些商品涨价,部分是因质量的改进,部分是因纯粹的通货膨胀。然而,统计局要想把质量改进引起的涨价从纯粹通货膨胀中完全剔除出来是很困难的,换句话说,统计局把部分因质量改进的价格提高当作是纯粹的通货膨胀,因而高估了通胀率。

第三种,新产品偏误。统计局一般每10年更新一次篮子中的代表性商品组合。但有的

---

① 保罗·萨缪尔森,威廉·诺德豪斯. 微观经济学[M]. 19版. 萧琛,译. 北京:人民邮电出版社,2012:90-91.

② R. 格伦·哈伯德,安东尼·P. 奥布赖恩. 经济学(宏观)[M]. 王永钦,丁菊红,许海波,译. 北京:机械工业出版社,2007:195-196.

新产品在更新前问世,没有进入篮子,经历了价格下行(特别是电子产品价格下滑很快),其价格下跌就没有计入 CPI。

第四种,店铺偏误。统计局一般是对全价零售商店的商品价格进行调查,但现在越来越多的网店、打折店也加入商品的销售中来,这一部分商品低价信息没有被搜集,CPI 反映了比较高的物价水平。

3. 生产者物价指数

生产者物价指数(PPI)是用来衡量生产者在生产过程中,所需采购品的物价状况;因而这项指数包括了原料、半成品和最终产品等(美国约采用 3000 种东西)三个生产阶段的物价资讯。

与 CPI 不同,PPI 主要的目的是衡量企业购买一组代表性生产要素的费用。由于企业最终要把它们的费用以更高的消费价格的形式转移给消费者,所以,通常认为生产者物价指数的变动对预测消费者物价指数的变动是有用的。

PPI 的计算公式:

$$生产者物价指数 = \frac{代表性投入品组合按当期价格计算的价值总和}{代表性投入品组合按基期价格计算的价值总和} \times 100\%$$

$$PPI = \frac{\sum P_i \times Q_i}{\sum P_b \times Q_i} \times 100\%$$

式中,Q_i 为代表性投入品组合;P_i 为本期价格;P_b 为基期价格。

核心生产者物价指数。将食物及能源去除后的,称为"核心 PPI"(Core PPI)指数,以正确判断物价的真正走势——这是由于食物及能源价格一向受到季节及供需的影响,波动较大。

理论上来说,生产过程中所面临的物价波动将反映至最终产品的价格上,因此观察 PPI 的变动情形将有助于预测未来物价的变化状况,PPI 是超前数据,因此这项指标受到市场重视。

知识链接 10-2

GDP 拥抱什么,疏远什么

1. 以下事物能够提高 GDP

(1) 污染。如果地下水遭到了污染,那么我们就必须购买价格昂贵的瓶装水,GDP 也会随之提高。

(2) 犯罪。当人们提出财产索赔并且重新购买被盗物品时,GDP 就会增长。当人们安装警报器、栅栏,聘请保镖的时候,GDP 也会增长。

(3) 健康损害。另一项"防御性"支出包括很多医疗保健费用。比如,2006 年美国销售了 3500 多亿根香烟,促进了 GDP 的增长。

(4) 家庭破裂。离婚对于家庭而言并非好事,对 GDP 而言却是好事。离婚一次需要 7000~100000 美元,这些费用通常包括律师费、分家费以及心理治疗费。

(5) 债务、止赎和破产。当国民或政府借款太多,以及个人或国家债务上升时,GDP 也会随之增长。2010 年,大约有 150 万美国人宣布破产,平均每次破产引起的费用是 700～4000 美元。

(6) 纸上产品和泡沫破裂。新的"金融产品"(如衍生产品和信用违约互换)是引发 2008 年金融危机的主要原因,并导致了全球经济衰退。

(7) 日益匮乏的资源。自然资源的枯竭对于我们的子孙后代是一种危害,但是资源的稀缺对于 GDP 的提高却是一件好事。比如,随着美国和全球石油资源的日渐消耗,汽油的价格也日益上涨,从而提高了 GDP,但是普通百姓的口袋却越来越空。

(8) 风险。GDP 从不考虑风险成本。核电厂生产的电力能够提高 GDP。福岛发生的核灾难需要大量的金钱去清理和减少伤害,这也能够提高 GDP。

2. GDP 没有计算在内的内容

(1) 自然。自然资源是大多数生产性经济资产的基础。例如,西达河(Cedar River)上游的水经过了森林的过滤,成为西雅图的饮用水来源,而且这些水源远远超过饮用水的标准。

(2) 可持续性。GDP 不关心可持续性,也不关心经济生产活动是否可持续。500 多年来,大西洋鳕鱼渔场曾经是全球最大的食用鱼渔场,但是经过几十年的过度捕捞,如今鳕鱼的数量已经大量减少。

(3) 锻炼。我们都知道锻炼有益于身体健康,但是只有当我们花钱锻炼时,GDP 才将锻炼计算在内。

(4) 社会联系。人与人之间的联系是我们保持身心健康和幸福快乐最重要的因素。但是对于 GDP 而言,只有当人们花钱维持联系时,我们和亲朋好友的相处才不是浪费时间。父母与子女共享天伦之乐,这对 GDP 没有一点贡献——除非父母花钱买了礼物给孩子。

(5) 志愿服务。它是社区团结的凝聚力,随着社会服务预算的削减,志愿服务将会越来越重要。但是如果志愿服务完全免费,那么对于 GDP 而言也没有帮助。

(6) 家务劳动。GDP 没有把家务劳动计算在内。如果我们聘请了保姆、女佣、园丁或木匠,我们就是在为 GDP 做贡献。但是,如果我们自己动手,那么就对 GDP 一点贡献也没有。

(7) 价格和数量效应。GDP 不会区分价格效应和数量效应。例如,一家公司将汽车的单价翻倍,那么 GDP 反映的结果就好像是这家公司以原先的价格制造并销售了两辆汽车。这就说明,GDP 无法准确地衡量生产力。

(8) 质量。人们对 GDP 批评最多的一点就是它缺乏质量调节的能力。GDP 过分重视质量低价格高的商品,却忽视了质量高性能好的商品。

3. 矫正 GDP 荒谬的那一面

越来越多的人开始质疑 GDP。小约翰·布,泰德·霍尔斯特德和乔纳森·罗伊提出了真实发展指标 GPI (Genuine Progress Indicator)。该指标基于 GDP,但是增加了一些例如家务劳动和志愿服务的项目,减去了一些例如污染、家庭破裂和意外事故之类的项目。根据图 10-4 所示,自 1973 年以来,美国的生活质量实际上下降了,而 GDP 却增长了一倍多。罗伊在 2008 年国会上直言不讳地指出:"GDP 之所以把车祸、癌症、离婚、非正常的抵押贷款以及赌博看作是经济增长的证据,只是因为这些事件能够引起大量的金钱支出,而这些衡量标准根本就是无稽之谈。"①

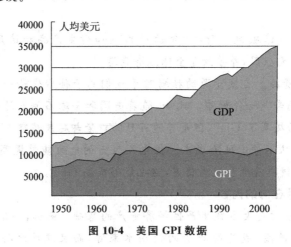

图 10-4 美国 GPI 数据

10.3 重要经济指标

经济指标是经济研究、分析、计划和统计以及各种经济工作所通用的工具。随着生产关系和经济结构的变革、科学技术的发展、科学技术研究成果的推广应用、国际经济联系的扩展，新的经济范畴和经济指标不断涌现，使经济指标更加系统化、程序化，以同现代计算技术相适应。对于经济指标的计算范围、口径、方法、计量单位等，要有统一规定，并逐步达到标准化和通用化，以立法方式固定下来。

10.3.1 常用的宏观经济指标

除了前面学习过的国内生产总值、国内生产净值、国民收入、个人收入、个人可支配收入、GDP 平减指数、消费者物价指数、生产者物价指数外，还有以下几个常用的国民经济指标。

1. 产业结构比例

第一产业、第二产业、第三产业的产值占国内生产总值中的比例，即产业结构比例，是最重要的国民经济指标之一，它体现了一个国家或地区经济所处的发展阶段。

第一产业是指农、林、牧、渔业。第二产业是指采矿业，制造业，电力、燃气及水的生产和供应业，建筑业。第三产业是指除第一、二产业以外的其他行业。包括交通运输、仓储和邮政业，信息传输、计算机服务和软件业，批发和零售业，住宿和餐饮业，金融业，房地产业，租赁和商务服务业，居民服务和其他服务业，教育、卫生、社会保障和社会福利业等。

2. 固定资产投资额

固定资产投资额是以货币表现的建造和购置固定资产活动的工作量，它是反映固定资产投资规模、速度、比例关系和使用方向的综合性指标。全社会固定资产投资按经

---

① 亚瑟·奥利沙文. 生活中的经济学[M]. 刘春生，译. 北京：中国人民大学出版社，2013.

济类型可分为国有、集体、个体、联营、股份制、外商、港澳台商、其他等。按照管理渠道,全社会固定资产投资总额分为基本建设、更新改造、房地产开发投资和其他固定资产投资四个部分。

3. 社会消费品零售总额

社会消费品零售总额是指各种经济类型的批发零售贸易业、餐饮业、制造业和其他行业对城乡居民和社会集团的消费品零售额和农民对非农业居民零售额的总和。该指标反映一定时期内人民物质文化生活水平的提高情况,反映社会商品购买力的实现程度,以及零售市场的规模状况,是研究人民生活水平、社会零售商品购买力、社会生产、货币流通和物价的发展变化趋势的重要资料。

4. 货币存量

货币存量或者说流通量与货币定义有关。M_0＝流通中的现金;狭义货币 M_1＝M_0＋企业活期存款＋机关团体部队存款＋农村存款＋个人持有的信用卡类存款;广义货币 M_2＝M_1＋城乡居民储蓄存款＋企业存款中具有定期性质的存款＋信托类存款＋其他存款。M_1 反映着经济中的现实购买力;M_2 不仅反映现实的购买力,还反映潜在的购买力。若 M_1 增速较快,则消费和终端市场活跃;若 M_2 增速较快,则投资和中间市场活跃。

5. 外汇储备

外汇储备又称为外汇存底,是指一国政府所持有的国际储备资产中的外汇部分,即一国政府保有的以外币表示的债权,是一个国家货币当局持有并可以随时兑换外国货币的资产。狭义而言,外汇储备指一个国家的外汇积累;广义而言,外汇储备是指以外汇计价的资产,包括现钞、黄金、国外有价证券等。外汇储备是一个国家国际清偿力的重要组成部分,同时对于平衡国际收支、稳定汇率有重要的影响。

6. 热钱

热钱又称游资或投机性短期资本,只为追求最高报酬以最低风险在国际金融市场上迅速流动的短期投机性资金。在外汇市场上,由于此种投机性资金将有贬值倾向货币转换成有升值倾向的货币,增加了外汇市场的不稳定性,因此,只要预期的心理存在,唯有让升值的货币大幅波动或实行外汇管制,才能阻止这种投机性资金的流动。

7. 外商直接投资

外商直接投资(FDI)是一国的投资者跨国境投入资本或其他生产要素,以获得利润或稀缺生产要素为目的的投资活动。截至 2007 年年底,中国累计实际使用外资金额 7630 亿美元。自 1992 年起我国已连续 16 年成为世界上吸收外资最多的发展中国家。

8. 贸易顺差或逆差

在一定的时间里(通常按年度计算),贸易的双方互相买卖各种货物,甲方的出口金额大过乙方的出口金额,或甲方的进口金额少于乙方的进口金额,其中的差额,对甲方来说,就叫作贸易顺差,对乙方来说,就叫作贸易逆差。国际贸易的顺逆差直接影响两国货币的兑换比率,进而影响到与其他国家货币的兑换比率。

9. 工业增加值

工业增加值是指工业企业在报告期内以货币形式表现的工业生产活动的最终成果;是工业企业全部生产活动的总成果扣除在生产过程中消耗或转移的物质产品和劳务价值后的余额;是工业企业生产过程中新增加的价值。各部门增加值之和即为国内生产总值,它反映的是一个国家(地区)一定时期内所生产和提供的最终产品和服务的市场价值的总和。

10. 经济增长率

经济增长率也称经济增长速度,它是反映一定时期经济发展水平变化程度的动态指标,也是反映一个国家经济是否具有活力的基本指标。

经济增长率是末期国民生产总值与基期国民生产总值的比较。以末期现行价格计算末期 GNP 得出的增长率是名义经济增长率。以不变价格(即基期价格)计算末期 GNP 得出的增长率是实际经济增长率。在量度经济增长时,一般都采用实际经济增长率。

10.3.2 国民收入核算 GDP 与均衡国民收入 GDP 的区别

本章的国民收入核算,是通过用三种方法得出的总产出,可称为国民收入核算 GDP,即图 10-6 中的 Y'。从图中可以看出,这个总量主要是由社会总供给 AS 方面的因素确定的。下一章起讨论的 GDP 是由市场经济中供求一致条件下所确定的总产出,可称为均衡国民收入 GDP,即图 10-6 中的 Y^*,从图中可以看出这个总量是由社会总供给 AS 和社会总需求 AD[①] 两方面的因素共同决定的。

国民收入核算 GDP 与均衡国民收入 GDP 两者的区别是,前者是已经生产出来的全部产品和劳务,既包含"计划库存"又包含"非计划库存",后者只是生产出来的产品和劳务中被市场出清的那一部分,只包含"计划库存"却不包含"非计划库存"。

计划库存与非计划库存是相对概念,计划库存是企业为了生产经营周转的需要或投机性需要而安排的库存,非计划库存则是由于市场波动而造成的不在计划之内的库存。

非计划库存虽然没有在市场上售出,但作为当年的新创造的产品和劳务应该核算到 GDP 中去,从而成为国民收入核算 GDP 的组成部分。由于非计划库存没有被市场出清,因而不进入均衡国民收入 GDP 中去。

图 10-5 中,AS 为总供给,AD 为总需求,P 为物价水平,E 为均衡点,Y^* 为均衡国民收入 GDP,Y' 为国民收入核算 GDP,UI 为非计划库存(又称非意愿库存)。

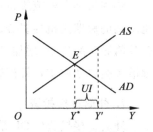

图 10-5 国民收入核算 GDP 与均衡国民收入 GDP

---

① 总供给是指经济社会所提供的总产量(或国民收入)。总需求是指经济社会对产品和劳务的需求总量(通常以支出水平来表示)。

中国 GDP 面面观

1. 2004—2013 年 GDP 及其增长率（见表 10-7）

表 10-7　中国 2004—2013 年 GDP 及其增长率

指标	2013	2012	2011	2010	2009	2008	2007	2006	2005	2004
GDP /万亿元	57	52	47	40	34	31	27	22	18	16
GDP 增长率％	7.7	7.7	9.3	10.4	9.2	9.6	14.2	12.7	11.3	10.1
人均 GDP /万元	4.0	3.8	3.5	3.0	2.6	2.4	2.0	1.6	1.4	1.2
人均 GDP 增长率％	7.1	7.1	8.8	09.9	8.7	9.1	13.6	12.0	10.7	9.4

2. GDP 的核算[①]

（1）核算单位

GDP 核算主要以法人单位作为核算单位，在核算中依据法人单位从事的主要活动将其划分到不同的行业，分别计算各个行业的增加值，再将各行业增加值汇总得到 GDP。

（2）核算步骤

按照 GDP 核算时效性的要求，中国年度 GDP 要进行三次核算，第一次为"GDP 初步核算"；第二次为"GDP 初步核实"；第三次为"GDP 最终核实"，每一次核算结果都会有所变化。

① 初步核算。由于我国季度 GDP 核算采用累计核算的方式，所以 1~4 季度的 GDP 初步核算即为年度 GDP 初步核算。年度 GDP 初步核算在 1 月 20 日之前完成。年度 GDP 初步核算采用季度 GDP 核算方法得到。

② 初步核实。年度 GDP 初步核实在次年 9 月底之前完成。之所以做年度 GDP 初步核实是为了取得更加全面、可靠的基础资料，这些资料包括国家统计局专业统计年报资料、部分行业的年度财务资料等。利用这些资料可采用生产法或收入法分行业核算其增加值。

③ 最终核实。年度 GDP 最终核实在隔年 1 月份完成。之所以做年度 GDP 最终核实是因为在年度 GDP 初步核实之后，又取得了一些新的基础资料，主要包括财政决算资料和部分行业的年度财务资料。与年度 GDP 初步核算类似，利用这些资料可采用生产法或收入法分行业核算其增加值。

（3）资料来源

年度 GDP 初步核算采用季度 GDP 核算方法及资料来源。

一是国家统计局调查资料。它是国家统计局系统调查获得的各种年报资料，包括农林牧渔业、工业、建筑业、批发和零售业、住宿和餐饮业、房地产业等行业统计调查年报资料，住

---

① http://finance.eastmoney.com/news/1350,20130107266835989.html.

户调查资料,人口与劳动工资统计年报资料,以及服务业抽样调查资料等。

二是部门年度财务资料。它是国家统计局统一制定、有关行政管理部门和部分国有企业负责组织实施的本行业年度财务决算资料,如铁道部、卫生部、中国石油化工集团公司汇总的所属企业或事业单位年度财务资料等。

三是财政决算资料。它是财政部编制的财政收支决算资料,以及中央部门所属的行政事业单位收支决算资料等。

四是行政管理部门的行政记录资料。主要包括国家税务总局、中国人民银行、保监会、证监会等行政管理部门的相关数据,例如中国人民银行的金融机构本外币信贷收支资料、国家税务总局分行业的税收资料等。

(4) 发布时间

年度GDP初步核算数一般于年后20天左右发布;年度GDP初步核实数在次年9月底发布;年度GDP最终核实数在隔年的1月份发布。

(5) 发布方式

年度GDP初步核算数在年度统计新闻发布会、国家统计局网站、《中国经济景气月报》上公布;年度GDP初步核实数和最终核实数在国家统计局网站上以国家统计局公告的形式发布;同时,年度GDP初步核实数还在次年的《中国统计年鉴》上公布,年度GDP最终核实数在隔年的《中国统计摘要》和《中国统计年鉴》上公布;国家统计数据库将同步更新。

3. 中国明后年将推GDP新核算体系,总量将增加[①]

网易财经2013年11月17日讯:国家统计局副局长许宪春昨日在中国经济年会上表示,明后年中国将推行新的GDP核算体系,中国GDP总量将增多。

"国家统计局正在依据2008年SNA的变化和中国社会主义市场经济发展中出现若干新情况,对于2002年核算体系基本概念、基本分类、基本指标和基本方法进行系统梳理,计划在明年年底或者猴年年初形成新的货币预算标准。"

新的核算体系主要是在研发支出、住房服务、央行产出和劳动报酬、财产性收入方面做出统计变革。研发方面,将把研发支出作为投资形成固定资产,而不是生产其他产品的成本。不过也不是所有的研发开支都作为投资。

修订还将包括,将雇员股票期权计入劳动者报酬,将土地承包经营权流转收入计入财产收入。他强调,"经济所有权概念的引入,将使我国国民经济核算体系更加客观地反映我国某些交易活动。比如,农村土地经营权流转收入将会得到较好的反映。目前土地承包经营权流转收入已经成为农民收入重要组成部分,经济所有权概念音符将增加农村居民财产收入,提高居民采办性收入占居民收入的比重。"

4. 相关资讯

(1) 美国推出GDP新核算方法,中国超美国至少推迟5年

人民网华盛顿2013年7月31日电(记者 廖政军):按照预先计划,美国商务部下属的经济分析局7月31日正式在官网公布调整后的国内生产总值(GDP)核算方法,以及根据新方法修订后的经济数据。由于新方法将研发投入和娱乐产业等"无形资产"以及养老金赤字等纳入核算范畴,因此修订后的2012年GDP总量增加了3.6%,即5598亿美元,相当于美国

民众每年每人增加 1783 美元。[1]

（2）网言众议：各省 GDP 总量超全国 5.76 万亿元，如何挤掉水分[2]

中国经济网 2013 年 2 月 5 日发表报道。新闻背景：近日，全国 31 个省（区、市）的人大会议相继召开，各省级政府都向当地人大提交了过去一年的经济发展答卷。有记者发现，2012 年全国各省（区、市）核算出的 GDP 相加总量达到 57.69 万亿元，比国家统计局此前公布的 2012 年初步核算的国内生产总值 51.93 万亿元高出 5.76 万亿元，相当于多出一个广东省的经济总量。

网民：表面的 GDP 繁荣，不仅误导中央宏观决策，挤占民生空间，更可怕的是，这种 GDP 疯长的顽疾似乎成了官场通病，统计数字注水、GDP 层层加码、相邻地区互相攀比的现象屡见不鲜。"GDP 出政绩"，一些官员为了迎合上级考核的需要、追求升迁的资本、获得立竿见影的效果，不惜大搞能增加 GDP 的政绩工程、形象工程，并且想方设法把这种政绩工程重复折算成数字符号。

网民：弄虚作假是可怕的，更可怕的是长期公然造假、对造假行为熟视无睹。GDP 一再被注水，也折射出一些地方政府发展理念存在问题，那就是"唯 GDP 至上"的错误政绩观念依旧严重。用这种理念指导经济发展，自然会偏离正道。而今老问题已成大问题，还能再听之任之吗？

（3）GDP 数据泄密案两官员被判刑，祸起买卖股票牟利

新浪财经（2011 年 10 月 25 日，来源：新闻晨报）[3]综合新华社电，24 日上午，最高人民检察院和国家保密局在国新办联合举行新闻发布会，通报重要经济数据泄密案查处情况。据介绍，目前已立案侦查 6 件 6 人，其中两名犯罪嫌疑人是国家统计局办公室秘书室原副主任、副处级干部孙振，央行金融研究所货币金融史研究室原副主任、副处级干部伍超明，分别获刑 5 年和 6 年；其他 4 人均为证券行业从业人员。

九种经济数据被泄露。主要包括国家宏观经济数据主要有工业增加值、城镇固定资产投资同比增长、国民生产总值（GDP）、全民消费价格指数（CPI）、工业产品出厂价格指数（PPI）、消费品零售总额、人民币贷款增加、广义货币同比增长 M_2、狭义货币同比增长（M_1）9 种。经鉴定，部分数据在国家正式公布前，属于机密级国家秘密，部分数据在国家正式公布前属于秘密级国家秘密。

泄密背后有利益驱动。重要经济数据泄露以后的危害主要表现在三个方面：①政府的公信力受到影响；②经济秩序遭到破坏；③给经济运行带来危害。每一次经济数据泄露以后，股市发生异常波动，异常波动背后就有一些不公平的现象出现，所以维护及确保经济数据安全是经济部门和保密部门一项重要的职责。

本章小结

1. 当今世界绝大多数国家和地区采用国民收入核算体系（简称 SNA）。在国民收入核算体系中最重要的总量指标是国民生产总值或国内生产总值，它是一个综合性指标，尽管它

---

① http://money.163.com/13/0801/23/957ROAPQ00254TI5.html.

② http://news.163.com/13/0205/07/8MUBJ8A600014JB5.html.

③ http://msn.finance.sina.com.cn/cjyw/20111025/1113375198.html.

还有种种缺陷,但它的作用目前还无法替代。

2. 国民收入核算有三种核算方法:收入法、支出法和生产法,分别在市场经济运行的三个流量循环环节上,体现人们在一定时期所创造的最终产品和服务的市场价值总和。理论上三种方法测量的结果是一样的。

3. 国民收入核算的五个总量:国内生产总值(GDP)、国内生产净值(NDP)、国民收入(NI)、个人收入(PI)、个人可支配收入(DPI)。从 GDP 起,依次减去折旧等经济量,可得出相应的 NDP、NI、PI 和 DPI。

4. 实际国内生产总值等于名义国内生产总值除以 GNP 平减指数。也就是说,名义 GNP 的变动包含了物质财富数量的变动和物价水平的变动两个因素,要去除后一个因素,才能反映社会财富真实的增长状况。在分析国内生产总值时一定要看清基期是哪一年。

5. 消费者物价指数(CPI),是百姓日常生活中消费的若干种基本消费品的物价水平经加权求得的,反映总体消费品价格变动状况,该指标与人们的生活最为密切。生产者物价指数,是企业的基本原材料、中间产品等要素价格水平经加权求得的,反映总体生产资料价格的变动,属于超前性指标。

基本概念

国内生产资质　　　国内生产净值　　　国民收入　　　个人收入　　　个人可支配收入
国民生产总值　　　名义 GDP　　　实际 GDP　　　GDP 平减指数　　　消费者物价指数
生产者物价指数　　　经济增长率

复习实训

一、单选题

1. 下面各项中属于 SNA 体系的指标是(　　)。
　　A. 工业总产值　　　　　　　　　　B. 个人可支配收入
　　C. 边际产量　　　　　　　　　　　D. 人口出生率

2. 以下各项不属于国民收入核算方法的是(　　)。
　　A. 支出法　　　　　B. 收入法　　　　　C. 生产法　　　　　D. 总量法

3. 名义 GDP 的增长率一般比实际 GDP 的增长率(　　)。
　　A. 高　　　　　　　B. 低　　　　　　　C. 相同　　　　　　D. 不一定

4. 个人收入与个人可支配收入的差别是(　　)。
　　A. 个人所得税　　　　　　　　　　B. 间接税
　　C. 公司未分配利润　　　　　　　　D. 折旧

5. GDP 平减指数等于(　　)。
　　A. 实际 GNP 除以名义 GDP　　　　B. 实际 GNP 除以人口数量
　　C. 名义 GDP 除以实际 GNP　　　　D. 名义 GDP 除以人口数量

6. 消费者物价指数与生产者物价指数的差别在于（　　）。

    A. "选择基本商品"原则　　　　　　B. 加权计算

    C. 超前指标　　　　　　　　　　　D. 不存在

二、判断题

1. 市场经济国家和地区采用 MPS 国民经济核算体系。（　　）

2. GDP 核算采取国民原则。（　　）

3. 国内生产总值与狭义的国民收入是相等的。（　　）

4. 由于有产品积压，所以支出法与生产法计算的 GDP 不相等。（　　）

5. 基期选择不同，名义 GDP 与实际 GDP 的关系可能相反。（　　）

6. 百分数与百分点的含义是一样的。（　　）

三、问答题

1. 国内生产总值的五个总量指标及其相互关系是什么？

2. 国民收入核算的三种基本方法的内容是什么？

应用训练

一、单项训练

1. 利用国家统计局经济数据，用三种核算方法计算 GDP，并对计算结果进行比较。

2. 利用国家统计局经济数据，绘制 GDP、价格水平、最终消费、私人投资、私人储蓄余额、名义货币发行量等经济变量动态变化曲线。

二、综合应用

1. 组员研究：分头查到、整理我国和其他国家的相关数据，计算①投资率（资本形成/GDP）；②消费率率（最终消费/GDP）。

2. 小组研究：①纵向对比我国历年消费率、投资率与经济增长率；②横向对比中外消费率、投资率的差异；③分析我国高投资率、低消费率的原因。

第 **11** 章

国民收入决定

知识目标--■

通过本章教学,使同学们了解消费、投资等在国民收入决定中的重要作用,掌握国民收入决定 Y—AE 模型、AS—AD 模型和 IS—LM 模型。

技能要求--■

要求同学们能够在宏观层面进行初步的消费、投资分析,用 Y—AE 模型、AS—AD 模型和 IS—LM 模型分析宏观经济的运行状态。

引言导图--■

每年的 GDP 是由哪些宏观经济因素决定的? 这些因素是怎样共同决定 GDP 的? 可以用哪些方法了解 GDP 的决定? 这些是本章教学要解答的问题。本章引言导图如图 11-1 所示。

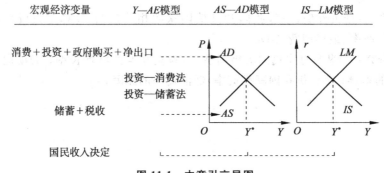

图 11-1　本章引言导图

11.1 国民收入决定:Y—AE 模型

从宏观角度,可以看到市场经济运行图有几个重要的社会经济行为:消费、储蓄、投资。凯恩斯是这样认识人类这些行为的经济动机的。

- 消费的动机——享受、短见、慷慨、失算、炫耀和奢侈。
- 储蓄的动机——谨慎、远虑、计算、改善、独立、发展、自豪与贪婪。
- 投资的动机——为了减少借债而理性地增加投资,为了应付经济萧条和企业的意外变故，为了使企业逐步改善经营管理，增加收入；为了保证及时清偿债务，使企业得以稳健发展。

11.1.1　消费与储蓄

1. 消费

（1）消费函数

正如需求的形成条件所要求的那样，仅有消费动机（即需要）是不够的，还必须有货币支付能力。影响需求的因素，都是影响消费的因素。如收入水平、商品价格、收入分配状况、家庭财产状况、利率的高低、消费者总数和年龄结构、消费偏好、风俗习惯等。当然，现在考虑的是宏观经济层面的因素。如果把这些因素记为 X_i，则消费函数可以写成：

$$C = f(X_1, X_2, \cdots, X_n)$$

假定其他因素的影响保持不变，只有收入水平（以下简称收入）一个因素对消费发生作用，那么消费函数可以写成：

$$C = f(Y)$$

一般而言，消费与收入呈同方向变化，但不一定成比例变动。

在研究宏观消费行为中，有两个概念特别有用：平均消费倾向（APC）和边际消费倾向（MPC）。

平均消费倾向，指在任一收入水平上消费在收入中所占的比率。公式表示为

$$APC = \frac{C}{Y}$$

$APC = 1$ 表示收入全部用光；$APC < 1$ 表示消费有余，可储蓄；$APC > 1$ 表示入不敷出，要救济或借债。

边际消费倾向，指增加的一个单位收入中用于消费的增加部分所占的比率，即消费增量与收入增量的比率。如果用 ΔC 代表消费增量，ΔY 代表收入增量，则其公式表示为

$$MPC = \frac{\Delta C}{\Delta Y}$$

由于消费增量必须出自收入增量，因而只有 $MPC \leqslant 1$，而不会出现 $MPC > 1$ 的情形。

（2）消费曲线

消费，从与收入有关还是无关，可以划分短期消费和长期消费。与收入无关的消费，即没有收入时仍然发生的消费，叫作自发消费；而能够随收入的变动而变动消费，叫作引致消费。

短期消费曲线，表明在这样一段时间里，消费由自发消费和引致消费两部分组成。其短期消费函数可写成为

$$C = C_a + bY$$

式中，C_a 为自发消费；b 为边际消费倾向，等于 $\Delta C / \Delta Y$，为一系数。

短期消费曲线如图 11-2 所示。图 11-2 中 F 为 45°线，当收入为 0 时，仍有消费发生 C_a；从 0 收入到 Y_0 收入，消费都是大于收入的，需要借钱或者从哪里的储蓄中取钱出来补贴消费；收入水平过了 Y_0 之后，才有剩余。从图中也可以看出，短期消费曲线的斜率即为边际消费倾向 MPC。

长期消费曲线，表明在这样一段时间里，不存在自发消费，只有引致消费一项。其长期消费函数可写成为

$$C=bY$$

式中，b 为边际消费倾向，但量值与短期消费函数的 b 有所不同。

长期消费曲线如图 11-3 所示。

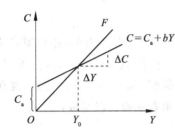 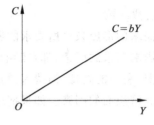

图 11-2　短期消费曲线　　　　　　图 11-3　长期消费曲线

长期消费曲线表明，在长期里，任何一个人、一个家庭、一个民族、一个国家，都必须自食其力。

2. 储蓄

（1）储蓄函数

虽然动机不同，但影响储蓄的因素与影响消费的因素几乎是相同的，如收入水平、商品价格、收入分配状况、家庭财产状况、利率的高低、消费者的年龄、消费偏好、风俗习惯，等等。当然，这些因素是从宏观经济层面予以考虑的。如果把这些因素记为 X_i，则储蓄函数可以写成：

$$S=f(X_1,X_2,\cdots,X_n)$$

如果假定其他因素的影响保持不变，只有收入水平一个因素对储蓄发生作用，那么储蓄函数可以写成：

$$S=f(Y)$$

一般而言，储蓄与收入同方向变化，但不同比例。

其余的分析与消费的分析很相似，而最重要的区别是：储蓄＝收入－消费。利用这种互余关系，很容易得出平均储蓄倾向、边际储蓄倾向、短期储蓄曲线、长期储蓄曲线。

（2）储蓄曲线

平均储蓄倾向，指在任一收入水平上储蓄在收入中所占的比率。公式表示为

$$APS=\frac{S}{Y}$$

边际储蓄倾向，指增加的一个单位收入中用于储蓄的增加部分所占的比率，即储蓄增量与收入增量的比率。公式表示为

$$MPS=\frac{\Delta S}{\Delta Y}$$

短期储蓄曲线，表明在这样一段时间里，储蓄由自发储蓄和引致储蓄两部分组成。其短期储蓄函数可写成为

$$S=S_a+(1-b)Y$$

式中，S_a 为自发消费，等于 $-C_a$；$1-b$ 为边际储蓄倾向，等于 $\Delta S/\Delta Y$，为系数。

短期储蓄曲线如图 11-4 所示。图中，F 为 45° 线。

长期储蓄曲线，表明在这样一段时间里，不存在自发储蓄，只有引致储蓄一项。其长期储蓄函数可写成为

$$S = (1-b)Y$$

式中，$1-b$ 为边际消费倾向 MPS，为系数，但量值与短期储蓄函数的 $1-b$ 有所不同。

长期储蓄曲线如图 11-5 所示。

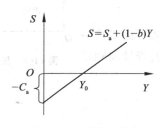

图 11-4　短期储蓄曲线

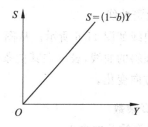

图 11-5　长期储蓄曲线

3. 消费与储蓄的关系

由于收入＝消费＋储蓄，收入增量＝消费增量＋储蓄增量，于是在平均消费倾向、平均储蓄倾向；边际消费倾向、边际储蓄倾向之间存在如下关系。

$$Y = C + S$$
$$C = Y - S; \quad S = Y - C$$
$$\Delta Y = \Delta C + \Delta S$$
$$\Delta C = \Delta Y - \Delta S; \quad \Delta S = \Delta Y - \Delta C$$
$$APC + APS = 1$$

即

$$\frac{C}{Y} + \frac{S}{Y} = 1$$
$$MPC + MPS = 1$$

即

$$\frac{\Delta C}{\Delta Y} + \frac{\Delta S}{\Delta Y} = 1$$

11.1.2　投　资

1. 投资函数

（1）投资的含义

在经济学中，投资是指资本的形成，即社会实际资本的增加量。具体包括厂房、设备、房屋建设以及存货投资的增加量。

投资可区分为总投资和净投资，其关系如下：

$$总投资＝重置投资＋净投资$$

重置投资即折旧。因此，净投资是社会资本的净增加。

（2）投资函数

影响投资的因素很多，如利率、原材料价格、资本的投资预期利润率等。这些因素若用

X_i 来表示,则有投资函数:

$$I = f(X_1, X_2, \cdots, X_n)$$

在全部影响投资的因素中,利率水平是最重要的影响因素。假定其他因素的影响不变。有投资函数:

$$I = f(i)$$

式中,i 为利率水平。显然两者呈反方向变化。

（3）投资曲线

投资曲线如图 11-6 所示。从图 11-6 中可以看出,投资曲线是一条向右下倾斜的曲线,表示在其他条件不变的情况下,投资量与利率水平呈反方向变化。

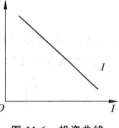

图 11-6　投资曲线

2. 投资乘数

（1）投资乘数的含义

投资乘数是产出增量与初始投资增量相比而得到的倍数。例如,假设投资增加 1000 亿元,导致产出增加 3000 亿元,乘数就是 3;若产出增加 5000 亿元,那么乘数就是 5。

（2）乘数效应过程

乘数效应过程可用下面这个例子加以说明①。假如你有 1000 元资金,盖了一间小木屋,于是木材商和木匠增加了 1000 元收入。他们消费了 666.67 元,即增加的消费占增加的收入的 2/3,也就是说,边际消费倾向为 2/3。后一拨人从木材商和木匠的消费中得到了 666.67 元的增加收入,假定这后一拨人的边际消费倾向也是 2/3,那么再下一拨人的增加收入为 444.44 元……如此反复下去,最终的收入总增加量将达到 3000 元。3000/1000＝3,投资乘数为 3。换句话说,投资的作用放大了 3 倍,如图 11-7 所示。

（3）乘数效应发生的条件

乘数效应是有条件的:①一系列的部门或人之间存在产业关联或经济往来;②经济体中有富余资源,否则仅有资金投入,没有资源支持,无法产生放大效应。

$$
\left.\begin{array}{l}
1000.00 \\
666.67 \\
444.44 \\
296.30 \\
197.53 \\
\vdots \\
+
\end{array}\right\}
=
\left\{\begin{array}{l}
1 \times 1000.00 \\
\frac{2}{3} \times 666.67 \\
\frac{2}{3} \times 444.44 \\
\frac{2}{3} \times 296.30 \\
\frac{2}{3} \times 197.53 \\
\vdots \\
+
\end{array}\right.
$$

$$\underline{\quad 3000 \quad} \qquad \underline{\quad 3000 \quad}$$

$$\frac{1}{1-\dfrac{2}{3}} \times 1000$$

图 11-7　投资乘数效应过程

---

① 保罗·萨缪尔森,威廉·诺德豪斯. 微观经济学[M].17 版. 萧琛,译. 北京:人民邮电出版社,2004.

乘数效应具有正反两面作用:增加投资,能以倍数放大国民收入;减少投资,则以倍数收缩国民收入。因此乘数效应被称为"双刃剑"。

(4)乘数一般定义

乘数效应普遍存在,于是有乘数的一般定义:乘数是指收入增量相当于某种自发性支出增量的倍数。公式为

$$K = \frac{\Delta Y}{\Delta A}$$

式中,ΔA 为自发性支出增加量。自发性增量包括自发消费增量、自发投资增量、政府购买增量、政府税收增量等。

11.1.3 总收入—总支出模型

1. 支出决定收入原理

在分别了解了消费、储蓄、投资等宏观经济变量的性质和特点以后,接下来探讨国民收入是如何决定的。

本教程的国民收入决定理论包含四个基本模型:①只考虑产品市场均衡且物价水平不变的收入—总支出模型——$Y—AE$ 模型;②考虑产品市场和货币市场同时均衡且物价水平不变的模型——$IS—LM$ 模型;③同时考虑产品市场、货币市场、劳动市场均衡且物价水平可变的模型——$AS—AD$ 模型;④在考虑了国内市场均衡的基础上还考虑国际收支均衡的 $IS—LM—BP$ 模型。

显然,第一种模型是最简单的国民收入决定模型。本节首先介绍这种国民收入决定模型,下面通过图 11-8 来阐释。

(1)在图 11-8(a)中 45°线即为均衡线,线上的任何一点都表示支出等于收入。

(2)在图 11-8(b)中 AE 为总支出曲线,譬如代表消费支出+投资支出。

(3)假定总支出为 100,均衡点 E 下对应的实际产出 100 即为均衡产出 Y^*,此时非意愿库存 IU 为 0。

(4)当总支出 AE 曲线上下移动时,总支出曲线与 45°均衡线的交点 E 也在变动,对应的均衡产量随之发生变动。

总支出的变动决定了均衡产量的变动,这就是"支出决定收入原理"。

$$Y^* = AE(IU=0)$$

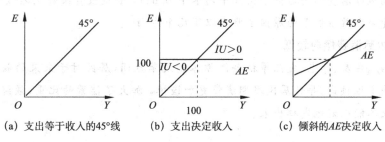

（a）支出等于收入的45°线　　（b）支出决定收入　　（c）倾斜的 AE 决定收入

图 11-8　简单的国民收入决定

当 AE 曲线呈水平线时,说明各类支出(如消费支出、投资支出、政府购买支出等)只含有自发因素。

当 AE 曲线呈向右上倾斜线时,如图 11-8(c)所示,说明各类支出不仅含有自发因素,还含有引致因素(通常为某一系数与国民收入 Y 的乘积,如引致消费 bY)。

2. 简单国民收入决定的表述

简单国民收入决定可以有 2 种表述方式:①消费—投资法;②储蓄—投资法。

图 11-9(a)和图 11-9(b)是两部门经济均衡国民收入决定的两种表达方法,在初始条件给定和消费(或储蓄)、投资量相同的情况下,最终决定的均衡产量 Y^* 是相同的。

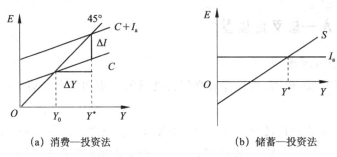

(a) 消费—投资法   (b) 储蓄—投资法

图 11-9　两部门经济均衡国民收入决定

三部门经济、四部门经济国民收入的决定可以在两部门经济的基础上,通过在图 11-9(a)的总支出 AE 上添加支付支出、净出口;或在图 11-9(b)的 S 上加税收、进口,在 I 上加支付支出、出口,分别得到两种方法的均衡国民收入。

知识链接 11-1

我国投资乘数效应低下的原因

投资乘数的大小与居民边际消费倾向有极大的关系。经编者测算(数据见表 11-1),我国的居民长期边际消费倾向为 0.48,由此可以计算出我国的长期投资乘数 $K=1/(1-b)=1.99$。著名发展经济学家钱纳里对 101 个国家相关资料的研究表明,一个国家在人均国内生产总值从 100 美元增加到 1000 美元的过程中,其长期边际消费倾向为 0.611,即投资乘数为 2.57。我国人均国内生产总值已经超过 1000 美元经济发展"标准结构"数据的上限,而我国的长期边际消费倾向远低于国际平均水平 0.611,长期投资乘数也远低于国际水平。

我国投资乘数效应低下的原因主要有以下几个方面[1]。

1. 居民边际消费倾向较低

教育、医疗、住房、养老、失业等社会保障体制改革期间,居民对于未来的收入和支出存在大量的不确定性预期,导致居民现期消费更加谨慎,加大了储蓄的比重,最终使全社会投资的乘数效应不能很好地发挥出来。

---

① 李柏洲,朱晓霞. 我国投资乘数效应的计算与分析[J]. 经济研究导刊,2006(6):12-14.

表 11-1 我国主要经济指标

年份	GDP /亿元	ΔY	居民消费 /亿元	ΔC	短期边际 消费倾向	短期投资乘数
1994	50217.40		29242.20			
1995	63216.90	12999.50	36748.20	7506.00	0.58	2.37
1996	74163.60	10946.70	43919.50	7171.30	0.66	2.90
1997	81658.50	7494.90	48140.60	4221.10	0.56	2.29
1998	86531.60	4873.10	51588.20	3447.60	0.71	3.42
1999	91125.00	4593.40	55636.90	4048.70	0.88	8.43
2000	98749.00	7624.00	61516.00	5879.10	0.77	4.37
2001	109027.99	10278.99	66933.89	5417.89	0.53	2.11
2002	120475.62	11447.63	71816.52	4882.63	0.43	1.74
2003	136613.43	16137.81	77685.51	5868.99	0.36	1.57
2004	160956.59	24343.16	87552.58	9867.07	0.41	1.68
2005	187423.42	26466.83	99357.54	11804.96	0.45	1.81
2006	222712.53	35289.11	113103.85	13746.31	0.39	1.64
2007	266599.17	43886.64	132232.87	19129.02	0.44	1.77
2008	315974.57	49375.40	153422.49	21189.62	0.43	1.75
2009	348775.07	32800.50	169274.80	15852.31	0.48	1.94
2010	402816.47	54041.40	194114.96	24840.16	0.46	1.85
2011	472619.17	69802.70	232111.55	37996.59	0.54	2.19
2012	529399.20	56780.03	261993.60	29882.05	0.53	2.11
2013	586673.00	57273.80	292165.60	30172.00	0.53	2.11

注:数据来自国家统计局网站。其中 1998—2000 年数据异常,剔除。

2. 边际投资倾向低

在我国现实经济生活中,有很多储蓄存款沉淀在银行中未被用于投资,这就使得投资占收入的比重比理论上计算的要低。

3. 次级消费循环中存在着除储蓄以外的非正常漏出

由于我国各种制度法规尚不健全,也就使次级消费循环中存在着除储蓄以外的非正常漏出。一是投资项目过程中的腐败问题比较突出,造成部分资金未进入生产领域,还有一些低水平的固定资产的重复性建设,使得沉没成本过大。二是资本外逃规模膨胀,导致国内投资和生产萎缩。

4. 交易费用的不合理

交易费用过高,人们就倾向于自给自足,市场交易的链环就会被打破,资金、产品与服务的流动就会被割断。目前,我国的市场制度并不完善,市场混乱,效率低下,比如,不健全的审批制度、某些商品地方价格的保护、一系列的寻租行为等,它们都将使得交易不畅。交易费用不以市场来定价,就会造成次级消费的循环速度减慢,从而对投资乘数产生不利的影响。

11.2 国民收入决定：AS—AD模型

11.2.1 假设条件与基本含义

1. 假设条件

正如微观经济中市场均衡是由供给与需求相互作用决定的——决定了均衡价格与均衡产量，宏观经济中国民经济的均衡是由总需求与总供给的相互作用决定的——决定了均衡物价水平和均衡国民收入水平。

在决定均衡国民收入的因素中，总供给和总需求都在发生作用，但一般认为在短期里起主要作用的是总需求而不是总供给。因为，在短期内生产技术、自然和经济资源等总供给方面的因素都不会发生变化，能够灵活变化的是总需求，从而决定国民收入水平的是总需求。

分析时需要作三个重要假设：①潜在的国民收入（充分就业的国民收入）是不变的；②各种资源尚未得到充分利用，这样总供给可以适应总需求的变动；③价格水平是既定的，这主要是为了简化分析。

2. 总供给、总需求的含义

（1）总供给的含义

总供给（AS）是一定时期内国民经济各部门提供的物质产品和劳务的总和，通常以价值形式表示。总供给是物价水平的函数，即

$$AS = f(P)$$

总供给曲线如图 11-10 所示。

（2）总需求的含义

总需求（AD）是一定时期内整个社会对产品与劳务（最终产品）的需求总量，通常以价值形式表示。总需求是物价水平的函数，即

$$AD = f(P)$$

总需求曲线如图 11-11 所示。

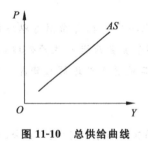

图 11-10　总供给曲线

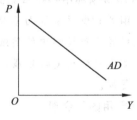

图 11-11　总需求曲线

图 11-11 中，Y 为国民收入，P 为价格水平。

注意总供给曲线、总需求曲线与微观经济的供给曲线、需求曲线的相似与差别。在微观经济分析中，坐标系的横轴表示产量 Q，单位是使用价值，纵轴为某一商品的价格 P。在宏观经济分析中，坐标系的横轴表示国民收入 Y，单位是价值，纵轴为所有商品的整体物价水

平 P。

由于总供给(AS)是由各种生产要素生产出来的,所以又可以用它们相应得到的收入(工资、利息、地租、利润)的总和,即总收入(Y)来表示。由于总需求(AD)其构成包括现实生活中消费需求、投资需求、政府需求和国外需求等,这些需求最终都是以支出的形式表现出来的,加总后得总支出(AE)。因此,总需求可以用总支出表示。于是可以得到以下关系式:

$$总供给=总收入;总需求=总支出$$
$$AS=Y;AD=AE$$

11.2.2 总供给—总需求模型

1. 两部门经济国民收入的决定

(1) 两部门经济均衡条件

假设国民经济中只有家庭和企业两个部门;总供给和总需求的原始构成没有受到政府部门和国外部门的影响。

总供给的构成:

$$总供给=消费+储蓄(它们由要素总收入转化而来)$$
$$AS=C+S$$

总需求的构成:

$$总需求=消费+投资(它们是总支出的具体使用)$$
$$AD=C+I$$

于是有两部门国民收入的决定:

$$总供给=总需求$$
$$AS=AD$$
$$C+S=C+I$$
$$S=I$$

$S=I$ 就是两部门经济的均衡条件,它同时决定了均衡物价水平 P^* 和均衡国民收入 Y^*。

(2) 节约悖论证明

1936 年凯恩斯在《就业、利息和货币通论》中提出了著名的节约悖论,他引用了一则古老的寓言:有一窝蜜蜂原本十分繁荣兴隆,每只蜜蜂都整天大吃大喝。后来一个哲人教导它们说,不能如此挥霍浪费,应该厉行节约。蜜蜂们听了哲人的话,觉得很有道理,于是迅速贯彻落实,个个争当节约模范。但结果出乎预料,整个蜂群从此迅速衰败下去,一蹶不振了。

这个悖论的数学推理如下:

在两部门经济中,国民收入均衡的条件是 $I=S$,即投资=储蓄。其中 $S=Y-C$,即储蓄=国民收入-消费。而消费则被假定为一线性函数:$C=C_a+bY$,其中 C_a 为不受收入影响的自发消费,b 为边际消费倾向,即增加的消费占增加的收入的比重。由于假定边际消费倾向不变,b 同时也为平均消费倾向,即消费占收入的比重。于是有:

$$S=-C_a+(1-b)Y$$

又假定投资固定不变,即 $I=I_a$,于是得两部门经济国民收入决定方程:

$$I_a = -C_a + (1-b)Y^*$$

解得：均衡的国民收入

$$Y^* = \frac{C_a + I_a}{1-b}$$

在上式中，b 作为边际消费倾向，是一个小于 1 的数，当 b 变大时，$1/(1-b)$ 的值变大，国民收入 Y^* 增加；当 b 变小时，$1/(1-b)$ 值变小，国民收入 Y^* 变小。这意味着，当国民增加消费在收入中的比例时，将会导致更多的国民收入，使整个经济呈现繁荣局面；而当国民降低消费在收入中的比例时，则会引起国民收入下降，使整个经济陷入衰退。简言之，"挥霍"导致繁荣，"节约"导致萧条。

应该指出，这是因为在现代社会，在收入不成问题的基本理论前提下，是消费制约生产，而不是生产限制消费。如果不消费或者降低消费就会使资本的运动停滞，随后又会引起对劳动力需求的停滞，最终导致生产的停滞。

2. 三部门经济国民收入的决定

假设国民经济中除了家庭和企业两个部门，现在增加了政府部门。由于政府部门的存在，使得两部门的总供给和总需求的原始构成发生了变化，原始构成的一部分转变为政府税收或政府支出，但国民收入总量没有变化。此时不考虑国外部门。

总供给的构成：

总供给＝消费＋储蓄＋税收（它们由要素总收入转化而来）

$$AS = C + S + T$$

总需求的构成：

总需求＝消费＋投资＋政府支出（它们是总支出的具体使用）

$$AD = C + I + G$$

于是有三部门国民收入的决定：

$$总供给＝总需求$$
$$AS = AD$$
$$C + S + T = C + I + G$$
$$S + T = I + G$$

$S + T = I + G$ 就是三部门经济的均衡条件，它同时决定了均衡物价水平 P^* 和均衡国民收入 Y^*。

3. 四部门经济国民收入的决定

国民经济中包含家庭、企业、政府、国外四个部门，是最接近现实的开放经济；两部门经济的总供给和总需求的原始构成受到政府部门和国外部门的影响，国外部门也受到政府部门的关税影响。

总供给的构成：

总供给＝消费＋储蓄＋税收＋进口（它们均由要素总收入转化而来）

$$AS = C + S + T + M$$

总需求的构成：

总需求＝消费＋投资＋政府支出＋出口（包括本国与外国人支出的具体使用）

$$AD = C + I + G + X$$

两部门国民收入的决定：

$$总供给＝总需求$$
$$AS＝AD$$
$$C＋S＋T＋M＝C＋I＋G＋X$$
$$S＋T＋M＝I＋G＋X$$

$S＋T＋M＝I＋G＋X$ 就是四部门经济的均衡条件，它同时决定了均衡物价水平 P^* 和均衡国民收入 Y^*。

4. 通用国民收入的决定

通用国民收入的决定图解如图 11-12 所示。

S、T、M 被称为经济体的漏出因素，这些因素量的增加将导致国民经济收缩；反之，这些因素量的减少，将导致国民经济的扩张。

I、G、X 被称为经济体的注入因素，这些因素量的增加将导致国民经济扩张；反之，这些因素量的减少，将导致国民经济的收缩。

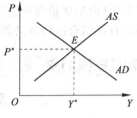

图 11-12　国民收入决定

11.2.3　总供给—总需求模型的实用意义

总供给—总需求模型虽然高度抽象，但具有极高的实用价值和分析价值，主要体现在以下三个方面。

1. 反映有关因素在国民收入决定中的重要程度

在短期中，一个国家的生产技术水平、自然条件和经济资源等总供给方面的因素（注意不要与 AS 的构成混淆）都不会发生变化，总供给响应总需求的变动，因而在国民收入决定上，总需求起关键作用，而总需求是由消费、投资、政府支出、净出口（在均衡条件中进口项与出口项合并）构成。

$$总需求＝消费＋投资＋政府支出＋净出口$$

根据各市场经济国家和地区的经验，正常情况下，在总需求中所占比重，消费为60％～70％，投资为 20％左右，政府支出与净出口两者合起来为 10％左右。因经济体大小、发达程度、对外开放度而有差异。

这样的比重关系并不是一个随意的组合，而是内含了一定的有机关联、主从关系和制约关系，是一种均衡的比重关系。哪一个项目比重过大或过小都会破坏整体均衡。对于中央经济管理当局来说，总供给—总需求模型是处理经济大局问题的一个重要参照。

2. 经济政策意义

将四部门经济均衡条件重新整理，得到：

$$(S－I)　＝　(G－T)　＋　(X－M)$$
$$信贷缺口　　　财政缺口　　　外贸缺口$$

这样，当国民经济运行出现不平衡时，很容易发现问题，知道问题出在哪一个缺口上，从而采取相应的对策。

可以根据不同的均衡目标（保持国民经济原来的均衡、国民经济扩大了的均衡、国民经济缩小了的均衡），灵活地采用不同的政策组合以实现均衡目标。

这个缺口型的国民经济均衡模式特别有益于中央经济管理当局掌控国民经济运行全局、制定宏观经济政策，协调各部门运作。

3. 宏观经济运行模型的基础

当今世界许多庞大复杂的宏观经济运行模型就是建立在总供给—总需求原理基础上的，总供给—总需求模型不仅提供了基本定义、基本假设、基本假说、基本结构和内在关系，还提供了基本分析方法。

宏观经济模型，以整个国民经济机制为研究对象，使用高度综合的经济指标（如国内生产总值、国民收入、消费、投资、储蓄等），运用现代数学工具，如利用时差分析、谱密度函数、矩阵理论等，结合数理统计知识来研究经济现象之间的相互关系。宏观经济模型一般是由变量（分内生变量与外生变量）、参数（又称结构参数）、余项（又称随机干扰项）、方程式四种要素有机结合而构成的能运算的模型。

知识链接 11-2

宏观经济政策对总需求、总供给等的影响

宏观财政政策对总需求、总供给等的影响如表 11-2 所示。

表 11-2　宏观财政政策影响（以扩张性为例，紧缩性反之）

模　型	影　响	解　说
基本凯恩斯主义模型	总需求较大增加	政府的支出增加以及（或者）减税将被乘数扩大，带来总需求相当大的增加，当经济在潜在能力之下运行时，实际产出和就业都将大幅增加
挤出效应模型	总需求和就业量变动很小	通过借款为预算赤字筹资将抬升利率，挤出私人支出，特别是投资；在开放经济中，利率提高将引起资本流入、货币升值以及净出口减少
新古典模型	总需求和就业量变动很小	家庭预期赤字将带来未来税收的提高，并会为支出税收而降低支出（并增加储蓄），和现期税收一样，债务（未来税收）将挤出私人支出
供给学派模型	长期内总供给（实际产量）的增加	边际税率降低将增加赚钱（生产）的激励，并提高资源使用率，带来长期内总供给（实际产量）的增加

宏观货币政策对总需求、总供给等的影响如表 11-3 所示。

表 11-3　宏观货币政策影响

货币政策及影响		当政策是未被预期到时的短期效应	当政策按预期到时的短期效应	长期效应
扩张性货币政策的影响	通货膨胀率	上升幅度很小，特别是存在过剩生产力时	上升	
	实际产出和就业	增加，特别是存在过剩生产力时	不变	
	货币利率	短期利率很有可能下降	上升	
	实际利率	下降	不变	
紧缩性货币政策的影响	通货膨胀率	下降幅度很小	下降	
	实际产出和就业	减少，特别是经济在潜在水平之下运行时	不变	
	货币利率	短期利率很可能上升	下降	
	实际利率	上升	不变	

11.3 国民收入决定:*IS*—*LM* 模型

总供给—总需求模型提供了关于国民经济均衡的最一般的分析方法,而国民经济是产品市场和货币市场的有机融合体。然而各个市场的运行状态并不是完全一致的,它们有自己相对独立的运动状态。下面从产品市场和货币市场各自均衡以及同时均衡,来考察国民收入的决定。

11.3.1 产品市场均衡

1. 产品市场均衡的条件

产品市场均衡分析要用到两个基本函数:储蓄函数与投资函数。

$S = f(Y)$,储蓄与国民收入呈同方向变化。

$I = f(i)$,投资与利率水平呈反方向变化。

根据总供给—总需求模型的分析,两部门经济均衡的条件是:

$$S(Y) = I(i)$$

2. 产品市场的均衡图解

将储蓄曲线和投资曲线画在十字坐标系上(注意储蓄曲线和投资曲线的旋转),得到产品市场均衡曲线 *I*—*S*,如图 11-13 所示。

图 11-13 中,*F* 为 45°线,此线上 $S = I$,也就是产品市场达到均衡。

假设 Y_1 为均衡国民收入,此时储蓄为 S_1,若产品市场均衡,对应的投资量 I_1 与它相等,而与该投资量对应的利率 i_1,就是均衡利率。于是均衡产量 Y_1 和均衡利率 i_1 就决定了产品市场的一个均衡点 a。b 点分析相同。如此可以确定许多均衡点来,将 a、b 等均衡点连在一起,就形成了产品市场均衡曲线 *IS* 曲线。

3. 产品市场的均衡点与非均衡点

利用产品市场均衡曲线,可以找出产品市场的均衡点和非均衡点,如图 11-14 所示。在 *I*—*S* 曲线上的国民收入 Y 与利率水平 i 组合点都是均衡点,即满足 $I = S$;在 *IS* 曲线左侧区域的点是非均衡点,因为 $I > S$;在 *IS* 曲线右侧区域的点也是非均衡点,因为 $I < S$。

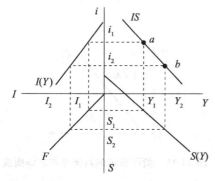

图 11-13 产品市场均衡

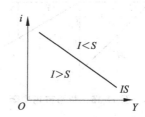

图 11-14 产品市场的均衡点与非均衡点

11.3.2 货币市场均衡

1. 货币市场均衡的条件

货币市场均衡分析要用到两个基本函数:储蓄函数与投资函数。

$L_1 = f(Y)$,第一类货币需求与国民收入呈同方向变化。

$L_2 = f(i)$,第二类货币需求与利率水平呈反方向变化。

所谓第一类货币需求,是指出于交易动机和预防动机的货币需求;所谓第二类货币需求,是指出于投机动机的货币需求。

根据货币市场均衡条件,货币供给=货币需求:

$$M^* = L_1(Y) + L_2(i)$$

M^* 为实际货币供给曲线,它等于名义货币供给量 M 除以物价水平 P。这个量由中央银行控制。

2. 货币市场均衡图解

将货币供给曲线 M^* 和两类货币需求曲线画在十字坐标系上(注意曲线的旋转),得到货币市场均衡曲线 LM,如图 11-15 所示。

假设 Y_1 为均衡国民收入,此时第一类货币需求为 L_{11},若货币市场均衡,它与第二类货币需求量 L_{21} 之和等于货币供给 M^*,在图中,表现为延伸出来的虚线交于 M^* 线上,而与 L_{21} 量对应的利率 i_1,就是均衡利率。于是均衡产量 Y_1 和均衡利率 i_1 就决定了货币市场的一个均衡点 a。b 点分析相同。如此可以确定许多均衡点来,将 a、b 等均衡点连在一起,就形成了货币市场均衡曲线 LM 曲线。

3. 货币市场的均衡点与非均衡点

利用货币市场均衡曲线,可以找出货币市场的均衡点和非均衡点,如图 11-16 所示,在 LM 曲线上的国民收入 Y 与利率水平 i 组合点都是均衡点,即满足 $L = M$;在 LM 曲线左侧区域的点是非均衡点,因为 $L < M$,在 LM 曲线右侧区域的点也是非均衡点,因为 $L > M$。

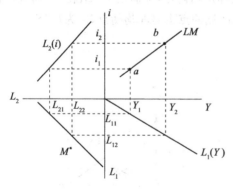

图 11-15 货币市场均衡

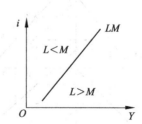

图 11-16 货币市场的均衡点与非均衡点

11.3.3 产品市场与货币市场同时均衡模型

1. 产品市场与货币市场同时均衡

将上述两条均衡曲线画在一起,交点 E 就是两个市场同时均衡点,见图 11-17。这时的均衡利率为 i_0,均衡国民收入为 Y_0。

两条均衡曲线将整个坐标系分为四个区域。IS 曲线左侧的点储蓄小于投资,即 $S<I$;右侧的点储蓄大于投资 $S>I$,LM 左侧的点货币供给大于货币需求 $M^*>L$;右侧的点货币供给小于货币需求 $M^*<L$。四个区域上的点的不均衡状况是它们的组合。

2. 均衡点的移动

如果国民收入 Y 与利率水平 i 的组合点落在一条均衡曲线上,表示经济只在一个市场上达到均衡,而在另一个市场上不均衡。

如果某一自发量 A(如自发消费、自发投资、货币供给量等)变动了,两条均衡曲线将发生平移,从而导致均衡点的移动,如图 11-18 中 E 点移动到 E^* 点。

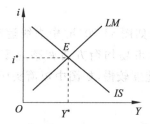

图 11-17 产品市场与货币市场同时均衡

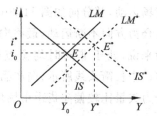

图 11-18 均衡点的移动

IS—LM 模型是以均衡利率和均衡国民收入来表示国民收入决定的,反映了达到国民经济均衡时产品市场和货币市场应当具备的条件。

3. 产品市场和货币市场的非同时均衡

在图 11-19 中,E 点是产品市场和货币市场两市场同时均衡的唯一均衡点,除此之外,分布在坐标系中的其他点 (Y,r),或者是在某一市场上均衡而在另一市场上不均衡(落在除 E 点外的 IS 曲线上或 LM 曲线上),或者是在两个市场上都不均衡(落在由 IS 曲线和 LM 曲线分割开来的 Ⅰ、Ⅱ、Ⅲ、Ⅳ四个区域内),如图 11-19 和表 11-4 所示。

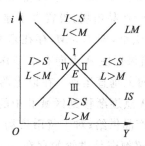

图 11-19 产品市场和货币市场的非同时均衡

表 11-4　产品市场和货币市场的非同时均衡

市场均衡状况		产品市场	货币市场
一个市场均衡		均衡	非均衡
另一个市场不均衡		非均衡	均衡
两个市场都不均衡	Ⅰ	$I<S$ 有超额产品供给	$L<M$ 有超额货币供给
	Ⅱ	$I<S$ 有超额产品供给	$L>M$ 有超额货币需求
	Ⅲ	$I>S$ 有超额产品需求	$L>M$ 有超额货币需求
	Ⅳ	$I>S$ 有超额产品需求	$L<M$ 有超额货币供给

4. 产品市场—货币市场的非均衡到均衡的调整过程

当市场状况处于非均衡点时，在价格规律的作用下，经过一段时间的调整，市场终将收敛于均衡状态，也就是产品市场和货币市场同时均衡的状态。

在从非同时均衡到同时均衡的调整过程中有两种基本调整姿势。

一是，当在某一市场上均衡而在另一市场上不均衡时，在图形中，调整姿势是从处于均衡状态的市场向非均衡市场方向做水平或垂直运动。

二是，当处于非均衡区域（Ⅰ、Ⅱ、Ⅲ、Ⅳ）时，在图形中，调整姿势是做两个分矢量的合力方向的市场运动，其分向如图 11-20(a)所示。

沿着合力方向不断运动，最终向均衡点收敛，其路径如图 11-20(b)中虚线运动轨迹所示。一般来说，处于非同时均衡点时，宏观经济向货币市场均衡方向调整速度较快，如图 11-20(c)中长箭头线所示；向产品市场均衡方向调整速度较慢，如图中短箭头所示，这意味着其合力矢量比较偏向货币市场均衡线方向。

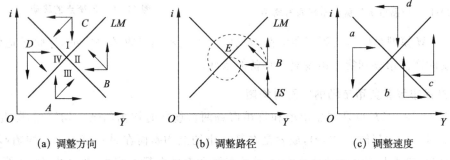

(a) 调整方向　　　　　　(b) 调整路径　　　　　　(c) 调整速度

图 11-20　产品市场和货币市场非同时均衡点的调整过程

例如，假定经济社会最初处于如图 11-20(a)中 A 点所表示的国民收入和利率组合的失衡状态。A 点所处的区域Ⅲ中，对于产品市场，投资大于储蓄，即 $I>S$，存在超额产品需求；对于货币市场，货币需求大于货币供给，即 $L>M$，存在超额货币需求。产品市场超额产品需求的存在，引起国民收入增加，结果促使 A 点向右水平移动；货币市场超额货币需求的存在，引起利率上升，结果促使 A 点向上垂直运动。在以上两股力量的共同作用下，A 点将沿对角线方向向右上方移动。假定 A 点逐渐移到区域Ⅱ中的 B 点。在 B 点，对于产品市场，投资小于储蓄，即 $I<S$，存在超额产品供给；对于货币市场，货币需求大于货币供给，即 $L>M$，存在超额货币需求。产品市场超额产品供给的存在，引起国民收入减少，结果促使 B 点向左水平移动；货币市场超额货币需求的存在，引起利率上升，结果继续促使 B 点向上垂直运动。在以上两股力量的共同作用下，B 点将沿对角线方向向左上方移动。假定 B 点继续移动到区域Ⅰ中的 C 点。在 C 点,对于产品市场投资小于储蓄,即 $I<S$,存在超额产品供给;对于货币市场,货币需求小于货币供给,即 $L<M$,存在超额货币供给。产品市场超额产品供给的存在,引起国民收入减少,结果促使 C 点向左水平移动;货币市场超额货币供给的存在,引起利率下降,结果促使 C 点向下垂直运动。在以上两股力量的共同作用下,C 点将沿对角线方向向左下方移动。假定 C 点继续移动到区域Ⅳ中的 D 点。在 D 点,对于产品市场投资大于储蓄,即 $I>S$,存在超额产品需求;对于货币市场,货币需求小于货币供给,即 $L<M$,存在超额货币供给。产品市场超额产品需求的存在,引起国民收入增加,结果促使 D 点向右水平移动;货币市场超额货币供给的存在,引起利率下降,结果继续促使 D 点向下垂直运动。在以上两股力量的共同作用下,D 点将沿对角线方向向右下方移动。

在 $A→B→C→D$ 的调整过程中,是按照逐渐内敛的路径进行的,这种过程将继续下去,最后国民收入和利率都将趋向于 IS 曲线和 LM 曲线的交点 E,从而实现产品市场和货币市场的同时均衡。

学用小品

北京奥运会带来了怎样的经济效应

通过举办奥运会,主办国可以吸引大量的投资,进行大规模的基础设施建设和改造,同时,可以带动相关的服务行业迅速发展,促进经济增长。1984 年洛杉矶奥运会为南加利福尼亚地区带来了 32.9 亿美元的收益;而巴塞罗那奥运会、亚特兰大奥运会及悉尼奥运会分别带来了 260.48 亿美元、51 亿美元、63 亿美元的收益。

奥运会的经济效应分为以下三个层次。

第一层次为直接性经济效应,是指奥林匹克运动会承办国组委会在对奥运设施、奥运安全、奥运环境、奥运服务投入的基础上而获得的收益,这些收益包括企业赞助、电视转播权出售带来的收入、门票收入、各类奥运纪念品的销售收入等。

第二层次为间接性经济效应,是指在奥运会申办、筹办、承办、举办过程中,奥运的实体投资带动相关产业的增长。奥运经济在第二产业中形成的间接性经济效应主要表现在建筑业、制造业和电力、煤气、供水产业中。在第三产业,奥运会期间旺盛的需求将极大地推动旅游业、餐饮业快速增长,同时,教育业、金融业、保险业、房地产业、传媒产业、物流业、交通运输业都会因奥运会的召开出现不同程度的繁荣。

第三层次为衍生经济效应,是指通过举办奥运会给经济社会带来的深刻影响的集合。衍生经济效应的显现是通过举办国和举办城市基础设施的改善,城市功能和城市形象的提升,对外开放的扩大,国民素质的提高,以及体育、文化、旅游产业的持续发展来实现的。如果说直接性经济效应与间接性经济效应都带有周期性,那么,衍生经济效应则具有长期性和战略性。

北京奥运对我国经济的影响可以分为三个阶段。

第一阶段,奥运筹备建设期(2003—2007 年)。在奥运会筹备期,奥运经济主要通过奥运投资对我国经济产生影响。直接投资指直接用于奥运比赛场馆建设及相关设施的投资,主要包括比赛场馆、运动员村、记者村、传媒通信设施;间接投资包括改善道路、机场、地铁等交通项目投资,水、电、热、气等市政建设项目,还有污染控制、治理污染、绿化等环保费用,间接投资不能完全算作奥运投资。

第二阶段,奥运举办期(2008年)。在奥运会举办期间,主要通过消费需求带动经济增长。国内外旅客在举办奥运会前和奥运举办期间,以奥运为目的前往我国的奥运举办城市,并由此引发的相关消费增长。这些消费需求将集中在交通运输业、邮电业、卫生体育业、社会服务业、商业、餐饮业、教育、文化、艺术、广播、电影、电视事业等领域。可以认为,奥运投资在很大程度上是为了满足这种外部有效需求而进行的先行投资,以此来增加其有效供给。

第三阶段,奥运会后期(2009—2010年)。奥运会举办后期,主要通过投资环境改善和衍生产业的发展带动经济增长。由于奥运会提升了举办城市和我国的知名度,并使举办城市的经济规模和基础软、硬件设施跃上新的台阶,为奥运举办城市和我国对外经济交往和后续旅游持续发展注入了新的活力,并可能带动旅游、会展、体育等产业的发展,但由于奥运投资的"透支效应",奥运会举办后,如无其他措施,北京等城市的投资增长可能会放缓。

我国是一个大国,对于不同地区,奥运经济所产生作用的强度也不一样:对北京等举办城市而言,由于大部分奥运投资及主要奥运赛事都集中在此,因此奥运对这些地区的经济促进作用将是直接且明显的,尤其是北京市。而对于国内其他地区而言,将更多地通过奥运投资而扩大市场需求,间接地分享奥运所带来的经济增长。

根据国内外有关机构测算,2003—2007年,奥运会经济效应会使北京市经济增速提高2~3个百分点,我国经济增速提高0.3个百分点左右;2008年北京市经济增速会提高3~4个百分点,我国经济增速会提高0.4个百分点左右。北京市在首钢等大型企业搬迁后,近几年经济增长速度仍然保持在11%以上,主要是得益于奥运会经济效应,尤其是房地产业、建筑业、城市服务业的发展明显快于前几年。

北京奥运会的经济效应主要体现在以下几个方面。

(1)带来大规模的投资

根据北京市政府的测算,奥运会的直接投资约为1348.6亿元(其中奥运场馆建设280亿元,新增基础设施投资10686亿元)。在奥运规划和建设期间,北京市接收了约90%,即205亿元左右的奥运场馆投资(另外10%的投资用于青岛、沈阳等奥运分场馆建设)和其余1068.6亿元的直接投资。根据相关资料进行适当调整后估计出2003—2007年各年度的直接投资额。其次,资料显示,北京奥运会的间接投资约为1060亿元。按一半外来资金计算,加上投资产生的乘数效应,使新增巨额投资成为牵引首都经济乃至中国经济高速增长的推进器。

(2)拉动消费需求的快速增长

奥运会的成功申办,北京之外流进的资金高达1500亿元左右。新增的巨额资金,主要用于购买北京地区的产品和服务,它对诸多行业的产品消费形成强烈刺激,尤其对建筑、交通、通信、旅游、饮宿等行业的消费拉动作用更明显。另外,奥运会自身就是一个极具影响力的"人文旅游品牌",中国可以利用这一品牌的影响,使北京成为国际、国内旅游的热点。北京是一个颇具魅力的国际大都市,举办奥运会又形成了新的影响力,两种魅力的有效融合,必然对旅游消费和其他消费形成强大的拉动作用。

(3)增加就业机会

举办奥运会对增加就业机会、提高收入水平有直接影响。北京奥运会的筹备持续了将近8年,兴建各种体育场馆、交通设施、通信、服务等设施,投入大量的人力和物力资源。在奥运会举办期间,各种服务性部门的工作量也大为增加。据专家估算,2008年奥运会大约给北京创造了200万个就业机会,绿色人才、高科技人才、基建与管理人才的就业机会大大增加。带动就业的年份主要集中在2004—2009年间,其中2006年和2008年是最高峰。

(4)带动相关产业的发展

在北京奥运会的前期和比赛期间,建筑业、房地产业、旅游业、体育产业等都得到了高速发展。此外,北京奥运的申办理念,一是绿色奥运,带动了环保产业和生态农业的发展;二是科技奥运,推动了高新技术产业的发展;三是人文奥运,带动了服务业的发展。

① 基础设施和房地产行业。北京奥运会投入巨资用于奥运会场馆建设、基础设施建设、生态环境建设等。另外,也建设了一批旅游接待服务设施。巨大的投资既刺激和拉动了基础设施行业的需求,又极大改善了城市环境,增强了城市功能,由此带动了建筑业、建材产业、电子家电业的发展。特别是奥运投资需求对房地产业和规划、设计行业的带动作用非常明显。

② 旅游业。中国有悠久的文明史,作为奥运会主办城市的北京又是一座有3000多年建城史和800多年建都史的大都市,最能代表中国文化的精髓,发展旅游业有极其可观的前景,旅游业已列为北京市的重点发展行业。北京举办奥运会,则给北京旅游业的发展注入了强大的动力。

③ 体育产业。奥运会的成功举办使社会公众关注奥运、支持奥运、参与奥林匹克体育项目的积极性不断高涨,为各类体育组织、体育场馆、体育设施推进市场化、社会化、多元化运作创造了十分有利的条件,同时还带动了体育器材、体育教育、体育文化的产业化发展。目前全球体育产业的年产值高达4000多亿美元,并且保持着20%以上的年增长速度。我国的体育产业起步晚、规模小,其产值仅占GDP的0.2%。2008年北京奥运会推动中国体育产业的发展,主要体现在体育场馆的建设、体育用品的开发、体育赛事的承办、电视体育的转播等。北京奥组委为满足办会所需的各类器材、设备用品等物资和相应服务,接受了价值约117亿元的供货和服务。同时,为举办奥运会而新建、改造的32个体育场馆必将为北京的全民健身活动的开展,为繁荣假日经济和文化、体育产业的持续发展,奠定坚实、长远的基础。

④ 环保产业。由于北京在奥运会筹备阶段提出"绿色奥运"的理念和标准,从而使环境保护成为重中之重的工作。根据国家"十五"环保投资计划,五年总投资7000亿元,占GDP的11.3%。其中污水治理3000亿元,大气治理2300亿元,固体废弃物处理900亿元,生态建设500亿元,环境监测100亿元。这些投资使一大批环境保护专业公司、资源节约专业机构应运而生,如水务公司、太阳能公司、天然气公司、垃圾处理公司、环境监测技术公司等。同时"绿色奥运"也带动了植树、花卉等绿色产业的发展。北京、青岛等大规模地进行城市绿化,也为园林、林业企业创造了难得的发展机遇。

⑤ 高新技术产业。2008年北京奥运会对信息、传媒的要求很高,数字化、立体化、宽带化、全球化彻底改变了中国信息、传媒产业的传统,为其带来生机和活力。电信、移动通信行业在公平竞争的环境下,业务规模迅速扩大,IT业围绕奥运会带来的需求,在硬件和软件上形成新

的增长点。"科技奥运"也促进了高清晰度数字电视制作、发射、接收及配套设备的产业化。[①]

本章小结

1. 国民收入决定是宏观经济学的核心。它研究总供给、总需求的构成；总供给与总需求如何相互作用，形成国民经济均衡，进而决定国民收入。

2. 人们的消费动机、储蓄动机、投资动机是互不相同的，所以收入与消费，储蓄与投资不一定会时时相等。平均消费倾向、边际消费倾向、平均储蓄倾向、边际储蓄倾向都是从收入＝消费＋储蓄，收入增量＝消费增量＋储蓄增量推导出来的，是很有用的分析概念。

3. 乘数效应在经济生活中很常见，表示收入增量同自发支出增量的比值，即倍数。乘数效应的发生需要一定的条件，即存在一系列的关联部门，经济中有富余资源。乘数效应是双刃剑。

4. 国民收入决定有两个模型。总供给—总需求模型运用宏观经济学中两个最重要的概念——总供给、总需求——来说明国民收入的决定，说明均衡国民经济的形成条件。这一模型具有很强的理论意义、实用意义、政策意义和分析价值。

5. 另一个国民收入决定模型是 IS—LM 模型，从产品市场和货币市场同时均衡的角度，分析了国民收入决定的条件，采用的是均衡利率水平和均衡国民收入两个指标来体现国民收入的决定。

基本概念

平均消费倾向　　边际消费倾向　　平均储蓄倾向　　边际储蓄倾向　　投资乘数
总供给　　总需求　　IS 曲线　　LM 曲线

复习实训

一、单选题

1. 经济学上，投资是指(　　)。

　A. 折旧　　　B. 净投资　　　C. 总投资　　　D. 再投资

2. 边际储蓄倾向为 0.25，则投资乘数为(　　)。

　A. 1　　　B. 2　　　C. 4　　　D. 8

3. 三部门经济均衡条件是(　　)。

　A. $MC=ME$　　B. $MU=0$　　C. $AS=AD$　　D. $S+T=I+G$

4. 预防动机的货币需求与(　　)。

　A. 收入呈同向变化　　　　　B. 收入呈反向变化

　C. 利率水平呈同向变化　　　D. 利率水平呈反向变化

[①] 翁建敏. 北京奥运会经济效应研究[J]. 山东理工大学学报(社会科学版),2010,26(1):13-16.

5. 在 *LM* 曲线右侧点(　　)。

    A. $S<I$ B. $S>I$ C. $M^*>L$ D. $M^*<L$

6. 当货币供给量增加时,$L=M$ 曲线(　　)。

    A. 向左上移动   B. 向左下移动

    C. 向右上移动   D. 向右下移动

二、判断题

1. 收入一般与消费相等。(　　)

2. 富人的边际消费倾向比穷人大。(　　)

3. 总需求曲线与需求曲线一样都是向右下倾斜,都是实物量。(　　)

4. 国民经济达到均衡时,社会总产量都是增加的。(　　)

5. 投资、进口同样属于注入量,会使国民经济扩张。(　　)

6. 产品市场和货币市场是国民经济不可分的两个部分,必然同时达到均衡。(　　)

三、问答题

1. 总供给—总需求模型的内容是什么?

2. 如何判别产品市场和货币市场的均衡与非均衡?

应用训练

一、单项训练

1. 查阅中国经济统计年鉴或登录国家统计局网站,利用相关数据,计算中国的投资乘数。

2. 查阅中国经济统计年鉴或登录国家统计局网站,利用相关数据,用 *AS—AD* 模型描述 2013—2014 年国民经济运行态势。

二、综合应用

1. 组员研究:分头查到、整理我国历年的①投资和储蓄数据,并计算信贷缺口差距;②政府支出和税收数据,并计算财政缺口;③出口和进口数据,并计算外贸缺口;④通货膨胀水平和货币发行量,并找出二者之间的关系。

2. 小组研究:①对以上宏观经济数据进行综合分析,看它们之间有怎样的数量关系;②出现了哪些宏观经济问题;③政府采取了怎样的经济政策。

第 **12** 章

宏观经济基本问题

知识目标 --

通过本章教学,使同学们初步了解宏观经济运行中的基本问题,了解这些问题之间的相互关系,掌握这些问题的成因,及其对国民经济生活的影响。

技能要求 --

要求同学们能够利用失业率、通货膨胀率等宏观经济指标对宏观经济运行状态进行初步分析和判断。

引言导图 --

失业、通货膨胀、经济波动、经济增长是伴随人们日常经济生活最常见、最基本的宏观经济现象的宏观经济问题,怎样才能准确理解它们? 它们的类型有哪些? 成因是什么? 是如何影响国民的经济生活的? 本章引言导图如图 12-1 所示。

失业	通货膨胀	经济周期	经济增长
定义与衡量	定义与衡量	定义与阶段	增长与发展
失业的类型	通胀的类型	周期的类型	增长的源泉
失业的成因	通胀的成因	周期的成因	增长的理论
失业的影响	通胀的影响	周期的变化	增长的模型

图 12-1 本章引言导图

12.1 失业问题

12.1.1 失业与失业率

1. 失业

(1) 失业的含义

失业是就业的对称。失业是指在劳动年龄之内、有劳动能力和参加社会劳动意愿的人,积极地寻找工作或等待返回工作岗位,而在规定时间没有获得就业机会的状态。失业者就是指处于这种状态的人。

理解失业者定义时有几点需要注意:第一,年龄规定以外的无工作者不是失业者;第二,丧失工作能力者不计入失业者;第三,在校学习者不叫失业者;第四,由于某种原因不愿工作或不积极去寻找工作的人不统计在失业者中;第五,有些未领取失业救济的未登记注册的无工作者,没有被计入统计数字。

经济学意义上的失业与统计学意义上的失业有所不同。一方面,统计数字可能低于实际的失业水平。有些人并非不愿意工作,但由于在规定时间内没有"积极寻找"工作,而被看作是"自愿失业者",1983 年年初美国有将近 200 万这种"失去了信心的工人"。还有许多被迫只在部分时间工作的人。另一方面,还存在一些使统计数字高于实际失业水平的因素。有些人声称自己在积极寻找工作,实际上却并没有积极寻找。例如,失业救济金在缓解失业给失业者及其家庭带来的痛苦的同时,可能刺激一些人故意造成失业或故意延长失业时间,靠领取失业救济金过悠闲的生活。

（2）失业造成极大的经济和社会危害

首先,失业造成劳动力资源数量上的浪费。不同于机器之类的资源长期闲置仍能保持其绝大部分效能,劳动年龄以内,劳动力闲置一年就浪费一年,无法弥补;其次,失业会造成劳动力质量上的损失。失业中断了劳动者边干边学的进程,成为技术上的落伍者;再次,失业造成社会财富浪费。本可由失业工人创造的社会财富没有被创造出来,相当于这部分财富被扔掉;最后,失业造成失业者的困苦和人格尊严伤害。失业者在贫困和痛苦中挣扎,承受巨大的心理压力,严重影响情绪和家庭生活。由于失业造成极大的经济和社会危害,许多经济学家都把克服失业作为政府的首要宏观经济目标,凯恩斯的划时代巨著《就业、利息和货币通论》,就把失业问题摆在第一位。

2. 失业率

衡量一个国家或地区在一定时期内失业状况的基本指标是失业率。根据失业的性质与类型,有以下几种失业率。

（1）自然失业率

在不受经济周期波动影响的经济中,实现了充分就业,但充分就业并非人人都有工作,仍然有人处在自然失业状态（即下面即将论述的摩擦性失业、结构性失业）。此时的失业率称为自然失业率或充分就业的失业率。这是一种常态的失业率,即正常的失业率。

$$自然失业率 = \frac{自然失业人口}{劳动力人口} \times 100\%$$

所谓自然失业人口,是指摩擦性失业人口与结构性失业人口之和。大多数经济学家估计自然失业率为 5% 左右。

（2）经济衰退失业率

经济衰退失业率是经济周期波动,确切地说是经济衰退造成的失业率,排除了自然失业率成分。这类失业率有两种衡量方法。

第一种,一般意义上的失业率:

$$失业率 = \frac{失业人口}{劳动力人口} \times 100\%$$

或

$$失业率 = \frac{失业人口}{就业人口 + 失业人口} \times 100\%$$

第二种,考虑了平均失业周数的失业率:

$$年失业率 = \frac{失业人口}{劳动力人口} \times \frac{平均失业周数}{52 周} \times 100\%$$

这一种失业率相对合理与准确。

【**例 12-1**】 设有劳动力人口 100 人,失业人数 10 人,其中两人失业 48 周(即 11 个月),8 人失业 4 周(即 1 个月)。按前一公式计算,失业率为 10%,即有 10 人一年里处于失业状态。按后一公式计算,失业率为 1.7%,即有不到两人全年失业。

(3) 实际失业率

实际失业率是人们平常接触到的失业率,包含自然失业率和经济衰退失业率在内的失业率(劳动统计部门公布的失业率数据,一种含有季节性失业成分,另一种剔除季节性失业成分。经济学家和政策制定者将后者作为失业率的更准确描述):

$$实际失业率 = 自然失业率 + 经济衰退失业率$$

12.1.2 失业的类型

1. 三种基本类型

(1) 摩擦性和季节性失业。摩擦性失业是指人们在不同的地区、职业或生命周期的不同阶段不停地变动工作而引起的失业。如更换新工作、新职业的等待;因为生育而休假,等等。在这种情况下,产生的失业就是摩擦性失业。这种失业,即使在经济处于充分就业的状态时也会存在。其性质是劳动者和工作岗位匹配过程中所形成的短期性失业。季节性失业是指由于某些行业生产的季节性变动所引起的失业。某些行业的生产或经营具有淡旺季,如榨糖、学生商业街等;某些行业的生产活动具有自然周期,如农业、建筑业、旅游业等,失业较大,但属于正常现象。劳动统计部门公布的失业率数据,一种未调整季节性失业,一种调整了季节性失业。

(2) 结构性失业。结构性失业是指因技术进步、市场需求发生变化而引起的经济结构变化所造成的失业。企业因市场需求不断变化,而对生产进行调整。在产业结构、产品结构调整期,必然导致一些行业的劳动者失业。其性质是劳动者的工作技能或工作特征与工作要求之间持续的不相匹配所形成的失业。

(3) 周期性失业。周期性失业又称需求不足的失业,也就是凯恩斯所说的非自愿失业。当经济步入衰退期,企业因产品销售不畅,压缩产出而导致失业。它一般出现在经济周期衰退阶段,故称周期性失业。其性质是经济周期中衰退所导致的失业。

前两大类(三种)即属于自然失业,是由于经济中某些难以避免的原因所引起的失业,在任何市场经济中这类失业都是不可避免的。

2. 自愿性失业与非自愿性失业

自愿性失业是指不愿意接受现行市场工资率(认为过低),而宁愿选择退休或享受失业保险,相对于现行市场工资率而偏好闲暇所形成的失业。如 2008 年年底之前的我国大学生的就业状况,有些名牌大学和重点大学的毕业生宁可在家等待,也不愿意立即去工资报酬、待遇或名气与他们的期望相比较低或较差的单位去就业。

非自愿性失业是指愿意接受现行工资率而找不到工作所形成的失业。这种失业通常发生在经济萧条时期。2008 年年底世界金融风暴冲击我国经济以后,有报道深圳某企业招收保洁员,大学毕业生蜂拥而至,然而大部分应聘者还是失望而归,企业没有更多的岗位来满足求职者,落选的求职者得不到这份薪酬很低的工作,非自愿地失业了。

12.1.3 失业的产生与奥肯定理

1. 失业的产生及其原因

除了摩擦性失业主要源于工作搜寻期的客观存在,结构性失业源于劳动者工作技能和工人特征与工作要求的不相匹配这类原因以外,从宏观经济的角度看,失业的根源是总需求不足。失业是均衡就业量没有达到充分就业量的一种劳动力闲置状态,可以用图 12-2 来表示这种情况。

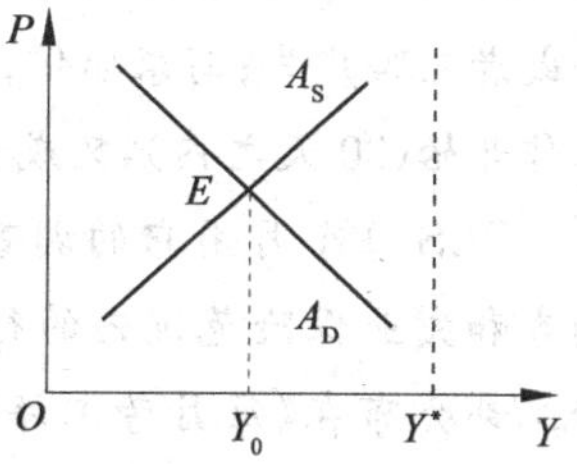

图 12-2 失业缺口

图 12-2 中,Y_0 为均衡国民收入,Y^* 为充分就业的国民收入,两者所吸收的劳动力的差额就是失业人口。

导致失业的原因,凯恩斯归结为有效需求不足,而有效需求不足又是由边际消费倾向递减规律、资本边际效率递减规律、灵活偏好规律所形成的。这个问题已经涉及凯恩斯主义的核心理论,本书将之放在第 13 章"宏观经济政策"中集中论述。

2. 奥肯定理

奥肯定理是说明失业率与实际国民收入之间关系的经验统计规律。失业率对经济的影响可以用奥肯定理表示。这一规律表明,失业率每增加 1%,则实际国民收入减少 2.5%;反之,失业率每减少 1%,则实际国民收入增加 2.5%。其一般公式为

$$\frac{Y-Y^*}{Y^*}=-a(u-u^*)$$

式中,Y,Y^* 分别为实际 GNP 和潜在 GNP;u,u^* 分别为实际失业率和自然失业率;a 为比例常数,在奥肯定理中为 2.5。

知识链接 12-1

失业:沉重的话题

1. 全球 2013 年失业概况

2014 年 1 月 20 日,国际劳工组织总干事盖伊·赖德在日内瓦发布 2014 年度全球就业趋势报告称,2013 年全球经济复苏缓慢,就业市场死气沉沉。2013 年,全球失业率为 6%,失业人口为 2.02 亿,较 2012 年增加 500 万人;全球 15 岁到 24 岁青年人中将有 7340 万人失业,占该年龄段总人口的 12.6%。从现在到 2018 年,全球失业人口将达到 2.18 亿(2014 年 1 月 23 日中国行业研究网)①。

2. 美国失业的官方统计

在西方国家主要有两种失业统计数据:一是民调数据;二是官方数据。一般认为官方数

① http://www.chinairn.com/news/20140123/134106650.html 和 http://www.chinairn.com/news/20130509/110945468.html.

据较为保守。

美国官方是这样做的：每个月，劳工统计局（BLS）要联系可以反映美国人口特点的5万个家庭样本，经过专门训练的面谈人员会提出同样的、设计好的问题，这些问题用于决定这些家庭里的大约9万成年人中每一个人是在工作还是失业，或者不属于劳动力范围之内。人们被认定为失业人口的条件是：没有工作但可以工作，并且在过去四周里一直在找工作。找工作可能涉及以下行为：在公共或私人职业介绍所登记；与未来的雇主见面；与朋友或亲属联络；登广告或者应聘广告；写求职信；在工会或行业协会注册。除此之外，那些不工作，或者是在等待新工作开始（30天之内），又或者是已被解雇后等待召回的人，也可以被归为失业人口。

BLS每个月用它的调查数据计算失业率和其他有关就业的统计指标。各州用BLS的调查和失业保险范围内的行业数据得出州和地方的就业统计数字。劳动力市场数据由美国劳工部公布在《每月劳工评论》和《就业与收入》上。[①]

3. 失业救济金的申请

一般来说，只要是拥有合法身份者，并在美国按时缴纳所得税，都可以获得申请失业救济补助资格，失业者需要找的是劳工开发部（Employment Development Department，EDD），在经过申请、审核后，便可领到失业救济金。失业金领取的金额，按照个人每一季的工资收入计算，其数字是由前雇主上报申请者基本期的工资收入总额，承办人员按此来计算所谓的最高福利额发放救济金。按照规定，获取失业救济金的起始日，是提交申请该周的周日起算。截止日则是从起始日推算起的第52周，在此之后得重新进行申请、审核。失业救济金最长可领取12～26周（视过往工作长短而定，做满一年可领26周）。期满后若还是没找到工作，可向联邦政府申领13周的延长失业救济金。若有可接受理由，例如当事人为找工作需上职训班半年，则可申请将救济金延长26周。[②]

4. 失业救济制度的尴尬[③]

失业救济制度的宗旨是为失业者排忧解困，不幸的是，却有一个没有想到的负面影响：它们提高了失业率。救济使得对于一个失业工人来说，拒绝一份工作的成本更低了，他们可以继续找更好的机会，同时领着政府的救济。这些救济还降低了失业者转换职业或到另一个地方找工作的可能性。所以，工人们失业的时间更长了。总体失业率比原本不实施救济时更高。事实上，实证结果发现在失业者的失业津贴用尽之前，以及之后找到工作的失业工人的数量都会大量增加。在欧洲，这个发放失业津贴更加大方的地区，居高不下的失业率也说明了失业救济项目将使失业率上升，也许可以上升2～3个百分点。

为了解决这一问题，Lawrence Brunner和Stephen Colarelli提出用个人储蓄账户制度代替当前的制度。与支付工资税相反，雇员及其雇主可以把等额费用支付到雇员名下的个人失业储蓄账户。这样，工人就可以在失业期间获得他们账户中的资金。等到退休的时候，账户中的所有资金都可以为工人所得，并且如果工人去世，他的资金可以留给其继承人。由于这一制度意味着在失业期间工人获得的是他们自己的资金而不是政府的，因此这一方法将消除当前制度不利于激励的结果。

① 卢瑟尔 S. 索贝尔，等 . 经济学：私人与公共选择［M］. 王茂斌，等，译 . 北京：机械工业出版社，2009：81.
② http://tieba. baidu. com/p/2643083044；http://tieba. baidu. com/p/2643083044.
③ 卢瑟尔 S. 索贝尔，等 . 经济学：私人与公共选择［M］. 王茂斌，等，译 . 北京：机械工业出版社，2009：85.

12.2 通货膨胀问题

12.2.1 通货膨胀的含义与衡量

1. 通货膨胀的含义

在本质上,当流通中纸币发行量超过它所代表的贵金属货币需要量,就发生通货膨胀。在现象上,通货膨胀表现为是物价上涨,纸币贬值。在时空上,通货膨胀是指物价水平相当幅度地普遍持续上涨。在理解这一定义时,必须把握以下四点。

(1)反映通货膨胀的物价水平是各种物品的平均价格水平,不是指某一种或某几种物品的价格,而是所有商品和劳务的总物价水平。

(2)物价是有"相当幅度"的上涨。如果每年的物价水平尽管是持续上涨但上涨幅度很小,那就不能说是通货膨胀。这就有一个"临界值"的问题,究竟物价上涨多少才算是通货膨胀?这要根据各国不同的具体情况而定。

(3)物价是"普遍"上涨。物价上涨不是局部地区、某种或某几种物品,而是全局性的、全社会性的、所有地区的所有物品都在上涨。

(4)物价是"持续"上涨。一般以年为单位观察,如果一年内上半年上升了 5%。下半年又下降了 4%,则不属于通货膨胀。

2. 通货膨胀的衡量

衡量通货膨胀的方式有两种:物价指数和通货膨胀率,其含义和用法有所不同。

一是用物价指数。物价指数是核算期物价水平相当于基期物价水平倍数的百分数表达。表示核算期物价水平比基期物价水平"提高到什么程度"或"降低到什么程度",用以反映物价水平向上或向下的波动状态。物价指数的一般计算公式如下:

$$物价指数 = \frac{核算期产品和劳务的总价值}{基期产品和劳务的总价值}$$

$$PI = \frac{\sum p_t \times q_t}{\sum p_{t-1} \times q_t} = \frac{P_t}{P_{t-1}} \times 100\%$$

式中,为了比较方便,设核算期为 t;基期为 $t-1$;q_t 为核算期各种商品的数量;p_t 为核算期各种商品的价格;p_{t-1} 为基期同样商品的价格;大写 P_t、P_{t-1} 分别为核算期和基期的产品和劳务的总价值。

关于价格指数,在第 10 章中已有介绍,不再重复。

二是用通货膨胀率。通货膨胀率是从一个时期到另一个时期的物价水平变动量同上期(基期)物价水平比较的百分数表达。表示从基期到核算期物价水平的"变动量大到什么程度",用以反映物价水平向上或向下的波动幅度。通货膨胀率计算的公式如下:

$$通货膨胀率 = \frac{核算期价格指数 - 基期价格指数}{基期价格指数}$$

$$\pi_t = \frac{P_t - P_{t-1}}{P_{t-1}} = \frac{\Delta P_t}{P_{t-1}} \times 100\%$$

从计算公式上就可以看出二者既有区别又有联系。

12.2.2　通货膨胀的分类

1. 按照物价上涨的速度划分

按照物价上涨的速度划分,通货膨胀分为以下四类。

（1）爬行的通货膨胀。它是指每年物价上涨的幅度不超过 2%～3%,同时不存在通货膨胀预期状态。它被看作实现充分就业的一个必要条件。在国外,被认为是能够刺激社会需求,是一种无害的通货膨胀。

（2）温和的通货膨胀。它是指每年物价上涨的幅度为 3%～10% 的通货膨胀。它使老百姓感到一定压力,但心理上尚可承受。

（3）奔腾式的通货膨胀。它是指两位数的通货膨胀,即年物价上涨幅度为 10%～50%（有的经济学家定义在 100%）的通货膨胀。对一国经济和人民生活造成严重的不利影响。

（4）恶性通货膨胀。它是指年物价上涨幅度在 50%（有的经济学家定义在 100%）以上的通货膨胀。发生时,物价持续上涨,价格扭曲,货币体系崩溃,正常经济秩序遭到破坏,会导致经济崩溃乃至政府更迭。

萨缪尔森将通货膨胀程度划分为:温和的通货膨胀,即 1 位数的通货膨胀;急剧的通货膨胀,即 2～3 位数的通货膨胀;恶性通货膨胀,即万倍甚至更大的通货膨胀。

2. 按照与经济发展和经济增长的联系划分

按照通货膨胀与经济发展和经济增长的联系划分,通货膨胀可分为以下三类。

（1）恢复性通货膨胀。它是指在通货紧缩后经济萧条、物价过低的情况下为了促进经济的恢复和发展,人为地增加货币供应量,使物价回升到正常水平所呈现的通货膨胀。

（2）适应性通货膨胀。又称过渡性通货膨胀,是指与经济增长几乎同步的那种通货膨胀,属于一种正常的伴随性的通货膨胀。

（3）停滞性通货膨胀。又称滞胀,是指在经济增长停滞甚至衰退时所发生的物价水平上升的通货膨胀。

此外,划分通货膨胀的标准还有:形成通货膨胀的原因、通货膨胀对价格影响的性质、人们对通货膨胀的预期程度、经济运行的市场化程度或通货膨胀的表现形式,等等。

12.2.3　通货膨胀的成因

1. 需求拉上型通货膨胀

需求拉上型通货膨胀是指总需求超过总供给所引起的一般物价水平的持续显著上涨,如图 12-3 所示。

需求拉上型通货膨胀过程有三个波次:①最初均衡点为 a,需求由 AD_1 增加到 AD_2,均衡点为 b,价格上升一次;②引起工资、原材料价格上涨,供给由 AS_1 收缩到 AS_2,均衡点为 c,价格又上升一次;③导致国民收入减少,政府不得不采取扩大需求政策,需求由 AD_2 增加到 AD_3,均衡点为 d,结果价格再上升一次。

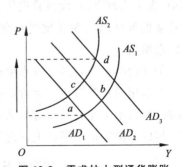

图 12-3　需求拉上型通货膨胀

2. 成本推动的通货膨胀

成本推动的通货膨胀是由于市场势力造成的,其过程如下。

劳动力市场的不完全竞争,工资率上升导致物价水平上升,物价水平上升反过来又刺激工资率上升,形成工资—价格螺旋,使总供给曲线向左上方移动,导致工资推进的通货膨胀,如图 12-4 所示。

垄断企业和寡头企业这类不完全竞争市场中的市场势力,也会通过提高产品的垄断价格,导致利润推进的通货膨胀。

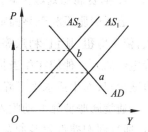

图 12-4　成本推动的通货膨胀

另外,原材料价格的上涨,会使成本提高,使供给曲线向左上方移动,形成通货膨胀。

3. 结构性通货膨胀

结构性通货膨胀是指在总供给和总需求处于均衡情况下,由于经济结构性因素的变动引起的一般物价水平持续显著上涨。所谓结构性因素的变动包括需求结构的变动、各部门劳动生产率差异的变动、各部门开放程度差异的变动等。

假定在一个经济社会,起初总供给等于总需求,同时供给结构与需求结构相匹配。若此时需求结构变化,对某些产品的需求增加,其市场价格因而上升;而对另一些产品的需求减少,但其价格因为原先的合同约束而没有变动,这样总体物价水平便上涨。

在不同部门劳动生产率提高幅度存在差异的情况下,如果劳动生产率增幅低的部门的工资增长率向劳动生产率增幅高的部门的工资增长率攀比,就会导致结构性通货膨胀。举例说明,如果 A 部门的劳动生产率提高 5%,该部门的工资增长率也为 5%;如果 B 部门的劳动生产率仅提高 3%,该部门却要求的工资增长率也为 5%;这时全社会的平均生产增长率为 4%,平均工资增长率为 5%。当平均生产增长率与平均工资增长率相同时,不会发生通货膨胀;当平均工资增长率超过平均生产增长率时,就会发生通货膨胀。

4. 国际传导型通货膨胀

国际传导型通货膨胀是从国内、国外区别来看的通货膨胀,本质上还是归类于需求拉动和成本推进的通货膨胀。当一国从国外进口原材料和生活消费品时,如果这些商品的国外价格上升而本国对它们的需求价格弹性为缺乏弹性时,就很容易引起国外通货膨胀的传入,而导致本国的通货膨胀。

5. 预期的通货膨胀

预期的通货膨胀是指在现实经济生活中,一旦形成通货膨胀,便会持续一般时期,这种现象被称为通货膨胀惯性,对通货膨胀惯性的一种解释是人们会对通货膨胀做出的相应预期。预期是人们对未来经济变量做出一种估计,预期往往会根据过去的通货膨胀的经验和对未来经济形势的判断,做出对未来通货膨胀走势的判断和估计,从而形成对通货膨胀的预期。预期对人们经济行为有重要的影响,人们对通货膨胀的预期会导致工资水平上涨和物价水平上涨循环推动,使通货膨胀具有惯性。

12.2.4　通货膨胀对经济的影响

通货膨胀对经济的影响也称为通货膨胀的经济效应。通货膨胀会给社会经济生活的各个方面带来不同程度的影响,主要体现在以下三个方面。

1. 通货膨胀对收入和财富分配的影响

通货膨胀不利于靠固定的货币收入维持生活的人。这类人包括领取救济金、退休金的人,依靠房租、地租、利息等固定收入的人,工薪阶层、公务员以及靠福利和其他转移支付维持生活的人。他们在相当长时间里所获得的收入是不变的,当遇到通货膨胀时,其货币购买力减少,从而生活水平下降。

通货膨胀使靠变动收入维持生活的人得益。这类人包括签订指数化工资合同工会的会员,通过利润获得收益的企业主。他们的货币收入会走在价格和生活费用上涨之前,因通货膨胀而受益。

通货膨胀对储蓄者不利。这类人包括银行存款者,以保险金、养老金、固定价值证券财产等储资养老的人。他们的固定价值储资在通货膨胀中实际价值会下降,他们的经济利益遭受损失。

通货膨胀在债权人和债务人之间发生收入再分配作用。如果债务是按固定利率支付的,则急剧的通货膨胀可能会使债务人得益,而使债权人受到损失。前者的收益往往是以后者的牺牲为代价。

通货膨胀对人们所拥有的财产的影响有不同情况。这方面的影响主要取决于人们拥有的财产或债务的种类。家庭财产中的储蓄、银行存款和购买的各种债券等,其实际价值随物价的上涨而下降;而房屋、土地、黄金等,其价格随物价的上涨而提高,实际价值不变或上升。

通货膨胀使政府和国家得益。在实行累进个人所得税下,通货膨胀提高了名义收入水平,使得更多的个人收入进入更高纳税档次,从居民户手中把大量再分配的财富带到公共部门。[①]

以上统称为通货膨胀的再分配效应。

2. 通货膨胀对产出和就业总水平的影响

通货膨胀对产出及就业总水平的影响与预期和时间长短有关。一般来说,短期内,预料之外的需求拉上型通货膨胀会使产品价格的上涨高于货币工资率的上涨,利润空间拉大,企业会增雇工人扩大产出,使就业增加和国民产出增长。长期里,附加预期的通货膨胀会使工资水平与物价变动的"时差"消失,通货膨胀的扩张效应因而消失。

通货膨胀对产出及就业总水平的影响与通货膨胀的成因和通货膨胀率的大小有关。许多经济学家认为,温和的或爬行的需求拉动型通货膨胀对产出和就业将有扩大作用,这是因为产品的价格水平会跑在工资和其他资源的价格前面,拉大利润空间,刺激企业扩大生产,从而增加就业。超级通货膨胀导致经济崩溃。成本推动型通货膨胀会使总产出和就业减少,这是因为在总需求不变的情况下,成本推动型通货膨胀使得原先既定的生产资金在成本价格提高的情况下只能买到较少的生产要素,从而生产规模缩小,就业减少,总产出下降。

以上统称为通货膨胀的产出效应。

---

① 高鸿业. 西方经济学(宏观部分)[M]. 5版. 北京:中国人民大学出版社,2010:518.

3. 通货膨胀对资源配置的影响

在市场经济中,价格对资源配置具有重要的调节作用。价格水平上升的不平衡导致不同行业或扩张或收缩;在通货膨胀中,各行业产品和劳务的价格与成本上升往往具有盲目性,因而会扰乱价格体系,引起资源配置的失调,降低整个经济的效率。

在通货膨胀中受影响最大的价格是现金的价格。通货膨胀会导致现金的实际利率为负,因此,发生通货膨胀时,人们会挤兑银行存款,抢购、囤积实物(甚至次品废品),从而引起资金资源的极大浪费。

12.2.5　菲利普斯曲线

1. 短期菲利普斯曲线

短期菲利普斯曲线反映短期内失业与通货膨胀之间的关系,如图 12-5 所示。

在图 12-5 中,$\Delta P/P$ 为通货膨胀率,u 为失业率,n 点为自然失业率,即充分就业状态下也会存在的失业率。菲利普斯曲线向右下倾斜,说明失业率与通货膨胀率呈反方向变动,两者之间存在替代关系。在 n 点左侧,经济处于高涨阶段,就业增多,人们的收入也跟着增多,从而会引起物价的普遍上涨,通货膨胀率高,在 n 点右侧,经济处于衰退阶段,失业增多,收入减少,物价下降。这可以解释章首引言提到的价格下降与人员下岗的关系。

2. 长期菲利普斯曲线

短期菲利普斯曲线的对应关系,是在价格上涨没有被预期的情况下发生的。长期里人们必然会有预期。于是,长期菲利普斯曲线变成了一条垂线,如图 12-6 所示。

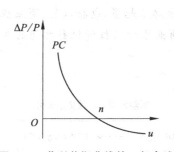

图 12-5　菲利普斯曲线的一般表述

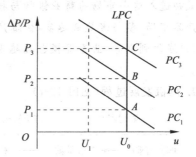

图 12-6　长期菲利普斯曲线

图 12-6 中,PC 为短期菲利普斯曲线,U_0 为自然失业率,对应的通货膨胀率为 P_1。起初,人们的工资率相应于(不是等于)P_1。当政府采取措施扩大生产,降低失业到 U_1,此时对应的通货膨胀率为 P_2。此时的物价水平高于原先的水平,短期内由于人们没有预期到,工资没有相应变动,结果导致实际工资下降。当人们预期到时,自然要求提高工资水平,与 P_2 持平。此时由于工资水平提高,企业对劳动力需求减少,失业率回到 U_0。如果政府再次采取刺激经济增长的政策,以上过程将重复,最终导致通货膨胀率不断上升,菲利普斯曲线由 A 点变到 B 点,再到 C 点。于是形成了垂直的长期菲利普斯曲线 LPC。

统计数据显示,长期菲利普斯曲线的调整期为 5～10 年。

知识链接 12-2

2008 年金融风暴

2008 年美国次贷危机引发的金融风暴横扫全球，所到之处枯枝败叶，遍地哀声。7 年过去了，至今世界经济依然没有走出谷底。

对于类似 1929 年的大萧条的这次大震荡，人们在探寻它的发生缘由，解析它的过程机理，下面是编者的一个粗略的勾画。

1. 次贷危机与房贷

次贷危机全称为次级房贷危机，是指发生在美国，因为次级抵押贷款机构破产而导致的投资基金被迫关闭、股市震荡的危机。

在美国，大多数人崇尚提前消费，"贷款买房"的制度就是一种非常好的金融制度。一般它要求贷款者付至少 20％ 的首付款；而且，贷款的总数不能超过贷款者年收入的 4 倍。这使很多原来买不起房子的年轻夫妻可以拥有一处自己的房子，实现了他们的"美梦"，同时激活了相关的经济。

但并不是每个美国人都有资格申请贷款买房。美国人创新出了"次级债"。美国抵押贷款市场根据信用的高低，放贷机构对借款人区别对待，信用低的人申请不到优惠级，只能在次级市场寻求贷款。次级市场的贷款利率通常比优惠级贷款高 2％～3％。次级抵押贷款由于给那些受到歧视或者不符合抵押贷款市场标准的借款者提供贷款，所以在少数族裔高度集中和经济不发达的地区很受欢迎。

最初进入这个市场的商业银行与投资银行获得暴利，因此吸引越来越多的参与者介入衍生产品市场，参与者越来越多，金融产品种类的开发也越来越多，包括次贷、商业性抵押债券、信用违约到期等，业务规模也就越来越庞大，直到商业银行与投资银行之间的业务深入渗透。

2. 危机发展过程（见图 12-7）

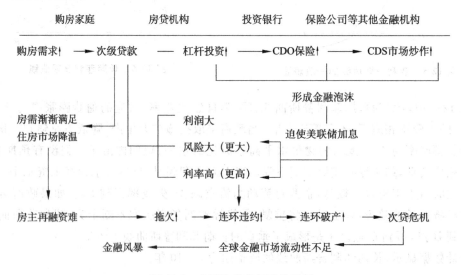

图 12-7　美国次贷危机发生机理

次级贷款需要通过中介机构来申请,中介机构本来应该把住第一关。但是,中介机构为争取更多的业务,开始违规、造假,提供假的数据和假的收入证明。甚至连收入证明都拿不出来的人也可以贷款,通过中介机构的包装欺骗银行,银行再把债券卖给房地美和房利美两公司,而两公司在不知情的情况下将其分割成面值更小的债券卖给全世界,包括 AIG 公司。

从 2004 年中开始,美联储为了防止通货膨胀加剧,先后 17 次加息,将基准利率从 1% 上调至 5.25%,使得借款人还贷成本激增,远超出实际还贷能力。另外,随着美国住房市场逐步降温,使得房屋所有人的再融资变得更为困难。这最终导致了 2006 年以来次级抵押贷款拖欠、违约及停止抵押赎回权数量的攀升,并使美国包括新世纪抵押贷款公司在内的许多贷款公司撤出次级抵押贷款市场,寻求破产保护或者被收购。

3. 全球性金融灾难

突然之间,拥有 85 年历史的华尔街第五大投资银行贝尔斯登贱价出售给摩根大通;拥有 94 年历史的美林被综合银行美国银行收购;历史最悠久的投资银行——拥有 158 年历史的雷曼宣布破产;拥有 139 年历史的高盛和拥有 73 年历史的摩根士丹利同时改旗易帜转为银行控股公司。拥有悠久历史的华尔街五大投行就这样轰然倒下,从此成为历史。华尔街对金融衍生产品的滥用就是导致此次"百年一遇"的金融灾难的罪魁祸首。

2007 年 7 月 26 日,美国次级债务危机全面爆发,从而带动全球股市连锁暴跌,东亚股市除中国内地以外均未能幸免,而尤以中国香港股市跌幅为甚。受次级债务危机继续扩散影响,欧洲和澳洲一些金融机构受到牵连,美欧日等国央行也纷纷向市场注入大量资金救市。

12.3 经济周期问题

12.3.1 经济周期及其阶段

1. 经济周期

经济周期是指国民收入、就业和生产等总体经济活动的扩张和收缩交替出现的过程。对"扩张与收缩"有两种不同的解释:一是基于国民收入上升与下降的解释,是古典的经济周期解释,如图 12-8 所示。二是基于经济增长率上升和下降的交替过程的解释,是现代的经济周期的解释,如图 12-9 所示。

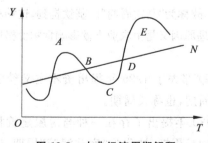

图 12-8　古典经济周期解释

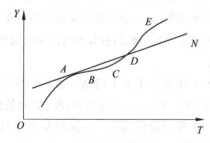

图 12-9　现代经济周期解释

理解经济周期的概念应该注意以下几点。

(1) 经济周期是现代经济社会中不可避免的经济波动。

（2）经济周期是总体经济活动的波动，如国民收入、投资和储蓄、物价水平、利润率和利息率以及就业人数等。

（3）一个经济周期包含繁荣、衰退、萧条、复苏四个阶段。

（4）经济周期在经济活动过程中反复出现，但每个周期的时间长短并不完全一样。

2. 经济周期的阶段

经济周期一般划分为四个阶段，即繁荣、衰退、萧条和复苏。繁荣阶段是国民收入与经济活动高于正常水平的阶段，即经济活动扩张或向上的阶段；衰退阶段是经济活动从扩张的顶峰向下跌落的阶段，即整个经济活动由繁荣转为萧条的过渡阶段；萧条阶段是国民收入与经济活动低于正常水平的阶段，即整个经济活动收缩或向下的阶段；复苏阶段是经济活动由萧条转为繁荣的过渡阶段。

经济周期也可以分为两个大阶段和两个转折点：扩张和衰退、谷底和峰顶。扩张阶段是总需求和经济活动的增长时期，通常伴随着就业、生产、价格、货币、工资、利率和利润的上升；衰退阶段则是总需求和经济活动下降的时期，通常总是伴随着就业、生产、价格、货币、工资、利率和利润的下降。谷底和峰顶则分别是整个经济周期的最低点和最高点，也是用来表示萧条与繁荣的转折点。

经济周期的阶段划分如图 12-9 所示。横轴 T 代表时间（年份），纵轴 Y 表示国民收入或经济水平，即总体经济活动状况。N 代表正常的经济活动水平。经济在 A 点时达到峰顶，$A \sim B$ 为衰退，$B \sim C$ 为萧条，C 点时达到谷底，$C \sim D$ 为复苏，$D \sim E$ 为繁荣，在 E 点时又达到峰顶。从一个峰顶到另一个峰顶，经济周期经历了四个阶段。

判断经济周期处于哪个阶段的标准，主要是一个国家的工业产量、销售量、资本借贷量、物价水平、利息率、利润率与就业量等经济指标的变动。

12.3.2 经济周期的类型

对经济周期有以下四种类型的解释。

（1）朱格拉周期。法国经济学家朱格拉在 1862 年出版的《法国、英国及美国的商业危机及其周期》一书中，提出了资本主义经济存在着 9～10 年的周期波动，一般称为"朱格拉周期"。熊彼特把这种周期称为中周期，或朱格拉周期。汉森则把这种周期称为"主要经济周期"。

（2）基钦周期。英国经济学家约瑟夫·基钦于 1923 年提出了存在着一种 40 个月（3～4 年）左右的小周期，而一个大周期则包括两个或三个小周期，故称为"基钦周期"。基钦提到，这种小周期是心理原因所引起的有节奏的运动的结果，而这种心理原因又是由农业丰歉影响食物价格所造成的。

（3）康德拉季耶夫周期。俄国经济学家康德拉季耶夫于 1925 年提出资本主义经济中存在着 50～60 年一个的周期，故称"康德拉季耶夫"周期，也称长周期。

（4）库兹涅茨周期。美国经济学家库兹涅茨 1930 年提出了存在一种与房屋建筑相关的经济周期，这种周期平均长度为 20 年。这也是一种长周期，被称为"库兹涅茨"周期，也称建筑业周期。需特别加以说明的是，熊彼特在他的两卷本《经济周期》（1939 年版）中对前三种经济周期作了高度综合与概括。他认为前三种周期尽管划分方法不一样，但并不矛盾。每个长周期中套有中周期，每个中周期中套有短周期。每个长周期包括 6 个中周期，每个中周期包括 3 个短周期。熊彼特还把不同的技术创新与不同的周期联系起来,以三次重大创新为标志,划分了三个长周期:第一个周期,从 18 世纪 80 年代到 1842 年,是"产业革命时期";第二个周期,1842—1897 年,是"蒸汽和钢铁时期";第三个周期,1897 年以后,是"电气、化学和汽车时期"。

12.3.3 经济周期的成因

1. 外因论

外因论认为,周期源于经济体系之外的因素——太阳黑子、战争、革命、选举、金矿或新资源的发现、科学突破或技术创新等。

(1)太阳黑子理论。太阳黑子理论把经济的周期性波动归因于太阳黑子的周期性变化。因为据说太阳黑子的周期性变化会影响气候的周期变化,而这又会影响农业收成,而农业收成的丰歉又会影响整个经济。太阳黑子的出现是有规律的,大约每十年出现一次,因而经济周期大约也是每十年一次。该理论是由英国经济学家杰文斯于 1875 年提出的。

(2)创新理论。创新是奥地利经济学家 J. 熊彼特提出用以解释经济波动与发展的一个概念。所谓创新是指一种新的生产函数,或者说是生产要素的一种"新组合"。生产要素新组合的出现会刺激经济的发展与繁荣。当新组合出现时,旧的生产要素组合仍然在市场上存在。新旧组合的共存必然给新组合的创新者提供获利条件。而一旦用新组合的技术扩散,被大多数企业获得,最后的阶段——停滞阶段也就临近了。在停滞阶段,因为没有新的技术创新出现,因而很难刺激大规模投资,从而难以摆脱萧条。这种情况直到新的创新出现才被打破,才会有新的繁荣的出现。总之,该理论把周期性的原因归结为科学技术的创新,而科学技术的创新不可能始终如一地、持续不断地出现,从而必然有经济的周期性波动。

(3)政治性周期理论。外因经济周期的一个主要例证就是政治性周期。政治性周期理论把经济周期性循环的原因归结为政府的周期性的决策(主要是为了循环解决通货膨胀和失业问题)。政治性周期的产生有三个基本条件:①凯恩斯国民收入决定理论为政策制定者提供了刺激经济的工具;②选民喜欢高经济增长、低失业以及低通货膨胀的时期;③政治家喜欢连选连任。

2. 内因论

内因论认为,周期源于经济体系内部——收入、成本、投资在市场机制作用下的必然现象。

(1)纯货币理论。该理论主要由英国经济学家霍特里在 1913—1933 年的一系列著作中提出的。纯货币理论认为货币供应量和货币流通度直接决定了名义国民收入的波动,而且极端地认为,经济波动完全是由于银行体系交替地扩张和紧缩信用所造成的,尤其以短期利率起着重要的作用。现代货币主义者在分析经济的周期性波动时,几乎一脉相承地接受了霍特里的观点。但应该明确的是,把经济周期性循环唯一地归结为货币信用扩张与收缩是欠妥的。

(2)投资过度理论。投资过度理论把经济的周期性循环归因于投资过度。由于投资过多,与消费品生产相对比,资本品生产发展过快。资本品生产的过度发展促使经济进入繁荣阶段,但资本品过度生产从而导致的过剩又会促进经济进入萧条阶段。

(3) 消费不足理论。消费不足理论的出现较为久远。早期有西斯蒙第和马尔萨斯,近代则以霍布森为代表。该理论把经济的衰退归因于消费品的需求赶不上社会对消费品生产的增长。这种不足又根据源于国民收入分配不公所造成的过度储蓄。该理论一个很大的缺陷是,它只解释了经济周期危机产生的原因,而未说明其他三个阶段。因而在周期理论中,它并不占有重要位置。

(4) 心理理论。心理理论和投资过度理论是紧密相连的。该理论认为经济的循环周期取决于投资,而投资大小主要取决于业主对未来的预期。而预期却是一种心理现象,而心理现象又具有不确定性的特点。因此,经济波动的最终原因取决于人们对未来的预期。当预期乐观时,增加投资,经济步入复苏与繁荣;当预期悲观时,减少投资,经济则陷入衰退与萧条。随着人们情绪的变化,经济也就周期性地发生波动。

知识链接 12-3

2014 年中国经济总量超过美国了吗

2014 年 4 月 30 日《华尔街见闻》发了一则报道,题为"中国经济总量今年超越美国?"[1]对于这个问号,2014 年 10 月 8 日《华尔街见闻》自己发了另一则标题为"购买力平价计算,中国经济规模已超越美国"[2]的报道,做了肯定回答。两篇报道的数据来源绝对权威——世界银行和国际货币基金组织。

"世界银行发布的 2011 年'国际比较项目'报告指曾出,以 PPP(购买力平价)计算,中国的经济规模在 2011 年已经达到美国的 86.9%。根据近几年中美经济增速计算,中国在 2014 年经济规模将超过美国成为世界第一。"

"国际货币基金组织的报告显示,以购买力平价计算,美国 2014 年经济规模为 17.4 万亿美元,而中国则达到了 17.6 万亿美元。"

那么,什么是"购买力平价"呢?

购买力平价又称相对购买力指标,是一种根据各国不同的价格水平计算出来的货币之间的等值系数,在贸易理论中又被称为"理论汇率"。

打个比方,一个美国人有 10 美元,一个中国人有 60 元人民币。如果美元兑人民币是 1:6,那么从货币财富上看,两人同样富有。但是,同样一件衬衣,在美国售价是 10 美元,在中国售价是 40 元人民币,那么,从同等购买力上看,美元兑人民币是 1:4。这样,拥有 100 万美元财富的人并不比拥有 500 万元人民币(折算成美元大约是 83.3 万美元)的人能够得到更多的物质产品(按照上面的例子,实际还少了)。

回头过来看现实经济,以 2011 年年末为基准,当时美元对人民币汇率在 6.3 左右,而世界银行公布了旗下国际比较计划(ICP)报告中所给出的购买力平价汇率为 3.506。结果其显示,中国在 2011 年全年经济总量已经达到了美国的近 9 成。

其实,外媒炒作中国经济规模并非今日心血来潮,早在 2001 年中国即将加入世贸组织时,中国的经济规模就被某些国家按购买力平价计算,要求中国以发达国家身份加入世贸组

[1] http://wallstreetcn.com/node/88081.
[2] http://wallstreetcn.com/node/209106.

织。彼时此时的炒作有其不同的考虑。

国内媒体对于"中国经济总量超过美国"比较冷静,国内学术界的分析也比较客观,早在2011年4月7日,中国社科院的分析报告认为:2020年中国经济总量将超越美国居世界第一(中国经济网,http://finance.ifeng.com/news/hqcj/20110407/3831434.shtml)。

12.4 经济增长问题

12.4.1 经济增长的界定

在考察国民经济的长期变动时,经常会涉及两个既紧密联系而又相互区别的一对概念:经济增长与经济发展。

1. 经济增长与经济发展的区别与联系[①]

经济增长是指一国在一定时期内生产的产品和劳务总量的增长,即国民财富或社会财富的增加。现代意义上的经济增长包含双重含义:一是居民所需要的产品和劳务总产出量的增加;二是潜在生产力的扩张。

从时间角度来看,有两种经济增长现象[②]:一种是短期内增强对生产能力的利用导致了经济增长;另一种是长期内生产能力的扩张导致了经济增长。这两类经济增长中主导的宏观变量是不同的。在短期内,经济资源与生产技术水平是给定的,经济增长只能在限定条件下由刺激总需求而发生;在长期内,经济增长需要总需求增加的带动,但经济增长的最终实现决定于总供给的增加,即经济资源的扩大和生产技术水平的提高。以上两种经济增长如图12-10所示。

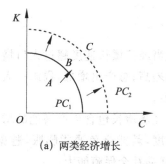

(a) 两类经济增长

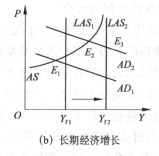

(b) 长期经济增长

图 12-10 经济增长的两种表述

图12-10中,C为消费品,K为资本品,PC为生产可能性曲线,LAS为长期总供给曲线(也有写为$LRAS$的),AS为短期总供给曲线,AD为短期总需求曲线。

短期内,A到B的经济增长是可以实现的,这是现有生产力充分利用的结果,但无法再持续增长下去,因为已达到了生产可能性边界(图12-10(a)中PC_1所示)。长期内,只有

[①] http://www.baike.com/wiki/%E7%BB%8F%E6%B5%8E%E5%A2%9E%E9%95%BF%E7%8E%87.

[②] 布拉德利·希勒. 当代经济学[M]. 8版. 北京:人民邮电出版社,2003:276-277. 教科书中称为"类型",若从实现方式看,这样表述是贴切的,而从时间角度看,似乎表述为"现象"更为准确。

LAS_1 向 LAS_2 不断拓展,均衡点 E_2 才有可能实现(图 12-10(b)中 $LAS_1 \rightarrow LAS_2$),即经济增长可以持续下去,条件是生产可能性空间向外扩张(图 12-10(a)中 $PC_1 \rightarrow PC_2$),AS 才有可能继续向上延伸,从而 AD_2 才有可能与之交于 E_2 点,实现长期内的经济增长。正是出于这个原因,经济学家通常用潜在 GDP 的变化来定义经济增长(图 12-10(b)中 $Y_{f1} \rightarrow Y_{f2}$)。经济增长包含了总产出的增加也体现了生产力的扩张。于是,经济增长一般是指长期内的经济增长。

经济发展,不仅包括经济增长,还包括国民的生活质量提高、经济结构的改善、经济制度进步、经济环境和谐发展,以及人自身的现代化。

经济发展与经济增长的关系。经济增长不一定代表经济发展,而经济发展一定包含经济增长。就经济增长来说,不仅不一定代表社会进步,甚至能在多大程度上体现生产率也遭到批评家们的质疑。下面是两个著名的例子。

(1) A 国每生产 1 吨钢材需要 2 吨的煤,而同样生产 1 吨钢材,B 国只要 1 吨的煤,那么从 GDP 的角度讲,假设暂不考虑其他原辅材料的情况下,用煤生产钢材就是两国全部的经济事件,那么 A 国的 GDP＝1 吨钢材＋2 吨煤,而 B 国的 GDP＝1 吨钢材＋1 吨煤。所以 A 国的 GDP 是大过 B 国的,但是很显然 A 国的生产效率落后于 B 国。

(2) 假如美国高速公路上相向而来的两辆汽车擦身而过,则对本年度 GDP 不会有任何的影响;反而,如果两辆车发生了车祸,则需要出动警车、消防车、救护车,并且增加了清理路面的工作、保险金的赔偿以及未来对新车的需求,这在 GDP 上可能会有上百万美元的增加。然而这一事件的本质是一个意外,而不是生产力的发展。

经济发展是反映一个经济社会总体发展水平的综合性概念。一般而言,经济发展问题通常在发展经济学中进行专门研究。而宏观经济学中,则侧重研究经济增长理论,即经济总量的增长或增加。

2. 经济增长的作用与代价

经济增长的作用主要体现在以下几点。

第一,能够提高人们的消费水平及增强国力。当经济增长速度超过人口增长速度,人均实际收入就会增加,人们的物质消费水平就能得到提高;总产出增加,税源扩大,国家就能够动用更多的资源,发展更大的事业,推进社会的发展。

第二,有助于避免或解决其他宏观经济问题。经济增长包含生产潜能的增长,当生产潜能的增长速度超过人们增加收入的需求的增长速度,就能避免通货膨胀,避免国际收支赤字,避免劳资在利益分配上的零和博弈纷争,可以增强社会保障能力。

第三,使收入更容易地再分配给穷人。收入增长了,政府就可以在不使富人利益受到损失的情况下将收入再分配给穷人,在没有利益摩擦的条件下,更有效地进行扶贫济困项目。

第四,人们的环境保护意识得到增强。随着人们在经济增长条件下解决了基本生存问题,人们就会将注意力转向提高生活质量的生活环境问题,更加关注清洁宜居环境,有了经济增长提供的经济基础,人们也会更加注重绿色生活。

经济增长的代价有以下几个方面。

第一,经济增长可能会暂时性地压缩当前消费。经济增长的实现需要事先投资的扩大,在总收入一定的情况下势必要压缩当前消费,这是经济增长的机会成本。付出与享受分配在不同代际,这或许有些不公平。

第二,引发负面社会效应。如果一国过度追求物质增长,就会使人们更贪婪、更自私、更不关心社会。社会越工业化,暴力、犯罪、孤独、与压力相关的疾病、自杀、离婚以及其他社会问题很有可能上升。

第三,加大环境成本。社会越富裕,消费水平提高,消费品品种越多,消费活动范围越大,消费所产生的污染加重,废弃物的排放量和扩散范围扩大,消费水平越高环境为此付出的代价即环境成本越大。

第四,不可再生资源迅速枯竭。如果经济增长是通过低利用率的生产技术来实现的,那么,经济增长越快,不可再生资源的消耗速度越快,最终将导致经济增长不可持续。

第五,财富积累两极分化。如果促进经济增长的最终手段是加大激励(如降低较高的所得税率),则经济增长会使富人更富,而穷人只能很少甚至根本得不到经济增长的好处。

12.4.2 经济增长的测度

经济增长率也称经济增长速度,是核算期国民生产总值与基期国民生产总值的比较。它是反映一定时期经济发展水平变化程度的动态指标,也是反映一个国家经济是否具有活力的基本指标。它的大小意味着经济增长的快慢,意味着人民生活水平提高所需的时间长短,这是政府、学者和社会各界都非常关注的指标。

如果变量的值都以现价计算,则计算出的增长率就是名义增长率,反之如果变量的值都以不变价(以某一时期的价格为基期价格)计算,则计算出的增长率就是实际增长率。在测度经济增长时,一般都采用实际经济增长率。

1. 经济增长率

经济增长用以衡量时间长度为一年的经济增长程度(根据研究的需要,时期单位也可以为半年、季度,其结果则为半年经济增长率、季度经济增长率),可分为 GDP 增长率和人均 GDP 增长率。

(1) GDP 增长率。若用 Y_t 表示 t 期的 GDP,Y_{t-1} 表示上一期的 GDP,则以国内生产总值表示的经济增长率为

$$G = \frac{Y_t - Y_{t-1}}{Y_{t-1}} \times 100\%$$

比如,按 1990 年价格计算,我国 2003 年的 GDP 是 61687.9 亿元,2004 年的 GDP 是 67548.2 亿元,那么,2004 年的经济增长率就是 9.5%。

(2) 人均 GDP 增长率。若用 y_t 表示 t 期的人均 GDP,y_{t-1} 表示上一期的人均 GDP,则人均经济增长率可以表示为

$$g = \frac{y_t - y_{t-1}}{y_{t-1}} \times 100\%$$

2. 年均增长率

年均增长率用以衡量各年经济增长率不同的若干年里经济的平均增长程度(譬如,10 年里各年的经济增长率不同,求这 10 年每年的平均经济增长率)。可分 GDP 年均增长率和人均 GDP 年均增长率两个指标。

(1) GDP 年均增长率。可用来反映一国或地区经济实力变化速度。有以下两种计算方法。

一是开方法。若用 Y_1 表示时间跨度为 n 年的第一年的国内生产总值，Y_n 为末尾一年的国内生产总值，则 n 年内平均经济增长率为

$$G = \left(\frac{Y_n}{Y_1}\right)^{\frac{1}{n}} - 1$$

二是"逐年链接"法。对于一段时期实际 GDP 的平均增长率，可以通过计算逐年间增长率然后用"链接法"来求得。譬如，要计算 2000—2010 年间实际 GDP 的平均增长率，可以先分别计算 2001、2001、2002、…、2010 的年度增长率，然后链接求取。方法如下所示。

2000	2001	2002	…………	2009	2010		
10.25	12.25		……………………		9.85	%	各年增长率
	11.25		(随计算的年份增加而变动)		10.65	%	平均增长率

把 10.25% 和 12.25% 链接后就得到了两年间的平均增长率 11.25%，如此，将 2003、…、2010 年的增长率链接上去，就能通过中间一行计算出最下一行的算术平均数，最终求出 2000—2010 年的实际 GDP 平均增长率为 10.65%。

(2) 人均 GDP 年均增长率。可用来反映一国或地区人们生活水平的变化速度。

若用 y_1 表示第一年的人均 GDP，y_n 表示末一年的人均 GDP，则人均 GDP 的年均增长率可以表示为

$$g = \left(\frac{y_n}{y_1}\right)^{\frac{1}{n}} - 1$$

比如，按 1990 年价格计算，中国 1952 年人均 GDP 为 242.6 元，2004 年人均 GDP 为 5196.5 元，则按照这个公式计算，这 52 年人均 GDP 年均增长率为 6.07%。

如果年均经济增长率比较小，也可以按照指数的形式来计算，GDP 年均增长率的计算公式是 $G = \dfrac{In \cdot \dfrac{Y_n}{Y_1}}{n}$；人均 GDP 的年均增长率的计算公式是 $g = \dfrac{In \cdot \dfrac{y_n}{y_1}}{n}$。比如，以 1996 年美元来衡量，美国的真实人均国内生产总值(GDP)从 1870 年的 3340 美元上升到 2000 年的 33330 美元，则按照这个公式计算，美国这 130 年的人均 GDP 的年均增长率是 1.8%。

微小的年均经济增长率差别在经历较长时间后就会显示出巨大的经济差别，时间越长差别越大。如表 12-1 所示的阿根廷与法国 50 年的生活水平差别。

表 12-1　阿根廷与法国 50 年人均 GDP 差异　　　　　　　单位:美元

国　家	1950 年人均 GDP	增长率	2000 年人均 GDP
阿根廷	6340	1.1%	11006
法国	5429	2.9%	22358

注:以 1996 年美元衡量。

3. 翻一番的时间长度

翻一番的时间长度，用以计算国民生产总值翻一番的所需要的年数，称为 70 规则。

设 n 为翻一番所需要的年数，x 为增长率的百分数值(去掉%号)，翻一番时长的计算公式如下:

$$n = \frac{70}{x}$$

假如某国实际 GDP 每年增长率为 5%，那么经过 70/5＝14(年)其经济总量将翻一番。2008 年中国 GDP 总量 300670 亿元，以 30 万亿元计。如果今后每年能以增长率 10% 发展，那么 70/10＝7(年)之后 GDP 总量将达到 60 万亿元。

12.4.3 经济增长因素分析

经济增长因素分析是研究经济增长的源泉，并度量它们所起的作用，以寻求促进经济快速增长的途径和方法的理论。

1. 经济增长因素的划分

决定经济增长的因素多而复杂，不只是经济方面的因素，还有社会方面的因素、政治方面的因素等。就经济方面的因素而言，大致可以划分出直接因素和基本因素两类。

经济增长的直接因素，包括经济中的投入因素(如劳动积累、资本的积累)，影响劳动生产率的因素(如规模经济、技术进步)。

经济增长的基本因素，包括那些对一国积累生产要素的能力以及投资于知识生产的能力产生影响的因素(如人口增长、贸易制度、金融部门的影响力、一般宏观经济环境、收入分配、政府规模、地理的影响以及政治、社会环境等)。

基本因素对经济增长间接起作用，是直接因素的深层次来源，或直接因素发挥作用的社会性能力、社会文化环境。

可以将经济增长与其影响因素之间的关系用下列生产方程表达出来：

$$Y_t = f(L_t, K_t, R_t, A_t, S_t)$$

式中，t 表示某时期；Y_t 为经济总产出；L_t 为劳动投入；K_t 为资本存量；R_t 为自然资源；A_t 为该经济应用知识的储量；S_t 为上述基本因素集合。

2. 丹尼森对经济增长因素的分析

在肯德里克研究的同时，美国经济学家丹尼森(E. Denison)也对美国的经济增长做了分析估算，以此来确定各个影响因素对经济增长所做的贡献，并比较各个影响因素的相对重要性。他把经济增长因素分为两大类 6 因素。丹尼森利用美国 1929—1982 年的历史统计数据，对经济增长因素进行了考察与分析，分析结果[①]见表 12-2。

表 12-2　美国总国民收入增长的源泉(1929—1982)

增 长 因 素	增长率	占增长的百分比
一类：总要素投入	**1.90%**	65.07
(1) 劳动	1.34%	45.89
(2) 资本	0.56%	19.18
二类：单位投入的产出	**1.02%**	34.93
(3) 知识进展	0.66%	22.60
(4) 资源配置	0.23%	7.88
(5) 规模经济	0.26%	8.90
(6) 其他因素	−0.13%	−4.45
国民收入	**2.92%**	100.00

① 多恩布什·费希尔. 宏观经济学[M]. 北京：中国人民大学出版社,1977:226.

计算结果表明：①劳动力增加对经济增长的贡献相当大，部分原因在于劳动的产出弹性相对较大，劳动增长率占有较大的权重。②资本增加对经济增长的贡献不到劳动力增加对经济增长贡献的一半。③知识进展对经济增长的贡献比资本增加对经济增长的贡献要大一些，约占第二类增长因素"单位投入产出"贡献的2/3。据此，丹尼森的结论是：知识进展是发达资本主义国家最重要的增长因素。知识进展所含广泛，包括技术知识、管理知识的进步和由于采用新知识而在结构与设备方面产生的更有效的设计，还包括从经验与观察中得到的知识。丹尼森认为，技术进步对经济增长的贡献是明显的，但也不能把生产率的增长主要归因于技术知识，因为管理知识也是非常重要的。管理知识更有可能降低生产资本、增加国民收入，它对国民收入增长的贡献比改善产品物理特性而产生的影响更大。因此，管理知识与技术知识都是很重要的，不能只重视技术知识而忽略管理知识。④资源配置状况对经济增长也做出了重要贡献，比如劳动者转换工作、农村劳动力的流动等，都导致了产量或收入的增加。⑤规模经济对经济增长的贡献接近10%，因为规模的扩大使得单位产量的投入更少，可以节约生产资源，从而带来规模经济效应。

学用小品

中国未来的就业压力与中国的失业结构

1. 我国未来的就业形势面临四大压力[①]

当前我国已经进入劳动力增长高峰，农村富余劳动力转移加快，与此同时，国有企业改革的深化和经济结构的调整造成下岗失业人数居高不下，高校毕业生也有较快增长，就业已成为影响经济持续增长和社会稳定的重大问题。我国就业压力很大，就业形势十分严峻。具体讲，我国未来的就业面临四大压力。

（1）人口和劳动力增长的压力。我国是一个拥有13亿人口的发展中国家，即使按现在较低的人口自然增长率计算，我国的人口总量到2030年将突破16亿。随着人口总量的增加，未来劳动年龄人口将不可抑制地扩张。据有关测算，2005—2015年劳动适龄人口增长速度约为1.3%，平均每年新增的劳动力规模达1000万左右。这里特别要提到，我国农村劳动力向外转移的压力相当大。现在，我国农村劳动力大约4.7亿，若按每个劳动力耕种10亩地计算，农业共计需要劳动力1.9亿，再加上在乡镇企业就业的劳动力1.3亿，可以说还有1.5亿农村劳动力需要转移，而目前农村劳动力的转移规模为每年1000万左右。

（2）经济体制改革的压力。近几年随着国有企业减员增效和建立现代企业制度改革的加快，企业的下岗分流职工日益增多，据统计，目前我国下岗职工和失业人员总数达到1460万，加上非国有企业下岗职工600万，全国有2000多万的下岗和失业人员。今后随着国有企业和事业单位改革的继续推进，还将向社会释放1/3以上的冗员。

（3）科技进步的压力。科技革命的日新月异和国际国内市场竞争的日益激烈，依靠先进的机器设备和自动化操作取代人工操作，提高劳动生产率，取得竞争优势成为国与国之

---

① http://www.doc88.com/p-7768040141344.html.

间、企业与企业之间竞争的重要手段,形成了"机器对人的排挤",大量的产业与产品的竞争,依靠科技进步取得竞争优势日益成为重要手段,甚至劳动密集型产业的竞争也不排除运用科技进步的手段取得竞争主动权,同样形成了竞争对产业工人的排挤,加大了国内就业压力。

（4）加入 WTO 的压力。加入 WTO 对中国的就业数量与结构都将产生深远的影响,总体来说,应该是挑战大于机遇。劳动密集型产业、服务业就业总量将增加,而垄断型行业、农业的就业将大大减少。据预测,中国加入 WTO 后,农业就业人口每年将减少 3.8%,即 966.2 万,机械仪表工业每年将减少 2.5%,即 58.2 万,汽车工业每年将减少 14.5%,即 49.8 万,仅此三个行业每年将减少 1000 万个就业机会,与此同时,纺织、服装行业的就业增长率也可得到大幅增长,新增就业人数预计将达 500 万左右。由于加入 WTO 对中国经济的整体影响较大,受到冲击的行业恰恰集中在我国的弱势产业,这就更加加剧了就业的压力。

2. 中国的失业结构[①]

（1）摩擦性失业

从中国劳动力市场供需情况看,摩擦性失业所反映出的矛盾主要在于,求职者不能按照自己的意愿找到合适的岗位,而用人单位有时又很难寻找到具有某种特殊技能素质的人才,信息不完全和信息不对称是导致摩擦性失业的主要原因。

对中国摩擦性失业最具映射作用的是中国独特的春运现象:中国每年都有 1 亿多人次的春运规模,春运的主体包括一个特殊的群体——农民工,他们可获得的绝大部分工作信息来源是同乡或者亲戚介绍,如果没有介绍源,外出找工作会变得十分困难,因此,农民工所依赖的信息渠道有限、单一,导致了部分摩擦性失业。进一步分析,农民工跨地区流动的成本非常高昂,高成本的流动影响就业并导致一部分摩擦性失业。

（2）结构性失业

从我国当前情况来讲,这是最主要的失业类型,也是最需要政策影响的失业类型。从通货膨胀成本方面来讲,结构性失业而非周期性失业是政策管理的最优目标。

① 结构调整型失业。这是指由于经济结构的调整导致社会对劳动力的需求结构包括工种、技能、技术、知识、经验等发生了变化,而劳动力的供给结构不能相应发生变动而引起的失业。如我国产业结构调整促使第一产业、传统产业对劳动者的需求减少,第三产业、新兴产业对劳动者的需求增多,但不同产业对劳动者在工种、技能、知识、经验上的要求显然是不同的。如果原来从事第一产业、传统产业的人员无法对自身各方面的素质及时做出调整就不能顺利转入第三产业、新兴产业从而导致失业。

② 体制转轨型失业。这是指由于经济体制转变导致劳动力供求结构不一致而产生的失业。计划经济体制下,企业要以实现充分就业为目的,因此在改革开放前,我国失业问题并不严重;而市场经济条件下企业对生产要素投入组合的选择以成本最小化、利润最大化来确定。在严格的成本约束下,企业中边际生产力低于社会平均边际生产率的职工（无效劳动力）就会下岗失业,原国有企业中的下岗失业也是由于供求结构不一致造成的结构性失业。

---

① http://wenku.baidu.com/view/08c0c300a6c30c2259019ed9.html.

③ 技术进步型失业。这是指由于技术进步使劳动者的需求结构与供给结构在工种、技术、知识上不相吻合而造成的失业现象。新的科学技术要求劳动者掌握操控智能化、自动化的设备进行生产,而那些不适应科技革命,无法跟上技术进步,胜任不了新工作岗位的劳动者必然会进入结构性失业队伍。

④ 知识经济发展型失业。这是指由于知识经济的到来,社会要求劳动者掌握更多的知识,加快知识更新的速度,而劳动者满足不了这一要求所产生的失业现象。知识经济改变着传统的工业经济,使职业结构发生巨大变化。当前我国许多较为原始的手工行业趋于消亡,而与此同时也出现了大量的新的工种,如果从事原有技术工作的劳动者,不能顺利地掌握新的技术,那就必然导致结构性失业。

⑤ 教育发展滞后型失业。这是指教育体制落后、教育结构不合理导致劳动者素质不能及时得到提高或劳动者学非所用,使劳动力供给结构满足不了需求结构的要求而引起的失业。目前,我国的教育投资主体比较单一,这使我国的办学模式、教育形式都不能实现多样化,使得一些跟生产实践密切相关的如继续教育、职业教育等形式得不到应有的发展,导致劳动者的素质不能与用人单位对劳动者素质的要求同步提高。同时,高等教育专业设置不合理,培养的人才与社会用人单位的实际需求脱节,导致高等院校学生毕业后待业或者失业情况严重。总之,教育发展跟不上经济发展的需要,一方面导致因劳动者文化素质不能随着经济发展需要及时得到提高而失业;另一方面导致专业难以对口的高学历人才也被迫流入失业人群。

⑥ 就业观念滞后性失业。这表现在劳动者的就业意愿、对就业岗位的预期过高、与实际所能提供的就业岗位不一致而造成的失业。一些劳动者自身技能素质比较低下,却又不愿接受对劳动者素质要求较低的工作,存在爱面子不愿接受"不体面"工作的情况,从而不得不处于失业状态。这种失业还存在于新增劳动力人口中,如一些刚毕业的大学生在择业时期望值过高,希望初始职位高并且薪水优厚,否则宁愿失业。实际上,我国高学历人才在总量上是需求大于供给的,在许多偏远的、经济落后的贫困地区和一些小城镇,高学历人才非常紧缺。这说明,目前我国存在的高学历人才失业大多属于结构性失业。

(3) 周期性失业

2008年四季度以来,国际金融危机给我国经济发展带来严重阻碍,也对我国就业造成较大冲击。这也是改革开放以来首次较为明显的周期性失业。国际金融危机对我国对外贸易、产业发展和经济增长产生了综合影响,进而对我国就业带来了冲击。

这种冲击主要有三个特点:第一,对农民工就业影响最大。在国际金融危机中遭受冲击比较严重的东部沿海地区,出口企业和产业部门的用人需求下降较大,农民工失去工作岗位的情况比较严重。第二,范围不断扩大。外贸出口大幅下降,外需萎缩不仅直接影响外向型企业,而且会对产业链中上游的非出口型企业造成冲击,并影响这些领域的就业稳定。第三,存在发生就业挤压效应的危险。我国劳动力市场的供求关系本来就很紧张,局部地区、行业的就业形势进一步紧张可能导致整体就业形势更加趋紧。

因此,当前我国实体经济受到国际金融危机影响,经历了我国改革开放的第一次周期性失业。同时,周期性失业与结构性失业、摩擦性失业交织,使得就业问题异常复杂。我国的城镇登记失业率已经到达十余年来的最高点4.3%,而社科院的调查失业率接近10%,这些问题都说明我国当前的失业问题尤为严重。

本章小结

1. 失业是最大的经济资源浪费，克服失业是宏观经济管理的首要任务。自然失业属于正常性失业，周期性失业是不正常的。失业的原因，凯恩斯归结为有效需求不足，而有效需求不足又是由三大心理规律所形成的。

2. 通货膨胀的测量主要有 GDP 平减指数、消费者物价指数、生产者物价指数。通货膨胀的成因主要有需求拉上、成本推动、经济结构变动、国际传导；前两种可以同时发生。通货膨胀对国民经济和社会生活有许多不利影响。

3. 菲利普斯曲线是很有用的分析工具，反映物价变动率与失业率之间的关系。短期菲利普斯曲线是向右下倾斜的，而长期菲利普斯曲线则是一条垂线。

4. 经济周期有两种解释，一种是基于国民收入的上下波动的交替，一种是基于增长率的上升下降的交替。经济周期一般可划分为四个阶段：繁荣、衰退、萧条、复苏。经济周期有多种类型：朱格拉周期、基钦周期、康德拉基耶夫周期、库茨涅茨周期等。关于经济周期的成因的理论有多种，可分为内因论、外因论两大类。

基本概念

失业　　自然失业率　　摩擦性失业　　结构性失业　　周期性失业
非自愿性失业　　奥肯定律　　通货膨胀　　经济周期　　菲利普斯曲线
经济增长　　经济发展

复习实训

一、单选题

1. 由于经济萧条而形成的失业属于（　　）。
   A. 摩擦性失业
   B. 结构性失业
   C. 周期性失业
   D. 永久性失业

2. 如果某人刚进入就业队伍尚未找到工作，则属于（　　）。
   A. 摩擦性失业
   B. 结构性失业
   C. 周期性失业
   D. 永久性失业

3. 自然失业率（　　）。
   A. 恒为零
   B. 是由于自然因素造成的失业率
   C. 不含摩擦性失业因素
   D. 是即使充分就业也存在的失业率

4. 以下各项中不属于通货膨胀成因的是（　　）。
   A. 需求拉动
   B. 成本推进

C. 经济结构变动　　　　　　　　　D. 消费结构变动

5. 朱格拉周期长度为(　　)。

A. 40个月　　　　B. 9～10年　　　　C. 20年　　　　D. 50～60年

6. 以下各项中不属于经济周期内因论的是(　　)。

A. 纯货币论　　　B. 投资过度论　　　C. 创新理论　　　D. 消费不足论

二、判断题

1. 摩擦性失业不属于自然失业。(　　　)

2. 垄断企业和寡头企业会导致利润推进的通货膨胀。(　　　)

3. 菲利普斯曲线反映国民收入水平与失业率的关系。(　　　)

4. 长期菲利普斯曲线是向右下倾斜的。(　　　)

5. 现代经济周期观点下的衰退是指国民收入水平的下降。(　　　)

6. 康德拉基耶夫周期约20年。(　　　)

三、问答题

1. 失业有哪些类型? 成因是什么?

2. 通货膨胀有哪些类型? 对国民经济和人民生活有什么影响?

应用训练

一、单项训练

1. 查阅中国经济统计年鉴或登录国家统计局网站,利用相关数据,绘制 CPI、PPI、GDP 平减指数曲线。

2. 查阅中国经济统计年鉴或登录国家统计局网站,利用相关数据,绘制经济增长曲线,并与三次产业贡献率曲线相比较,分析经济增长的动力结构。

二、综合应用

1. 组员研究:分头考察我国①1991—1999年经济周期;②2000—2009年经济周期;③2010年至今经济周期,并绘制曲线。

2. 小组研究:综合以上考察,从波动强度、波动深度、波动幅度、波动平均高度、波动长度来看,这几个经济周期有什么特点。

宏观经济政策

知识目标--■

通过本章教学,使同学们弄清楚政府干预宏观经济运行的基本依据,了解政府的政策目标和政策工具,掌握宏观财政政策和宏观货币政策的基本内容。

技能要求--■

要求同学们能够正确判断现实经济生活中政府各项宏观经济政策的政策意图,并能用所学的知识对宏观经济政策的未来效果和前景提出自己的见解。

引言导图--■

针对失业、通货膨胀、经济波动等宏观经济问题,政府有哪些对策? 可以动用哪些政策工具? 如何运用这些政策工具? 会出现什么样的政策效果? 本章引言导图如图 13-1 所示。

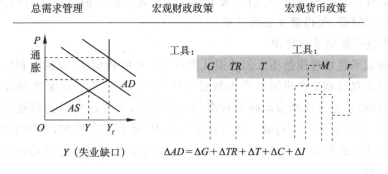

图 13-1　本章引言导图

13.1　宏观经济政策的理论基础

宏观经济政策是指国家或政府为了增进整个社会经济福利、改进国民经济的运行状况、达到一定的政策目标而有意识和有计划地运用一定的政策工具制定的解决经济问题的指导原则和措施。

13.1.1　凯恩斯主义总需求管理理论

当 17 世纪 80 年代英国资产阶级刚刚掌握国家政权,一个约定俗成的观念便已深入人心,那就是:最好政府,最小管理。除了支持国家的海外殖民政策,民众对政府的要求是:只充当守夜人角色。竭力把政府在经济生活中的作用限制到最小程度。那时正是自由资本主义时代。然而,当历史的车轮滚到20世纪30年代,凯恩斯树起一座经济学里程碑,政府的巨大影子就此在经济生活中张开了大网,政府的作用深深嵌入社会经济生活。凯恩斯为政府的宏观经济管理奠定了一块永久的理论基石。

1. 凯恩斯的有效需求不足理论

有效需求不足理论是凯恩斯主义的核心理论,是政府积极介入经济生活必要性与合理性的基石,是政府制定宏观经济政策的依据。

有效需求是指商品的总供给价格和总需求价格达到均衡时的社会总需求。有效需求不足,经过一系列环节,最终导致了萧条与失业。

凯恩斯试图用三大心理规律解释有效需求不足。

(1) 边际消费倾向递减规律

边际消费倾向递减规律是指随着人们收入的增加,末末一个货币收入单位中用于消费的比例在减少。他认为在下面情形中存在边际消费倾向递减:第一种情形,在人们收入增加时,消费也随之增加,但消费增加的比例不如收入增加的比例大。在收入减少时,消费也随之减少,但也不如收入减少得那么厉害。第二种情形,边际消费倾向取决于收入的性质。消费者很大程度上着眼于长期收入前景来选择他们的消费水平。长期前景被称为永久性收入或生命周期收入,它指的是个人在好的或坏的年景下平均得到的收入水平。如果收入的变动是暂时的,那么,收入增加的相当部分就会被储藏起来。收入不稳定的个人通常具有较低的边际消费倾向。第三种情形,人们对未来收入的预期对边际消费倾向影响甚大。萧条时边际消费倾向的降低,使得萧条更为萧条。

(2) 资本边际效率递减规律

资本边际效率递减规律是指人们预期从投资中获得的利润率(即预期利润率)将因增添的资产设备成本提高和生产出来的资本数量的扩大而趋于下降。从微观角度来看,企业在选择投资项目时,总是先选择预期收益较高的项目,然后才考虑预期收益较低的项目,从而随着投资增加,资本边际效率递减。从宏观角度来看,随着投资增加,对资本物品的需求增加会导致资本物品的价格上升,而以后产出的增加会导致产品价格的下降;两头挤压致使资本边际效率递减。

(3) 灵活偏好规律

灵活偏好规律是指人们愿意保持更多的货币,而不愿意保持其他的资本形态的心理规律。凯恩斯认为,灵活偏好是对消费不足和投资不足的反映,具体而言是由以下的动机决定的:交易动机,是指为了日常生活的方便所产生的持有货币的愿望;谨慎动机(又称预防动机),是指应付各种不测所产生的持有现金的愿望;投机动机,是指由于利息率的前途不确定,人们愿意持有现金寻找更好的获利机会。这三种动机,尤其是谨慎动机,说明面对诸多不确定性时,人们通常不敢轻易使用自己的存款。

从中可以看到,边际消费倾向递减规律引起消费不足。边际资本效率递减规律引起投资不足,灵活偏好规律最终也会造成投资不足。消费与投资的不足,致使总需求不足,进而与总供给均衡后导致有效需求不足。

凯恩斯认为这三条规律并不是各自独立起作用的。凯恩斯认为,发生商业周期的原因,恰恰在于资本边际效率，"繁荣期之特征，乃一般人对资本之未来收益作乐观预期，故即使资本品逐渐增多，其生产成本逐渐增大，或利率上涨，俱不足阻碍投资增加。但在有组织的投资市场上，大部分购买者都茫然不知所购为何物，投机者所注意的，亦不在对资本资产之未来收益作合理的估计，而在推测市场情绪在最近未来有什么变动，故在乐观过度，购买过多之市场，当失望来临时，来势骤而奇烈。不仅如此，资本之边际效率宣布崩溃时，人们对未来之看法，亦随之黯淡，不放心，于是灵活偏好大增，利率仍上涨，这一点可以使得投资量减退得非常厉害：但是事态之重心，仍在资本之边际效率之前崩溃——尤其是以前被人非常垂青的资本品。至于灵活偏好，则除了由于业务增加或投机增加所引起的以外，须在资本之边际效率崩溃以后才增加。"这就是说，越是预期资本的边际效率崩溃，越是不敢投资，进而越不敢消费，于是越加偏好流动性。

凯恩斯通过利率把货币经济和实物经济联系起来，打破了新古典学派把两者分开的两分法。认为货币不是中性的，货币市场上的均衡利率要影响投资和收入，而产品市场上的均衡收入又会影响货币需求和利率，这就是产品市场和货币市场的互相联系和作用。凯恩斯以他内在逻辑一致的三大心理规律，对于经济危机作了全新的说明，并在此基础上形成摆脱危机，走出萧条的全新思路。

2. 政府在克服有效需求不足上的作用

三大心理规律的作用会使总需求不足、社会生产规模缩小、劳动力得不到充分利用。这种状况是市场力量自发形成的，市场本身不能解决这个问题。政府若不加以干预就等于听任有效需求不足继续存在，听任失业与危机继续存在，就会导致严重的社会经济后果。因此政府必须采取宏观经济政策刺激私人经济，增加政府注入，以弥补私人市场的有效需求不足。有效需求不足及其解决如图 13-2 所示。

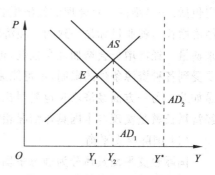

图 13-2　有效需求不足及其解决

图 13-2 中，P 为物价水平，Y 为国民收入，AS 为总供给，AD 为总需求，E 为均衡点，Y_1、Y_2 为短期市场均衡国民收入，Y^* 为充分就业的国民收入水平。

图 13-2 中的 $Y^* - Y_1$ 即为有效需求不足缺口。政府要采取宏观经济政策措施来刺激总需求的增加，其解决之道是，使总需求由 AD_1 向右移动，比如移动到 AD_2 甚至更向右，使国民收入由 Y_1 增加到 Y_2 以至更多，努力接近充分就业的国民收入水平，以尽量减弱三大心理规律作用对国民经济的负面影响。

13.1.2　宏观经济政策目标

经济学家认为，宏观经济政策应该同时达到四个目标：充分就业、物价稳定、经济增长、国际收支平衡。

1. 宏观经济政策目标

（1）充分就业

充分就业是指包含劳动在内的一切生产要素都以愿意接受的价格参与生产活动的状态。充分就业包含两种含义：一是指除了摩擦失业和自愿失业之外，所有愿意接受各种现行工资的人都能找到工作的一种经济状态,即消除了非自愿失业就是充分就业;二是指包括劳动在内的各种生产要素,都按其愿意接受的价格,全部用于生产的一种经济状态,即所有资源都得到充分利用。失业意味着稀缺资源的浪费或闲置,从而使经济总产出下降,社会总福利受损。因此,失业的成本是巨大的,降低失业率,实现充分就业就常常成为西方宏观经济政策的首要目标。

(2) 物价稳定

物价稳定是指物价总水平的稳定。一般用物价指数来衡量一般价格水平的变化。物价稳定不是指每种商品的价格固定不变,也不是指价格总水平的固定不变,而是指物价指数的相对稳定。物价指数又分为消费者物价指数(CPI)、生产者物价指数(PPI)和 GDP 平减指数三种。物价稳定并不是通货膨胀率为零,而是允许保持一个低而稳定的通货膨胀率。所谓低,就是通货膨胀率为 1‰～3‰,所谓稳定,就是指在相当时期内能使通货膨胀率维持在大致相等的水平上。这种通货膨胀率能为社会所接受,对经济也不会产生不利的影响。

(3) 经济增长

经济增长是指在一个特定时期内经济社会所创造的人均产量和人均收入的持续增长。它包括:一是维持一个合理的经济增长率;二是培育一个经济持续增长的能力。一般认为,经济增长与就业目标是一致的。经济增长通常用一定时期内实际国内生产总值年均增长率来衡量。经济增长会增加社会福利,但并不是增长率越高越好。这是因为经济增长一方面要受到各种资源条件的限制,不可能无限地增长,尤其是对于经济已相当发达的国家来说更是如此。另一方面经济增长也要付出代价,如造成环境污染,引起各种社会问题等。因此,经济增长就是实现与本国具体情况相符的适度增长率。

(4) 国际收支平衡

国际收支平衡具体分为静态平衡与动态平衡、自主平衡与被动平衡。静态平衡是指一国在一年的年末,国际收支不存在顺差也不存在逆差;动态平衡不强调一年的国际收支平衡,而是以经济实际运行可能实现的计划期为平衡周期,保持计划期内的国际收支均衡。自主平衡是指由自主性交易即基于商业动机,为追求利润或其他利益而独立发生的交易实现的收支平衡;被动平衡是指通过补偿性交易即一国货币当局为弥补自主性交易的不平衡而采取调节性交易而达到的收支平衡。国际收支平衡的目标要求做到汇率稳定,外汇储备有所增加,进出口平衡。

2. 宏观经济政策目标之间的关系

以上四大目标相互之间既存在互补关系,也存在交替关系。互补关系是指一个目标的实现对另一个目标的实现有促进作用。如为了实现充分就业水平,就要维护必要的经济增长。交替关系是指一个目标的实现对另一个目标的实现有排斥作用。例如,物价稳定与充分就业之间就存在两难选择。为了实现充分就业,必须刺激总需求,扩大就业量,这一般要实施扩张性的财政政策和货币政策,由此就会引起物价水平的上升。而为了抑制通货膨胀,就必须紧缩财政政策和货币政策,由此又会引起失业率的上升。又如,经济增长与物价稳定之间也存在着相互排斥的关系。因为在经济增长过程中,通货膨胀已难以避免。再如,国内均衡与国际均衡之间存在着交替关系。这里的国内均衡是指充分就业和物价稳定,而国际均衡是指国际收支平衡。为了实现国内均衡,就可能降低本国产品在国际市场上的竞争力,从而不利于国际收支平衡。为了实现国际收支平衡，又可能不利于实现充分就业和稳定物价的目标。诸政策目标关系如表 13-1 所示。

表 13-1 诸政策目标关系

政　策	物价稳定	充分就业	经济增长	国际收支平衡
物价稳定	0	－	＊	＋
充分就业	－	0	＋	－
经济增长	＊	＋	0	－
国际收支平衡	＋	－	－	0

表中，"＋"表示目标关系一致；"－"表示目标关系矛盾；"＊"表示目标关系既有一致的一面，又有矛盾的一面；"0"表示目标关系相同。

因此，在制定经济政策时，必须对经济政策目标进行价值判断，权衡轻重缓急和利弊得失，确定目标的实现顺序和目标指数高低，同时使各个目标能有最佳的匹配组合，使所选择和确定的目标体系成为一个和谐的有机的整体。

13.1.3 宏观经济政策工具

宏观经济政策工具是用来达到政策目标的手段。在宏观经济政策工具中，常用的有需求管理政策工具、供给管理政策工具、国际经济政策工具。

1. 需求管理政策工具

需求管理是指政府通过调节总需求来达到一定政策目标的宏观经济管理方式，属于短期管理。需求管理的政策工具主要包括财政政策和货币政策（后面本教程将予以着重介绍）。需求管理政策是以凯恩斯的总需求分析理论为基础制定的，是凯恩斯主义所重视的政策工具。

需求管理是要通过对总需求的调节，实现总需求等于总供给，达到既无失业又无通货膨胀的目标。它的基本政策有实现充分就业政策和保证物价稳定政策两个方面。在有效需求不足的情况下，也就是总需求小于总供给时，政府应采取扩张性的政策措施，刺激总需求增长，克服经济萧条，实现充分就业；在有效需求过度增长的情况下，也就是总需求大于总供给时，政府应采取紧缩性的政策措施，抑制总需求，以克服因需求过度扩张而造成的通货膨胀。

2. 供给管理政策工具

供给管理是通过对总供给的调节，来达到一定的政策目标，长短期兼具但以长期管理为主。在短期内影响供给的主要因素是生产成本，特别是生产成本中的工资成本。在长期内影响供给的主要因素是生产能力，即经济潜力的增长。

供给管理政策具体包括以下几个方面。

（1）收入政策。收入政策是指通过限制工资收入增长率从而限制物价上涨率的政策，因此，也叫工资和物价管理政策，目的就是制止通货膨胀。

（2）指数化政策。指数化政策是指定期地根据通货膨胀率来调整各种收入的名义价值,以使其实际价值保持不变。

(3)人力政策,又称就业政策。这是一种旨在改善劳动市场结构,以减少失业的政策。

(4)经济增长政策。主要有:一是增加劳动力的数量和质量。二是资本积累。资本的积累主要来源于储蓄,可以通过减少税收、提高利率等途径来鼓励人们储蓄。三是技术进步。技术进步在现代经济增长中起着越来越重要的作用。四是计划化和平衡增长,现代经济中各部门之间协调的增长是经济本身所要求的,国家的计划与协调要通过间接的方式来实现。

3. 国际经济政策工具

国际经济政策是政府通过对国际经济关系的调节来达到内外经济均衡的宏观经济政策。其中,国际贸易政策工具包括进出口补贴政策、贸易关税政策、非贸易关税政策等,着眼点是调节对外贸易的顺差或逆差。国际金融政策工具包括国际收支调节政策、汇率制度选择政策、外汇政策、国际储备调节政策、资本流动政策和货币金融危机处理政策等,着眼点是配合国际贸易政策、吸引外资、稳定汇率、理顺国内外金融关系。此外,还有国际技术贸易与技术合作政策、人力资源国际流动政策、区域经济合作政策,等等。

知识链接 13-1

不同观点的宏观经济政策主张

在政府介入宏观经济运行问题上,经济自由主义和国家干预主义的基本经济观点与经济政策主张有很大区别。

经济自由主义的基本经济观点是,认为市场机制是近乎完美的,相信市场中的大多数人是理性的,他们选择的结果体现在价格机制上,价格机制最终导致市场出清,达到帕累托最优。市场经济运行有其内在的"自然规律",政府的积极政策干预只会起到干扰作用,他们更多地主张依靠市场经济制度本身的机制和力量来稳定宏观经济的运行,譬如依靠财政制度的内在稳定器,以及货币发行的"单一规则"。

国家干预主义的基本经济观点是,认为市场机制存在失灵,在宏观经济失衡时无法通过市场机制自身的作用和力量使其恢复到均衡状态,需要政府相机抉择,有斟酌地运用宏观经济政策,对宏观经济运行状态予以矫正。相信政府是理性的、有能力的,政府的相机抉择的宏观经济政策,能够熨平经济周期波动,实现宏观经济稳定运行,推动经济增长。

经济自由主义和国家干预主义的经济政策主张见表13-2。

表 13-2　经济自由主义和国家干预主义的经济政策主张

政策与政府规模	经济自由主义	国家干预主义
萧条时期 扩张性政策	减收(减税) $T_0\downarrow$ 或者 $t\downarrow$	增支 $TR\uparrow$ 或者 $G\uparrow$
繁荣时期 紧缩性政策	减支 $TR\downarrow$ 或者 $G\downarrow$	减收(增税) $T_0\uparrow$ 或者 $t\uparrow$
政府规模	缩小	扩大

其实,在现实经济生活中,财政制度的内在稳定器和单一货币发行规则构成政府稳定宏

观经济运行的第一道防线,鉴于内在稳定器在稳定宏观经济波动上作用的有限性,以及单一货币发行规则作用的宽泛性、缓慢性,也需要对斟酌使用的宏观经济政策做短时、定点、快速地调控。完善的市场经济制度体系才是国民经济长期稳定发展的保障。[①]

13.2 宏观财政政策

财政政策是指为了提高就业水平、减轻经济波动、防止通货膨胀、实现稳定增长而对政府收入和支出水平所做的决策。财政政策是国家干预经济的主要政策之一。

13.2.1 财政政策工具

国家财政由政府收入和支出两个方面构成,其中政府支出包括政府购买和政府转移支付,而政府收入则包含税收和公债两个部分,它们都可以成为政府相机抉择的政策工具。

1. 政府购买

(1) 政府购买的含义

政府购买是指政府对商品和劳务的购买,例如,购买军需品、机关公用品、政府雇员报酬、公共项目工程所需的支出等都属于政府购买。政府购买支出是决定国民收入大小的主要因素之一,其规模直接关系到社会总需求的增减。购买支出对整个社会总支出水平具有十分重要的调节作用。

(2) 政府购买乘数

政府购买对国民经济的影响力度可用政府购买乘数(即政府购买对国民收入的放大倍数)来反映:

$$K_G = \frac{\Delta Y}{\Delta G}$$

式中,K_G 代表政府购买乘数:$K_G = 1/(1-MPC)$,MPC 为边际消费倾向 b(即 $\Delta C/\Delta Y$),所以政府购买乘数又可写成

$$K_G = \frac{1}{1-b}$$

(3) 政府购买变动对国民收入的影响

政府购买变动对国民收入的影响可用以下公式反映:

$$\Delta Y = K_G \cdot \Delta G$$

比如,政府增加政府购买(ΔG)1000 亿元,边际消费倾向(b)为 0.75,在其他条件不变的情况下,将导致国民收入增加(ΔY)4000 亿元。

2. 政府转移支付

(1) 政府转移支付的含义

政府转移支付是指政府在社会福利保险、贫困救济和补助等方面的支出。转移支付不

① 黄泽民,王荧. 经济学教程[M]. 北京:清华大学出版社,2015.

能算作国民收入的组成部分,它所做的仅仅是通过政府将收入在不同社会成员之间进行转移和重新分配。

(2) 政府转移支付乘数

政府转移支付对国民经济的影响力度可用政府转移支付乘数(即政府转移支付对国民收入的放大倍数)来反映:

$$K_{TR} = \frac{\Delta Y}{\Delta TR}$$

式中,K_{TR}代表政府转移支付乘数;TR代表政府转移变量。由于民众一般不会把政府发放的转移支付全部消费掉,而是按边际消费倾向(b)来消费,所以实际发生作用的政府转移支付为$b\Delta TR$,从而政府转移支付乘数为

$$K_{TR} = \frac{b}{1-b}$$

(3) 政府转移支付对国民收入的影响

政府转移支付对国民收入的影响可用以下公式反映:

$$\Delta Y = K_{TR} \cdot \Delta TR$$

比如,政府增加政府转移支付(ΔTR)1000亿元,边际消费倾向(b)为0.75。在其他条件不变的情况下,将导致国民收入增加(ΔY)3000亿元。

3. 税收结构

(1) 税收结构的含义

税收是政府收入中最主要的部分,它是国家为了实现其职能按照法律预先规定的标准,强制地、无偿地取得财政收入的一种手段。与政府购买支出、转移支付一样,税收同样具有乘数效应,即税收的变动对国民收入的变动具有倍增作用。

税收结构包括税种、起征点、税率等。它们的调整都会导致国民收入的变动。一般而言讨论税率变动对国民收入影响比较多。

(2) 税收乘数

税收政策工具对国民经济的影响力度可用政府税收乘数(即政府税率变动对国民收入的缩小倍数)来反映。假设国民经济为三部门经济,政府按比例税征收,税收乘数分为以下两种情况。

第一种情况,边际税率为0,即实行固定税率。则税收乘数为

$$K_T = \frac{-b}{1-b}$$

这里,K_T为税收乘数,为负值,因为正的税率将导致国民收入的减少,反之亦然。

例如,假设政府增税100亿元,若边际消费倾向为0.8,则税收乘数为$K_T = -0.8/(1-0.8) = -4$,意味着国民收入将减少400亿元(4×100亿)。

第二种情况,边际税率大于0,即在某一固定税率基础上,税率调整了,比如原来税率为T_1,现在调整为T_2。则边际税率为$t = T_2 - T_1$。这种情况下,税收乘数为

$$K_T = \frac{-b}{1-b(1-t)}$$

式中,K_T代表政府税收乘数;b表示边际消费倾向;t表示边际税率。

（3）税收变动对国民收入的影响

税收变动对国民收入的影响可用如下公式反映：

$$\Delta Y = K_T \cdot \Delta T$$

例如，同样假设政府增税 100 亿元，边际消费倾向为 0.8，并假设边际税率 t 为 60%，税收乘数为 $K_T = -0.8/[1-0.8\times(1-0.6)] = -1.176$，意味着国民收入将减少 117.6 亿元（1.176×100 亿）。

通常将政府购买 G、政府转移支付 TR、税收 T 称为财政政策三大政策工具。此外，平衡预算、公债等也是财政政策的重要手段。

政府的平衡预算，也会对国民收入发生影响，其平衡预算乘数 = 1，含义是：当政府实行平衡预算，政府购买的增加量 ΔG 与税收 ΔT 的增加量相等，则国民收入的增加量 ΔY 与政府购买的增加量 ΔG 相等，$\Delta Y/\Delta G = 1$。这一结论可通过合并政府购买乘数与政府税收乘数推演得出。

比如，某年政府购买增加了 500 亿元，同时政府税收增加了 500 亿元，预算平衡，而当年的国民收入将增加 500 亿元。这种情况与人们的一般认识不一样。人们一般认为，既然政府的税收和支出相同，两者之和为零，对国民经济就不会有影响了。事情正好相反。

公债也是一种财政政策工具。当政府税收不足以弥补政府支出时，就会发行公债，使公债成为政府财政收入的又一组成部分。公债是政府对公众的债务，或公众对政府的债务。它不同于税收，是政府运用信用形式筹集财政资金的特殊形式，包括中央政府的债务和地方政府的债务。

13.2.2 财政政策工具的运用

1. 财政政策工具运用的原则

财政政策工具主要是用来熨平宏观经济运行的，因此财政政策工具运用的原则是"逆经济风向行事"。宏观经济运行过热，就用财政政策工具降温；反之，宏观经济运行过冷，就用财政政策工具加温。政府要审时度势，主动采取一些财政措施，变动支出水平或税收以稳定总需求水平，使之接近物价稳定的充分就业水平。总之，要根据国民经济具体的运行情况来施用财政政策工具，这就是所谓的"相机抉择"与"斟酌使用的财政政策"，带有人为干预性质。

2. 财政政策工具的具体运用

根据作用方式，财政政策分为扩张性财政政策与紧缩性财政政策。

扩张性财政政策是指在经济萧条时期，通过财政分配活动来增加或刺激社会总需求，以防止经济衰退所产生的各种副作用的政策措施。

紧缩性财政政策是指在经济高涨期，通过财政分配活动减少或抑制社会总需求，降低经济过热所产生的各种副作用的政策措施。

由于这些政策的目标是对总需求的补偿，所以又称为补偿性财政政策，具体运用如表 13-3 所示。

表 13-3 财政政策工具的运用

宏观经济运行状态	政策性质	政府购买 ΔG	政府转移支付 ΔTR	税收结构 税率 t	政策目标
过冷	扩张性	增加	增加	降低	增加总需求
过热	紧缩性	减少	减少	提高	减少总需求

扩张性财政政策具体包括:扩大国家预算规模、减税、扩大国家信用规模和财政赤字等。紧缩性财政政策具体包括:缩小国家预算规模、增税、减少国家信用规模和财政盈余。可见,扩张性财政政策和紧缩性财政政策的各项措施在原理上是一致的,只是方向相反而已。

13.2.3 内在稳定器

1. 内在稳定器——自动性财政政策

内在稳定器又称为自动稳定器,是指经济运行中随着社会总需求的变化而变化,自动调整经济,促进社会经济趋于稳定的政策措施。由于财政制度本身的某些特点,有些财政支出与税收政策具有一定自动调节经济运行的功能,即能够在经济繁荣时期自动抑制通货膨胀,在经济衰退时期自动减轻萧条,无须政府采取任何行动。这些具有自动调节经济运行功能的政策措施称为经济的内在稳定器,属于自动性财政政策。

2. 典型的内在稳定器

在财政的收入与支出两个方面都有一些具有自动稳定经济运行的政策,典型的有以下几种。

（1）失业救济金

当国民经济运行到萧条阶段,此时经济趋冷,出现较大面积的失业现象,这时财政政策中的失业救济金政策启动。通过失业救济金的发放,遏制失业造成的人们支付能力的迅速下降,尽量维持总需求量,进而使国民经济运动波幅不至于过大。

（2）农产品价格保护

一方面,农产品总体上属于需求价格缺乏弹性的商品,消费者的需求量相对固定;另一方面,农业又属于接近完全竞争的市场结构,是比较容易形成过度竞争的部门。因此,农产品价格较大幅度下降时,不仅使农民收入减少,还会影响国民经济的基础,进而导致国民经济波动。于是,对农产品的价格补差是必需的,农产品价格保护就是这样一种稳定经济的财政政策。

（3）累进的个人所得税

当经济趋于过热时,要素供给相对紧张,从而要素收入会大幅度提高,居民的消费能力急剧膨胀,总供给总需求关系失衡达到一定的程度,就会危及国民经济的总体运行。失衡程度越大,危害越严重。因此,需要通过累进的个人所得税,削减要素收入过快增长的峰头,以稳定国民经济运行。实行累进的个人所得税,收入增长越大,削减的收入越多,这样减少了收入过快增长对国民经济运行的不利影响。

内在稳定器的机制是设置了一个政策发生作用的启动点,当现实经济变量超过启动点,它就自动发生作用,超过幅度越大,其作用力度也就越大,熨平经济波动的效果就越明显。当然,内在稳定器只能起到降低经济波动幅度的作用,而不能消除经济波动。

13.2.4 赤字与公债

在实践上,逆经济风向行事的"相机抉择",多数是实施扩张性财政政策,结果是财政赤字的上升和国家债务的积累。财政赤字是预算开支超过收入的结果。

弥补赤字的途径有:借债和出售政府资产。政府借债又可以分为两类:一类是向中央银行借债;另一类是向国内公众借债。公债作为政府取得收入的一种形式可以为预算赤字融资,使赤字得到弥补。然而,政府发行了公债要还本付息,一年年末清偿的债务会逐渐积累成巨大的债务净存量,这些债务净存量所要支付的利息又构成政府预算支出中一个十分庞大的支出。

知识链接 13-2

货币政策的泰勒法则

泰勒法则(Taylor Rule)是货币政策的规则之一,是根据通货膨胀率和经济增长率的变化情况来调整利率的规则,形式非常简单,但在实践中的意义重大,操作性很强。

20世纪80年代以来,随着资本市场及其衍生产品市场的迅速发展,传统的货币数量理论($MV=PY$)受到越来越多的挑战,许多经济学家提出应将其修正为 $MV=PY+S$(S代表资本市场对货币的需求)。这一规则的变化使中央银行在确定货币供应量与经济增长之间的稳定关系方面变得更加不确定。1993年,格林斯潘放弃了执行十多年的以货币主义为理论基础的货币政策体系,转而实行以联邦基金利率作为中介目标的新的货币政策体系。泰勒法则为这样的货币政策体系转换提供了理论和实践上的依据。

假定 P 是通货膨胀率,P^* 是目标通货膨胀率,R 是名义利率,R^* 是名义目标利率。从中期来看,R^* 与 P^* 是联系在一起的,如果给定真实利率,那么名义利率和通货膨胀率之间存在对应关系。假定 U 是失业率,U^* 是自然失业率。泰勒认为,中央银行应该遵循以下的规则:

$$R=R^* +a(P-P^*)-b(U-U^*), \quad a>1,b>0$$

上式包含了以下几方面的含义。

(1) 如果通货膨胀等于目标通货膨胀($P=P^*$),失业率等于自然率($U=U^*$),那么中央银行应该将名义利率 R 设为它的目标值 R^*。这样经济将保持稳定。

(2) 如果通货膨胀高于目标值($P>P^*$),那么中央银行应该将名义利率设定高过 R^*。更高的通货膨胀率将导致失业增加,失业增加将反过来导致通货膨胀下降。

系数 a 表示中央银行对失业和通货膨胀的关心程度。a 越高,表明对通胀越关注,中央银行面对通货膨胀就会增加利率,通货膨胀下降速度将更快,经济放慢的速度也会变快。泰勒指出,在任何情况下,a 都应该大于1。因为影响支出的是真实利率,而不是名义利率。当通货膨胀增加时,中央银行如果想压缩消费,就必须增加真实利率。换而言之,中央银行增加名义利率的幅度应该大于通货膨胀的幅度。

(3) 如果失业率高于自然率($U>U^*$),央行应该降低名义利率。名义利率下降将导致失业率下降。系数 b 反映央行对失业与通货膨胀之间关心程度的不同。b 越高,中央银行就越会偏离通货膨胀目标来保证失业率在自然率附近。

泰勒认为没有必要刻板地遵守这个规则。当发生严重的外来冲击时,货币政策不必拘泥于这个公式。但是,他强调这个规则提供了一个货币政策的思路:选择一个通货膨胀目标,不仅要考虑到当前的通货膨胀,而且也要考虑失业的情况。

根据菲利普斯曲线,可以将失业率的变动用经济增长的变动来替换,转换成:

$$R = R^* + a(P - P^*) + b(Y - Y_f)$$

在泰勒的实证研究中,他根据研究结果计算出美国的真实均衡利率为2%,即名义利率减去预期通货膨胀率;通胀和产出的缺口权重都定为0.5。

$$i = 2 + 0.5(P - P^*) + 0.5(Y - Y_f)$$

式中,i 是实际利率,$i = R - P$。

$$R = P + 0.5(P - P^*) + 0.5(Y - Y_f) + 2$$

用这个模型计算出的名义利率与美联储所调整的利率高度吻合,或者说美联储就是根据这个模型来调整利率水平。例如,从1996年到2000年,美国的经济增长率保持在一个较高的水平,其趋势提高至4%,假设美国潜在的经济增长率为4%,联储欲维持2%的物价上涨目标,2000年上半年经济增速达到5.2%,CPI为3.2%,带入上面的公式,可以计算出名义利率应该为6.4%,非常接近同期联邦基金利率的6.5%,显示联储设定的利率目标非常恰当,而到了该年三、四季度经济增速下降到2.2%、1.4%,CPI却上涨到3.5%,通过公式计算可以得出比较适合的利率水平是4.95%,现实的利率水平明显过高,于是联储于2001年元月连续两次大幅度调低利率,使过度紧缩的货币政策得以宽松。

13.3　宏观货币政策

货币政策是指政府根据宏观经济调控目标,通过中央银行对货币供给和信用规模的管理来调节信贷供给和利率水平,以影响和调节宏观经济运行状况的经济政策。

13.3.1　货币银行学基本知识

1. 商品流通与货币流通的关系

从现象上看,货币流通引起了商品流通。人们在市场上付出手中的钱,把商场里的商品买回了家,货币流通体现为主动。然而,在本质上却是商品流通引起了货币流通,商品流通和货币流通是商品内在使用价值和价值矛盾的外在表现。商品流通是基础,是本源,不过当价值取得了货币形态,它就有自己运动的相对独立性,在解决商品价值实现的"惊险一跳"中,货币运动承担了主动角色,发挥关键性的作用。另外,市场经济中资本作为资本运动的发动者、起点并能带来剩余价值,会给人们造成一种幻觉:货币是万能的,货币流通引起并主导着商品流通。

这样的认识是不正确的,是有害的。当人类进入21世纪,当代市场经济已经发展成为实体经济和虚拟经济的混合体,后者正是货币流通的体系化和功能扩张化。虚拟经济的过度膨胀和脱离实体经济运行,从20世纪下半叶起,给人类带来了一次又一次经济灾难,包括1997年的东南亚金融风暴,2001年的阿根廷银行危机,还有2008年起源于美国,目前还未见底的世界金融风暴,当极具智巧的金融衍生工具被用于对利润无限贪婪的追逐时,把人类拖入了深重的经济灾难之中。

2. 货币定义

货币是充当一般等价物的特殊商品,货币的基本职能有价值尺度、交换媒介、支付手段、贮藏手段。货币流通规律和纸币流通规律规定着流通中的货币流通量。

从市场经济运行的角度看,货币定义不同,显然其货币流通规律也会出现差异;政府控制货币流通的范围也会不同。因此,要先弄清楚货币定义。根据流动性和变现能力可分为以下几种。

M_0,通货及其辅币。流动性最强。

$M_1 = M_0 +$ 活期存款,是范围最狭窄的货币供应量。

$M_2 = M_1 +$ 在所有存款机构的小额定期存款,是中等范围的货币供应量。

$M_3 = M_2 +$ 所有存款机构的大额定期存款 + 商业银行、储蓄贷款机构的定期存款协议,是宽范围的货币供应量。

广义货币 $= M_3 +$ 公债、国库券等。

基础货币又称高能货币,是指中央银行发行的货币,具有创造更多其他货币的能力,在整个货币系统中处于基础地位。

3. 金融体系与金融市场

货币流通要经过金融体系才能进行,宏观货币政策只有通过金融体系才能发挥作用。在现实中,世界各国的金融体系互有差别,难以用一个相对统一的模式进行概括。

从广义角度来理解,金融体系大体上包括金融调控体系、金融企业体系(组织体系)、金融监管体系、金融市场体系、金融环境体系五个方面。

从狭义角度来理解,金融体系包含银行体系和非银行体系,其顶端是中央银行。中央银行是货币发行银行、银行的银行、国家的银行、宏观货币政策的制定者和执行者。银行系统主要由各职能政策银行和商业银行组成;非银行系统由各类基金、保险公司、金融公司、抵押公司等组成。

金融市场狭义上是指资金供求者之间的直接融资,广义上是指一切进行资金交易的市场。金融市场的类型:①按金融交易的期限,分为货币市场(短期资金市场)、资本市场(长期资金市场),货币市场包括银行同业拆借市场、票据市场、国库券市场、回购协议市场、大额可转让定期存单市场、货币市场基金等,资本市场主要包括股票市场、债券市场、投资基金市场;②按金融交易性质分为一级市场(初级)、二级市场(次级)。

按时间长短划分,金融工具可分为短期金融工具和长期金融工具。短期金融工具包括票据(汇票、本票、支票)、信用卡、大额可转让定期存单、国库券、货币市场共同基金。长期金融工具包括股票、债券。金融工具的特征:偿还性、流动性、风险性、收益性。

4. 商业银行的货币创造功能

货币供给量取决于流通中现金和商业银行存款的数量。商业银行吸收存款和发放贷款时,具有创造货币从而增加货币供给量的功能。其原理是:银行向企业贷款,企业得到贷款后并不直接提取现金,而是把贷款作为活期存款再存入同自己有业务往来的银行账户。以便随时开出支票。这样,商业银行体系在增加贷款的同时,促成了体系内存款的增加。由于存款就是货币,商业银行通过贷款而增加的存款就是商业银行在业务活动中所创造的货币。中央银行货币发行量既定的情况下,商业银行创造的存款会使流通中的货币数量增加。

设原始存款额为 100 万元,法定存款准备金率为 20%,转存和贷款过程中没有发生货币漏出,商业银行系统的货币创造过程如表 13-4 所示。

表 13-4　商业银行系统的货币创造过程　　　　　　　单位:万元

存款人	银行存款	银行贷款	存款准备金
甲	(存入 A 银行)100	80(给乙)	20
乙	(存入 B 银行)80	64(给丙)	16
丙	(存入 C 银行)64	51.2(给……)	12.8
⋮	⋮	⋮	⋮
合　计	500	400	100

若以 R 代表最初存款,以 D 代表存款总额即创造出的货币量,以 r 代表法定准备金率($0<r<1$),商业银行体系能够创造出的货币总量用公式表示为

$$D=\frac{R}{r}=R\cdot\frac{1}{r}$$

式中,$1/r$ 就是简单货币乘数。

该公式表明,商业银行体系所能创造出来的货币量与最初存款成正比,与法定准备金率成反比。假定法定准备金率为 20%,最初某商业银行所吸收的存款为 100 万元,那么,整个商业银行体系可以增加的存款总额为 $\frac{100}{20\%}=500$(万元)。

13.3.2　一般性货币政策工具

宏观货币政策包括一般性货币政策工具和选择性货币政策工具。其中,法定存款准备金率、再贴现率和公开市场业务这三大政策主要用于调节货币总量。

1. 法定存款准备金率

法定存款准备金率是指中央银行以法律形式规定的商业银行将其吸收存款的一部分上缴中央银行作为准备金的比率。中央银行可以通过改变法定存款准备金率来调节货币供给量。

比如,某商业银行吸收存款 100 万元,若法定存款准备金率为 20%,则该银行只能放贷80 万元;若法定存款准备金率降为 10%,则其可以贷款 90 万元,刺激了总需求。反之亦然。改变法定存款准备金率会引起宏观经济活动的强烈波动,实践中很少使用这种强有力的武器。

2. 再贴现率

贴现是指商业银行从收受的未到期商业票据面值中扣除利息,并把票面余额以现金形式支付给持票人的信用活动。再贴现是指商业银行将其收受的已贴现未到期票据作抵押,向中央银行借款时预扣的利率,再贴现率可以理解为折扣率。

比如,商业银行用客户贴现过的面值 100 万元的票据,向中央银行再贴现,中央银行接受这笔再贴现的票据。假定商业银行实际取得贴现额 88 万元(贷款额),票据到期日为

180 天（即 6 个月），则按月利率计算，其再贴现率 $=\frac{100-88}{100}\times\frac{1}{6}\times100\%=2\%$，即中央银行对商业银行的再贴现回扣了 2%。如果央行将再贴现率提高到 4%，则银行只能贴现出 76 万元，这样商业银行可能就不愿意贴现，或贴现所得少了，于是央行就达到了减少商业银行的准备金、控制放款，从而压缩总需求的目的。

3. 公开市场业务

公开市场业务是指中央银行在公开市场即金融市场上买进或卖出有价证券。运用公开市场业务，可通过对货币供给量的调节来调节利率，并通过利率的变动来调节总需求，达到宏观经济政策的目标。经济繁荣时，中央银行在金融市场上卖出有价证券，会使银行系统基础货币减少，导致货币供给量多倍减少和利率上升。这样，私人的投资和消费支出就会下降，通货膨胀得到缓解。经济衰退时做法相反。同前两种货币政策工具相比，公开市场业务具有明显的优势，主要包括其主动性强、灵活性高、调控效果和缓、震动性小以及影响范围广等。因此，公开市场业务是最重要的货币政策工具。

通常将法定存款准备金率、再贴现率、公开市场业务称为货币政策三大政策工具。

13.3.3 货币政策工具的运用

根据作用方式，货币政策分为扩张性货币政策与紧缩性货币政策。

扩张性货币政策是指在经济萧条时期，通过扩大货币流通量来增加或刺激社会总需求，以防止经济衰退所产生的各种副作用的政策措施。

紧缩性货币政策是指在经济高涨期，通过压缩货币流通量减少或抑制社会总需求，降低经济过热所产生的各种副作用的政策措施。

货币政策工具的运用如表 13-5 所示。

表 13-5　货币政策工具的运用

宏观经济运行状态	政策性质	法定储蓄准备金率	再贴现率	公开市场操作	最终政策目标
过冷	扩张性	降低	降低	买入	增加总需求
过热	紧缩性	提高	提高	卖出	减少总需求

13.3.4 选择性货币政策工具

随着中央银行宏观调控作用的重要性加强，货币政策工具也趋向多元化，出现了一些供选择使用的新措施，如消费者信用控制、直接信用控制和间接信用指导等。

消费者信用控制是指中央银行对不动产以外的各种耐用消费品的销售融资予以控制。

直接信用控制是指中央银行以行政命令或其他方式，直接对金融机构尤其是商业银行的信用活动进行控制。

间接信用指导是指中央银行通过道义劝告、窗口指导等办法来间接影响商业银行等金融机构行为的做法。

利率上限规定是指中央银行规定商业银行和其他储蓄机构定期存款和储蓄存款的利率上限。

13.3.5 货币政策的作用机制

1. 货币政策作用机制的含义

货币政策的作用机制是指中央银行运用货币政策工具影响各种经济指标，进而实现既定政策目标的传导途径与作用机理。货币政策的作用机制如图13-3所示。

图13-3 货币政策的作用机制

总需求变动是货币政策的最终目标，常用的中介目标有：长期利率、货币供应量和贷款量。

2. 利率对总需求影响过程[①]

利率变化会影响总需求，即经济中的总支出水平。总需求包括四个部分：消费、投资、政府购买和净出口。利率变化不会影响政府购买，但它会通过以下的方式影响总需求的另外三个部分。

第一，影响消费。许多家庭通过借钱购买耐用品，如汽车或家具。较低的利率会导致耐用品消费支出的增加。因为低利率使得贷款所要支付的利息减少，这样消费者购买这些耐用品的总成本就可以降低；而高的利率引起消费耐用品的总成本上升，家庭就会减少购买。

第二，影响投资。企业绝大部分在机器、设备、厂房上的支出都是来源于企业利润或者以借钱来融资。企业可能通过在金融市场上发行公司债券来筹资，也可能从银行取得贷款。公司债券的利率过高，或者贷款的利率过高，都会使得企业的借款成本变得高昂，从而减少投资。低利率使得企业的借贷成本降低，从而增加投资。低利率还可以通过其对股票价格的影响来增加投资。当利率降低，相对于债券，股票变为一种更吸引人的投资方式。对股票需求的增加使得股票的价格也有所上升。而股价的上升给企业发出了这样一个信号：投资项目的预期收益会增加。通过发行新的股票，企业可以得到它所需的购买新厂房和设备的资金，投资就此增加。最后，家庭购买新房产的开支也是投资的一部分。当抵押贷款的利率上升，购置新房的成本就上升，对新房的购买就会下降。抵押贷款的利率下降，新房的购买会增加。

第三，影响净出口。净出口等于外国家庭和企业对本国商品和服务的购买支出减去本国家庭和企业对外国商品和服务的支出。净出口值的大小部分取决于本国货币与其他外国货币间的汇率关系。当本国货币升值时，外国的家庭和企业必须花更多的钱来购买本国的商品和服务，而本国的家庭和企业则可以用较少的钱买到外国的商品和服务。于是，本国将会面临出口减少，进口增加，净出口减少。当本国货币贬值时，净出口增加。若本国的利率相对外国的利率有所上升，那么投资于本国的金融资产将会变得更具吸引力，外国的投资者将会增加对本国货币的需求，导致本国货币升值。本国货币升值，净出口减少。如果本国的利率相对外国的利率有所下降，那么本国货币将会贬值，净出口增加。

13.3.6 财政政策与货币政策的政策效应

政府必须运用宏观经济政策刺激总需求增加。但是，不同的宏观经济政策在不同的国

---

① R. 格伦·哈伯德，安东尼·P. 奥布赖恩. 经济学(宏观)[M]. 王永钦，丁菊红，许海波，译. 北京：机械工业出版社，2007.

民收入水平上其政策效应(或者说效果)是不同的。我们可以运用 *IS—LM* 模型来分析财政政策和货币政策的政策效应。

1. *LM* 曲线的形状与区域划分

在第 11 章中将 *LM* 曲线画为一条向右上倾斜的直线,然而较为合理的形状是一条先水平,再弯曲右上,而后垂直上升的曲线。理由是,当社会资源处于充沛状态(或者说未进入充分就业状态)时,扩张性货币政策的运用不会导致物价水平和利率水平的上升;当资源处于较紧张状态时,扩张性货币政策的运用会导致物价水平和利率水平逐渐上升;当资源已被充分利用,即经济体已处于充分就业状态时,扩张性货币政策的运用会导致物价水平和利率水平直线上升。据此,可以把 *LM* 曲线划分为凯恩斯区域(*LM* 呈水平线的区域,又称萧条区域)、中间区域(*LM* 呈斜线的区域)和古典主义区域(*LM* 呈垂线的区域),如图 13-4 所示。

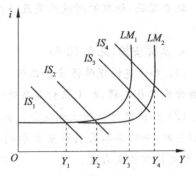

图 13-4　财政政策与货币政策的政策效应

2. 财政政策效应与货币政策效应

图 13-4 中,在凯恩斯区域,*IS* 变动对国民收入影响最大($Y_1 \rightarrow Y_2$),而 *LM* 变动(即 LM_1 变到 LM_2)对国民收入没有影响,因而财政政策有效,货币政策无效;在古典区域,*IS* 变动只影响利息率,不影响均衡国民收入,而 *LM* 变动则对国民收入产生最大影响($Y_3 \rightarrow Y_4$),因而货币政策有效,财政政策无效;在中间区域,财政政策和货币政策都影响均衡国民收入和均衡利息率,财政政策和货币政策均有效,混合效果为 $Y_2 \rightarrow Y_3$ 或 Y_4。

学用小品

震撼世界的中国四万亿救市计划

2008 年中国政府的四万亿计划对中国经济影响巨大,在计划实施前后都存在严重争议,对实施效果官方数据和民间感受差距甚远。现从教学角度,客观展示基本事实概况,以启发同学们深入探究这一重大宏观经济事件。

1. 四万亿计划推出背景

在 2008 年世界金融危机环境下,中国政府为了抗危机、保增长,应对百年一遇的全球金融危机,抵御不利的国际经济环境,果断抛出大规模刺激内需的方案,初步匡算到 2010 年年底约需投资四万亿元人民币,同时宏观政策转向积极的财政政策和适度宽松的货币政策。

此次决策由国务院总理温家宝在 2008 年 11 月 5 日主持召开的国务院常务会议上做出,并在 2008 年 11 月 9 日晚间对外公布。

外界普遍将之视为"中国政府迄今为应对全球经济危机所做出的最大动作"。国际货币基金组织总裁多米尼克·斯特劳斯—卡恩称:"中国的这个措施是一个规模非常大的措施。它的影响不仅仅是为世界经济提供需求,而且对中国经济本身也会有巨大影响。我认为这是一个纠正不平衡的好消息。"

2. 具体内容

预期目标:拉动 GDP 增长,推动产业结构调整。

基本原则:保民生、保增长、保灾后恢复重建和结构调整。

战略意义:促进就业;拉动对生产资料的需求;刺激内需,鼓励消费;防止通货紧缩。

配套措施:积极的财政政策及适度宽松的货币政策,如放松银根、增加信贷、提高出口退税率。

3. 具体安排(见表 13-6)

(1) 加快建设保障性安居工程。加大对廉租住房建设的支持力度,加快棚户区改造,实施游牧民定居工程,扩大农村危房改造试点。

(2) 加快农村基础设施建设。加大农村沼气、饮水安全工程和农村公路建设力度,完善农村电网,加快南水北调等重大水利工程建设和病险水库除险加固,加强大型灌区节水改造,加大扶贫开发力度。

(3) 加快铁路、公路和机场等重大基础设施建设。重点建设一批客运专线、煤运通道项目和西部干线铁路,完善高速公路网,安排中西部干线机场和支线机场建设,加快城市电网改造。

(4) 加快医疗卫生、文化教育事业的发展。加强基层医疗卫生服务体系建设,加快中西部农村初中校舍改造,推进中西部地区特殊教育学校和乡镇综合文化站建设。

(5) 加强生态环境建设。加快城镇污水、垃圾处理设施建设和重点流域水污染防治,加强重点防护林和天然林资源保护工程建设,支持重点节能减排工程建设。

(6) 加快自主创新和结构调整。支持高新技术的产业化建设和产业技术进步,支持服务业发展。

(7) 加快地震灾区灾后重建工作。

(8) 提高城乡居民收入。提高 2009 年粮食最低收购价格,提高农资综合直补、良种补贴、农机具补贴等标准,增加农民收入。提高低收入群体等社保对象待遇水平,增加城市和农村低保补助,继续提高企业退休人员基本养老金水平和优抚对象生活补助标准。

(9) 在全国所有地区、所有行业全面实施增值税转型改革,鼓励企业技术改造,减轻企业负担 1200 亿元。

(10) 加大金融对经济增长的支持力度。取消对商业银行的信贷规模限制,合理扩大信贷规模,加大对重点工程、"三农"、中小企业和技术改造、兼并重组的信贷支持,有针对性地培育和巩固消费信贷增长点。

表 13-6　金融支持项目　　　　　　　　　　　　　　　　单位:亿元

保障性安居工程	2800	灾区的恢复重建	10000
农村民生工程和农村基础设施	3700	生态环境	3500
企业自主创新结构调整	1600	铁路、公路、机场、城乡电网	18000
医疗卫生、文化教育事业	400		

4. 资金来源（见表 13-7）

表 13-7　资金来源

中央政府承担：11800 亿元	带动地方和其他来源：28200 亿元
中央预算内投资	地方财政预算
中央政府性基金	中央财政代发地方政府债券
中央财政灾后重建基金	政策性贷款
中央财政其他公共投资	企业债券和中期票据
	银行贷款以及吸引民间投资等

（1）支持地方政府积极地筹措他们应该承担的资金，具体的办法就是中央财政代地方财政发行 2000 亿元的国债，也就是中央发债以后，投入地方的预算、地方的赤字，作为地方的配套资金。

（2）发放一部分政策性的贷款，作为特殊情况下的特殊政策，国家发改委、财政部、人民银行和银监会联合商议发放一些期限比较长、利率比较低的政策性贷款作为项目资本金。

（3）扩大地方企业债券的发行。对于暂时缺少配套资金的项目，利用地方的融资平台，增加企业债券的发行，来解决配套资金不足的问题。

5. 实施进度

中央新增 1.2 万亿元投资的发放安排：2008 年第四季度首批发放 1040 亿元；2009 年 1 月发放第二批 1300 亿元，4 月下发第三批 700 亿元，2009 年 8 月发放第四批 800 亿元，10 月下发第五批 2700 亿元；2010 年预计安排新增投资 5885 亿元。

6. 四万亿计划实施前后的争论焦点

第一个论题：四万亿是否会造成产能过剩？

第二个论题：四万亿投资是否会挤出私人投资？

第三个论题：四万亿投资是否会扩大消费能力？

第四个论题：四万亿投资是否会引起通货膨胀？

第五个论题：四万亿投资是否能实现产业升级？

7. 实施后效果

官方主要宏观经济数据见表 13-8。

表 13-8　四万亿计划实施效果

指　标	2008 年	2009 年	2010 年	2011 年	2012 年	2013 年
国内生产总值/万亿元	31.4	34	40.2	47.3	51.9	56.9
国内生产总值指数（上年＝100）	109.6	109.2	110.4	109.3	107.7	107.7
全国财政支出/万亿元	6.26	7.62	8.99	10.9	12.6	14
货币和准货币（M_2）供应量/万亿元	47.52	60.62	72.59	85.16	97.42	110.65
货币和准货币（M_2）供应量同比增长率/%	17.8	27.7	19.7	13.6	13.8	13.6
居民消费价格指数（上年＝100）	105.9	99.3	103.3	105.4	102.6	102.6
商品零售价格指数（上年＝100）	105.9	98.8	103.1	104.9	102	101.4
就业人员/百万人	755.64	758.28	761.05	764.2	767.04	769.77

资料来源：国家统计局，www.stats.gov.cn.

8. 负面效果（来自民间的评价）

此方案带来的过量货币供给作为原因之一导致了 2010—2011 年消费品价格、房价上涨等通胀现象。也有人认为此刺激计划带来了巨大的地方债务。2011年以后,扩大内需十项措施的负面作用开始对中国的炼钢行业构成严重冲击,产能过剩导致炼钢行业出现大规模亏损。

中国经济结构的问题本来就产能过剩,4万亿元投下去,使得结构性问题比以前更严重,产能过剩问题更突出。政府花钱,不能创造财富,只能在短期内推动经济好转,但不可持续。

9. 四万亿计划的 GDP 增长的经济原理

$$GDP=C+I+G+NX$$

(1) 政府支出拉动民间投资,同时促进消费。

(2) 净出口受国际经济环境影响,政府支出对其影响不明显。

(3) 政府支出的产业链效应,上下游产业被拉动。

(4) 政府支出的消费效应,相关企业员工收入增加,消费增加,拉动消费产业。

本章小结

1. 在现实经济生活中,存在非自愿失业和小于充分就业的均衡,其根源在于有效需求不足;因为总供给在短期内不会有大的变化,所以就业量就取决于总需求。有效需求不足的原因在于三个基本心理因素,即心理上的消费倾向、心理上的灵活偏好以及心理上的对资本未来收益的预期。

2. 宏观经济政策应该同时达到四个目标:充分就业、物价稳定、经济增长、国际收支平衡。四大目标相互之间既存在互补关系,也有交替关系。互补关系是指一个目标的实现对另一个的实现有促进作用。交替关系是指一个目标的实现对另一个的实现有抵消作用。

3. 宏观经济政策工具是用来达到政策目标的手段。在宏观经济政策工具中,常用的有需求管理、供给管理、国际经济政策。

4. 国家财政由政府收入和支出两个方面构成,其中政府支出包括政府购买和转移支付,而政府收入则包含税收和公债两个部分,它们都可以成为政府相机抉择的政策工具。

5. 财政政策工具主要是用来熨平宏观经济运行的,因此财政政策工具运用的原则是"逆经济风向行事"。根据作用方式,财政政策分为扩张性财政政策与紧缩性财政政策。

6. 内在稳定器,即能够在经济繁荣时期自动抑制通货膨胀,在经济衰退时期自动减轻萧条,无须政府采取任何行动的财政政策措施。这些具有自动调节经济运行功能的政策措施称为经济的内在稳定器,属于自动性财政政策。

7. 在现实中,世界各国具有不同的金融体系。中央银行是货币发行银行、银行的银行、国家的银行。银行系统由职能银行和商业银行组成,非银行系统由各类基金、保险公司等组成。金融市场包含货币市场、资本市场、金融期权市场和金融期货市场。

8. 货币政策包括一般性货币政策工具和选择性货币政策工具。其中,一般性货币政策工具包括法定存款准备金率、再贴现政策和公开市场业务。这三大政策工具主要用于调节货币总量。

基本概念

有效需求   收入政策   指数化政策   财政政策   扩张性财政政策
紧缩性财政政策   自动稳定器   货币政策   法定存款准备金率
公开市场业务   扩张性货币政策   紧缩性货币政策

复习实训

一、单选题

1. 凯恩斯认为不充分就业的均衡是由于(   )。
   A. 消费不足   B. 投资不足
   C. 有效需求不足   D. 资金不足

2. 以下各项中不属于宏观经济政策目标的是(   )。
   A. 充分就业   B. 稳定物价
   C. 经济增长   D. 财政收支平衡

3. 不属于扩张性财政政策的是(   )。
   A. 增加政府购买   B. 减少税收
   C. 增加政府储蓄   D. 增加政府转移支付

4. 政府平衡预算乘数(   )。
   A. 大于 1   B. 等于 1   C. 小于 1   D. 不确定

5. 内在稳定器能够(   )。
   A. 消除经济波动   B. 缓和经济波动
   C. 消除通货膨胀   D. 缓和资金紧张

6. 紧缩性货币政策不包括(   )。
   A. 降低法定存款准备金率   B. 提高再贴现率
   C. 卖出政府短期债券   D. 提高保证金比率

二、判断题

1. 税收结构指的就是税率。(   )

2. 失业救济金是斟酌使用的财政政策。(   )

3. 法定存款准备金率会引起宏观经济活动的强烈波动。(   )

4. 公开市场业务调控效果和缓、震动性小。(   )

5. 三大货币政策主要调控利率水平。(   )

6. 在凯恩斯区间货币政策更为有效。(   )

三、问答题

1. 财政政策的基本内容是什么?

2. 货币政策的主要内容是什么?

应用训练

一、单项训练

1. 查找资料，追踪我国自 1992 年以来宏观经济政策的演变轨迹，考察宏观经济政策演变各阶段的背景、问题、政策方针、政策目标、政策组合、实施过程以及政策效果。

2. 查找资料，分析现金、转账、电子货币、代金券、购物券等如何影响货币流通。我国货币流通速度与发达国家比较有什么不同？

二、综合应用

1. 组员研究：就本章"知识链接 13-2"的"四万亿救市计划"中的数据进行补充，并粗略计算①我国的投资乘数；②政府投资的挤出效应；③货币创造乘数等。

2. 小组研究：利用 IS—LM 模型、财政政策传递机制、货币政策传递机制，初步分析四万亿救市计划的短期效果和长期影响。画出在政策落实后我国宏观经济运行的趋势线，分析是否与我国经济长期增长趋势发生偏离。

第 14 章

开放经济中的宏观经济

知识目标

通过本章教学,使同学们了解国际贸易对于增加国民福利的重要意义、贸易保护的不良后果,初步掌握国际收支平衡表的结构内容,了解汇率波动对国民经济的影响,了解开放经济的经济冲击途径、对外开放下宏观经济政策的效果,以及内外经济平衡的条件。

技能要求

要求同学们能够计算对外开放度,看懂国际收支平衡表,并通过国际收支平衡表了解一个经济体对外经济活动的状态,分析汇率变动对其他宏观经济变量的影响,正确辨识传递冲击的作用渠道,正确评价开放经济中宏观经济政策的效果。

引言导图

国际贸易能增加国民经济福利的秘密是什么?怎样了解一国经济与世界经济联系的紧密程度?通过什么了解对外经济活动状态?汇率波动如何影响商品的进出口和金融活动?宏观经济政策在封闭条件下和开放条件下有什么不同?学过本章就能得到一个大概的认识。本章引导图如图 14-1 所示。

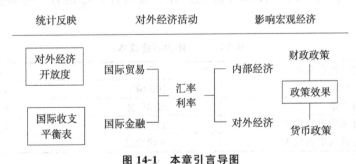

图 14-1 本章引言导图

14.1 国际贸易与世界贸易组织

14.1.1 开放经济与国际贸易的理由

对于一个知足常乐的国度来说,自给自足应该说是很惬意的事,然而知足常乐在这个世界上是根本不可能存在的,自给自足就要落后,落后往往要挨打,而展开国家之间的经济交往可能会更为惬意,更加强大。

1. 开放经济及其开放度

(1)开放经济的含义

开放经济是指一国与国外有着国际贸易、国际金融方面的经济往来。对外有商品的进出口、有货币与资本的往来,有劳动力的流动,有科学技术的交流,本国经济与外国经济之间存在着密切的关系。

(2)对外开放程度的衡量

对外开放程度是指一个国家或地区经济对外开放的程度,具体表现为市场的开放程度,它反映在对外交易的各个方面。通常对外开放首先是从商品市场开始,即相对稳定的外贸进出口。因而,国际上一般选择外贸依存度作为开放度的评估和衡量指标。衡量公式如下:

$$开放程度 = \frac{进出口总额或出口额或进口额}{国民生产总值或国内生产总值}$$

(3)开放程度的决定因素

决定一个国家开放程度高低的因素很多,其中主要有以下几个方面:①经济发达程度。一般来说,经济越发达,这个国家的开放程度越高。②自然资源状况。总的说来,自然资源丰富的国家开放程度低,自然资源缺乏的国家开放程度高。③经济结构的差异。如果一个国家的各个经济部门比较平衡,其开放程度相应就比较低。④历史与传统因素。历史本身的发展及传统势力对各国开放程度会造成不同的影响。⑤经济政策以及其他政治、文化因素。

2. 比较优势与专业化生产

对于在国际间展开贸易的可能性,可用机会成本和生产可能性曲线来予以阐释。为了简化分析,下面采用2×2模型,即2个国家—2种产品模型。

假定有两个国家:一个是发展中国家(简称食品国),一个是发达国家(简称芯片国)。两国都生产和消费两种产品:食品和计算机芯片。这两种产品的日产量及其机会成本如表14-1所示。

表14-1 产量和机会成本

产量和机会成本	食品国	芯片国
食品日产量	108 吨	120 吨
芯片日产量	或 36 块	或 120 块
生产食品的机会成本	1/3 块芯片	1 块芯片
生产芯片的机会成本	3 吨食品	1 吨食品

表中体现了两国的资源可能形成的专业化生产能力和生产产品的机会成本。从表中还可以看出以下两点。

(1)在生产食品上,食品国有相对比较优势,生产1吨食品只需付出1/3块芯片的代价;而芯片国生产1吨食品要付出1块芯片的代价。

(2)在生产芯片上,芯片国有相对比较优势,生产1块芯片只需付出1吨食品的代价;而食品国生产1块芯片要付出3吨食品的代价。

根据产品数量关系,可以写出两国的全部生产可能性组合,下面仅分别写出3种组合,如表14-2所示。

表 14-2　食品国和芯片国的生产可能性组合

食品国的生产可能性			芯片国的生产可能性		
组合	食品	芯片	组合	食品	芯片
a	108	0	A	120	0
b	24	28	B	60	60
c	0	36	C	0	120

从横向比较可以看出，食品国是发展中国家，芯片国是发达国家。在每一种产品组合（同时也是消费水平）上，后者的产出量（消费量）都高于前者。问题是：差别如此悬殊的两国还能进行专业化分工和贸易吗？

3. 贸易条件和贸易利益

能够展开专业化分工和贸易的关键不在于生产能力的大小，而在于两国是否存在生产的相对优势。在 2×2 模型中，食品国比芯片国在食品生产上具有相对优势，而芯片国比食品国在芯片生产上具有相对优势，这就为两国进行专业化分工和贸易奠定了基础。

当然两国是否实际展开国际分工和贸易还要看贸易条件如何。贸易条件，指两国产品交换的比例关系，或者说是出口产品价格对进口产品价格的比率。当进口产品价格上涨时，意味着贸易条件恶化，此时要用更多数量的本国产品去换取外国产品；反之当进口产品价格下跌时，意味着贸易条件改善，此时可用较少数量的本国产品去换取外国产品。贸易条件是否合理，决定了两国是否会展开贸易活动以及贸易活动能够展开到什么程度，从而决定两国是否进行专业化分工，再进而决定两国是否能在专业化分工和贸易中获取比自给自足更大的利益。

对于食品国来说，如果贸易条件是 3 吨、4 吨甚至更多食品换 1 块芯片时，那还不如自己生产芯片，自给自足为好。如果是 2 吨、1 吨甚至更少食品换 1 块芯片时，那何乐而不为。

对于芯片国来说，如果贸易条件是 1 块芯片换 1 吨、0.5 吨甚至更少食品时，那还不如自己生产食品，自给自足为好。如果是 1 块芯片换 2 吨、3 吨甚至更多食品时，那就更好了。

假定双方谈妥的贸易条件是：2 吨食品换 1 块芯片——这是双方都乐意接受的。于是，食品国专门生产食品 108 吨，用其中的 80 吨食品换取 40 块芯片，此时消费组合为（28 吨食品，40 块芯片）。芯片国专门生产芯片 120 块，用其中的 40 块芯片换取来 80 吨食品，此时消费组合为（80 吨食品，80 块芯片）。与未专业化分工和贸易之前的消费水平相比显然提高了许多。从图 14-2 中看得更清楚。

图 14-2 中，虚线为展开国际贸易后两国的消费可能性曲线；两国间进出口相互对应，如发展中国家出口食品 80 吨即为发达国家进口食品 80 吨。

国际贸易利益如图中阴影部分所示，这是进行国际贸易后新增的消费效用。在两国交易意愿一致的条件下，各国可在自己的消费可能性曲线上选择消费组合；两国交易意愿一致意味着两国之间的消费组合并不是任意的，两国之间的最优消费组合是配对的。

对比展开生产专业化分工和国际贸易前后，世界经济利益和国别经济利益有如下变化。

如果两个国家都自给自足，那么世界的总利益为（b＋B：食品 84 吨，芯片 88 块）；如果按照比较优势进行专业化生产，则食品国专门生产食品，芯片国专门生产芯片，那么世界的总利益为（a＋C；食品 108 吨，芯片 120 块），世界总产出和总消费多出了食品 24 吨、芯片

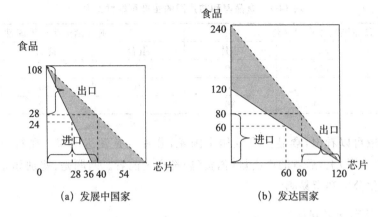

图 14-2　国际贸易前后的生产可能性曲线与消费可能性曲线

32 块。显然总利益要比自给自足时大得多。

如果两个国家都自给自足,食品国的总产出和总消费是(食品 24 吨,芯片 28 块),芯片国的总产出和总消费是(食品 60 吨,芯片 60 块);专业化生产和展开贸易后,食品国的总产出和总消费多出了(食品 4 吨,芯片 12 块),芯片国的总产出和总消费多出了(食品 20 吨,芯片 20 块)。

4. 国际贸易利益的来源

(1)来自两国在具有相对优势的领域进行专业化分工的利益。国际贸易使两国可以在各自专长的生产领域发挥出最大的生产效率(如图 14-3 所示,更多的企业转移到生产效率高的经济领域,公司数量由 C_1 增加到 C_2)。

(2)来自规模经济和市场扩大的利益。国际贸易使国内生产者和消费者都能够从经常伴随大规模生产、营销和批发而来的每单位成本降低中受益(如图 14-3 所示由市场规模较小时的较高单位成本 S_1 下降到市场规模较大时的较低单位成本 S_2)。

(3)来自市场更具竞争性而带来的收益。国际贸易促进了国内市场竞争,使得消费者能够购买到更加廉价的各种消费品(如图 14-3 所示产品价格由 P_1 下降到 P_2)。

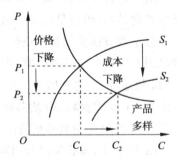

图 14-3　市场扩大带来的贸易收益

(4)来自两国特有的资源禀赋和生产技术的交换收益。在这一点上,国际贸易使得两国可以获得本国不能生产的产品,扩大了本国的消费品品种范围(如图 14-3 所示公司数量由 C_1 增加到 C_2 时意味着产品品种更加多样化)。

图 14-3 中,纵轴 P 为产品价格水平,横轴 C 为市场上的公司数量。S_1、S_2 曲线斜率逐渐变小是因为随着参加竞争的企业数量 C 的增加,价格水平会不断下降。

14.1.2　国际贸易的经济效应与贸易保护主义政策

1. 国际贸易的经济效应

(1)就业效应。在自由贸易时,各国专门生产一种产品,这将极大地改变该国的就业结构。在芯片国,芯片产业成倍增长(日产量由 60 块增加到 120 块),而食品产业完全消失。

这意味着该国的劳动力和其他资源将从食品产业流向芯片产业。食品国的资源流动则正好相反,劳动力和其他资源由芯片产业流向食品产业。贸易的增长将会改变一国的产业结构,从而改变就业结构。

（2）利益分配效应。①世界福利增加。各国按自己的资源条件进行专业化生产,可以使资源得到最有效的运用,同样的资源可以生产出更多的产品,这样增加了世界福利。②各国福利变动。在世界福利增加的条件下,各国分享的新增福利份额大小取决于贸易条件,合理的贸易条件能使国际分工参与国双赢,不合理的贸易条件会导致零和分配结果。

（3）要素价格均等化。贸易前,由于各国要素禀赋的差异,要素价格有所不同。廉价要素造就产品的低价格。贸易后,由于对方国家需求的刺激,具有低价格优势的出口产品生产规模扩大了,廉价要素需求增加,要素市场价格便会随之上升;原本要素昂贵的国家其要素价格则因对本国产品需求减少,进而对要素需求减少,使要素价格水平降低,这样,各国的要素价格趋于均等化。

（4）产品价格均等化。如果各国都生产同类产品,自由贸易前,各国的同类产品价格有差异,自由贸易后,使得各国产品在世界范围内进行竞争,结果使各国的产品价格水平趋于相等,而且是趋向于最低的价格水平。

2. 贸易保护主义政策

贸易保护的理由是:保护本国工人的工作机会、保护本国幼稚产业的发展、帮助本国企业在世界市场上取得垄断地位。下面分析四种常见贸易保护主义政策。

（1）禁止进口政策

禁止进口政策是最直接的贸易保护主义政策。以芯片国为例,从图 14-4 中可以很清楚地看出芯片国对衬衫实行自由贸易与实行禁止进口政策,芯片国的衬衫市场价格与消费量的差别。

图 14-4 中,P_S 代表衬衫在芯片国的市场价格,Q_S 代表衬衫在芯片国的需求量,D_S 代表衬衫需求曲线,下标 0 代表自由贸易,下标 1 代表禁止进口。

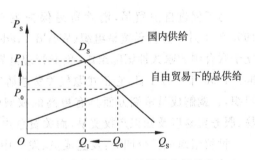

图 14-4　禁止进口政策的市场效应

从图 14-4 中可以看出,实行禁止进口政策后,衬衫的市场价格上升,需求量减少(箭头方向所示)。

（2）进口限额

进口限额是指对允许进口的产品规定数量上的限制,是替代禁止进口的政策选择之一。

从对贸易的限制程度来看,进口限额居于自由贸易和禁止进口政策之间,进口限额虽然压低了货物的进口量,但是并没有完全取缔进口。这种限制程度居中的保护政策形成的国内市场价格也居于自由贸易时的价格 P_0 和禁止进口时的价格 P_1 之间,如图 14-5 所示。

图 14-5 中,L_0 代表进口限额或进口关税时的总供给,P_S 代表衬衫在芯片国的市场价格,Q_S 代表衬衫在芯片国的需求量,D_S 代表衬衫需求曲线,下标 0 代表自由贸易,下标 1 代表禁止进口,下标 L 代表进口限额。

从图 14-5 中可以看出,实行禁止进口政策后,衬衫的市场价格上升,需求量减少(箭头方向所示)。

（3）自愿出口限制

自愿出口限制是指出口国为了避免进口国制定更严厉的贸易限制政策而自愿限制其出口量的政策。

自愿出口限制政策的市场效应与进口限额政策效应相似，可用图 14-5 进行分析。

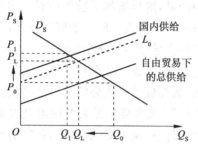

图 14-5　进口限额、自愿出口限制及关税政策的市场效应

（4）关税

关税是对进口货物课征的税收。课征关税是替代进口限额或自愿出口限制的一种政策选择。

关税的市场效应也可用图 14-5 进行分析。征税将使供给曲线向左移动，从而提高供求均衡点的价格。课征关税可以达到实行进口限额时的同一供求均衡点。

进口限额和关税在政策效果上有着根本的区别。进口限额使进口商以较低的价格 P_0 进口衬衫，并以人为的高价 P_L 在国内销售。这就是说，进口限额使进口商获利。而课征关税则使进口国政府从国外供给商处从每件进口衬衫获得 $P_L - P_0$ 的外汇收入。芯片国公民因而更愿意政府课征关税而不是实行进口限额，因为政府可以用关税收入来减免其他税收或是扩大公共项目支出。

14.1.3　世界贸易组织的功能

为了促进自由贸易，消除贸易保护主义政策的消极影响，1947 年关贸总协定成立。1995 年 1 月 1 日世界贸易组织（World Trade Organization，WTO）正式开始运作，是一个独立于联合国的永久性国际组织，负责管理世界经济和贸易秩序，总部设在瑞士日内瓦莱蒙湖畔。1996 年 1 月 1 日，它正式取代关贸总协定临时机构。世贸组织是具有法人地位的国际组织，在调解成员争端方面具有更高的权威性。与关贸总协定相比，世贸组织涵盖货物贸易、服务贸易以及知识产权贸易，而关贸总协定只适用于商品货物贸易。

世贸组织成员分四类：发达成员、发展中成员、转轨经济体成员和最不发达成员。截至 2005 年 12 月，世贸组织正式成员增加到 150 个。

世界贸易组织的宗旨是：提高生活水平，保证充分就业和大幅度、稳步提高实际收入和有效需求；扩大货物和服务的生产与贸易；坚持走可持续发展之路，成员应促进对世界资源的最优利用、保护和维护环境，并以符合不同经济发展水平下各成员需要的方式，加强采取各种相应的措施；积极努力确保发展中国家，尤其是最不发达国家在国际贸易增长中获得与其经济发展水平相适应的份额和利益。

世界贸易组织的目标是：建立一个完整的，包括货物、服务、与贸易有关的投资及知识产权等内容的、更具活力、更持久的多边贸易体系，使之可以包括关贸总协定贸易自由化的成果和乌拉圭回合多边贸易谈判的所有成果。

世界贸易组织的基本原则是：第一，非歧视贸易原则。包括最惠国待遇和国民待遇条款。第二，降低和最终取消贸易壁垒原则。包括可预见的和不断扩大的市场准入程度，主要是对关税的规定。第三，协商调解原则。促进公平竞争，致力于建立开放、公平、无扭曲竞争的"自由贸易"环境和规则。第四，鼓励发展与经济改革。

世界贸易组织的基本职能是:管理和执行共同构成世贸组织的多边及双边贸易协定;作为多边贸易谈判的讲坛,寻求解决贸易争端;监督各成员贸易政策,并与其他同制定全球经济政策有关的国际机构进行合作。

知识链接 14-1

人民币国际化再提速

1. 人民币国际化是 21 世纪初最重大的世界经济事件之一

2014 年 10 月 16 日《光明日报》报道:2014 年 9 月 29 日,经中国人民银行授权,中国外汇交易中心宣布在银行间外汇市场开展人民币对欧元直接交易。此前英国政府确认发行人民币债券,并将发行国债的收入作为英国政府的外汇储备。此举意味着英国将成为首个发行人民币国债的外国政府,人民币将首次纳入英国外汇储备中。环球银行金融电信协会(SWIFT)日前公布数据显示,全球人民币付款价值在过去两年中实现了两倍的增长。种种迹象表明,人民币国际化正加速前行,步入快车道。

央行数据显示,自 2009 年 4 月实施跨境贸易人民币结算试点以来,2010 年跨境贸易人民币结算业务量为 5061 亿元,2011 年、2012 年和 2013 年分别增至 2.09 万亿元、2.94 万亿元和 4.63 万亿元。2014 年上半年跨境贸易人民币结算业务量为 3.27 万亿元,人民币国际结算量稳步增长。SWIFT 数据显示,人民币在全球主要支付货币中排名第七位,占有全球付款率的 1.64%;全球超过三分之一的金融机构已采用人民币作为中国内地及香港地区的付款货币,表明人民币作为支付货币已经在全球范围内得到广泛支持。[1]

中国人民大学国际货币研究所 2014 年 10 月 14 日在伦敦发布报告称,人民币有望在中期超过英镑和日元,成为仅次于美元和欧元的全球第三大货币。[2]

2. 人民币国际化三步走(见图 14-6)

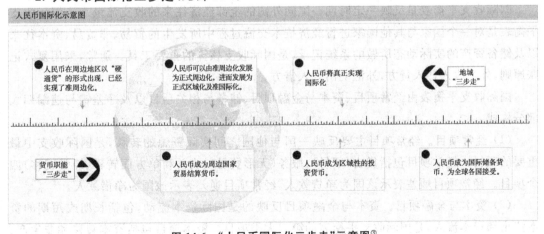

图 14-6 "人民币国际化三步走"示意图[3]

① http://theory.people.com.cn/n/2014/1016/c40531-25844749.html.
② http://finance.sina.com.cn/money/forex/20141015/162120547100.shtml.
③ http://finance.sina.com.cn/focus/internationalRMB/.

3. 人民币国际化利弊权衡

中国是一个发展中国家，经济发展尤其依赖于资金财富。因此，一旦实现了人民币国际化，不仅可以减少中国因使用外币引起的财富流失，而且将为中国利用资金开辟一条新的渠道。但人民币国际化是一把"双刃剑"，这就要求我们要仔细分析其中的利弊。

中国社科院重点课题"国际化战略中的人民币区域化"报告指出其正面影响主要体现在四个方面：①提升中国国际地位，增强中国对世界经济的影响力；②减少汇价风险，促进中国国际贸易和投资的发展；③进一步促进中国边境贸易的发展；④获得国际铸币税收入。负面影响主要体现在三个方面：①对中国经济金融稳定产生一定影响；②增加宏观调控的难度；③加大人民币现金管理和监测的难度。综合考量：人民币国际化利大于弊。[①]

14.2 国际收支平衡表和汇率体系

国际收支账户和汇率体系是国际金融的重要组成部分，一个国家同另一个国家的经济往来集中地体现在国际收支平衡表中，而汇率及汇率制度对各国经济关系产生巨大的影响。

14.2.1 国际收支及国际收支平衡表

1. 国际收支

国际收支有狭义和广义之分。狭义的国际收支是指一国在一定时期内（通常为一年），同其他国家清算到期债权债务所发生的外汇收支的总和。广义的国际收支是指在某一特定时期（通常为一年），一个国家与其他国家之间进行的各种经济交易的系统记录。这是目前国际货币基金组织以及学术界对于国际收支最为广泛的理解。

2. 国际收支平衡表

国际收支平衡表是反映一定时期一国同外国的全部经济往来的收支流量表。国际收支平衡表是对一个国家与其他国家进行经济技术交流过程中所发生的贸易、非贸易、资本往来以及储备资产的实际动态所做的系统记录，是国际收支核算的重要工具。通常，采用复式记账原则，外汇收入计入贷方，外汇支出计入借方。

国际收支平衡表由经常项目、资本与金融项目、储备与相关项目以及净差错与遗漏四大部分构成。

（1）经常项目。经常项目主要反映一国与他国之间实际资源的转移，是国际收支中最重要的项目。经常项目包括货物（贸易）、服务（无形贸易）、收益和单方面转移（经常转移）四个项目。经常项目顺差表示该国为净贷款人，经常项目逆差表示该国为净借款人。

（2）资本与金融项目。资本与金融项目反映的是国际资本流动，包括长期或短期的资本流出和资本流入，是国际收支平衡表的第二大类项目。资本项目包括资本转移和非生产、非金融资产的收买或出售，前者主要是投资捐赠和债务注销；后者主要是土地和无形资产（专利、版权、商标等）的收买或出售。金融账户包括直接投资、证券投资（间接投资）和其他

---

① http://baike.so.com/doc/1775687.html.

投资(包括国际信贷、预付款等)。

(3) 储备与相关项目。储备与相关项目包括外汇、黄金和分配的特别提款权(SDR)。特别提款权是以国际货币基金组织为中心,利用国际金融合作的形式而创设的新的国际储备资产。国际货币基金组织(IMF)按各会员国缴纳的份额,分配给会员国的一种记账单位,1970 年正式由 IMF 发行,各会员国分配到的 SDR 可作为储备资产,用于弥补国际收支逆差,也可用于偿还 IMF 的贷款,又被称为"纸黄金"。

(4) 净差错与遗漏。为使国际收支平衡表的借方总额与贷方总额相等,编表人员人为地在平衡表中设立该项目,来抵消净的借方余额或净的贷方余额。

国际收支平衡表的用途:①进行国际收支平衡表状况分析,重点是分析国际收支差额,并找出原因,以便采取相应对策,扭转不平衡状况。②进行国际收支表结构分析,可以揭示各个项目在国际收支中的地位和作用,从结构变化中发现问题找出原因,为指导对外经济活动提供依据。

表 14-3 是 2013 年上半年的中国国际收支平衡表(简表),从中可以看到各个项目的主要构成,以及借贷平衡关系。

表 14-3　中国国际收支平衡表(简表)

项　目	差　额	贷　方	借　方
1. 经常项目	984	12789	11805
1.1　货物和服务	1024	11544	10520
1.1.1　货物	1576	10577	9001
1.1.2　服务	−552	967	1519
1.2　收益	−2	991	993
1.3　经常转移	−38	254	292
2. 资本和金融项目	1188	6877	5689
2.1　资本项目	24	27	3
2.2　金融项目	1164	6850	5686
2.2.1　直接投资	776	1475	699
2.2.2　证券投资	241	454	213
2.2.3　其他投资	147	4921	4774
3. 储备资产	−2035	6	2041
3.1　货币黄金	0	0	0
3.2　特别提款权	1	1	0
3.3　在基金组织的储备头寸	5	5	0
3.4　外汇	−2041	0	2 041
3.5　其他债权	0	0	0
4. 净误差与遗漏	−135	0	135

资料来源:网易财经 http://money.163.com/13/0927/21/99QCSQ7400253B0H.html.

国际收支平衡表中四大项目之间的基本关系:

　　国际收支总差额＝经常账户差额＋资本与金融账户差额＋净差错与遗漏

　　国际收支总差额＋储备资产变化＝0

　　各项差额＝该项的贷方数字减去借方数字

即:

　　　经常账户差额＋资本账户差额＋储备资产变化＋净差错与遗漏＝0

14.2.2 汇率和汇率制度

1. 外汇和汇率

(1) 外汇与汇率的含义

外汇是指外国货币以及用外国货币表示的用于国际结算的支付凭证与信用凭证。

汇率又称"外汇行市或汇价",是一国货币兑换另一国货币的比率,是以一种货币表示另一种货币的价格。

(2) 汇率的标价方法

① 直接标价法

直接标价法又称支付汇率或本币计价汇率,是指以一定单位(1 个或 100 个、10000 个等)的外国货币作为标准,折成若干数量的本国货币来表示汇率的法。也就是说,在直接标价法下,以本国货币表示外国货币的价格。除英国、美国、欧元区外,大多数国家都采用直接标价法。

在直接标价法下,一定单位的外国货币折算的本国货币的数额增大,说明外国货币币值上升或本国货币币值下降,称为外币升值,或称本币贬值;一定单位的外国货币折算的本国货币的数额减少,说明外国货币币值下降或本国货币币值上升,称为外币贬值,或称本币升值。外币币值的上升或下跌的方向和汇率值的增加或减少的方向正好相同。

② 间接标价法

间接标价法是指以一定单位的本国货币为标准,折算成若干数额的外国货币来表示汇率的方法。也就是说,在间接标价法下,以外国货币表示本国货币的价格。目前美国、英国、欧元区采用间接标价法。英镑长期以来采用间接标价法,对欧元采用直接标价法。美国1978 年 9 月 1 日起采用间接标价法。美元对英镑、对欧元仍然沿用直接标价法。

在间接标价法下,一定单位的本国货币折算的外国货币数量增多,称为外币贬值,或本币升值;一定单位的本国货币折算的外国货币数量减少,称为外币升值,或本币贬值。在间接标价法下,外币币值的上升或下跌的方向和汇率值的增加或减少的方向相反。

2. 汇率制度

汇率制度是指各国货币比价确定的原则和方式、货币比价变动的界限和调整手段,以及维持货币比价所采取的措施。汇率制度主要包括固定汇率制度和浮动汇率制度两种类型。

(1) 固定汇率制度

固定汇率制度是指两国的货币比价基本固定,外汇汇率的波动界限被规定在一定的幅度之内,如果外汇市场上两国汇率的波动超过规定的幅度,有关国家有义务进行干预。金本位制度下的汇率制度、第二次世界大战后形成的布雷顿森林体系以及欧洲货币体系实行的都是固定汇率制度。

采取固定汇率制度,一定程度上有利于国际贸易的发展,保持国内经济的稳定,减少金融风险。但是,为了维持汇率的界限,各国必须有足够的黄金和外汇储备,以调整汇率的波动幅度,这会导致黄金的大量流失和外汇储备的急剧缩减。

(2) 浮动汇率制度

浮动汇率制度是指对本国货币与外国货币的比价不加以固定,也不规定汇率波动的界限,而任由外汇市场根据供求状况的变化自发决定本币对外币的汇率。当然,完全不干涉外汇市场的自由浮动汇率制度是不存在的。实行浮动汇率制的国家,为了使汇率变动有利于实现本国的各种经济目标,总会不时地干预外汇市场,即采取管理浮动汇率制度。

浮动汇率制度,一定程度上可以防止外汇储备的大量流失,也可以在一定时期内通过干预外汇市场实现本国经济目标。但是,汇率波动频繁,暴涨暴跌,增加了国际贸易和国际投资的风险,不利于国际经济的稳定。

3. 外汇市场均衡

在浮动汇率制度下,外汇市场上的均衡外汇汇率和均衡外汇交易量都是由外汇供给和外汇需求两股力量相互作用而共同决定的,如图 14-7 所示。外汇市场均衡的原理与第 4 章介绍的一般市场均衡原理相同,同样遵循需求定理、供给定理和供求定理。在此不予重复。

图 14-7 中,R 为汇率,F 为外汇交易量。

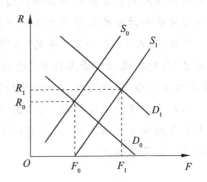

图 14-7　外汇市场均衡及均衡的变动

汇率变动对进口和出口的影响是这样的:当外汇升值,就意味着国内货币贬值,这将增加出口,减少进口,因此增加净出口;反之,当外汇贬值,就意味着国内货币升值,这将使出口下降,进口上升,从而减少净出口。

知识链接 14-2

国际金融政策选择的三元悖论

三元悖论(The Impossible Trinity)也称三难选择,其含义是:本国货币政策的独立性,汇率的稳定性,资本的完全流动性这三个经济政策目标不能同时实现,最多只能同时满足两个目标,而放弃另外一个目标,即在图 14-8 中,只能实现三角形一条边上的两个目标。

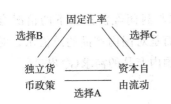

图 14-8　国际金融政策选择的三元悖论

(1) 保持本国货币政策的独立性和资本的完全流动性,必须牺牲汇率的稳定性,而实行浮动汇率制。这是由于在资本完全流动条件下,频繁流动的国内外资金带来了国际收支状况的不稳定,如果本国的货币当局不进行干预,亦即保持货币政策的独立性,那么本币汇率必然会随着资金供求的变化而频繁波动,也就是说,无法维持固定汇率,即选择 A。利用浮动汇率制的汇率调节有助于国际收支平衡,但对于发生金融危机的国家,货币信心危机的存在会大大削弱汇率调节的作用,甚至恶化危机。当汇率调节不能奏效时,为了稳定局势,政府的最后选择是实行资本管制。

(2) 保持本国货币政策的独立性和汇率稳定,必须牺牲资本的完全流动性,实行资本管制。在金融危机的严重冲击下,在汇率贬值无效的情况下,唯一的选择是实行资本管制,实际上是政府以牺牲资本的完全流动性来维护汇率的稳定性和货币政策的独立性,即选择 B。大多数经济不发达的国家,比如中国,就是实行的这种政策组合。这一方面是由于这些国家需要相对稳定的汇率制度来维护对外经济的稳定;另一方面是由于他们的监管能力较弱,无法对自由流动的资本进行有效地管理。

(3) 维持资本的完全流动性和汇率的稳定性,必须放弃本国货币政策的独立性。资本完全流动时,在固定汇率制度下,本国货币政策的任何变动都将被所引致的资本流动的变化而抵消其效果(见前"固定汇率制度下的宏观货币政策"效果分析),本国货币丧失自主性,即选择C。在这种情况下,本国或者参加货币联盟,或者更为严格地实行货币局制度,基本上很难根据本国经济情况来实施独立的货币政策对经济进行调整,最多是在发生投机冲击时,短期内被动地调整本国利率以维护固定汇率。可见,为实现资本的完全流动与汇率的稳定,本国经济将会付出放弃货币政策的巨大代价。

实践中,在1944—1973年的"布雷顿森林体系"中,各国"货币政策的独立性"和"汇率的稳定性"得到实现,但"资本流动"受到严格限制。而在1973年以后,"货币政策独立性"和"资本自由流动"得以实现,但"汇率稳定"不复存在。

三元悖论理论高度抽象,只考虑了极端的情况,即完全的货币政策独立、完全的固定汇率和完全的资本自由流动,并没有论及中间情况。因而该理论在具体目标选择问题分析方面存在一定局限性。[①]

14.3 开放经济中国民收入的均衡及宏观经济政策

封闭经济条件下,国民收入均衡只考虑国内充分就业与价格稳定问题。在开放经济中,国民收入的均衡不仅要考虑内在均衡,而且要考虑外在均衡——国际收支平衡。同时,由于开放经济中问题更具有复杂性,政府必须对国民收入进行有效调节。

14.3.1 开放经济中的总需求与"传递"冲击

1. 开放经济中的总需求

开放经济条件下,由于存在进出口贸易,所以总需求与封闭经济条件下的情况有所不同。此时,决定均衡国民收入水平的不再是国内总需求,而是对国内产品的总需求。对国内产品的总需求包括国内对国内产品的总需求以及国外对国内产品的需求(净出口)。

2. "传递"对国民收入均衡的冲击

"传递"是指一个国家发生国民经济不均衡(失业、通货膨胀、"滞胀")如何对其他国家发生影响,以至于影响其国民经济均衡。"传递"的渠道主要有以下三种。

(1) 通过国际贸易渠道的"传递"。其"传递"过程是:世界市场价格波动→国内开放部门价格变动→国内非开放部门价格变动→国内总体价格水平波动→产量与就业变动。

(2) 通过国际资本流动渠道的"传递"。例如,某国出现资本过剩或资本严重缺乏,国内利息率大幅度下降或提升,引起本国资本的流出或者国际资本的流入,导致国际金融市场的利息率大幅度波动。这又进一步引起国际资本流动,并对其他国家的利息率发生影响。如

---

① 黄泽民. 经济学基础[M]. 北京:清华大学出版社,2015.

果一国经济严重衰退并迫使它从国外抽回资金,停止向国外供给信贷,从而引起其他国家的企业发生支付困难,导致其他国家金融市场的紧张情况;或者,一国经济衰退时,无法到期偿还欠国外的债务,使国外的债权人受损,从而引起国际金融市场混乱。

(3) 通过利率和汇率方式的"传递"。例如,美国国内投资债券收益率 11%,其他国家则低于 10%,许多国家的投资者会把其手中的本国货币换成美元,所有人都竞相争购美元,美元升值;在美国,进口货价格便宜,出口产品价格上升,出口小于进口,就业机会下降。由于进口货便宜,许多人会购买进口货,国内通货膨胀率会下降,但国内生产会下降,就业机会减少。这时,美国为了避免国外资本流入过多,将会扩大信贷,增加货币流通量,使国内通货膨胀率上升,降低债券投资的实际收益率,直到资本不再流入,本国货币贬值,汇率下跌,其他各国持有美元者会纷纷抛售美元,结果,美国出口产品价格下降,进口产品价格上升,出口大于进口。这等于把"失业"传递到国外。

14.3.2　开放经济中的宏观经济政策

财政政策和货币政策在开放经济中和在封闭经济中存在一定的区别。经济学家把财政政策和货币政策影响国内经济称为"政策渠道"。开放经济比封闭经济有更多的政策渠道。

1. 开放经济中的财政政策

实施扩张性财政政策时,政府增加购买或削减税收。政府购买的增加直接导致总需求的增加;通过削减税收而增加居民可支配收入和企业收入,导致消费和投资支出增加,进而导致总需求的增加。扩张性财政政策可能导致更高的利率。在封闭经济中,高利率的主要效应是减少国内投资支出和耐用消费品购买。在开放经济中,高利率将会导致本国汇率升高和净出口减少。因此,在开放经济下,扩张性财政政策可能由于挤出效应变大而更加无效。结论是,在封闭经济中,仅有消费和投资被扩张性财政政策挤出来,而在开放经济中,净出口也被挤出。

政府可能利用紧缩性财政政策来对付通货膨胀,减缓经济增长。紧缩性财政政策通过减少政府购买或者提高税收来减少居民可支配收入及消费投资。它也减少了政府预算赤字或者增加了预算盈余,导致更低的利率。低利率增加国内投资和耐用消费支出,因此抵消了一部分政府支出减少和税收增加。开放经济中,低利率也会降低本国汇率和增加净出口。因此,在开放经济中紧缩性财政政策对总需求有较小影响,减缓经济增长的效果较弱。总之,财政政策在开放经济中对总需求的影响比封闭经济要小。

关于挤出效应详见附录 5。

2. 开放经济中的货币政策

当中央银行进行扩张性货币政策时,它会通过购买国债来降低利率,从而刺激总需求。在封闭经济中,低利率的主要效应是在国内投资支出和耐用消费品购买上;在开放经济中,低利率也会影响到本国和外国货币之间的汇率。低利率会引起本国和国外的投资者将投资从本国金融资产转向国外资产。这种转变会相对降低对本国货币的需求,引起货币贬值。低汇率降低了本国商品在国外市场的价格,提高了国外商品在本国的价格。结果,净出口增加。这一政策将扩大扩张性货币政策增加总需求的效果。

当中央银行想要减少经济增长速度从而降低通货膨胀时,它会采取紧缩性货币政策,出售国债以提高利率,从而降低总需求。在封闭的经济中,主要是对国内投资支出和耐用消费品的影响。在开放的经济中,高利率会导致更高的汇率。外国市场上本国商品价格上升,本国市场上国外商品价格下跌,结果净出口下降。紧缩性货币政策对总需求影响很大,因此能更有效地降低经济增长。总之,货币政策在开放经济中对总需求的影响比封闭经济要大。

14.3.3 开放经济下的国民经济内部均衡与外部均衡

1. BP 曲线的推导

BP 曲线是指国际收支均衡曲线。在一段时间里,当一国的经常账户差额 CA +资本账户差额 $KA=0$,即为国际收支均衡,也就是资金流入=资金流出。

净出口与国内收入水平有关,$NX=f(Y)$,当国内收入水平提高,进口将增加,资金流出;资金流量与国内外利率水平相关,$K=f(r)$,假定国外利率水平不变,当国内利率水平提高,资金流入。

资金流入=资金流出是国际收支均衡的条件。图 14-9 中的 45°线是资金流入=资金流出线。根据函数关系 $NX=f(Y)$、$K=f(r)$ 和 45°线的意义,可以推导出国际收支均衡曲线(简称 BP 曲线),如图 14-9 所示。

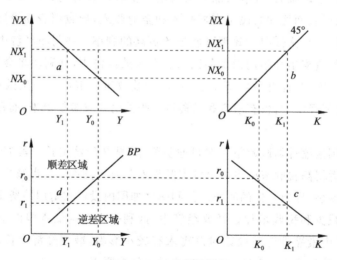

图 14-9 *BP* 曲线的推导

BP 曲线的含义如下:

(1) BP 曲线表示的是使经常账户余额与资本账户余额之和为零,即国际收支均衡的各种利率水平与国民收入水平的组合。

(2) BP 曲线向右上方倾斜,它表明:在国际收支均衡的条件下,一个较高的利息率水平,将对应一个较高的国民收入水平;相反,一个较低的利率水平将对应一个较低的国民收入水平。

(3) BP 曲线以外的任何一点都是国际收支失衡的利率和收入的组合。具体说,在 BP 曲线左上方的所有点都是表示国际收支顺差,即 $CA>-KA$;在 BP 曲线下方的所有点都表示国际收支逆差,即 $CA < -KA$。

2. 开放经济下的国内经济内部均衡与外部均衡

在 $IS—LM$ 模型中加入 BP 曲线后,就形成了一个开放的宏观经济模型,即 $IS—LM—BP$ 模型,如图 14-10 所示。当 IS、LM、BP 三条曲线恰好都经过 E 点时,将会有唯一的一组利率和国民收入 (r^*,Y^*) 可以使产品市场、货币市场(此两市场合成一国的"内部经济")和国际收支(体现着一国的"外部经济")同时达到均衡,即内外经济同时均衡。

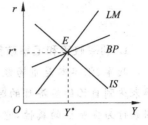

图 14-10　$IS—LM—BP$ 模型

开放经济条件下,国民经济内外同时均衡只是一种理想,通常情况下,内部经济与外部经济并未同时实现均衡。从 $IS—LM—BP$ 模型图中可以看出,E 点为唯一的内部均衡、外部均衡同时均衡的均衡点,是最佳状态,除此之外,坐标系平面上的任何点都是非内部、外部同时均衡点。

E 点以外的非均衡点又分两种基本情况:①两个市场均衡、一个市场不均衡[①];②三个市场都不均衡。下面主要介绍第二种情况。

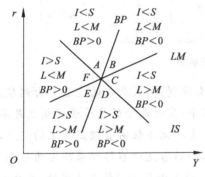

图 14-11　非同时均衡区

根据资本国际流动的难易程度,BP 曲线可以呈介于垂直到水平之间的任何倾斜状态,即可在 LM 曲线左侧,抑或在 LM 曲线右侧,但三条曲线都将第一象限分割为 6 个区间。三个市场都不均衡的国民经济状态落在 6 个不均衡区间内。

下面以 BP 曲线在 LM 曲线左侧为例,说明各种不均衡组合(若 BP 曲线在 LM 曲线右侧,不均衡组合读者可根据图 14-11 推演)。

为了清楚地辨别开放经济条件下的各种非均衡状态,下面分别给出产品市场、货币市场、国际收支的非均衡区间划分及其经济含义示意,如图 14-12 所示。

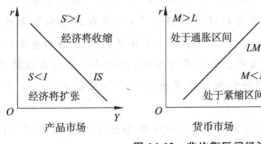
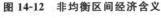
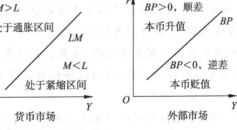

图 14-12　非均衡区间经济含义

[①]　外部经济,从某种意义上可由"外汇市场"来指代,理论根据是,当国际收支均衡,就不存在顺差或逆差,本币与外币的兑换率可以在具体币种上有波动,但在国际收支均衡大格局下,汇率总体稳定,这种情况与外汇交易量大小无关,只要外汇供求同步增加或同步减少,汇率水平就不会发生波动。在这个意义上,可用外汇市场指代外部经济,把外部经济当做一个"市场"。

学用小品

中国货币管理体制的演变及其影响

1. 利率政策和汇率政策的传导机制与中国货币管理体制的演变

利率、汇率本是市场经济中两种基本的、最重要的价格,当某一经济主体想利用利率、汇率来达到自己的经济目的时,它们就被当作杠杆,当这个主体是政府时,由于政府行为具有国家行为强制性的属性,它们就成为将政府经济意图强行输入宏观经济运行体的国家政策。显然,利率管制、汇率管制属于国家货币政策的范围。下面是利率政策、汇率政策传导机制示意图,如图 14-13 所示。

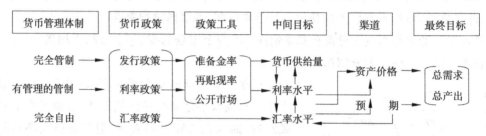

图 14-13 利率、汇率政策传导机制

理论上,货币管理体制有三种基本类型:统制,即完全管制;彻底放任的完全自由制度;以及介于前两者之间的有某种自由度的管理制度。现实中,完全放任的货币管理制度是不存在的。完全管制的货币制度和有自由度的管理制度二者之间不仅有管理强度上的差异,还存在本质上的差别,前者不是以市场供求决定为基础,而后者是以市场供求决定为基础。政府在这两种货币管理制度中实际上并不能够自主选择,而是由具体国情来决定的,并且由国情的变化决定货币管理制度的演进。

货币管理体制是一个复杂的系统,其中包含着利率管制和汇率管制。利率管制和汇率管制是我国实行改革开放后的低成本发展战略和外向型经济增长战略的重要制度支撑。利率管制和汇率管制给我国带来了二十多年的快速经济增长,但其负面影响和后果也日益显现:国内经济结构扭曲,同时对外经济失衡。工资、利率、汇率等要素价格和资源环境成本长期被低估,经济基本面出现多重失衡,造成了大量负外部性,双顺差也难以长期持续。

随着我国市场经济的发展,计划经济体制遗留下来的货币管理制度越来越不适应发展形势的需要,改革势在必行。

我国自 1996 年起开始利率市场化方面的探索,2004 年加快了推进利率市场化的步伐,我国开始具备利率市场化促进经济增长的基本条件,微观主体对利率等价格敏感性和承受性有较大提高,2004 年以来仅对存贷款利率实行基准利率下的利差管理,2012 年 6 月进一步允许存款利率上浮并扩大贷款利率下浮空间。[1]

人民币汇率制在 1994 年年初并轨,实行单一的、以市场供求为基础的、有管理的浮动汇

---

[1] 苏应蓉,李楠.汇率波动对利率政策经济绩效的影响机理分析[J].宏观经济研究,2014(2):45-51.

率制,但在相当长时期为事实上的钉住美元的固定汇率制,这也为"中国制造"创造了极为有利的货币条件。此后,我国国际收支持续累积,并开始导致出现人民币升值预期。2005年7月21日开始汇率改革,实行以市场供求为基础、参考一篮子货币进行调节、有管理的浮动汇率制度。[①]

2. 利率市场化、外汇管制放松对中国经济增长方式转型的重大影响

目前我国利率管制和汇率管制的改革只是开了个头,利率弹性和汇率弹性有所增强,在宏观经济运行中的价格杠杆功能渐渐明显起来,在推动经济结构优化、产业升级、对外贸易结构调整、实现经济可持续发展方面的积极作用有所步显现,虽然作用也是有限的,但这是一个渐进的过程。

随着我国利率市场化和外汇管制放松的进一步推进,终将要过渡到由市场供求关系起决定作用的有管理的货币管理体制,中央银行退出在利率水平和汇率水平决定上的主导作用,而改行引导作用,以此去掉旧体制痕迹,同其他领域的深化改革一道,最终实现向完整意义的市场经济体制的转型。

这样的转型不是没有代价的,当市场利率和市场汇率确定其价格决定地位后,中国必然要面临价格体系的恢复性调整,各种价格恢复其市场本位。利率将从目前的低位进入一个上升通道,人民币也将在一个时期里持续对外升值。利率水平上升带动生产的人工成本和其他投入品的成本上升,对出口有抑制作用,国外市场相对收缩;人民币升值会使投入要素进口增加,发生三个效应:一是外国资金的持续流入;二是外国要素进口替代国内要素供给;三是资本品替代劳动力。贸易顺差将随利率上升而逐渐减少,资本项目盈余将持续增加但随贸易顺差减少其增幅慢慢降低,最终国际收支由顺差而趋于平衡。人口红利的逐渐丧失,要素价格的恢复性上升,中国逐渐丧失低成本优势,国外市场相对收缩,这些因素将倒逼中国改行科技进步和更加注重内需的经济发展道路,以效率来抵消投入成本的上升,以内需的扩大来弥补出口市场的相对缩小。

这样的代价是值得的,以此换来市场经济体制的完善,换来更有效率的市场机制自动均衡功能,真正实现府经济职能的转换,实现经济增长方式的根本性转型。在更加完善的市场经济体制机制大前提下,遏制国内资源急速耗竭,纠正收入分配严重失衡,理顺社会经济关系,摆脱在国际产业价值链低端的长期滞留,减少国际贸易摩擦,用共同接受的市场经济理念和原则处理国际经济矛盾以降低冲突。[②]

本章小结

1. 对外开放度是指一个国家或地区经济对外开放的程度,具体表现为市场的开放程度,它反映在对外交易的各个方面。通常对外开放首先是从商品市场开始,即相对稳定的外贸进出口。因此,国际上一般选择外贸依存度作为开放度的评估和衡量指标。

2. 产品生产专业化分工和自由贸易能给有关国家带来更大的生产利益和消费利益,前

① 李宪铎,黄昌利.新汇改后人民币实际有效汇率对出口的影响:2005Q3—2013Q3[J].宏观经济研究,2014(4):32-40.
② 黄泽民,王荧.经济学教程[M].北京:清华大学出版社,2015.

提是贸易条件合理。在现实生活中之所以看不见完全的专业化分工,是因为并非所有的商品和服务都通过国际贸易进行交换的;大部分商品的生产都涉及机会成本的递增;对产品的口味千差万别。

3. 国际贸易的经济效应包括就业效应,资源配置在世界范围内实现最优化,产品价格的均等化,生产要素价格的均等化。贸易保护主义政策包括禁止进口政策、进口限额、自愿出口限制和关税。

4. 国际收支有狭义和广义之分。狭义的国际收支是指一国在一定时期内(通常为一年),同其他国家清算到期债权债务所发生的外汇收支的总和。广义的国际收支是指在某一特定时期(通常为一年),一个国家与其他国家之间进行的各种经济交易的系统记录。

5. 国际收支平衡表,是反映一定时期一国同外国的全部经济往来的收支流量表。国际收支平衡表分为经常项目、资本项目、官方储备以及净差错与遗漏四大部分。

6. 外汇是指外国货币以及用外国货币表示的用于国际结算的支付凭证与信用凭证。汇率也称"外汇行市或汇价"。一国货币兑换另一国货币的比率,国际上通行的表示汇率的方法有两种:直接标价法和间接标价法。

7. 财政政策和货币政策在开放经济中和在封闭经济是有一定的区别。经济学家把货币和财政政策影响国内经济称为"政策渠道"。

8. 开放经济条件下,决定均衡国民收入水平的是对国内产品的总需求。对国内产品的总需求包括国内对国内产品的总需求以及国外对国内产品的需求。开放经济中的国民收入均衡是一个复杂的系统和过程。

基本概念

对外开放度　　贸易条件　　贸易保护主义　　国际收支　　国际收支平衡表
外汇　　直接标价法　　间接标价法　　固定汇率制度　　浮动汇率制度
对本国产品的总需求　　经济冲击

复习实训

一、单选题

1. 开放程度的决定因素不包括(　　　)。
　　A. 经济发达程度　　　　　　B. 自然资源状况
　　C. 经济结构的差异　　　　　D. 政治制度

2. 一个国家在生产的国际分工中应选择(　　　)。
　　A. 成本最低的　　　　　　　B. 机会成本最小的
　　C. 产量最大的　　　　　　　D. 价格最高的

3. 贸易保护主义政策不包括(　　　)。
　　A. 禁止进口政策　　　　　　B. 自愿出口限制

C. 进口替代   D. 关税

4. 下面各项中不属于国际收支平衡表项目的是（   ）。

    A. 经常项目   B. 资本项目

    C. 官方储备   D. 外贸依存度

5. 以一定单位的本国货币为标准折算的汇率表示方法是（   ）。

    A. 直接标价法   B. 间接标价法

    C. 美元标价法   D. 购买力标价法

6. 国内货币升值会产生（   ）。

    A. 增加净出口   B. 减少净出口

    C. 增加总需求   D. 增加总供给

二、判断题

1. 贸易条件是决定生产的国际分工的最重要因素。（   ）

2. 自由贸易对所有的人都是有利的。（   ）

3. 国际收支平衡表是反映一定时期一国同外国的全部经济往来的收支存量表。（   ）

4. 贸易顺差导致外汇升值。（   ）

5. 开放经济条件下，国内总需求与对国内产品的总需求时同一个意思。（   ）

6. 开放经济比封闭经济有更多的政策渠道。（   ）

三、问答题

1. 自由贸易有哪些经济效应？

2. 开放经济的宏观经济政策与封闭经济的宏观经济政策有何不同？

应用训练

一、单项训练

1. 查找国外"热钱"进出中国的动态数据，与国内哪些行业的波动相关？分析"热钱"给中国经济发展带来的潜在负面影响。

2. 查找我国外汇储备余额、构成、使用去向的动态变化。分析巨额外汇储备对中国经济发展的利弊。

二、综合应用

1. 组员研究：分头考察加入世贸组织以来，中国产品在国外遭受反倾销、反补贴调查的案发的区域性、时间性、规律性。

2. 小组研究：分析中国哪些行业的产品较易引发国外反倾销、反补贴调查？对行业发展的影响程度、影响时间长度如何？中国的企业和行业应怎样规避？采取什么对策？

APPENDIX
附　录

学习方法与思考方法

一、学习方法

经济学研究的是人们身边的经济世界,揭示的是复杂经济世界背后的简单道理,它的形成是从具体到抽象,而我们的学习正好反过来,是从抽象到具体,因此高效率学习经济学的要诀是:吃透概念,掌握原理,联系实际,反复训练。主要方法如下:

(1) 逻辑式。经济学原理是由许多相关概念、要素,按照一定的结构形成的体系,这种结构体现了这些概念、要素之间的本质联系和规律。写出其关键概念、要素之间的逻辑结构式,有利于理清思路,把握整体。这是一个既简单又有效的学习方法。此法概括性极强。

如:增加货币发行→利率水平降低→投资成本下降→生产扩大→经济增长

(2) 作图。经济学中贯穿各种各样的图形,包括示意图、曲线图、决策树等,用以阐述经济学原理,有了图形配合,原理的阐释既准确又简洁,关系特征一目了然。利用作图来帮助理解、记忆、分析是极为省力且高效的。经济学中有"一幅图画胜过千言万语"之说。

(3) 模式化。经济学里其实存在一定的美学结构。微观部分和宏观部分;需求理论和供给理论;消费者行为理论和生产者行为理论等,其阐释对象不同,而格式大致相同,彼此间具有某种程度的对称性。将其模式化,可有事半功倍的效果。

(4) 系统化。经济学的各个组成部分、各个原理有机地联系在一起,形成一个科学的知识体系。它们有的互为前提条件、有的相互解释、有的相互论证、有的概念在各章中彼此穿插或深化。因此,把所学知识系统化、结构化、框架化,有助于融会贯通、全面掌握。

此外,比较归纳、熟识表格、记忆公式、模仿套用等也是常用的有效率的学习方法;而使用规范语言、常用程式也是学好经济学必须特别注意的。

二、思考方法

学以致用,在学习经济学的过程中,掌握了一些经济学原理和基本分析方法后,就应当运用所学知识和技能来分析社会经济问题以及本专业领域的经济学问题,这是对自己学习效果和分析能力的检验,是最终脱离教科书和老师而独立思考的必经环节。此时应当为自己确立一个目标:像经济学家那样思考。

1. 进行经济推理

(1) 保持"其他条件不变"。大多数经济问题都涉及同时发生相互影响的许多因素。例如,在某一年中,汽车的购买量取决于汽车的价格、消费者的收入水平和汽油的价格等。如果研究某个变量（如汽油价格）对于汽车销售量的影响，就要保持其他变量（消费者的收入和汽油的价格等）不变，否则无法将该变量的影响同其他变量的影响区分开来。

（2）避免"后此谬误"。该谬误是"A事件发生在B事件之前，因而A事件是B事件发生的原因"。某公司业绩增长在前，公司员工工资提高在后，员工工资提高一定是公司业绩增长的结果吗？只能说可能性很大，但也有可能是通货膨胀造成的。

（3）避免"合成谬误"。该谬误是"对于部分来说是对的事情，对于整体来说也是对的"。某行业中，某一企业通过采用新技术、降低生产成本，其产品在市场上获得比其他企业更多的利润，若其他企业都如此效仿，产品将迅速供过于求，所有企业只能得到更少的利润。

（4）避免主观性。人们通过接受教育、生活阅历逐渐形成了自己的世界观和方法论，在考察社会经济现象和问题时，可能会自觉不自觉地戴上自己所惯用的理论有色眼镜，采用个人经验的观察视角和方法，在探索的过程中引入主观性，这样有可能得不到正确的结论。

2. 运用实证分析模型来分析经济问题

实证分析模型大量运用于对微观经济和宏观经济的分析中。一般的模型包括四部分：定义、假设、假说、预测。

（1）定义。定义是指对经济模型所包括的各种变量给出明确的含义。经济变量构成经济模型的元素，其内含必须清楚明白且确定，不然无法建立模型。

（2）假设。假设是经济模型建立的前提条件。假设有两个基本作用：一是通过假设引入某些经济学"公理"，作为经济分析的基石；二是通过假设排除干扰因素，简化分析。

（3）假说。假说是根据一定的事实和理论对未知对象所做的推测性的带假定意义的理论解释。换句话说，就是运用概念、推理构建新的模型，去说明经济变量之间的关系。

（4）预测。预测的意义：一是检验，观察预测结果与实际情况符合程度，验证经济模型正误程度；二是应用，经济模型的应用是通过预测而实现的。

理论形成过程可用附图1-1说明。

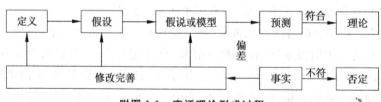

附图1-1　实证理论形成过程

家庭劳动力供给分析模型

　　家庭劳动力供给分析较之个人劳动力供给分析更加全面、更加合理、更为新颖,对许多劳动经济现象具有很强的解释力[1]。家庭劳动力供给分析像个人劳动力供给分析一样,也运用无差异曲线分析方法。个人劳动力分析模型称为"工作—闲暇模型",家庭劳动力分析模型称为"家庭时间分配模型",是前一模型的扩展。

一、家庭等产量线

1. 对工作—闲暇模型的扩展

　　(1)家庭角度。以家庭作为决策单位,认为家庭成员对自己时间的支配受到其他家庭成员决策的影响。

　　(2)时间的多种用途。把家庭看成是一个生产单位,家庭的时间可以分配在三个方面,生产出家庭所需要的效用:

　　　　家庭创造效用的时间＝市场工作时间＋生产家庭商品时间＋ 消费时间

　　对应的效用是(以饮食为例):

　　　家庭得到的效用＝工作收入可以买到的米菜或快餐＋烹饪一顿晚餐＋用餐

　　这里面存在着约束:家庭得到的效用受家庭可支配时间总额的限制,还受到市场工资率以及市场物价水平的限制。

2. 两类商品及其特点

　　两类商品分述如下:

　　(1)时间密集型商品。这类商品含有较多时间和较少物品,如亲自动手包的饺子,在阳台上观看孤鹜与落霞齐飞。

　　(2)物品密集型商品。这类商品含有较多物品和较少时间,如快餐,在星级酒店预订的婚宴,民航服务。

　　两类商品的特征如下:

　　第一,当工资率提高(即单位工作时间变得昂贵),家庭会放弃或减少时间密集型商品的消费(如自己包饺子),转而进行物品密集型商品的消费(如叫一份外卖或快餐),这样就可以为(效用大或者说价值高的)工作多增加一些时间。

　　第二,在一定限度内,生产商品的时间和物品可以互相替代。如一顿饭(商品),可以自

---

① 坎贝尔·R. 麦克南. 当代劳动经济学[M]. 7版. 刘文,等,译. 北京:人民邮电出版社,2006:44-66.

己种稻、自己蒸煮(时间较多物品较少),也可以订餐(自己费时很少而物品成分较多)。

3. 家庭等产量曲线

如果将家庭得到的效用公式中的前一项视为市场工作的成果,后两项合并起来视为家庭生产的成果,而这一成果也可以以生产它的家庭生产时间来表示,那么可以得到如附图 2-1 所示的家庭等产量曲线。

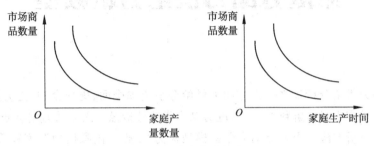

附图 2-1 家庭等产量曲线

两个图形都可以表示家庭等产量曲线。从左图中可以看到,在家庭时间总量一定的情况下,分配去市场工作和在家里工作所生产出来的产品数量是互为消长的。从右图的横轴则可以直接看出家庭时间分配的消长关系,也表明市场工作时间同市场产品数量的同向变化关系。

家庭等产量曲线属于无差异曲线。

二、生产可能性边界

设有男士 M 和女士 F 两人。

在未组成家庭之前各人单身的(市场劳动,家务劳动——例,含做饭和用餐)生产率、结婚之后家庭联合的(市场劳动,家庭劳动——例,含做饭和用餐)生产率所形成的生产可能性边界,分别如附图 2-2 和附图 2-3 中的折线所示。其中数字是虚拟的,但有一定的合理性,如在市场上男士比女士能赚到更多的钱,在家务方面女士比男士更有效率。以上对比不含任何偏见。

绘制生产可能性边界时,可以假定男士或女士先把全部时间用于市场劳动,得到其相应产量(产值),再假定把全部时间用于家务劳动(例,含做饭和用餐),得到其相应产量(产值),然后将两个值的坐标点连接起来,该连线即为生产可能性边界,联合的生产可能性边界可以通过"横向相加法"得到。

三、家庭劳动力供给均衡

1. 家庭劳动力供给均衡的实现

将家庭等产量曲线和家庭联合生产可能性边界曲线画在一个坐标系中,其切点处即为均衡点。

横轴上的家庭产品又可以转化为在家庭生产上所花费的时间,其反向即为在市场工作上所花费的时间,因此,通过均衡点可以得知家庭成员的时间分配去向及其长短。

附图 2-3 反映了家庭劳动力供给最优选择的三种情况。

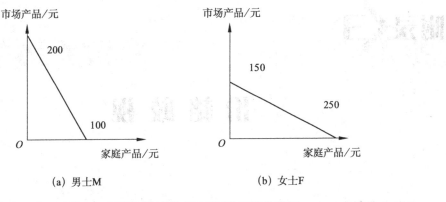

(a) 男士M   (b) 女士F

附图 2-2 男士/女士单身时的生产可能性边界

第一种情况：家庭选择 I_1 家庭等产量曲线，与家庭生产可能性边界切于 A 点。在此均衡点上，男士专门进行市场劳动，女士在两者之间分配自己的时间。

第二种情况：家庭选择 I_2 家庭等产量曲线，与家庭生产可能性边界切于 B 点。在此均衡点上，男士专门进行市场劳动，女士专门进行家庭生产。

第三种情况：家庭选择 I_3 家庭等产量曲线，与家庭生产可能性边界切于 C 点。在此均衡点上，女士专门进行家庭生产，男士在两者之间分配自己的时间。

用附图 2-3 进行分析需注意以下两点。

(1) 在上面的例子中，三条家庭等产量曲线是不同的，代表该家庭分别选择了三种偏好，所以它们之间会相交。

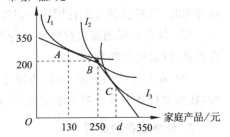

附图 2-3 家庭生产可能性边界与家庭劳动力供给均衡

(2) 当家庭成员时间存在分割时，譬如第三种情况里的男士，在他的 350～250 的家庭生产率区段上，以 d 点分割，250～d 对应的劳动时间分配于家庭生产，d～350 对应的劳动时间分配于市场工作。

2. 市场工资率变动的影响

当市场工资率和家庭生产率发生变化时，生产可能性边界会随之变化，家庭等产量曲线也会发生变化，从而引起均衡点的变动。

市场工资率和家庭生产率发生变化对生产可能性边界影响的分析可回顾经济学原理中的相关分析。

就工资率变动效应而言，工资率变动同时产生两个效应（以工资率上升为例）。

(1) 贝克尔的收入效应：家庭趋向于减少市场工作时间。其原理是，工资率上升，纯收入增加；家庭等产量曲线上升，纯收入增加提升了消费层次，消费更多的商品消费，而消费商品需要花费时间，由此必然要压缩市场工作时间。

(2) 贝克尔的替代效应：工资率上升，意味着工作时间变得昂贵了，家庭成员必然趋向于少生产时间密集型产品（如减少自己做饭次数或缩短自己做饭的时间），吃快餐或缩短用餐时间，由此而把更多的时间分配给生产工作，形成替代效应。

市场工资率的总效应等于上述两种效应的总和。

附录 2 家庭劳动力供给分析模型

价 格 歧 视

在完全垄断市场上,由于一家厂商垄断整个市场,因而,它就可以实行价格歧视,即在同一时间对同一种产品向不同的购买者索取不同的价格。

1. 实行价格歧视的前提条件

(1) 市场必须有某些不完善之处。当市场不存在竞争、信息不畅通,或者由于种种原因被分割时,垄断者就可以利用这一点实行价格歧视。

(2) 各个市场的需求弹性必须各不相同。这时垄断者就可以对需求弹性小的市场实行高价格,以获得垄断利润。

(3) 要实行差别价格,不同市场之间或市场的各部分之间,必须能有效地分离开来。例如,在电力行业中只有把工业用电网与民用电网分开才能实行不同的价格。

2. 价格歧视的类型

一般根据价格差别的程度把价格歧视分为三种类型。

(1) 一级价格歧视,又称完全价格歧视。假如垄断者知道每一位消费者为了能够买进每一单位产品所愿付出的最高价格,并据此确定每一单位产品的销售价格,就表示垄断者实行着一级价格歧视,如附图 3-1(a)所示。

(2) 二级价格歧视。即垄断厂商了解消费者的需求曲线,把这种需求曲线分为不同段,根据不同购买量确定不同的价格,如附图 3-1(b)所示。

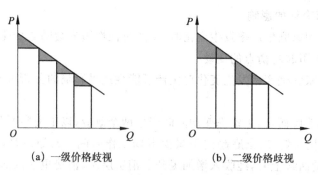

(a) 一级价格歧视　　　　　(b) 二级价格歧视

附图 3-1　一级价格歧视、二级价格歧视

(3) 三级价格歧视。即垄断厂商对不同消费者/群实行不同的价格。

以上三种价格歧视,都表现为垄断者把单一价格下的消费者剩余转化为自己的超额利润,因而可看作是消费者受到剥削。

从比较中可见,一级价格歧视留给消费者的消费者剩余比二级价格歧视要少(阴影所示)。

附图 3-2 为三级价格歧视的形成过程。A、B 为两个人（或市场），T 为总市场。在垄断企业的均衡点上，边际成本 MC_T 与 MR_A、MR_B 的交点为两市场的均衡点，决定的价格分别为 P_A、P_B。由此形成价格歧视。

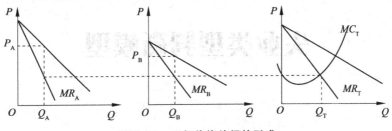

附图 3-2　三级价格歧视的形成

失业类型判断模型

贝弗里奇曲线(Beverdige Curve)以英国的经济学家威廉·贝弗里奇命名,表明职位空缺与失业人数怎样在经济周期中变化,可以用来帮助区别和理解摩擦性失业、结构性失业和周期性失业等失业类型。

建立如附图 4-1 所示的坐标系,纵轴表示经济中职位空缺的数目 V,横轴表示失业人数 U。职位空缺意味着存在过度劳动力需求,失业人数意味着存在过度劳动力供给。45°线是一条充分就业线,线上的点表示职位空缺数目与寻找工作的数目相等;在 45°线左上区域内的点表示劳动的需求过大,45°线右下区域内的点表示劳动的供给过大。

充分就业状态下,仍然存在一定数目的失业,它们或是属于摩擦性失业,或是属于结构性失业,可用自然失业来概括。在45°线上的点表示充分就业的点,如附图 4-1 中的 J 点,存在着 U_1 的失业人数,这里的失业可能是摩擦性失业,也可能是结构性失业,从图上看不出来,需要引入时间概念。职位空缺 V_1 在总量上等于求职者人数 U_1,如果职位空缺与求职者能够很快地匹配,则 U_1 失业为摩擦性失业;如果匹配要持续一段时间,则 U_1 失业为结构性失业。U_1 的失业人数中最有可能是包含两种类型的失业者。

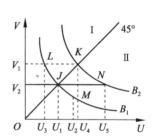

附图 4-1　各种失业类型

与充分就业相对应的自然失业水平是很多的。摩擦性失业或结构性失业的人数越来越多越多,45°线向外延伸的就越长。譬如延长到 K 点时失业人数便上升到 U_2,职位空缺与求职者数目的同时增加,意味着有可能存在更大的劳动力流动量,或者是失业者寻求工作的时间更长,或者可能是雇主要求的技能与失业者所拥有的技能之间的结构不平衡在加大。不过,只要一个经济体处于充分就业状态,自然失业增多并不能说明宏观经济运行出现问题。

现在引入贝弗里奇曲线。贝弗里奇曲线反映的是失业人数与职位空缺(又称"空岗")之间的反向变动关系:经济衰退时失业人数增加、企业提供给社会的空岗减少;经济繁荣时失业人数减少、企业有大量的空岗对劳动者虚位以待。经济正常状态时失业与空岗也同时存在,这里的失业就是前面提到的自然失业,换句话说,在 45°线上的每一点都有一条向右下方倾斜的曲线经过(如图中的 B_1、B_2),这些曲线就是贝弗里奇曲线。45°线左右两侧代表经济繁荣与衰退状态,贝弗里奇曲线以凸向原点的非线性形态穿过繁荣—衰退状态连续体,表明在劳动市场的任一给定结构上,职位空缺与失业人数在经济周期过程中是怎样变化的。

45°线将坐标系区分为两个区间:经济上升状态下劳动力需求大于劳动力供给的区间 Ⅰ,经济衰退状态下劳动力需求小于劳动力供给的区间 Ⅱ。当失业率从任一充分就业状态

如点 J 开始,沿着贝弗里奇曲线 B_1 移到 L 点,便处于经济上升时期,失业率将为 U_3,这时 $U_3 < U_1$(这是充分就业时的自然失业率),意味着就业者要加班加点或兼职;若沿 B_1 移到 M 点,便处于在经济衰退时期,失业率为 U_2。当整个经济从上升时期运行到经济衰退时期,即 $L \to J \to M$,差值 $U_2 - U_1$ 就是周期性失业(或者说需求不足失业),其他的失业余值 $U_1 - O$ 可归结于摩擦性失业和结构性失业。

如果失业人数随着时间推移而增加,譬如达到图中的 N 点,这时的失业类型因宏观经济的运行状态的不同而不同。如果宏观经济运行处于深度衰退状态,大范围的工厂倒闭失业人数 U 增加,而空岗增加微弱甚至没有,比如停留在 V_2,此时 $U_1 - O$ 为摩擦性失业和结构性失业,$U_5 - U_1$ 为需求不足失业。如果宏观经济运行处于复苏进程中,即走向正常,经过一段时间空岗在不断增加,比如由 V_2 过渡到 V_1,此时 $U_1 - O$ 较多地为摩擦性失业,$U_4 - U_1$ 较多地为结构性失业,而 $U_5 - U_4$ 基本上为周期性失业(或者说需求不足失业)。

挤 出 效 应

为了简化分析,以上关于斟酌使用的财政政策效力(即乘数效应导致总产出结果变动)的讨论都只是单因素变量分析,仅涉及产品市场,只考虑了私人部门的消费习惯,还没有考虑私人部门其他方面的反应。在现实经济生活中,宏观财政政策的反应不是那样简单。当一项宏观财政政策出台,或许会引起一系列宏观经济变量的连锁反应,在产品市场和货币市场之间交互作用,引起私人部门的正向反馈或负向反馈。挤出效应就是一个涉及多经济变量、产品市场和货币市场两市场、私人部门负向反馈的典型宏观财政政策现象。

一、挤出效应原理

挤出效应是指政府支出的增加对减少私人消费或私人投资的影响。

挤出效应的发生机制。挤出效应的经典解释是:财政支出扩张意味着货币需求量增加,在货币供给量给定的情况下,引起利率上升,利率上升抑制私人部门支出,特别是抑制私人部门投资,私人部门的产出因而减少。这里涉及了 G、r、I 和决定 r 的货币需求 L、货币供给 M 等变量,涉及了产品市场和货币市场。

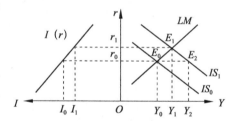

附图 5-1　扩张性财政政策的挤出效应

如附图 5-1 所示,政府支出增加,IS_0 移动到 IS_1,政府支出增加导致的总产出增加应为 $\Delta Y = K_G \times \Delta G$,即 Y_0 增加到 Y_2,但实际总产出仅仅增加到 Y_1,这是因为政府支出增加导致利率水平由 r_0 上升到了 r_1,致使私人投资减少 $I_0 - I_1$,减少的绝对量为 $Y_2 - Y_1$。这就是政府支出的挤出效应。

二、产生挤出效应的其他情况

除了前述典型的挤出效应,广义的挤出效应还包括以下几种情况。

第一种情况,政府向公众借款引起政府和私人部门在借贷资金需求上的竞争,私人部门的资金减少了,从而私人部门产出也减少了。

第二种情况,政府通过在公开市场上出售政府债券来为其支出筹资。政府抛售政府债券使债券价格下降,根据"债券价格＝债息/市场利率",利率必然上升。利率上升减少了私人投资,引起了挤出效应,而挤出效应的大小取决于投资的利率弹性,投资的利率弹性大则挤出效应大。

第三种情况,政府通过增加税收来为其支出筹资。在这种情况下,增税减少了私人收入,使私人消费与投资减少,引起了挤出效应。而挤出效应的大小取决于边际消费倾向,边际消费倾向大,则税收引起的私人消费减少得就多。

第四种情况,在开放经济中,固定汇率制条件下,当政府支出增加引起价格水平上升,削弱了本国商品在世界市场上的竞争能力,从而出口需求减少,私人投资相应减少。

如果挤出效应的大小以私人资本被挤出而导致的总产出减少量与政府扩大支出而导致的总产出增加量之比的绝对值来表示,短期中,当经济还没有实现充分就业时,挤出效应小于1大于0,但在长期中经济已经实现了充分就业时,挤出效应则为1。由此得出,短期中,扩张性财政政策有一定的作用,但在长期中,扩张性财政政策只会引起通货膨胀。

三、影响挤出效应的主要因素

(1) 支出乘数的大小。政府支出增加会使利率上升,乘数越大,利率提高使投资减少所引起的国民收入减少也越多,挤出效应越大。

$$\Delta G \uparrow \rightarrow \Delta Y \uparrow \rightarrow \Delta L \uparrow \rightarrow \Delta r \uparrow \rightarrow \Delta i \downarrow \quad (\Delta Y = k_g \Delta G)$$
$$k_g 大(小)——\Delta i 多(少)$$

(2) 交易性货币需求对产出水平的敏感程度。货币需求函数 $L = ky - hr$ 中 k 的大小,k 越大,政府支出增加引起的一定量产出水平增加所导致的对货币的交易需求增加越大,使利率上升的越多,挤出效应越大。

$$\Delta G \uparrow \rightarrow \Delta Y \uparrow \rightarrow \Delta L(L_1) \uparrow \rightarrow \Delta r \uparrow \rightarrow \Delta i \downarrow \quad (\Delta L = k \Delta Y)$$
$$k 大(小)——\Delta i 多(少)$$

(3) 投机性货币需求对利率变动的敏感程度。即货币需求函数中 h 的大小,h 越小,货币需求稍有所变动,就会引起利率的大幅度变动,因此当政府支出增加引起货币需求增加所导致的利率上升就越多,因而挤出效应越大;反之,h 越大,挤出效应越小。

$$\Delta G \uparrow \rightarrow \Delta Y \uparrow \rightarrow \Delta L(L_2) \uparrow \rightarrow \Delta r \uparrow \rightarrow \Delta i \downarrow \quad (\Delta L_2 = h \Delta r)$$
$$h 大(小)——\Delta i 多(少)$$

(4) 投资需求对利率变动的敏感程度。敏感程度越高,一定量利率水平的变动对投资水平的影响就越大,因而挤出效应就越大;反之越小。

$$\Delta G \uparrow \rightarrow \Delta Y \uparrow \rightarrow \Delta L \uparrow \rightarrow \Delta r \uparrow \rightarrow \Delta i \downarrow \quad (\Delta L_1 = d \Delta r)$$
$$d 大(小)——\Delta i 多(少)$$

以上四个因素中,支出乘数主要取决于边际消费倾向,而它一般被认为是稳定的;预防性和交易性货币需求对产出水平的敏感程度 k 取决于支付习惯和制度,一般认为也较稳定,因而,投机性货币需求及投资需求对利率敏感程度就成为决定挤出效应大小的主要因素。

在凯恩斯主义的极端情况下,货币需求对利率变动的弹性无限大,而投资需求的利率弹性为0,几乎不影响私人投资,因而政府支出的挤出效应为0,财政政策效果极大;在凯恩斯区间中有效。

在古典主义的极端情况下,货币需求对利率变动的弹性为0,而投资需求的利率弹性极大,政府支出导致的利率微小变化,立即对私人投资产生挤出作用,形成完全的挤出效应,致使财政政策毫无效果。

货币乘数的变化与"单一规则"

一、货币创造乘数的变化

1. 考虑商业银行部门准备金"漏出"后的货币创造乘数

前面讨论了简单货币创造乘数,那是在理想状态下所获得的。在现实经济生活中,对于商业银行所吸收的活期存款,即商业银行展开贷款业务的准备金,除了要按照相关法律要提取出法定存款准备金,还会有商业银行没有贷放出去的准备金(称为超额准备金),以及客户未将得到的贷款全部存入商业银行而抽取出一定比例的现金(被视为现金漏出),这样进入商业银行系统货币创造过程的准备金就会缩小。

在这种情况下,货币创造乘数就会缩小:

$$k = \frac{1}{r_d} \xrightarrow{\text{缩小}} k = \frac{1}{r_d + r_e + r_c}$$

根据上述例子,在初始准备金 R 为 100 万元,新的货币创造乘数 k 为 0.3 的情况下,创造出来的货币供给量 D 为 333.3 万元,而不是简单货币创造乘数 0.5 条件下的 500 万元。

2. 进一步考虑非商业银行部门持有的"通货"后的货币创造乘数

以上只讨论了商业银行部门的初始准备金 R(称为基础货币,包含法定的准备金 R_d 和超额的准备金 R_e),这是存款扩张的基础。除了商业银行部门的准备金,非商业银行部门所持有的通货 C_u 也具有创造货币的能量,因此,两者之和成为"高能货币"或"强力货币"H。

高能货币　　$H = C_u + R_d + R_e$

货币供给　　$M = C_u + D$　　(D 为经过货币创造过程后形成的货币供给量)

M 即货币定义中的 M_1。

$$\frac{M}{H} = \frac{C_u + D}{C_u + R_d + R_e}$$

上式分子、分母同除以 D,有新的货币创造乘数:

$$\frac{M}{H} = \frac{r_c + 1}{r_d + r_e + r_c}$$

M/H 即为考虑非商业银行部门持有的通货以后的、新的货币创造乘数 k。

二、"单一规则"

"单一规则"又称稳定货币增长率规则,是指货币当局或中央银行按一个稳定的增长比率扩大货币供应。"单一规则"的完整含义是:排除了效率、信贷流量、自由准备金等因素,仅以一定的货币存量作为控制经济唯一因素的货币政策。

"单一规则"是美国货币学派代表人物 M.弗里德曼作为相机抉择货币政策(即权衡性货币政策)的对立面提出的。弗里德曼认为,由于货币扩张或紧缩对经济活动从而对价格水平的影响有"时滞",故货币当局或中央银行采取相机抉择的货币政策必然产生过头的政策行为,对经济活动造成不利的影响,这是西方国家产生通货膨胀的重要原因。因此,主张应实行"单一规则"的货币政策。

可供选择的"单一规则"有:①货币数量保持不变,即货币增长率为零。由于美国每年经济实际增长率约为 3%,人口增长率为 1%~2%,因此这种规则将使物价每年下降 4%~5%。名义工资与物价水平均下降,在通货紧缩条件下也能充分就业。但名义工资下降会遭到工人反对,难以顺利进行。②按人口增长率(或劳动力的增长率)确定货币量的增长率,保持货币工资不变。由于经济增长率约为 3%,商品价格水平将降低 3%,这将遭到资本所有者的反对,也难顺利进行。③以经济增长率与人口增长率之和为货币供应量增长率。以美国为例,货币供应量年增长率为 4%~5%,这样既可以保持物价水平稳定,也不会使名义工资下降,可以保证经济的均衡发展。弗里德曼认为,这是"最适当的规则"。他建议,美国货币供应量年增长率应稳定在 4%~5%,除此之外,政府不用对经济进行其他形式的干预,完全让市场自发调节,保持经济均衡。

西方经济学界对"单一规则"有两种不同的反应。赞同此规则的经济学家认为,由于反周期货币政策所需要的理论知识和技术手段的不完善,而且多重货币政策目标难以兼顾,相机抉择会导致过头的政策行为,因此,"单一规则"是可取的。反对此规则的经济学家认为,"单一规则"以完全的自由市场经济为条件,并不适合于现当代。货币政策时滞虽然会降低反周期效果,但不会使其效果为零。而且货币当局可以吸取经验教训,改善操作技术,提高权衡性货币政策的效果。基于以上理由,各国的货币当局仍多以权衡性货币政策来干预经济。

参 考 文 献

[1] 保罗·萨缪尔森,威廉·诺德豪斯.微观经济学[M].19版.萧琛,译.北京:人民邮电出版社,2012.

[2] 哈尔·R.范里安.微观经济学:现代观点[M].8版.费方域,译.上海:格致出版社,上海三联书店,上海人民出版社,2011.

[3] 沃尔特·尼克尔森.微观经济学理论:基本原理与扩展[M].9版.朱幼为,译.北京:北京大学出版社,2008.

[4] 保罗·克鲁格曼,罗宾·韦尔斯.微观经济学[M].2版.黄卫平,曾景,丁凯,译.北京:中国人民大学出版社,2012

[5] 罗伯特·S.平狄克,丹尼尔·L.鲁宾菲尔德.微观经济学[M].7版.高远,朱海洋,范子英,等,译.北京:中国人民大学出版社,2009.

[6] R.格伦·哈伯德,安东尼·P.奥布赖恩.经济学(宏观)[M].王永钦,丁菊红,许海波,译.北京:机械工业出版社,2007.

[7] 泰勒·考恩,亚历克斯·塔巴洛克.宏观经济学:现代原理[M].上海:格致出版社,2013.

[8] 罗宾·巴德,迈克尔·帕金.宏观经济学原理[M].王秋石,李国民,刘江会,译.北京:中国人民大学出版社,2013.

[9] 罗伯特·H.弗兰克,本·S.伯南克.宏观经济学原理[M].潘艳丽,吴秀云,等,译,北京:清华大学出版社,2013.

[10] 多恩布什,费希尔,斯塔兹.宏观经济学[M].王志伟,译.北京:中国人民大学出版社,2010.

[11] 曼昆.宏观经济学[M].7版.北京:中国人民大学出版社,2011.

[12] 奥利维尔·布兰查德,卫·约翰逊.宏观经济学[M].王立勇,译,北京:清华大学出版社,2014.

[13] 高鸿业.西方经济学(微观部分)[M].5版.北京:中国人民大学出版社,2010.

[14] 高鸿业.西方经济学(宏观部分)[M].5版.北京:中国人民大学出版社,2010.